# 服务外包蓝皮书顾问及编委会

**总　　顾　　问：** 江小涓

**顾　　　　　问**（按姓氏笔画排名）：

王一鸣　王洛林　朱晓明　李京文
李德水　沈丹阳　张　祥　张燕生
陈文玲　郑新立　魏建国

**主　　　　　编：** 王晓红　王军平

**副　　主　　编：** 李　蕊　袁　静

**编 委 会 主 任：** 王晓红　亢振峰

**编委会副主任：** 齐海涛　张素龙　金世和

**编　　　　　委**（按姓氏笔画排名）：

刘建昌　朱福林　杜振华　李自满
沈家文　沈轶群　杨丹辉　郑忠良
柯建飞　盛宝富　敬艳辉　谢兰兰

**图书在版编目（CIP）数据**

中国服务外包产业发展报告.2018／王晓红，王军平主编.
—北京：中国经济出版社，2019.5
ISBN 978-7-5136-5710-5

Ⅰ.①中… Ⅱ.①王…②王… Ⅲ.①服务业—对外承包—
研究报告—中国—2018~2018 Ⅳ.①F726.9

**中国版本图书馆 CIP 数据核字（2019）第 104328 号**

责任编辑　严　莉
责任印制　巢新强

**出版发行**　中国经济出版社
**印 刷 者**　北京九州迅驰传媒文化有限公司
**经 销 者**　各地新华书店
**开　　本**　710mm×1000mm　1/16
**印　　张**　24　彩页印张　0.25
**字　　数**　374 千字
**版　　次**　2019 年 5 月第 1 版
**印　　次**　2019 年 5 月第 1 次
**定　　价**　98.00 元
**广告经营许可证**　京西工商广字第 8179 号

**中国经济出版社 网址** www.economyph.com **社址** 北京市西城区百万庄北街 3 号 **邮编** 100037
本版图书如存在印装质量问题，请与本社发行中心联系调换（联系电话：010-68330607）

---

服务外包蓝皮书
BLUE BOOK OF
SERVICE OUTSOURCING

# 中国服务外包产业发展报告

(2018)

CHINA'S SERVICE OUTSOURCING INDUSTRY
DEVELOPMENT REPORT (2018)

主 编◎王晓红 王军

中国经济出版社
CHINA ECONOMIC PUBLISHING HOUSE
·北京·

※ 主要编撰者简介 ※

## 王晓红

中国国际经济交流中心信息部副部长，《全球化》副总编、编委会副主任，教授、博士生导师。兼任中国藏学研究中心学术委员会委员，上海交通大学、北京邮电大学、福建师大、兰州财大、BSN荷兰商学院等大学教授。1998年毕业于中国社会科学院研究生院财贸经济系获经济学博士学位，2002年进入东北大学博士后流动站从事研究工作。长期从事国际贸易投资、服务经济等领域研究。荣获省部级优秀科研成果奖5次,其中个人专著《中国设计：服务外包与竞争力》《中国服务外包：跨越发展与整体提升》分别荣获2009年、2013年商务部“全国商务发展研究成果奖”三等奖；主持的研究报告《“十三五”时期中国企业对外直接投资战略研究》《新形势下我国对外经贸合作前景及对策研究》分别荣获2016/2017年商务部“全国商务发展研究成果奖”三等奖。主持的研究报告《我国制造业创新设计发展规划研究》荣获2017年国家发改委优秀研究成果奖三等奖。主笔撰写内参多次获得中央领导的批示。公开发表出版学术专著及论文300余万字。共出版专著8部，其中独著5部、合著3部，公开发表学术论文200篇，其中在《人民日报》《经济日报》《光明日报》及《求是》《改革》等核心期刊发表论文100多篇。主持参与国家部委、国家社科基金重大项目等课题50余项。其中先后主持了商务部课题《中国软件出口发展报告》（2015、2016）《数字贸易和软件出口发展报告》（2017、2018）《中国服务贸易发展报告》（2018），工信部课题《制造业创新设计发展行动纲要研究》《我国中小企业公共服务平台需求与建设研究》，中财办课题《“十三五”时期扩大对外开放战略研究》，国家发改委课题《生产性服务业准入条件研究》《中国工业设计产业发展政策研究》，国家知识产权局课题《创新型工业设计企业知识产权保护的研究》等研究。承担商务部《中国国际服务外包产业“十二五”发展规划纲要》编制工作。承担国家社科基金重大项目《扩大我国服务业对外开放的路径与战略研究》（14AZD084），主持《服务全球化与服务外包：趋势、路径与战略选择》子课题研究。主编《服务外包蓝皮书——中国服务外包产业发展报告》（2013、2014、2016—2017）《工业设计蓝皮书——中国工业设计发展报告》（2014）《设计产业蓝皮书——中国创新设计发展报告》（2016、2017）。多次担任国家社科基金评委、教育部重大攻关项目评委。

亢振峰

山西临汾人，中共党员，1991年毕业于同济大学，获工学学士，西北大学在职研究生学历，获经济学博士。历任陕西省计划委员会、发展改革委员会干部、助理调研员。2004年起从事开发区经济发展、规划建设工作，任西安浐灞生态区管委会经济发展局（招商局）副局长、局长，西安市金融商务区管理办副主任，沣西新城党委副书记、管委会常务副主任，西咸新区招商局（双创办）局长（主任）。2018年1月任西咸新区党工委委员、管委会副主任，负责新区政策研究、发展改革、财政国资、商务金融、工业和信息化、自贸区等方面工作。

王军平

工学博士，清华大学博士后，西安交通大学教授。曾在西安市发改委工作，现任西咸新区改革创新发展局（金融办、科技局、统计局、双创办）局长（主任）。 主要研究或工作领域：区域经济与产业发展研究与实践、电动汽车中的控制与优化、人工智能与视觉伺服控制机器人等。主持或参加了国家重大专项、国家自然科学基金、留学回国基金等多项课题。参与起草区域发展有关规划、政策等并从事自贸服贸创新实践。在国内外著名学术刊物发表论文20余篇。获陕西省高等学校科学技术奖一等奖一项、西安市科技进步二等奖一项。

**图书在版编目（CIP）数据**

中国服务外包产业发展报告.2018 / 王晓红,王军平主编.
—北京：中国经济出版社，2019.5
ISBN 978-7-5136-5710-5

Ⅰ.①中… Ⅱ.①王…②王… Ⅲ.①服务业—对外承包—研究报告—中国—2018~2018 Ⅳ.①F726.9

**中国版本图书馆 CIP 数据核字（2019）第 104328 号**

责任编辑 严 莉
责任印制 巢新强

**出版发行** 中国经济出版社
**印 刷 者** 北京九州迅驰传媒文化有限公司
**经 销 者** 各地新华书店
**开　　本** 710mm×1000mm 1/16
**印　　张** 24 彩页印张 0.25
**字　　数** 374 千字
**版　　次** 2019 年 5 月第 1 版
**印　　次** 2019 年 5 月第 1 次
**定　　价** 98.00 元
**广告经营许可证** 京西工商广字第 8179 号

**中国经济出版社** **网址** www.economyph.com **社址** 北京市西城区百万庄北街 3 号 **邮编** 100037
本版图书如存在印装质量问题，请与本社发行中心联系调换（联系电话：010-68330607）

服务外包蓝皮书
BLUE BOOK OF
SERVICE OUTSOURCING

# 中国服务外包产业发展报告
# (2018)

CHINA'S SERVICE OUTSOURCING INDUSTRY
DEVELOPMENT REPORT (2018)

主　编◎王晓红　王军平

中国经济出版社
CHINA ECONOMIC PUBLISHING HOUSE
·北 京·

李　蕊

中国国际经济交流中心《全球化》编辑部副主任、助理研究员，从事服务贸易、文化创意产业领域研究，公开发表多篇相关文章。曾任《服务外包蓝皮书2013~2014》《工业设计蓝皮书2014》等书副主编，参与《中国时尚产业蓝皮书2014》等书的撰写工作。

袁　静

服务外包领域实战型专家，8年纸媒从业经历，超过12年服务外包企业实战经验，交通大学人力资源服务外包客座讲师。当前主要研究方向为“区域经济与人力资源外包”。

# 目　录

## Ⅰ　总报告



## Ⅱ　专题篇



## Ⅲ　国际篇

## Ⅳ 案例篇



## Ⅴ 附录

# Ⅰ 总报告

# “十二五”以来中国服务外包的转型升级与创新发展

王晓红[①]

“十一五”是中国服务外包产业的形成期和高速增长期。“十二五”则是中国服务外包产业实现量质齐升并形成国际竞争力的时期。2012 年 12 月中国发布了第一个《中国国际服务外包产业发展规划纲要》[②]，标志着服务外包产业作为科技含量高、人才素质高、国际化程度高、资源消耗低的新兴服务业被正式纳入国家战略。这一时期，服务外包产业加快提高创新能力和综合实力，在促进服务贸易发展和新动能成长，提升服务业国际化、信息化、专业化水平，推动价值链迈向中高端以及促进区域开放型经济平衡发展等方面都发挥了重要带动作用。“十三五”时期是中国服务外包产业实现高质量发展、向全球价值链高端攀升并形成国际竞争新优势的战略机遇期。全球经济复苏进程不断加快、创新全球化趋势不断增强，数字经济引领的全球新产业革命正在加速发展，大数据、云计算、物联网、移动互联、人工智能、区块链等新一代信息技术和数字技术不断涌现和扩大应用，为服务外包转型升级和创新发展提供了宏观环境和技术支撑。但也必须看到，世界各国争相发展服务外包产业将导致全球市场竞争更加激烈，逆全球化思潮和保护主义有所增强，以美国为首的发达国家迫于促进就业的压力可能继续限制本国服务业离岸，国际汇率波动、金融动荡有所加剧以及国内综合成本上升等因素都对服务外包产业带来压力和挑战。为

---

① 王晓红，中国国际经济交流中心信息部副部长，《全球化》副总编、编委会副主任，教授、博士生导师。

② 商务部和发改委联合印发《中国国际服务外包产业发展规划纲要（2011—2015）》，2012 年 12 月 14 日。

此，必须扎实推进供给侧结构性改革，加快服务外包技术创新、服务模式创新和体制机制创新，推动服务外包标准化、数字化、智能化和融合化发展，构建在岸与离岸互动发展、东中西部融合发展、内外资企业共同发展的服务外包产业发展新格局。

## 一、“十二五”以来中国服务外包产业发展的主要特点

### （一）服务外包规模集聚壮大，成为推动新兴服务贸易增长的主要动力

#### 1. 服务外包产业保持高位增长

“十二五”以来，受全球经济低速增长的影响，中国服务外包产业呈现波动性增长，但总体上保持了强劲、稳健的高位增长态势。2011—2015 年我国服务外包执行金额从 323.9 亿美元增长到 966.9 亿美元，相当于 2010 年的 4.9 倍，年均增长达 31%。2011—2015 年期间离岸服务外包执行金额从 238.3 亿美元增长到 646.4 亿美元，相当于 2010 年的 4.5 倍，年均增长达 28%。其中 2011 年服务外包执行金额、离岸外包执行金额同比增长分别高达 63.59% 和 64.91%，是增速最高的年份。

“十三五”以来，我国服务外包产业仍继续保持两位数增长。2016 年，我国服务外包执行金额 1064.6 亿美元，同比增长 10.11%，相当于 2009 年的 7.7 倍。其中，离岸服务外包执行金额 704.1 亿美元，同比增长 8.94%，相当于 2009 年的 6.9 倍。2017 年，我国服务外包执行金额 1261.4 亿美元，同比增长 18.48%。其中，离岸服务外包执行金额 796.7 亿美元，同比增长 13.15%（见表 1－1、图 1－1、图 1－2）。

**表 1－1　2011—2017 年中国服务外包产业发展情况**　（单位:亿美元）

| 年份 | 服务外包 | | | 离岸外包 | | |
|---|---|---|---|---|---|---|
| | 执行金额 | 增速(%) | 全球占比(%) | 执行金额 | 增速(%) | 全球占比(%) |
| 2011 | 323.9 | 63.59 | 23.2 | 238.3 | 64.91 | 23.2 |
| 2012 | 465.7 | 43.78 | 27.6 | 336.4 | 41.17 | 27.6 |
| 2013 | 638.5 | 37.11 | 27.0 | 454.1 | 34.99 | 27.0 |
| 2014 | 813.4 | 27.39 | 30.6 | 559.2 | 23.14 | 30.2 |
| 2015 | 966.9 | 18.87 | 32.3 | 646.4 | 15.59 | 32.3 |
| 2016 | 1064.6 | 10.11 | 33.0 | 704.1 | 8.94 | 32.9 |
| 2017 | 1261.4 | 18.48 | — | 796.7 | 13.15 | — |

资料来源:中国商务部。

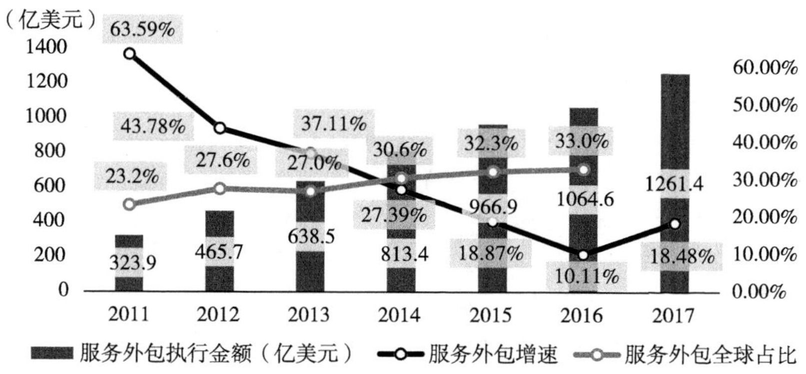


**图 1－1　2011—2017 年中国服务外包产业发展情况**

资料来源:中国商务部。

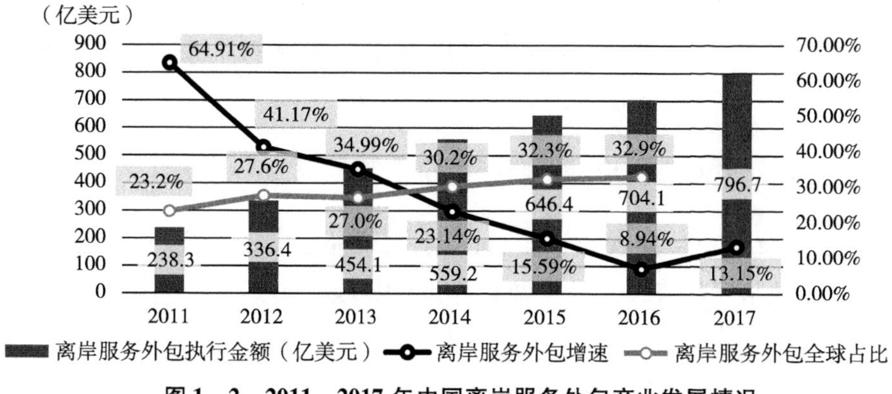


**图 1－2　2011—2017 年中国离岸服务外包产业发展情况**

资料来源:中国商务部。

### 2. 服务外包对服务贸易增长的贡献度明显提升

国际服务外包已经成为推动中国服务贸易发展的新引擎和新动能。目前，新兴服务贸易通过服务外包的方式出口占70%。从占比来看，2011—2016年中国服务外包的全球占比由23.2%提高到33%，上升了10个百分点。2016年中国离岸外包占服务出口总额比重达到25%，较2010年提高7.3个百分点；2017年离岸外包占服务出口总额比重上升到35%左右，较上年增长10个百分分点。从增速来看，2011—2017年期间中国服务贸易进出口总额平均增速为7.6%，低于同期离岸外包执行金额增速约23.7个百分点。其中2011年服务进出口总额同比增长23.7个百分点，低于当年离岸外包执行金额增长率44.11个百分点。2017年服务贸易进出口总额同比增长5.15%，低于离岸服务外包执行金额增长率8个百分点。详见图1－3。

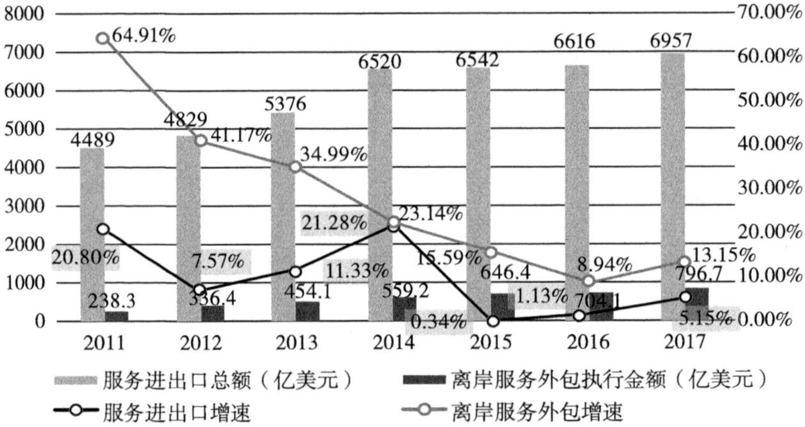


**图1－3　2011—2017年我国服务进出口额及增速、离岸服务外包执行额及增速**

资料来源：中国商务部。

## （二）服务外包产业结构明显优化，价值链呈现向高端跃升态势

### 1. 三大业务领域发展更加均衡，知识流程外包成为主要增长引擎

从信息技术外包（ITO）、业务流程外包（BPO）、知识流程外包（KPO）三大业

务领域[1]结构的变化可以看出，“十二五”以来中国服务外包产业进入结构调整时期并取得明显成效。

“十二五”时期，ITO 始终在服务外包中占主体地位，但占比逐年下降，KPO 成为增长的主要引擎。2001—2005 年中国离岸软件外包服务市场年复合增长率高达 52.1%，2006—2011 年下降到 38% 左右。2011—2015 年期间 ITO、BPO、KPO 的离岸外包执行金额占比由 58.2%、16%、25.8% 调整为 49%、14.2%、36.8%，其中 ITO 占比较 2008 年下降了 19.4 个百分点，KPO 占比较 2010 年的 14.0% 上升了 22.8 个百分点。2011—2015 年期间 KPO 执行金额平均增长率达 40.71%，其中 2011 年 KPO 离岸外包执行金额 61.5 亿美元，同比增长高达 215.1%。2015 年中国承接 ITO、BPO、KPO 的离岸外包执行金额分别为 316.8 亿美元、91.7 亿美元和 237.8 亿美元，同比分别增长 8%、16% 和 27.4%。

“十三五”以来，知识流程外包继续成为推动服务外包增长的动力。2016 年 ITO、BPO、KPO 三大业务领域执行额分别为 531.5 亿美元、195.1 亿美元、338 亿美元，同比增长分别为 7.8%、19.3%、8.9%，占比分别为 50∶18∶32；离岸外包执行额分别为 330.5 亿美元、116.6 亿美元、257.1 亿美元，同比分别增长 4.3%、27.2% 和 8.1%，占比分别为 47∶17∶36。2017 年中国服务外包产业在向高技术含量、高附加值业务拓展中迈出坚实步伐，成为新常态下外贸转型升级的有力支撑。基于云计算、大数据、人工智能的服务外包交付模式变革、数字化转型升级、平台应用快速发展，促进服务外包产业结构进一步优化，尤其是知识流程外包快速上升。2017 年 ITO、BPO、KPO 三大领域执行额分别为 618.5 亿美元、235.7 亿美元、407.2 亿美元，占比分别为 49∶19∶32；离岸执行额分别为 364.2 亿美元、129.3 亿美元、303.3 亿美元，同比分别增长 10.2%、10.9%、18%，占比分别为 46∶16∶38。KPO 快速增长的主要原因是知识产权、管理咨询、数据分析、工业设计、医药研发等领域的服务外包发展较快。2017 年中国企业承接国际 IT 解决方案业务同比增长 367.1%，全年承接国际电子商务平台、互联网营销推广、数据分析外包服务执行额分别同比增长 226.4%、73.8%、

[1] 信息技术外包（ITO）业务主要包括软件产品开发、软件测试、应用系统开发和全球化服务等，业务流程外包（BPO）业务主要包括物流采购、金融财会、客户服务、人力资源管理与培训等领域，知识流程外包（KPO）业务主要包括动漫、研发、设计等领域。

51.9%。详见图 1－4。

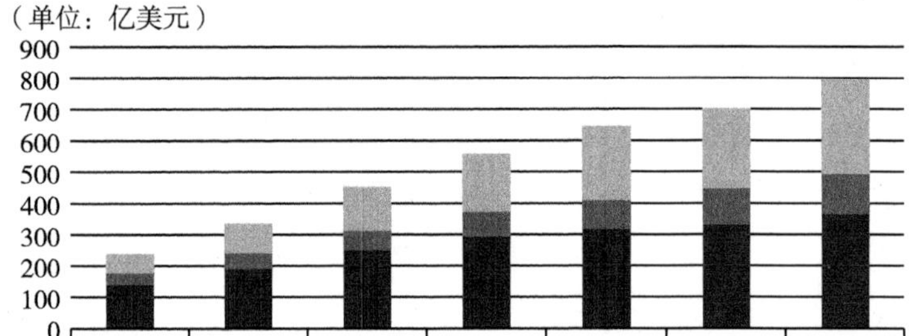


| | 2011 | 2012 | 2013 | 2014 | 2015 | 2016 | 2017 |
|---|---|---|---|---|---|---|---|
| KPO离岸执行金额 | 61.5 | 95.6 | 142.6 | 186.7 | 237.8 | 257.1 | 303.3 |
| BPO离岸执行金额 | 38.2 | 52 | 63.5 | 79 | 91.7 | 116.6 | 129.3 |
| ITO离岸执行金额 | 138.7 | 188.7 | 248 | 293.5 | 316.8 | 330.5 | 364.2 |

■ITO离岸执行金额　■BPO离岸执行金额　■KPO离岸执行金额

**图 1－4　2011—2017 年中国离岸 ITO、BPO、KPO 的发展**

资料来源：中国商务部。

从三大业务领域的结构调整可以清晰地反映出，KPO 的快速增长是拉动整个服务外包产业增长的主要引擎，这一时期的服务外包增长主要来自研发设计、文化创意等知识密集型服务业的驱动。其次，知识流程外包带动整个服务外包产业价值链向高端延伸和拓展。同时，反映出中国产业创新能力增强，尤其是知识密集型服务业国际竞争力不断提升。

**2. 高附加值业务增长较快，结构升级效应明显**

随着中国外包企业创新能力、服务能力、服务质量不断提升，服务外包不断向核心业务拓展，承接高端增值服务的外包业务日益扩大，推动了三大业务领域不断向研发设计、数据分析和挖掘、整体解决方案、系统设计服务等高端价值链拓展。

从 ITO 的内部结构来看，软件研发及开发服务占主导地位，其次是软件技术服务、集成电路和电子电路设计、电子商务平台等领域，反映 ITO 领域的研发设计能力不断增强，促进了外包价值链向知识密集度和高附加值领域的拓展。同时，随着服务型制造、电子商务等新业态的发展，也推动了 ITO 价值链的拓展。2014 年软件研发及开发服务、软件技术服务、集成电路设计离岸执行金额占比分别为 41.0%、27.3%、11.5%，其中集成电路设计增速高达 100.8%。

2015 年软件研发外包离岸执行金额占比 68.8%，其次是软件技术服务、集成电路和电子电路设计，电子商务平台服务离岸执行金额同比增长 59.6%。2016 年软件研发外包占比 67.1%，并出现了一批覆盖咨询、方案设计、开发、运营、维护等全服务流程等业务合同。2017 年离岸 ITO 业务执行金额 364.2 亿美元，其中软件研发外包执行金额 243.4 亿美元，占 ITO 总量的 66.8%。

从 BPO 的内部结构来看，涵盖的服务领域日益宽广，尤其是在推动传统企业向数字化、网络化的业务流程、管理模式重构中发挥了重要作用。金融服务、人力资源、供应链管理等外包领域都表现出较好发展势头，反映出服务专业化分工不断深化带来的业务外包领域增多，也体现出中国服务外包人力资源的丰富多样性特征在全球服务外包市场竞争中的巨大潜力。同时，从近几年主要领域的增长变化中可以看出，企业为了适应网络经济和数字经济的全球产业变革加快了流程再造和管理，不断释放数字化转型后的专业服务需求。2017 年 BPO 离岸业务执行金额 129.3 亿美元，其中内部管理、业务运营、供应链管理三大项外包服务分别达 7 亿美元、66.6 亿美元、54.7 亿美元，占比分别为 5.4%、51.5%、42.3%。

从 KPO 的内部结构来看，研发设计外包成为增长的主要驱动力，尤其是产品研发、工业设计、工程技术、医药和生物技术研发、知识产权研究、数据分析等高技术服务发展较快。知识流程外包快速增长主要来自三个方面的推力：一是研发创新全球化趋势从客观上扩大了知识流程外包的市场需求；二是物联网、云计算、大数据、人工智能、区块链、生物医学等新技术革命蓬勃发展推动了全球 KPO 业务成长；三是中国服务外包企业技术创新和服务模式能力不断增强，尤其是加快应用大数据、云计算、人工智能、区块链等新的技术不断适应产业变革的需要，提高了高端业务承接能力。2017 年 KPO 执行金额 303.3 亿美元，其中商务服务、技术服务、研发服务三大领域外包执行金额分别为 19.5 亿美元、190.3 亿美元、91.1 亿美元，占比依次为 6.4%、62.7%、30%。详见表 1 – 2。

表 1－2　2017 年中国承接离岸服务外包按出口方式分类情况

（单位：亿美元）

| 合同类别 | 合同份数 | 同比增速（%） | 协议金额 | 同比增速（%） | 执行金额 | 同比增速（%） |
|---|---|---|---|---|---|---|
| 总计 | 159218 | 26.9 | 1112.1 | 16.7 | 796.8 | 13.2 |
| 信息技术外包（ITO） | 55177 | 15.5 | 553.6 | 23.7 | 364.2 | 10.2 |
| 软件研发外包 | 40866 | 13.3 | 394.0 | 29.0 | 243.4 | 6.7 |
| 信息技术服务外包 | 7604 | 33.9 | 83.9 | －4.2 | 68.8 | 16.5 |
| 运营和维护服务外包 | 6700 | 11.7 | 75.3 | 39.9 | 51.5 | 21.3 |
| 业务流程外包（BPO） | 16925 | －5.1 | 175.0 | 2.0 | 129.3 | 10.9 |
| 内部管理外包服务 | 829 | －11.2 | 10.5 | 20.0 | 7.0 | 10.7 |
| 业务运营外包服务 | 5767 | －30.5 | 89.9 | －7.1 | 66.6 | 17.7 |
| 供应链管理服务外包 | 10308 | 20.1 | 73.2 | 13.0 | 54.7 | 5.0 |
| 知识流程外包（KPO） | 87116 | 45.6 | 383.5 | 15.0 | 303.3 | 18.0 |
| 商务服务外包 | 5738 | 36.8 | 28.0 | 64.2 | 19.5 | 44.2 |
| 技术服务外包 | 59007 | 50.1 | 241.3 | 10.5 | 190.3 | 17.2 |
| 研发服务外包 | 22328 | 36.9 | 113.0 | 17.5 | 91.1 | 20.1 |

资料来源：中国商务部。

### （三）服务外包企业实力增强，技术创新能力和国际化水平显著提高

**1. 服务外包企业总体数量较快增长，尤其是大中型服务外包企业实力明显增强。**

由于“十二五”以来各地竞相发展服务外包产业，扶优扶强的政策导向加速服务外包市场向优势企业集中，促进了服务外包企业通过并购重组等方式实现快速扩张规模和实力提升。2011—2015 年期间中国累计新增服务外包企业数 1.7 万家，其中 2011 年新增企业增长高达 33.2%。大中型企业明显增长，2010 年、2011 年、2015 年承接离岸外包执行金额超 1 亿美元的企业分别为 15 家、22 家、86 家。2014 年 100 人及以下的企业比重从过去的近 70% 下降为 43.8%。有 9 家企业入选全球服务外包 100 强。截至 2016 年中国服务外包企业 39277

家,相当于 2010 年的 3 倍左右,其中 2016 年新增服务外包企业 5506 家。见图 1-5。

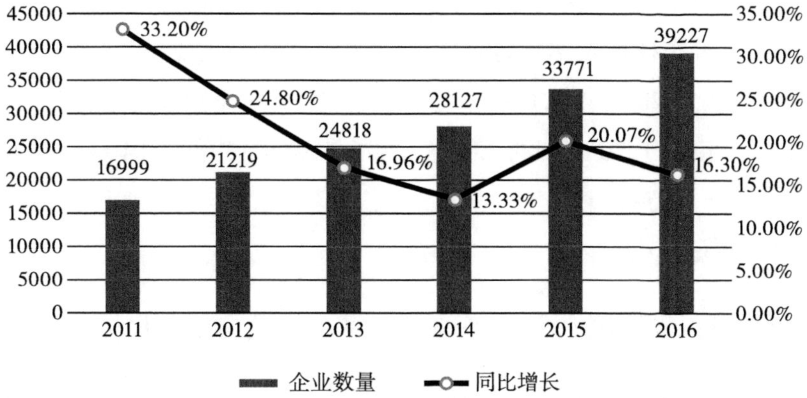


**图 1-5　2011—2016 年中国服务外包企业数量增长情况**

资料来源:中国商务部。

**2. 以民营企业为主体的内资企业成为服务外包产业发展的主力军**

中国服务外包最早发源于外资企业,2010 年之后已经形成了内资主导的格局。2010 年民营企业、合资企业、外商独资企业和国有企业数量在服务外包产业中的占比分别为 54.3%、6.3%、24.4% 和 15%,其中内资与外资企业的占比分别为 68.3% 和 30.7%。说明在服务外包领域民营企业比国有企业具有更大的活力与发展潜力。2017 年全国内资企业、港澳台企业、外资企业协议金额分别为 684.8 亿美元、130.8 亿美元、305.2 亿美元,占比分别达 61.1%、11.7%、27.2%;执行金额分别为 463.1 亿美元、91.1 亿美元、248.1 亿美元,占比分别为 57.7%、11.4%、30.9%。

**3. 服务外包标准化、国际化水平及技术创新能力、综合服务能力明显提升**

近年来,服务外包企业不断加大基础技术研发投入,加快数字化转型力度,通过国际并购和国内重组不断获取核心技术,逐步由成本驱动向创新驱动转变,由提供单一技术服务向综合服务提供商转变,由承接单一项目向与发包方长期战略合作关系转变。一方面,企业获得国际资质认证、技术先进型企业认定数量较快增长。截至 2016 年服务外包企业认证数量 16006 个,相当于 2010

年的5.7倍;13项国际认证数量10417个,相当于2014年的1.4倍。其中2016年新增企业认证数量1803个,13项国际认证数量1643个。另一方面,软件著作权登记数量明显增长,说明软件信息技术企业技术创新能力增强。“十二五”时期中国软件著作权增长率保持在30%左右。2011年全国软件著作权登记量109342件,相当于2006年(21495件)的5倍;2015年全国软件著作权登记量达到292360件,相当于2011年的2.7倍、2006年的13.6倍。2016年全国软件著作权登记量40.8万件,同比增长39.5%,也是2010年以来增长最快的一年。2017年已经突破70万件。

### (四)形成以发达国家为主,面向全球的多元化市场布局

“十二五”以来,中国内地承接服务外包的主要来源地从美国、日本、欧盟和中国香港四大传统市场已经拓展到东南亚、大洋洲、中东、拉美和非洲等201个国家和地区,尤其是“一带一路”建设有力拓展了发展中国家市场空间。

**1. 四大传统发包市场比重有所下降**

美国、欧盟、日本、中国香港一直是中国内地的主要发包市场。2011年中国内地承接上述四地服务外包执行金额占离岸外包总量的68.9%;2016年承接上述四地服务外包执行额合计444.9亿美元,同比增长11.7%,占比63.3%。从四大发包市场内部来看,中国内地承接美国外包业务执行金额由2012年的89.4亿美元增长到2017年的170.3亿美元;占比由2012年的26.6%下降到2017年的21.4%。承接日本外包业务执行金额由2012年的48.3亿美元增长到2017年的69亿美元;占比从2012年的14.4%下降到2017年的8.7%,降幅最大。承接欧盟外包业务执行金额由2012年的54.6亿美元增长到2017年的129亿美元,市场占比一直保持在15%~16%,较为稳定。承接中国香港外包业务执行额由2012年的33.9亿美元增长到2017年的123.1亿美元;市场占比从2012年的10.1%上升到2017年的15.5%。可以看出,中国香港作为内地企业承接国际外包业务的主要来源地正在发挥越来越大的作用,欧盟作为主要来源地具有较大增长潜力。详见表1-3、图1-6。

**表 1－3　2012—2017 年中国内地承接四大市场服务外包执行金额、占比情况**

（单位：亿美元）

| 来源地 | 2012 年 | | 2013 年 | | 2014 年 | | 2015 年 | | 2016 年 | | 2017 年 | |
|---|---|---|---|---|---|---|---|---|---|---|---|---|
| | 执行金额 | 占比（%） | 执行金额 | 占比（%） | 执行金额 | 占比（%） | 执行金额 | 占比（%） | 执行金额 | 占比（%） | 执行金额 | 占比（%） |
| 美国 | 89.4 | 26.6 | 117.5 | 25.9 | 128 | 22.9 | 150.6 | 23.3 | 154.3 | 21.9 | 170.3 | 21.4 |
| 欧盟 | 54.6 | 16.2 | 71.4 | 15.7 | 83.4 | 14.9 | 98 | 15.2 | 116.0 | 16.6 | 129 | 16.2 |
| 日本 | 48.3 | 14.4 | 54 | 11.9 | 60.7 | 10.9 | 54.8 | 8.48 | 57.8 | 8.2 | 69 | 8.7 |
| 中国香港 | 33.9 | 10.1 | 51.8 | 11.4 | 74.2 | 13.3 | 95 | 14.7 | 116.8 | 16.6 | 123.1 | 15.5 |

资料来源：中国商务部。

### 2. 来自欧盟和其他发达经济体的外包业务增速明显加快

2017 年中国承接离岸服务外包执行金额前 10 位的国家和地区依次为美国 170.31 亿美元、欧盟（28 国）129 亿美元、中国香港 123.11 亿美元、日本 69 亿美元、新加坡 45.1 亿美元、中国台湾 36.01 亿美元、韩国 34.38 亿美元、德国27.38 亿美元、英国 21.13 亿美元、荷兰 13.76 亿美元、印度 12.07 亿美元，其中增长最快的前 5 位依次为印度 40.99%、瑞典 34.9%、英国 28.86%、新加坡21.22%、日本 19.44%（见表 1－4）。

**表 1－4　2017 年我国承接离岸服务外包执行金额前 15 位的国家（地区）**

（单位：亿美元）

| 国家（地区） | 协议金额 | 同比增长（%） | 执行金额 | 同比增长（%） |
|---|---|---|---|---|
| 美国 | 205.75 | －13.73 | 170.31 | 10.38 |
| 欧盟（28 国） | 168.64 | 10.59 | 129.00 | 11.19 |
| 中国香港 | 151.61 | 7.22 | 123.11 | 5.45 |
| 日本 | 78.22 | 7.96 | 69.00 | 19.44 |
| 新加坡 | 57.01 | 9.78 | 45.10 | 21.22 |
| 中国台湾 | 42.40 | 7.72 | 36.01 | 16.82 |
| 韩国 | 45.66 | 2.82 | 34.38 | －4.62 |
| 德国 | 35.96 | 10.17 | 27.38 | －4.98 |

续表

| 国家(地区) | 协议金额 | 同比增长(%) | 执行金额 | 同比增长(%) |
|---|---|---|---|---|
| 英国 | 22.85 | -3.45 | 21.13 | 28.86 |
| 荷兰 | 18.00 | 2.70 | 13.76 | -13.25 |
| 印度 | 18.07 | 67.19 | 12.07 | 40.99 |
| 法国 | 14.01 | 25.58 | 11.20 | 16.73 |
| 瑞士 | 14.65 | 7.19 | 10.56 | 0.86 |
| 瑞典 | 16.07 | 257.98 | 9.51 | 34.90 |
| 爱尔兰 | 14.65 | 1.67 | 8.92 | 17.58 |

资料来源:中国商务部。

### 3.“一带一路”沿线新兴市场成为服务外包增长的新引擎

自“一带一路”倡议实施以来,中国服务外包的国际市场空间得到扩展,在推动中国技术、设计、标准和服务“走出去”中发挥了重要支撑作用。2013 年中国承接“一带一路”沿线服务外包执行额 72.2 亿美元。2014 年承接“一带一路”沿线服务外包执行金额 98.4 亿美元,同比增长 36.3%,高于当年离岸外包执行金额增速 13.2 个百分点。2015 年承接“一带一路”沿线服务外包合同金额 178.3 亿美元,同比增长 42.6%,高于整体增速 20.5 个百分点;执行金额 121.5 亿美元,同比增长 23.5%;高于整体增速 4.5 个百分点。2016 年承接“一带一路”沿线国家和地区服务外包合同金额 161.46 亿美元,占离岸合同总额的 16.9%;执行金额 121.23 亿美元,占离岸外包总量比重的 17.2%。2017 年承接“一带一路”服务外包业务合同额 312.5 亿美元、执行额 152.7 亿美元,分别相当于 2013 年的 3.1 倍和 2.1 倍。说明“一带一路”沿线服务外包的市场潜力正在加速释放。详见图 1-7。

从沿线主要区域来看,中国与“一带一路”沿线地区在服务外包领域合作主要集中在新加坡、印度、伊拉克、马来西亚、俄罗斯、越南、泰国、巴基斯坦、沙特阿拉伯等 10 个国家。2016 年承接上述 10 国的服务外包执行金额 89.2 亿美元,占比达 73.6%。其中承接伊拉克的服务外包执行金额增长最快达 67.5%。就地区而言,东南亚 11 国是中国的主要发包地,其中新加坡、马来西亚、印度尼西亚是主要发包国。2015年中国承接东南亚国家服务外包合同金额89.9亿美元、执行金额63.2亿美元，同比分别增长30.6%和17.3%，占比分别为50.4%和52.0%。2016年来自东南亚11国的服务外包执行金额23.5亿美元，占比54.2%。随着我国与东南亚国家的海陆空网互联互通、国际产能合作等不断推进，市场基础不断成熟，尤其受华人文化圈和地缘优势的影响，该区域具有持续增长的空间。其次是西亚、南亚地区。西亚主要发包国是沙特阿拉伯、伊拉克等国家，印度、巴基斯坦等是南亚的主要发包国家。2015年中国承接西亚国家的服务外包合同金额43.5亿美元、执行金额25.2亿美元，同比分别增长113%和61.5%；承接南亚地区国家的服务外包合同金额22.8亿美元、执行金额17.85亿美元，同比分别增长40.1%和35.4%。随着我国对西亚和南亚地区基础设施、交通运输、港口、能源、装备、信息通信等领域的投资合作日益广泛，这两大地区将会更多地释放信息技术、工程技术、专业服务等外包需求，推动我国对“一带一路”沿线服务外包增长。此外，俄罗斯、蒙古国、中亚、中东欧地区与中国服务外包合作逐渐增多。2015年中国承接俄罗斯、蒙古国及中亚五国服务外包合同金额141.1亿美元，同比增长10.6%。2016年中国承接中东欧16国服务外包执行额增长达26.3%，是增长最快的区域。详见图1－6。

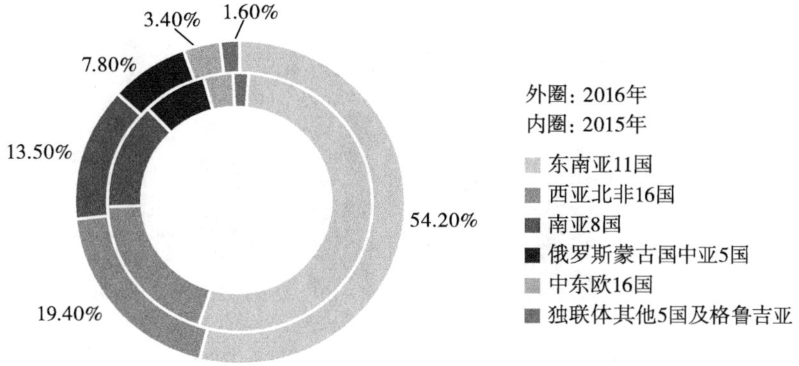


**图1－6　2016年“一带一路”沿线国家（地区）服务外包合同执行金额占比情况**

资料来源：中国商务部。

## （五）吸纳高端人才就业能力增强，人才素质不断提升

### 1. 人才结构以大学生为主，不断向高端化发展

2011—2015年服务外包产业就业人数年均增长率为23.3%。2015年服务外包产业新增从业人员127.5万人，吸纳就业总数734.7万人，同比增长21%，相当于2011年的2.3倍；2016年新增从业人员121万人，同比增长16.47%。虽然从业人员增长呈现波动状态，但仍保持了较高增速，说明这一新兴服务业活力旺盛。截至2016年全国服务外包产业从业人员855.7万人。尤其是服务外包产业由北京、上海、广州、深圳等一线城市向二、三线城市转移，河北、河南、湖北、江西等新增就业人员数量增幅较大。

大学生始终是服务外包产业就业的主体。2011—2015年期间全行业大学生就业人数从223万人增加到471.6万人，占服务外包就业总人数比重平均为66%左右。2016年服务外包产业新增大学（含大专）以上学历就业人数80万人，占新增从业人数的65.9%，全行业吸纳大学就业551.3万人，相当于2011年的2.5倍，占比64.4%。2015年、2016年大学生就业人数占比较2014年下降2个百分点左右，说明研究生比重有所上升。2017年大学生从业人数43.47万人。详见图1-7。

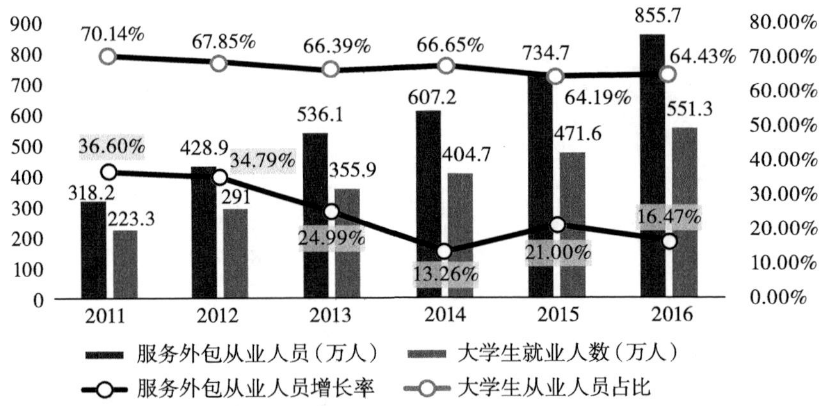


**图1-7　2011—2016年服务外包从业人员情况**

资料来源：中国商务部。

**2. 服务外包培训规模不断扩大，并形成了以外包企业、培训机构、职业学院为主体的人才培训体系**

2011—2015年中国服务外包受训人员数量从103万人增加到191.2万人；其中2015年服务外包业新增受训人数33.3万人，同比增长21.1%。截至2016年，累计受训人数总规模达216万人。服务外包园区、大型服务外包企业作为主要人才培训基地，依托政府支持和优惠政策，加强与高校合作，积极创新人才培养模式，开设包括嵌入式软件、数字媒体技术、现代物流、动漫设计与制作、通信网络与设计等专业课程，将高校的人才资源优势、学科优势和企业的实践优势相结合，有效提高了在校大学生的能力培养。如，中软国际培训中心与400多所大专院校及教育机构展开合作，东大软件学院与IBM、Microsoft等公司建立了企业的实习基地和校内的联合实验室。详见图1-8。

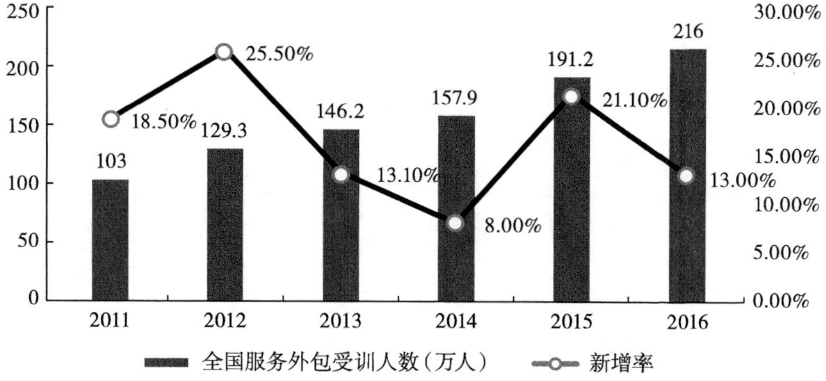


**图1-8 2011—2016年中国服务外包受训情况**

资料来源：中国商务部。

## （六）示范城市引领带动作用突出，产业园区集聚效应越来越显著

2009年21个示范城市在中国服务外包产业规模中离岸业务的占比为87.39%，近几年来基本保持这一水平。2015年21个示范城市离岸外包合同执行金额561.2亿美元，相当于2010年的4.1倍，全国占比86.8%。截至2015年21个服务外包示范城市共聚集服务外包企业20920家，相当于2009年（7013家）的2.98倍，全国占比61.94%，较2009年（78.36%）下降了16.42%，服务外包产业在全国普及率不断提高是导致示范城市比重下降的主要原因。截至

2015 年 21 个服务外包示范城市累计认证数量达 9356 个，获得 13 项国际认证 5354 个，分别占全国总量的 60. 4%、61. 0%；从业人员 443. 7 万人，全国占比为 60. 39%。

2016 年全国服务外包示范城市增加到 31 个[①]，完成服务外包执行金额 999. 2 亿美元，占全国比重为 93. 9%；离岸执行金额 657. 9 亿美元，占全国比重为 93. 4%。其中南京、无锡、苏州等前 10 位示范城市服务外包执行额共计 747. 9 亿美元、离岸外包执行金额共计 519. 4 亿美元，占示范城市比重分别达 74. 85% 和 78. 95%，说明服务外包产业主要集中在上述 10 大城市。2016 年新增的 10 个示范城市服务外包合同金额 102. 1 亿美元，占示范城市规模的 10. 2%；离岸外包执行额约 61 亿美元，同比增长 32. 2%，高于示范城市和全国平均增速，成为服务外包产业新的增长极。2017 年示范城市承接的服务外包执行额 1154. 3 亿美元，离岸外包执行额 730. 1 亿美元，分别占全国比重的 91. 5% 和 91. 6%。说明示范城市的服务外包产业国际竞争力增强。见表 1 – 5、图 1 – 9、图 1 – 10。

**表 1 – 5　2010—2017 年服务外包示范城市产业发展状况**

单位：万人、亿美元、项

| 指标 | 2010 年 | 2011 年 | 2012 年 | 2013 年 | 2014 年 | 2015 年 | 2016 年 | 2017 年 |
|---|---|---|---|---|---|---|---|---|
| 示范城市个数 | 21 | 21 | 21 | 21 | 21 | 21 | 31 | 31 |
| 示范城市新增外包企业数 | 2625 | 2702 | 2541 | 2325 | 2200 | 1437 | 3226 | 2462 |
| 全国新增外包企业数 | 3756 | 4233 | 4220 | 3599 | 3309 | 5644 | 5506 | 4173 |
| 示范城市占比 | 69. 9% | 63. 8% | 60. 2% | 64. 6% | 66. 5% | 25. 5% | 58. 6% | 59. 0% |
| 示范城市新增外包从业人员 | 54. 3 | 66. 5 | 71. 5 | 56. 6 | 49. 4 | 24. 2 | 84. 2 | 47. 2 |
| 全国新增外包从业人员 | 78. 1 | 85. 4 | 110. 7 | 106. 5 | 71. 1 | 127. 7 | 121. 2 | 73. 4 |
| 示范城市占比 | 69. 5% | 77. 9% | 64. 6% | 53. 1% | 69. 5% | 19. 0% | 69. 5% | 64. 3% |

① 2016 年国务院印发《商务部 发展改革委 教育部 科技部 工业和信息化部 财政部 人力资源社会保障部 税务总局 外汇局关于新增中国服务外包示范城市的通知》（商服贸函〔2016〕208 号），沈阳、长春、南通、镇江、宁波、福州（含平潭综合实验区）、青岛、郑州、南宁、乌鲁木齐等 10 个城市入选中国服务外包示范城市。

续表

| 指标 | 2010 年 | 2011 年 | 2012 年 | 2013 年 | 2014 年 | 2015 年 | 2016 年 | 2017 年 |
|---|---|---|---|---|---|---|---|---|
| 示范城市外包合同执行金额 | 185. 4 | 294. 4 | 417. 2 | 556. 9 | 711. 9 | 816. 3 | 999. 2 | 1154. 3 |
| 全国外包合同执行金额 | 198 | 323. 9 | 465. 7 | 638. 5 | 813. 4 | 966. 9 | 1064. 6 | 1261. 4 |
| 示范城市占比 | 93. 6% | 90. 9% | 89. 6% | 87. 2% | 87. 5% | 84. 4% | 93. 9% | 91. 5% |
| 示范城市离岸外包执行金额 | 135. 4 | 219 | 305 | 402. 9 | 497. 1 | 561. 2 | 657. 9 | 730. 1 |
| 全国离岸外包执行金额 | 144. 5 | 238. 4 | 336. 4 | 454. 1 | 559. 2 | 646. 4 | 704. 1 | 796. 7 |
| 示范城市占比 | 93. 7% | 91. 9% | 90. 7% | 88. 7% | 88. 9% | 86. 8% | 93. 4% | 91. 6% |
| 示范城市在岸外包执行金额 | 47. 9 | 74. 5 | 112. 2 | 154 | 214. 8 | 255. 2 | 340. 9 | 424. 2 |
| 全国在岸外包执行金额 | 53. 5 | 85. 5 | 129. 3 | 184. 4 | 254. 2 | 320. 5 | 360. 5 | 464. 7 |
| 示范城市占比 | 89. 5% | 87. 1% | 86. 8% | 83. 5% | 84. 5% | 79. 6% | 94. 6% | 91. 3% |
| 示范城市 ITO | 86. 3 | 126. 6 | 171. 4 | 221. 9 | 267. 2 | 288. 7 | 315. 8 | 344. 3 |
| 全国 ITO | 91. 7 | 138. 7 | 188. 7 | 248 | 293. 5 | 316. 9 | 330. 5 | 364. 2 |
| 示范城市占比 | 94. 1% | 91. 3% | 90. 8% | 89. 5% | 91. 0% | 91. 1% | 95. 6% | 94. 5% |
| 示范城市 BPO | 27. 2 | 34. 8 | 46. 8 | 55. 5 | 69. 3 | 78. 4 | 105. 3 | 120. 1 |
| 全国 BPO | 29. 3 | 38. 2 | 52 | 63. 5 | 79 | 91. 7 | 116. 6 | 129. 3 |
| 示范城市占比 | 92. 8% | 91. 1% | 90. 0% | 87. 4% | 87. 7% | 85. 5% | 90. 3% | 92. 9% |
| 示范城市 KPO | 19. 2 | 57. 6 | 86. 8 | 125. 5 | 160. 6 | 194. 1 | 236. 8 | 265. 7 |
| 全国 KPO | 20. 2 | 61. 5 | 95. 6 | 142. 6 | 186. 7 | 237. 8 | 257. 1 | 303. 3 |
| 示范城市占比 | 95. 0% | 93. 7% | 90. 8% | 88. 0% | 86. 0% | 81. 6% | 92. 1% | 87. 6% |
| 示范城市新增国际资质 | 683 | 532 | 552 | 706 | 881 | 468 | 927 | 892 |
| 全国新增国际资质 | 1065 | 878 | 991 | 1190 | 1389 | 1491 | 1643 | 1303 |
| 示范城市占比 | 64. 1% | 60. 6% | 55. 7% | 59. 3% | 63. 4% | 31. 4% | 56. 4% | 68. 5% |

资料来源：商务部。

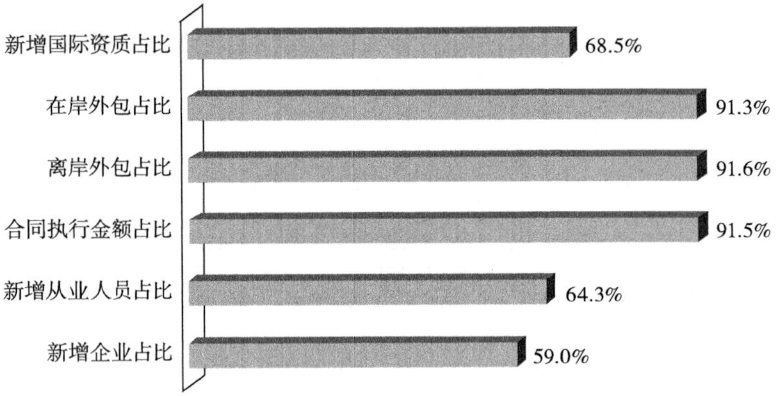


图 1－9　2017 年示范城市服务外包业务全国占比

## （七）东部地区辐射能力增强，区域发展更加协调融合

### 1. 服务外包产业主要分布在东部沿海城市

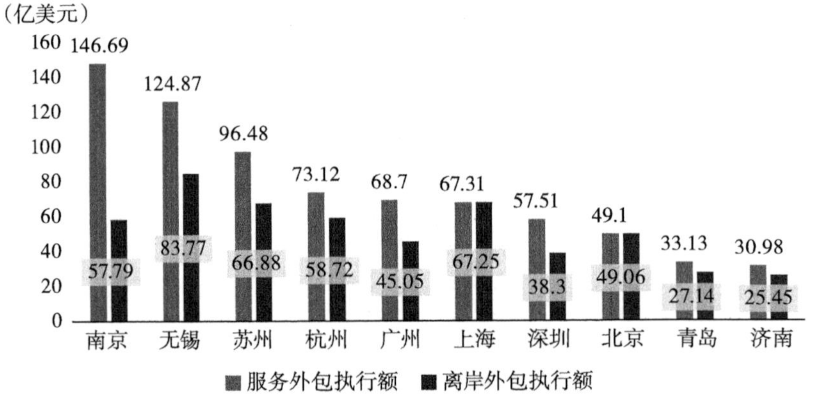


图 1－10　2016 年前 10 位服务外包示范城市的增长情况

“十一五”期末长三角、环渤海、珠三角城市占全国总量的 91.5% 左右，中西部城市仅占 8.5% 左右。尤其是长三角地区具有明显优势，形成了以上海、南京、苏州、杭州、无锡 5 个示范城市为主要聚集区，辐射带动周边地区发展的格局。“十二五”以来，由于中西部城市基础设施不断完善，人力、土地、资源等要素成本较低，且科技人力资源较为丰富等优势，不断吸引国内外服务外包企业加速转移和集聚。2016 年东部地区服务外包执行金额和离岸服务外包执行金

额分别占全国比重的85.5%和87%。2016年中西部地区服务外包执行金额分别占8.4%、4.6%,其中中西部地区新增企业数量和服务外包执行金额分别增长181.3%和23.6%。成都、重庆、武汉、西安、合肥对跨国公司的吸引力越来越明显,已经成为有一定影响力的国际服务外包交付中心。

**2. 东部与中西部城市之间已经形成了明显的分工关系和融合发展的态势**

成本因素和产业发展布局的因素,导致一些总部位于北京、上海的外包企业加快在中西部城市设立交付中心,加速东中西部产业链融合,形成了"一线接单,二三线交付"的产业链布局,促进了中西部地区根据当地资源禀赋参与价值链分工,带动了中西部服务外包发展,从而提升了中西部开放型经济水平。随着京津冀协同发展战略、长江经济带战略、粤港澳大湾区战略等有效实施,将有利于提高北京、上海、南京、深圳、广州等中心城市的服务外包产业辐射能力。如,北京受疏解非首都功能的影响将产生服务外包企业迁移到周边和其他地区,由此带动其他地区发展。

**3. 东部沿海、北部沿海和南部沿海三个经济区①的服务外包规模持续处于全国领先地位**

2014年、2015年、2016年上述三个经济区合计均占全国的85%以上。其中东部沿海综合经济区(上海、江苏、浙江)规模最大、集聚度最高,2015年服务外包执行金额541.6亿美元、离岸外包执行金额344.8亿美元,占比分别为56%、53.3%,2016年服务外包执行金额590.3亿美元、离岸外包执行金额373.1亿美元,占比分别为56.5%、53.0%。其次是北部沿海综合经济区(北京、天津、河北、山东),2015年服务外包执行金额147.7亿美元、离岸外包执行金额124.2亿美元,占比分别为15.3%、19.2%,2016年服务外包执行金额148.5亿美元、离岸外包执行金额129.1亿美元,占比分别为14.2%、18.3%。

---

① 根据国务院发展研究中心《地区协调发展的战略和政策》报告中提出的新的综合经济区域划分,把全国(港、澳、台除外)划分为八大综合经济区域:黄河中游经济区(陕西、山西、河南、内蒙古)、长江中游经济区(湖北、湖南、江西、安徽)、东北经济区(辽宁、吉林、黑龙江)、北部沿海经济区(北京、天津、河北、山东)、东部沿海经济区(上海、江苏、浙江)、南部沿海经济区(福建、广东、海南)、大西南经济区(云南、贵州、四川、重庆、广西)、大西北经济区(甘肃、青海、宁夏、西藏、新疆)。

再次是南部沿海综合经济区（福建、广东、海南），2015 年服务外包合同执行金额 133.2 亿美元，离岸合同执行金额为 93.1 亿美元，占比分别为 13.8%、14.4%，2016 年服务外包执行金额 165.5 亿美元、离岸外包执行金额 112.0 亿美元，占比分别为 15.8%、15.9%。

**4. 黄河中游经济区增速最快**

2015 年黄河中游综合经济区（陕西、山西、河南、内蒙古）服务外包执行金额和离岸外包执行金额同比增长分别达到 200.9% 和 39.6%，增速居首位；其次是南部沿海综合经济区，2015 年服务外包执行金额和离岸外包执行金额同比增长分别为 22.8% 和 27%；长江中游综合经济区、东北综合经济区增速略有上升；东部沿海综合经济区、北部沿海综合经济区及大西南综合经济区均有所放缓；大西北综合经济区仍延续下滑趋势。详见表 1－6。

**表 1－6　2014 年、2015 年全国各综合经济区域服务外包情况**

| 综合经济区域 | 2014 年离岸服务外包合同执行金额 | | | 2015 年离岸服务外包合同执行金额 | | | 2014 年服务外包合同执行金额 | | | 2015 年服务外包合同执行金额 | | |
|---|---|---|---|---|---|---|---|---|---|---|---|---|
| | 规模（万美元） | 同比（%） | 全国占比（%） | 规模（万美元） | 同比（%） | 全国占比（%） | 规模（万美元） | 同比（%） | 全国占比（%） | 规模（万美元） | 同比（%） | 全国占比（%） |
| 黄河中游地区 | 41185.9 | －29.1 | 0.7 | 57510 | 39.6 | 0.9 | 73810.5 | －20.8 | 0.9 | 222113 | 200.9 | 2.3 |
| 长江中游地区 | 192323.2 | 6.3 | 3.4 | 212435.5 | 10.5 | 3.3 | 463191.9 | 21.2 | 5.7 | 555889.8 | 20 | 5.7 |
| 东北地区 | 268376.7 | 4.8 | 4.8 | 291781 | 8.7 | 4.5 | 320426.6 | 15.4 | 3.9 | 355595.2 | 11 | 3.7 |
| 北部沿海地区 | 1177161 | 22.4 | 21.1 | 1241849 | 5.5 | 19.2 | 1314611 | 24.1 | 16.2 | 1477353 | 12.4 | 15.3 |
| 东部沿海地区 | 2910160 | 27.9 | 52 | 3448158 | 18.5 | 53.3 | 4590694 | 31.2 | 56.4 | 5415848 | 18 | 56 |
| 南部沿海地区 | 733047.2 | 25.1 | 13.1 | 931008.7 | 27 | 14.4 | 1085282 | 28.2 | 13.3 | 1332418 | 22.8 | 13.8 |
| 大西南地区 | 270048.8 | 21.6 | 4.8 | 280761.3 | 4 | 4.3 | 284524.3 | 26.6 | 3.5 | 309588.5 | 8.8 | 3.2 |
| 大西北地区 | 103.6 | －75.7 | 0 | 63.6 | －38.6 | 0 | 1169 | －17.5 | 0 | 289.7 | －75.2 | 0 |
| 全国合计 | 5592406 | 23.1 | | 6463567 | 15.6 | | 8133708 | 27.4 | | 9669095 | 18.9 | |

资料来源：中国商务部、中国服务外包研究中心。

# 二、当前服务外包产业面临的主要问题

## （一）服务外包企业国际竞争力仍然比较薄弱

### 1. 服务外包企业仍以中小规模为主，综合效益、国际化程度有待提升

目前中小企业占服务外包企业总数的99%。2016年7月普华永道发布“全球软件百强企业”报告显示，全球软件重点企业美国占比达75%，排名前20的软件企业有15家是美国企业；其次是欧洲、加拿大和日本企业，占比为22%；中国企业仅有东软集团一家入围。中国与印度相比也存在较大差距，印度拥有WiPro、HCL、Infosys、TCS等国际知名软件外包企业，2015年仅TCS一家营业额就达145亿美元，但当年43家火炬软件计划产业基地园区平均每家企业收入仅6075万元。根据课题组问卷调研（王晓红、朱福林，2015）结果显示[①]，从人员规模来看，企业人数在1000人以下的占72.9%，1000人以上的大型企业占比不足1/3，其中特大型（5000～10000人）仅占17.1%，10000人以上的超大型企业仅占2.9%。从营业收入规模来看，年收入低于1亿元人民币的企业占75.7%，其中低于5000万元人民币的占64.3%，高于1亿元人民币的占24.3%，超过5亿元人民币的不到5%。在调研企业中，有近60%的企业承接离岸外包业务在50%以下，其中43.9%的服务外包企业离岸率低于30%，服务外包离岸率占比超过50%的企业仅占41%。说明中国服务外包企业多数以国内业务为主，国际化能力还有待大幅提高。目前服务外包企业在国外设立交付中心、参与国际并购数量都较少。

### 2. 承接外包业务主要位于价值链中低端，高端服务供给能力较弱

中国与印度相比高端专业技术缺乏，许多印度企业能够为发包企业提供全方位咨询和系统服务，而中国多数企业缺乏整体解决方案、系统服务和集成能

① 2015年期间社科基金重大项目《扩大我国服务业对外开放的路径与战略研究》之子课题《服务外包：开放发展与能力提升》调研组，共向北京、上海、合肥、成都等4个示范城市的100家服务外包企业发放了调研问卷，回收有效问卷69份，该数据根据这69份问卷的结果计算得到。

力。一项调查表明,中国只有22%的服务外包企业实施了六西格玛,60%的企业采用ISO标准,而国际服务外包企业的这个比例分别为47%和76%。反映出中国服务外包企业在业务标准化程度方面还存在较大差距。

**3. 自主创新能力较弱,创新投入不足**

中国服务外包企业的技术研发投入仅占4%,制约了企业技术创新能力的提升。服务外包企业难以享受国家重大招标项目政策和参与国家重大科研项目。尤其是一些服务外包企业通过海外并购在境外上市后成为国际企业、有了所谓"国际背景"之后,涉及系统集成、信息安全等国家项目通常被排斥在外,从而影响了这类企业开拓服务外包市场。

### (二)成本过快增长导致企业负担过重,国际服务外包吸引力有所弱化,促使离岸外包向越南、菲律宾、马来西亚等东南亚国家转移

近年来,服务外包企业的人力成本及融资、土地、资金、交通、通信、水电、税收等要素成本全面快速上升。人力成本在服务外包企业总成本中一般占60%~70%。近年来,企业工资水平年均增幅达10%左右,加上44%的"五险一金"缴费,总体上使中国企业成本高于印度20%~25%①。据调查,2016年一些软件企业人员工资总额增长15.3%,人均工资增长8%;全国软件开发者中平均月薪1万元以上者占45%,较2015年上升12%;月薪2万元以上者占比增长67%。2010年以来,服务外包企业逐渐由北京、上海、广州、深圳等一线城市向西安、武汉、成都等二、三线城市转移,但目前二、三线城市的成本优势也逐渐减弱。这些因素都将导致离岸外包向印度、越南、菲律宾、马来西亚等东南亚国家转移。综合成本上升导致许多外包企业不堪重负、惨淡经营,虽然营业收入增长,但利润呈下滑态势,严重影响了企业创新能力和市场竞争力。

### (三)中高端人才供给严重不足是困扰服务外包产业发展的主要瓶颈

中高端人才缺口较大,严重影响了企业承接国际服务外包能力,尤其是承接高端价值链业务竞争力,这一问题长期未能很好解决。中国服务外包研究中

① 中国服务外包研究中心调查数据。

心(2012年)调查,有40%的企业认为难以吸引高端人才,38%的企业认为难以招到中端人才,尤其缺少具备丰富的垂直行业知识和商务运营经验、较强技术开发管理能力、外语较高水平的高端专业技术和管理人才。高精尖人才培养渠道狭窄,企业待遇不高对人才吸引力较弱等都是重要因素。根据课题组问卷调研(2015)结果显示,有81%的服务外包企业研究人员占比低于10%,仅有20%左右的企业研究人员高于10%,说明目前服务外包企业研发人才匮乏,严重影响了企业的创新能力和承接高端业务能力。

### (四)公共服务体系建设比较薄弱是影响企业参与国际竞争的重要因素

目前全国服务外包平台建设存在投入不足,技术研发、信息服务、市场交易、大数据、云计算等平台建设不完善等问题,导致资源难以共享;行业协会在国际市场中缺乏影响力,导致我国在国际市场推介服务外包企业、树立服务外包品牌缺乏力度;行业标准制定不完善,服务外包企业的服务标准、服务质量和服务水平参差不齐,尤其是在承接离岸业务时不利于抱团获得海外订单。此外,知识产权服务体系还不够健全,知识产权保护力度不足、信息安全环境较差也是制约国际发包商继续扩大在中国业务的原因之一。

## 三、推动服务外包转型升级的主要思路

第一,以创新驱动为引领,推动服务外包价值链向高端跃升。着力提高软件研发、集成电路设计、云计算等信息技术外包的整体解决方案和系统集成能力;拓展金融、供应链管理、电子商务平台等业务流程外包的价值增值空间;扩大数据分析、工业设计、工程技术、管理咨询、医药和生物技术研发、文化创意等知识流程外包的规模效益。鼓励外包企业加大创新投入,在技术研发、交付模式、业务流程、经营管理等方面创新变革,支持有条件的外包企业参与国家重大科技招标项目,提升系统设计、整体解决方案等高端服务能力。加强服务外包园区大数据、云计算等创新平台、创客空间的建设,推动众包、众创、众筹等社会创新模式。强化服务外包标准体系建设,在重点领域制定一批具有国际领先水平的标准,提高主导权和话语权。

第二，以提高企业国际竞争力为导向，构建协同发展、互利共赢、竞争有序的服务外包企业生态。注重发挥领军企业在接包、品牌、创新、标准、网络渠道等方面的优势，带动中小外包企业参与国际竞争，打造中国服务外包整体品牌。支持服务外包企业通过国内企业重组快速壮大规模，通过开展国际并购获取关键技术、高端人才、品牌渠道等战略资源，提升核心竞争优势。同时，注重发挥外资企业优势，加强吸引跨国公司的信息技术、研发设计、物流供应链管理、财务结算、专业咨询等服务机构，鼓励在华跨国公司向内资企业外包服务。政府应进一步放宽市场准入，改善营商环境，提高出口退税效率，降低税费及房租、水电、土地价格，切实降低企业综合成本。同时加大在技术研发、引进人才、国际资质认证、培训教育等方面的财政补贴力度。

第三，以专业化、国际化、高端化为目标，加快服务外包人才体系建设。注重发挥高等教育的基础性和支撑性作用，支持985、211院校设置服务外包相关专业。建立创新创业和技能人才培养相结合的培训机制，发挥服务外包企业、培训基地、培训学院的作用，共同推动岗前培训、岗位培训、委托培训、定制培训、线上线下培训等多样化模式。不断完善国际化高端人才的引进政策和激励机制。

第四，以在岸促离岸为抓手，推动国际国内服务外包市场融合发展。金融危机之后，由于国际市场大幅萎缩，一批外包企业将重点转移到在岸业务，增强了规模效益和实力，由此带动了国际业务的发展。我国在岸市场规模巨大，对于夯实服务外包企业基础、做大做强提供了有利条件。随着“中国制造2025”战略推进，网络智能制造、服务型制造、绿色制造的发展将释放大量的软件与信息服务市场需求；数字化和信息化在政府、医疗、教育等部门的广泛应用也将产生大量外包服务。应引导支持外包企业服务国内市场，培育一批专业化、品牌化的优质服务供应商，为承接离岸外包奠定有利基础。

第五，以“一带一路”建设为契机，形成发达国家与发展中国家双向拓展的全球市场战略布局。多数“一带一路”沿线国家工业化和信息化滞后，为中国服务外包企业拓展国际空间，推动中国标准和品牌“走出去”提供了重要机遇。应在继续保持传统发包市场主导地位的同时，稳步开拓“一带一路”市场。利用基础设施互联互通、产能合作、装备合作的重大项目，带动研发设计、信息技术、供应链管理、广告创意、金融等服务外包。利用沿线自贸区政策优势，强化境外经贸合作区、产业园区等平台载体的服务配套功能，不断扩大服务外包规模。

## 参考文献

[1]王晓红．中国服务外包：跨越发展与整体提升[M]．太原：山西经济出版社，2012.

[2]王晓红．提升服务外包产业竞争力的五个思路[N]．经济日报，2017－08－18.

[3]王晓红，张素龙，李庭辉．中国服务外包产业蓝皮书（2016—2017）[M]．北京：人民出版社，2018.

[4]中国国际投资促进会、中欧国际工商学院、中国服务外包中心．中国服务外包发展报告，2007.

[5]中国服务外包中心．中国服务外包发展报告，2016，2017.

[6]商务部．中国软件出口发展报告，2015，2016.

[7]商务部．中国服务贸易发展报告，2017，2018.

# Ⅱ　专 题 篇

# 专题一　全球服务外包产业发展现状和趋势

敬艳辉[1]

## 一、全球服务外包产业发展情况

### （一）全球经济形势分析

2017年，受投资、贸易和制造业生产回升的拉动，全球经济复苏步伐加快，是近年来表现最好的一年。根据国际货币基金组织数据，2017年全球国内生产总值（GDP）增长3.7%，主要经济体都取得了较好成绩，美国在2016年增速大幅下滑的基础上强劲反弹至2.3%，欧元区取得了七年来经济最高增速2.5%，日本达到了四年来的最高增速1.5%，中国则是在连续六年GDP增速下滑情况下增速反弹达到6.9%。

全球主要经济体制造业出现回暖，美国采购经理指数（PMI）最高达到60，欧元区PMI最高为58，达到近年来最高点；其次是日本，PMI全年集中在52～54。发达经济体货币政策正常化，特别是美联储加息和“缩表”叠加，将增大全球债务成本，导致资产价格重估和金融市场波动。美国实施减税法案将加剧主要经济体竞争性减税，对制造业布局和跨境资本流动产生重大影响。

新兴市场与发展中经济体整体增速止跌回升。新兴市场与发展中经济体GDP增速于2010年达到7.5%的历史最高水平，此后逐年下降，2016年与2015年均稳定在4.3%的水平，2017年实现七年以来的首次回升。独联体国家GDP

① 敬艳辉，中国商务部服务贸易和商贸服务业司副处长。

增长率从2016年的0.4%提高到2017年的2.1%。亚洲新兴经济体继续强劲增长,2017年GDP增长6.5%。阿根廷和巴西均扭转了负增长态势,分别由2016年的-2.2%和-3.6%提高到2017年的2.5%和0.7%。

总体上看,全球经济复苏和外需回暖,对促进服务业开放发展具有一定的带动作用。据世界贸易组织(WTO)统计,2017年全球服务进出口总额10.4万亿美元,同比增长7.1%;联合国贸易和发展会议(UNCTAD)统计显示,服务业占全球外商直接投资(FDI)存量比重持续保持在60%以上。云计算、大数据、人工智能等新一代信息技术的发展应用及与实体经济的深度融合,将为服务外包产业转型发展带来更多机遇。

## (二)全球服务外包发展规模

全球服务贸易增长的主要动力来源于服务外包的持续快速增长。互联网的广泛应用以及大数据、物联网、移动互联、云计算等新一代信息技术的快速发展,带动全球服务外包的市场需求增长、技术创新和服务模式创新,推动服务贸易的快速增长。

2016年全球离岸服务外包市场规模达2137.9亿美元,同比增长6.9%,增长速度超过全球服务外包市场。其中信息技术外包(ITO)、业务流程外包(BPO)和研发服务外包(R&D)规模分别约为1019.6亿美元、465.2亿美元和653.1亿美元,占比分别为47.4%、21.8%和30.5%,增长速度分别为6.0%、7.5%、7.8%。其中,传统的离岸ITO增长放缓,BPO、R&D增长较快。详见图2-1。

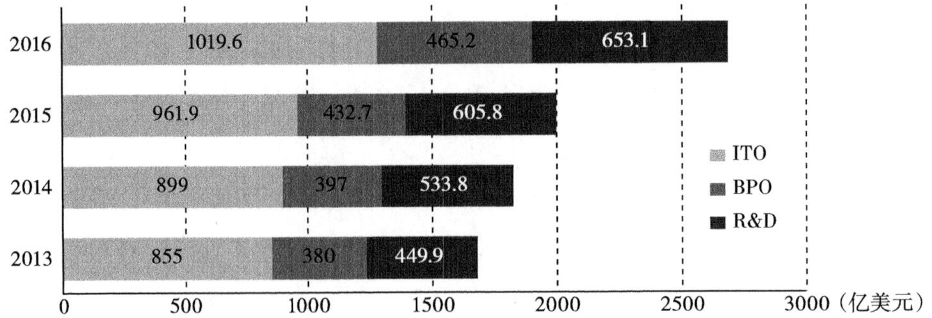


**图2-1　2013—2016年全球离岸服务外包市场规模**

资料来源:基于国际数据公司(IDC)和中国服务外包研究中心(COI)研究。

## 二、主要发包市场分析

2016 年,在全球信息技术(IT)服务市场中,美洲是全球规模最大的市场,占据了 51.7% 的份额,增长率为 3.2%;欧洲、中东和非洲占据了 31.3% 的份额,增长率为 1.7%;亚太是增速最快的市场,占据了 17% 的份额,增长率为 6.8%。在全球业务流程外包市场,美洲依然是全球规模最大的市场,占据了 62% 的份额;欧洲、中东和非洲占据了 21% 的份额,增长率为 2%;亚太市场份额为 16%,但增速最快。在全球 IT 离岸服务外包市场中,美国占比 67%,其次是英国,占比 9.2%,整个欧洲、中东、非洲地区发包金额占比达到 23%,亚太地区则接近 10%。

### (一)美洲地区

美洲地区主要包括北美地区的美国、加拿大、墨西哥,以及巴西等拉丁美洲国家。WTO 统计数据显示,2016 年美洲地区服务进口规模 7831 亿美元,2017 年为 8361 亿美元,同比增长 6.8%。据信息服务集团(ISG)对大额合同监测,2016 年该地区 500 万美元以上大额合同发包规模约 184 亿美元,较上年增长 14%,主要得益于即服务(as a service)的迅速发展。美洲地区的服务外包业务以 ITO 为主,占比达 70%。金融、制造、电信媒体、医疗健康、商业服务业是该地区最主要的发包行业。2016 年银行金融服务发包增长 12%,医疗健康、商业服务领域发包规模也增长良好。长期来看,美洲地区外包市场规模呈持续增长态势。

美国是美洲地区最主要的发包国家,也是全球离岸 IT 服务外包领域最大的发包国。成本、人才、信息安全、市场拓展、文化法律及风险控制是美国企业选择接包商的主要考虑因素。印度、菲律宾、中国、马来西亚等亚洲国家,巴西、墨西哥、智利等美洲国家是其主要的接包地。其中,墨西哥和巴西近岸外包发展较快。

近年来,美国软件和信息服务产业增长迅速。2017 年美国信息产业实现国内增加值 9319 亿美元,同比增长 3.1%。特朗普政府出台减税法案,吸引美国企业汇回海外留存利润，推出新的移民政策减少工作签证发放数量，吸引制造业和服务业回流，引导印度、中国等主要接包国企业加快在美设立交付中心的步伐。

### （二）欧洲地区

据WTO统计，2016年欧洲地区服务进口规模约20251亿美元，2017年为21468亿美元，增长6%。据高德纳（Gartner）、国际数据公司（IDC）等咨询机构分析，欧洲、中东和非洲地区（EMEA）在IT服务市场占比约31.3%，在业务流程管理服务市场占比约21%。ISG大额合同监测显示，2016年该地区大额合同发包规模147亿美元，其中传统外包业务份额仍较大但呈下降态势，随着云计算发展应用，即服务业务加速增长。

欧洲服务外包主要行业是银行与金融服务、电信行业、政府部门、能源与公共事业部门、旅游与物流业以及制造业。英国、德国、法国、荷兰、瑞士和北欧国家是主要的发包国。欧洲服务外包具有较强的“在岸”和“近岸”特征。爱尔兰、波兰、捷克，以及印度、俄罗斯和北非国家是主要接包地。近岸服务转移在欧洲占主导地位的主要原因是地理上相近，语言、文化背景方面有较大的相似性。教育、经济和文化等方面的趋同性，便宜快捷的交通与通信可以高效降低服务外包双方的沟通、合作及交通等成本。

### （三）亚太地区

WTO数据显示，2016年亚太地区服务进口规模15056亿美元；2017年为15960亿美元，增长6%，其中亚洲地区服务进口15167亿美元，增长5.8%。据Gartner、IDC等咨询机构分析，亚太地区是全球IT服务增长最快的区域，全球占比为17%，业务流程管理服务领域全球占比为16%。ISG大额合同监测显示，2016年亚太地区数字化解决方案需求持续增长，即服务强势增长，增幅超过50%。从垂直行业来看，金融服务业、电信和媒体、制造业等是主要发包行业，其中制造业发包规模增长60%，电信和媒体行业发包增长12%，而金融服务业、旅游和运输行业发包业务出现下滑。

日本、澳大利亚和新西兰是亚太地区的主要发包国家。根据ISG统计监测,2016 年,澳大利亚和新西兰发包规模增加,但合同数减少 1/5;东南亚和韩国发包市场总体不大但规模有所增加;在日本、中国和印度市场,发包项目和规模均有所下降。日本信息化建设已经进入平稳发展阶段,软件和信息产业市场基本维持在微幅增长的状态,但本土人才供给不足,对外发包需求依然旺盛。美国 MarketLine 预测未来日本软件和信息服务产业市场基本保持年均增长 1.7% 左右的水平,到 2020 年软件和信息服务产业达到 8.43 兆日元(约 800 亿美元)规模。日本的接包市场主要集中在中国并逐步向东南亚国家转移。

## 三、主要接包国产业发展分析

政治风险、地缘远近、市场潜力、政府政策、人才结构、综合成本、信息安全、文化包容、营商环境等是发包国家选择离岸目的地国家的主要因素。2017 年,美国管理咨询公司 A. T. Kearney 通过金融吸引力、人才技能和可获得性、商业环境三个方面对 55 个国家进行分析研究,发布了全球离岸服务外包目的地指数(Global Services Location Index, GSLI)排名,印度、中国和马来西亚保持前 3 位。这项排名有助于发包企业在全球寻找最佳的离岸服务外包的合作伙伴。结合 GSLI 排名,本专题对全球主要接包国的发展形势、主要市场、领域和产业优势进行比较分析。

### (一)印度

根据印度软件和服务业企业行业协会(NASSCOM)报告,2017 财年印度信息技术及商业流程管理(IT/BPM)产业规模达 1540 亿美元,同比增长 8%,高于同期印度 GDP 增速,其中,离岸市场规模达 1170 亿美元,同比增长 8.3%,约占印度服务出口额的 47%。印度 IT/BPM 产业现有企业超过 16000 家,创造直接就业岗位 386 万个,较上年增长 4.6%。

美国和欧洲是印度离岸服务外包的主要市场,占比分别为 62%、28%,亚太地区新兴市场国家业务发展较快。从业务领域看,印度服务外包产业以 IT 服务为主,2017 财年 IT 服务外包出口收入超过 650 亿美元,定制应用开发、基础设施外包服务、应用管理是主要业务领域,占比分别达 35%、21%、12%。BPM

出口收入260亿美元，客户交互服务、财务服务、知识服务是主要业务领域，占比分别达40%、22%、21%。从垂直行业看，金融、电信、高科技、公用事业、制造业、政府服务等是印度IT/BPM最主要的业务领域。银行金融服务是印度服务外包出口最大的行业，占据41%的份额；其次是高技术和电信行业、制造业，占比分别为18%、16%。

印度发展服务外包的主要优势在于：一是人才优势，印度每年有250万信息技术、工程和生命科学领域的毕业生，人力资源丰富。同时，这些高素质人才的工资较低，仅为美国的1/3～1/5，有利于吸引发包国将业务转移到印度去完成。二是语言和文化优势，英语为印官方语言，印度员工可与美欧发包企业员工进行无障碍的沟通交流；印度高度重视工商管理教育，培养了大量既精通技术又擅长企业管理的复合型人才，许多印度裔成为美国科技企业的高管，为向印度发包业务提供了便利。三是政府的大力推动和支持，对进出口的软硬件实行免税、对服务业给予税收优惠政策，加强信息技术的知识产权保护，特别是2015年莫迪政府提出了“数字印度”倡议，斥资170亿美元用于推进技术运用，全面提升国民数字素养，打造安全可靠的网络空间，确保网络及移动平台服务的公众实时共享，为印度IT/BPM产业创造巨大的发展机遇。四是行业协会Nasscom发挥重要作用，其拥有1100家会员企业，包括200家全球性公司，积极与政府及相关职能部门沟通，协助政府制定产业规划，争取优惠支持政策，积极参与国际规则制定，推介印度服务外包国际品牌，发挥了难以替代的引领者、推动者和组织者的作用。

印度依托丰富的软件技术人才和语言优势、优惠的产业支持政策、完善的知识产权保护制度及覆盖广泛的全球交付中心，持续加快自动化和数字化转型，IT/BPM产业发展将继续保持全球的领先地位。

### （二）马来西亚

根据马来西亚外包协会（Outsourcing Malaysia）研究，2016年马来西亚全球商业服务（亦称共享中心和服务外包行业SSO）部门总收入约43亿美元，未来五年的复合年增长率有望达到10%～15%。马来西亚外包企业服务的客户中，约1/3来自欧洲，主要是政府、银行服务和保险领域；其次是美国，主要是金融、研发和IT领域。马来西亚地处南亚中心位置,又是伊斯兰国家金融交易的中心,具备较为安全的市场环境,拥有丰富的年轻、高素质劳动力及良好的教育培养体系,逐渐成为亚洲商业服务发展中心。

马来西亚发展服务外包的优势在于:一是优越的商业环境。马政府建设发达的硬件和资讯基础设施,实施具有吸引力的税收激励,宽松的外汇管制,加大研发投入,倡导吸收外资发展出口导向性产业,为发展服务外包提供优越的商业环境。二是充足的知识人才。马来西亚每年有13.5万名毕业生,大多拥有IT、客户关系管理、金融分析的资质或实习经验。人才具有娴熟技能资源且供应充足,可向客户提供高效的服务。三是宗教干扰较少。马来西亚是伊斯兰国家,在服务外包如何发展的选择问题上,其设计制定的发展政策更多是从产业升级角度展开。为推行重要的国家战略,马政府作出了"不过滤互联网内容"的承诺,使马投资环境和开放程度更具有吸引力和竞争力,也使其在全球伊斯兰国家中独树一帜。

### (三)爱尔兰

根据WTO数据显示,2017年爱尔兰电信、计算机和信息服务出口851.6亿美元,同比增长18%。爱尔兰生产了欧洲市场43%的计算机、60%的配套软件,被称为欧洲的软件之都,也是全球最大的电信、计算机和信息服务出口国之一。爱尔兰作为欧洲离岸服务外包的中心,计算机与软件服务是其外包业务的主导领域,其主要市场是美国和欧盟。作为欧盟成员和欧洲的门户,爱尔兰吸引了绝大多数全球领军软件企业、科技公司、互联网企业、IT服务企业设立欧洲总部。全球排名前10家软件公司中有9家、前20家金融服务公司中有15家、前10家制药公司中有9家,都将欧洲总部设在爱尔兰。

爱尔兰宽松的税收政策和鼓励创新的发展环境客观上推动其成为全球重要的信息技术服务市场,主要优势有:一是与欧美地理相近、文化相通。爱尔兰毗邻欧洲大陆,又是链接欧洲与美国的中转枢纽,爱尔兰在全球有7000万后裔,其中4000万在美国,在与美欧业务合作过程中具有天然的亲近感。二是优秀的高等教育和丰富的信息技术人才。爱尔兰的教育福利在欧洲首屈一指,60%的人民都接受过高等教育,每年还吸引大量海外留学生,为高科技公司提供高质量的信息技术人才。三是优惠的税收政策和稳定的营商环境。爱尔兰税收制度开放、透明，完全遵循经济合作与发展组织（OECD）指导原则和欧盟竞争法，自1975年以来一直实行12.5%的企业所得税政策。法律环境完善，遵循欧盟国家在知识产权、专利等方面的惯例，建立了严格、有效的法律规范。

爱尔兰建立一套成熟的教育、研发、税收、专利保护等良性机制，具有临近欧美、文化高度认同的优势，未来在价值链高端的服务外包环节将拥有更加美好的前景。

### （四）菲律宾

菲律宾IT和业务流程协会（IBPAP）是菲律宾全国性的服务外包企业协会，制定并发布的《菲律宾IT－业务流程管理2022年路线图》（Philippine IT－BPM Road Map 2022）显示，2016年菲律宾IT/BPM产业收入达229亿美元，其中呼叫中心及BPO业务预计收入128亿美元，IT服务收入30亿美元，健康信息管理服务24亿美元。路线图指出，菲律宾将增强在数字转型、人工智能、大数据等新兴领域的技能和能力，加速在信息技术和业务流程管理产业的发展，计划在2022年实现以下目标：创造180万直接就业和760万间接就业，73%为中高端就业，业务规模达到400亿美元，在全球离岸服务外包市场占15%的份额。

美国、日本、澳洲、韩国等是菲律宾的主要发包国。基于语言、文化、商业惯例、法律等因素的考虑，西方企业出于保持供应商多样性的考虑，往往在印度之外选择菲律宾作为发包目的地。菲律宾积极推动产业向中高价值服务拓展，包括工程服务外包、数据分析、法律流程外包、应用开发管理、系统集成、预防性健康、远程医疗管理等。

菲律宾发展服务外包的优势主要有：一是电信自由化改革，建设先进的网络基础设施。1993年，菲律宾政府通过政令引入竞争机制，在全国范围内形成电信网络。1995年，菲政府通过法案提出全力建立和发展有一定技术基础、可靠、有效、开放的电信业，推动电信自由化，打破市场的垄断，电信服务质量和数量都大幅提高，价格显著降低，基础设施基本形成。二是政府采取鼓励政策吸引外国投资，大力发展商业外包服务和信息产业，外资企业在菲经济特区开展业务，最初的四至八年免税，免税期之后继续享受优惠政策。三是人力资本和地缘优势，菲律宾约有300万技术人员，每年还会有大量本科毕业生为各行各业注入新鲜血液，半数以上的菲律宾人精通英语，有利于与外国公司沟通交流。菲地理位置优越，自古以来就是东西方文化以及商业交流的桥梁，东方是世界上最发达的国家——美国，北方则是世界上最大的发展中国家——中国，都具有可观的市场需求。

### （五）俄罗斯

根据俄罗斯软件协会（Russoft）发布报告，2017年俄罗斯软件及IT服务公司营业额达到143亿美元，同比增长19%；其中出口88亿美元，同比增长16%。预计2018年软件和IT服务出口将超过100亿美元。金融行业、房地产及租赁业、制造业、交通和通信是俄罗斯IT服务外包的主要客户行业，占比分别为21%、18%、14%、12%。莫斯科和圣彼得堡是俄罗斯承接离岸服务外包的最重要的目的地城市，约占全国市场份额的65%~70%。发包国包括美国、德国、英国、法国和日本。主要业务领域有嵌入式软件、信息安全系统、银行系统软件和语音识别软件等，云服务、大数据解决方案、业务分析系统的需求日益增多。

俄罗斯服务外包产业具有较强的发展潜力，主要体现在其人才资源方面。根据Frost& Sullivan统计，每千人中软件开发人员的数量俄罗斯排名世界第一，科学家和工程师数量排名第三，领先于印度和中国。俄罗斯还拥有一大批科学家、数学家和其他IT专家，青年学生经常在国际编程竞赛和软件设计大赛中获得冠军。此外，2017年7月底，俄罗斯出台《联邦数字经济计划》，明确将通过发展数字经济提高国家竞争力，改善居民生活质量，保障经济增长。

### （六）巴西

WTO数据显示，2017年巴西电信、计算机和信息服务出口额21.9亿美元，相较于2013年的7.1亿美元增长了两倍多，年均增长32.6%。巴西信息通信技术协会（BRASSCOM）报告指出，2010—2016年，巴西ICT产业（包含硬件、软件、服务、业务流程外包及出口）年均增长5.1%，其中出口每年增长10.3%。巴西IT服务出口主要面向北美和拉丁美洲客户，业务领域主要包括呼叫中心、基础架构管理服务、应用开发管理。

巴西尽管发展服务外包起步相对较晚，但表现出巨大的发展潜力，是南半球重要的离岸服务外包目的地，主要在于：一是区位和价值观优势，巴西主要大城市所在的时区仅比纽约早 1 ~3 个小时，巴西还被认为同美国具有相似的价值观和文化，这是巴西相对于印度、中国、菲律宾等亚洲竞争对手最大的竞争优势。二是人力资源储备丰富，巴西有 2270 多所高校，在校人数达到 580 万人，每年有 24.7 万 IT 专业或技术学校毕业生进入就业市场，此外，巴西人才培训基地和再教育机构较多，提供 IT 产业后备人才培训，为服务外包产业发展提供了大量的专业人才，比拉美地区其他国家拥有更雄厚的人才储备。三是电信基础设施完善，巴西注重在通信基础设施领域的投资，形成了高效的交通和通信设施系统，为离岸服务外包产业发展建设了完备的信息基础设施。

### （七）越南

WTO 数据显示，2017 年越南电信、计算机和信息服务出口额 1.5 亿美元，进口 8600 万美元。据越南软件和 IT 服务协会（Vinasa）报告，2010—2015 年越南软件和 IT 服务出口市场年均增长达 30% ~40%。日本、北美及西欧是越南主要的 IT 服务出口市场。越南的主要服务内容包括硬件支持服务、系统集成、软件部署服务，服务领域为通信媒体、银行保险、制造零售、电子政务等行业。凭借低廉成本、利好政策、语言优势等，越南逐渐成为亚太地区领先的全球业务流程外包承接地。

越南服务外包产业近年来蓬勃发展，主要得益于以下方面：一是越南政府采取多项新的革新政策，市场吸引力日益增强。越南加大对教育培训的投资力度，有助于推进农村劳动力转移就业工作。越南人口平均年龄在 30 岁以下，每年约有 100 万至 150 万人加入劳动市场，劳动力资源充足且成本低廉。二是软件产业呈现蓬勃发展态势。越南现有软件企业数量为 1000 多家，工作人员总数为 8 万人以上，使越南成为重要的软件出口国和日本第二大服务外包接包国。三是吸引外国直接投资不断上升。越南于 2015 年和 2016 年签署多项自贸协定，现在均已生效，进一步提高越南吸收外资水平。《住房法》《房地产经营法》等两部法律于 2015 年 7 月生效，为外国投资商在越扩大投资经营活动提供更为便利的条件。

越南政府在营造稳定经营环境、制定提高青年教育质量与业务水平的政策等工作中取得了丰硕成果,为越南服务外包产业的迅猛发展奠定了坚实的基础。

### (八)捷克

据 WTO 统计数据,2017 年捷克电信、计算机和信息服务出口 38.2 亿美元,其中计算机服务 29.3 亿美元。据捷克商业服务领袖协会(ABSL)统计,协会会员 80% 的商业服务中心是专属共享服务中心,财务和会计服务、客户服务、人力资源服务及 IT 服务是主要的业务领域。捷克的商业服务主要为银行保险及金融服务业、科技与电信业、工业和消费品行业提供支持。捷克商业服务中心的投资主要来自美国,其次是德国、英国等欧洲国家。服务国家主要为西欧,其次是中欧和东欧地区。

捷克发展服务外包的主要优势在于:一是毗邻西欧的地缘优势。捷克凭借良好的教育体系、丰富的多语种专业人才、高质量的基础设施环境和生活环境,加之生活成本和人力成本较低,为发展面向西欧国家的近岸服务外包奠定了基础。二是通过建立科技园区大力推动服务外包。生物研发业是捷克政府重点扶持的服务外包产业,近年来,捷克政府不断加大相关行业服务设施的投入,累计已达 80 亿欧元,初步建成一批先进的科技园区。捷克对科技园区实施的特殊优惠政策,使得生物研发行业已成为捷克吸引外资的热点,许多世界知名生物制药企业都在捷克的科技园区设立了生产企业或研发机构。

### (九)墨西哥

据墨西哥全国电子通讯和信息技术商会(CANIETI)统计数据,2016 年其服务外包出口收入约 52 亿美元。墨西哥是美国、加拿大的近岸外包中心,绝大部分客户来自美国。IT 研发、信息系统维护和后台服务等是主要业务领域。墨西哥在吸引外包的过程中,也设立了大量的投资和贸易奖励政策,通过税收上的优惠、帮助化解风险、优先发展政策以及员工培训等方面的奖励措施,为服务外包的发展提供了良好的经济和政策支持。翰威特咨询公司的调查表明,美国的财务金融公司有 61% 考虑就近选择墨西哥作为服务外包基地。

墨西哥发展服务外包的优势在于:一是绝佳的地理位置。墨西哥 IT 产业基础扎实，具有全球竞争力，依托其与美国毗邻的地理优势及作为北美自由贸易协定成员的优势，在发展服务外包方面具有巨大潜力。二是发达的服务业。墨西哥的第三产业占据主导地位，服务业占 GDP 的68%，服务业的从业人数占了全国人口的 60%，为服务外包的发展提供了沃土。墨西哥服务业的优势，便于跨国公司将其业务外包给当地所需的服务部门。

## 四、服务外包产业发展趋势分析

世界经济进入服务经济时代，服务业跨国转移成为经济全球化新特征，服务外包成为各国参与全球产业分工、调整经济结构的重要途径。大数据、物联网、移动互联、云计算等信息技术的应用，既创造着广泛的服务需求，又带来技术模式和交付模式的新变革。传统的以人力资源为关键要素的人工服务时代逐步进入智能服务时代，服务效率不断提升。发包企业主要关注点从降低成本向获取专业服务拓展，对接包企业信息技术和专业服务能力的要求越来越高。劳动密集型的外包将平稳增长，高技术、高附加值的综合性服务外包将快速增长。据 IDC 预测，到 2020 年全球服务外包市场规模有望达到 1. 65 万亿美元至 1. 8 万亿美元，其中离岸服务外包规模约为 4500 亿美元。

为争取更多市场份额，跻身全球价值链中高端环节，全球 70 多个国家（地区）将承接国际服务外包确立为战略重点，拓展国际服务市场，并不断加大对企业能力建设的政策支持力度。印度、中国、爱尔兰等国仍将继续维持服务外包竞争优势地位，俄罗斯、墨西哥、马来西亚、越南、菲律宾等国的接包能力和市场地位正快速提升。

随着全球经济复苏，发达经济体的对外发包规模有望增长。然而，美国特朗普政府的贸易保护主义政策对全球自由贸易体制造成巨大威胁，将挫伤接发包企业对未来市场前景的信心，给全球服务外包产业蒙上一层阴影，预计美国对外发包规模可能出现萎缩，并将部分离岸业务转向近岸完成。对可能陷入中美贸易摩擦旋涡的中国企业来讲，必须未雨绸缪，及早谋划，加强业务和模式创新，加快数字化转型升级的步伐，建设境外交付中心，拓宽新兴国家市场渠道，应对未来不确定性加大的风险。

# 专题二　数字化变革与服务外包发展

柯建飞①

第三次工业革命浪潮带来了数字技术与数字革命，颠覆了许多传统理论与概念，也迫使传统的经济发展路径面临转型的瓶颈。随着以大数据、云计算、移动互联网和人工智能为标志的数字化时代的到来，服务外包也进入新阶段。它与以降低成本为目的的服务外包有本质区别，对企业来说是巨大发展机遇，同时要求企业在技术、业务领域和业务模式上创新。本部分内容主要阐述了数字化变革的特征与全球数字市场，探讨了数字化时代服务外包模型创新，分析了云外包的发展现状与趋势。

## 一、数字化变革与全球数字市场

### （一）数字化变革的主要特征

数字化变革的本质是信息基础设施的完善，信息技术特别是以大数据、云计算、物联网为代表的新一代信息技术和人工智能、新一代高性能传感器、高性能机器人、3D 打印机等设备对经济各部门的渗透、融合，从而改变整个经济的生产模式、产业业态和商业模式，提高经济的创新能力和生产效率。

**1. 数据成为重要的生产要素**

通过互联网、传感器和软件将人力、设备、自然资源、生产线、物流网络、消费习惯、回收流以及经济和社会生活中各个方面连接起来，它们在交互过程中

① 柯建飞，福建工程学院副教授。

产生大量数据。一方面，这些信息在流动、分享中才能产生价值，流动范围越大，分享的人群越多，价值越大。另一方面，信息处理技术和处理能力的提升，特别是云计算、大数据的兴起，使信息能低成本深度挖掘，从而释放出其所蕴含的巨大价值。互联网成为重要的基础设施，数据成为如同土地、资本、自然资源一样的经济生产活动的重要投入要素。

**2. 产业的跨界融合和制造业的服务化趋势**

随着技术的变革与市场需求的变化，产业边界趋于模糊，产业融合成为经济发展中的重要现象。主要表现为服务业与制造业融合、金融投资与实业投资融合、以互联网为纽带的产业跨界融合、技术革命引领行业融合、新的市场需求推动产业跨界。发展最快、影响最深入的则是随着互联网的广泛应用而出现的互联网产业与其他产业的融合。在数字化时代，制造业的价值分布从制造环节向服务环节转移，研发、设计、品牌管理、综合解决方案提供等活动从制造企业独立出来，成为专业化的生产性服务企业。过去由于缺乏信息技术的支持，制造企业提供增值服务的成本很高甚至根本无法承担，而信息技术的发展使制造业的多元服务化转型成为可能。

**3. 新的商业模式改变传统产业的竞争模式和竞争格局**

数字化时代要求企业与其客户、供应商、分销商建立紧密联系，企业的成败取决于其商业生态系统的完善程度和整体水平。建立平台是企业领导生态系统建设的重任，从而商业生态系统的竞争也就成为平台之间的竞争。移动互联网高度发展，把需求端和供给端有效整合、让社会资源得到高效利用的共享经济成为一种普遍的商业模式。信息技术、3D 打印、智能制造极大地提高了企业对用户需求的响应速度，并能快速对产品进行改进，及时将产品发送给用户。由于产品改进、重新生产及分发成本大幅降低，企业不再等待重大改进后再发布产品，而是基于研发的改进和市场反馈不断进行微创新和快速迭代。虽然每一代产品的改变不大，但大量的微创新积累起来就会形成重大创新，而且产品迭代速度已成为数字时代企业吸引用户、提高用户满意度的重要手段。

## （二）全球数字市场规模

### 1. 全球云计算市场的规模急剧上升

Market Line 估计，全球云计算行业收入在 2012 年至 2016 年之间以年均 34.3% 的速度增长，从 276 亿美元上升至 893 亿美元。近年来，云服务的三大部分（SaaS、IaaS、PaaS）都在稳步增长。2016 年全球公共云服务支出达 884 亿美元，虽然 SaaS 在规模上继续占据云服务市场的主导地位，但是在这一时期增长最快的部分是 IaaS，年均增长率达 38.9%，如表 2－1 所示。

**表 2－1 2012—2016 年全球公共云服务支出** （单位：亿美元）

| 云服务 | 2012 年 | 2013 年 | 2014 年 | 2015 年 | 2016 年 | 年增长率（%） |
|---|---|---|---|---|---|---|
| SaaS | 286 | 351 | 438 | 561 | 604 | 205 |
| IaaS | 46 | 51 | 75 | 124 | 171 | 389 |
| PaaS | 30 | 38 | 54 | 88 | 109 | 381 |

资料来源：*Global Digital Trade*，2017.8。

美国云计算服务市场规模最大，2016 年营收达 508 亿美元，占了当年全球 893 亿美元云计算行业规模的 56.9%。相比之下，欧洲占 21.1%（189 亿美元），而亚太则占 15.1%（135 亿美元）。美国大型的云计算市场受到美国供应商大规模投资的推动。中国和欧洲的云计算公司正试图提升在云市场上的投资。总体而言，美国和欧盟在 2016 年共占全球云服务支出的 3/4 以上，分别达 627 亿美元和 190 亿美元。相比之下，新兴市场国家（中国、俄罗斯、印度、巴西和印度尼西亚）在 2016 年仅占全球云服务支出的 4%。

**表 2－2 2016 年主要国家公共云服务支出** （单位：亿美元）

| 云服务 | 美国 | 欧盟 | 巴西 | 俄罗斯 | 中国 | 印度 | 印尼 |
|---|---|---|---|---|---|---|---|
| SaaS | 464.28 | 127.02 | 4.40 | 2.75 | 8.04 | 4.02 | 0.37 |
| IaaS | 80.76 | 40.07 | 2.62 | 0.83 | 14.27 | 2.29 | 0.63 |
| PaaS | 81.93 | 23.25 | 1.43 | 0.32 | 0.75 | 0.61 | 0.07 |
| 总计 | 626.98 | 190.34 | 8.45 | 3.90 | 23.07 | 6.92 | 1.07 |

资料来源：*Global Digital Trade*，2017.8。

中国企业主导中国的云计算。阿里巴巴的 AliCloud 服务是最大的提供商，2016 年在全球的销售额为 8. 3 亿美元。阿里巴巴的业务范围大多局限于国内市场，但公司开始通过合资企业将阿里云计算基础设施扩展到国外。美国的一些大型云供应商已经通过与当地企业合资在中国建立了业务。例如，微软与中国数据服务公司 21Vianet 合作，亚马逊与中联网合作。

**2. 数字贸易的加快发展**

数字产品的界定还未形成统一认识，通常指软件、游戏、数字媒体（电子书和数字音频文件）等，以及数据的处理和托管等服务内容。WTO 谈判中虽然未给出明确的数字产品的定义，但将电视电影、音乐、软件、录音录像、计算机以及娱乐节目列为数字产品。以美国为主导的经济贸易谈判内容中，数字产品是指以数字化信息存在的内容产业，包括文本、音频、程序软件、视频、图像等数字化产品。数字产品既可依赖于物理载体传输数字信息，也可直接通过网络运送数字信息，前者是实物商品形式被使用，后者是提供服务的形式。美国国际贸易委员会将数字产品分为数字交付内容、社会媒体、搜索引擎、其他数字产品和服务四种类型。

互联网的快速发展助推电子商务服务在服务贸易领域的发展，使得全球数字化发展趋势越来越强，也产生了新型的贸易方式——数字贸易。数字贸易具有三大显著特征区别于传统贸易活动。一是以互联网为基础，依靠数字信息交换技术，通过互联网传递信息，创新了商品和服务的交付模式。二是产品多为知识密集型，以数字化信息作为交付商品，具备高知识、高技术、高互动、高创新等特点。三是随着云计算、大数据、移动互联网等新信息技术的不断涌现，拓展了数字贸易产品服务的种类范围，满足消费者的个性化、实时性、低成本的需求。

全球包括游戏、视频点播（VoD）、数字音乐和电子出版物的数字贸易 2016 年实现总收入 895 亿美元。这些数字贸易主要以 B2C 模式运营，其中占最大部分的是视频游戏，2016 年收入为 489 亿美元，视频点播收入达 162 亿美元，电子出版物收入 153 亿美元，数字音乐 91 亿美元。在大多数数字贸易领域中，美国都拥有最大的市场，利润率相对较大，然而凭借着强大的手机游戏市场，中国在视频游戏领域紧随其后。详见图 2 -2。

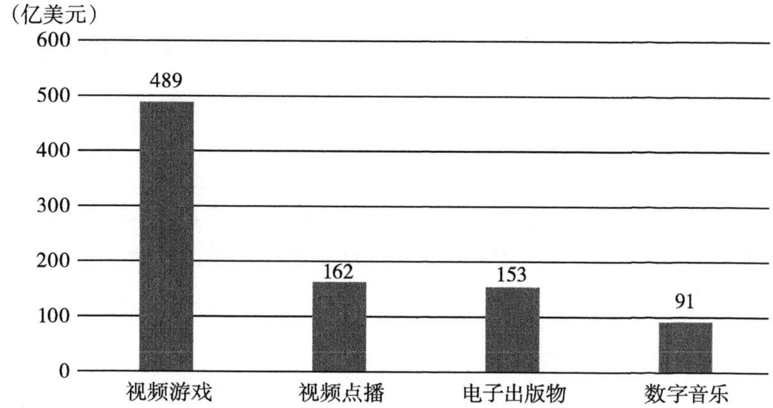


**图 2 -2　2016 年数字内容行业全球市场规模**

资料来源:*Global Digital Trade*,2017. 8。

B2B 和 B2C 模式的电子商务销售近年来增长迅速,2016 年全球 B2B 电子商务交易额达 23. 9 万亿美元,B2C 电子商务交易额达 3. 8 万亿美元。在线平台使用了创新的数字技术,例如集成了后端和前端处理进程并且节省成本的云计算系统,平台数量的激增促进了电子商务业务的扩张。随着消费者和企业越来越多地使用移动设备(智能手机和平板电脑)进行搜索、付款,移动技术成为电子商务发展的关键动力。电子商务平台如 eBay、Etsy 和 Symphony 促进了跨境贸易的增长,使出口企业尤其是中小企业更容易接触到客户。然而,跨境贸易依赖于开放的数字渠道,不同市场的政策措施存在差异,这些差异也为贸易中的支付、财务、海关程序、合同和物流等方面都带来了挑战。

尽管云计算数据处理和分析的能力在促进全球数字贸易发展上起到重要促进作用,但一些国家已经制定实施了监管及政策措施,以减缓或停止在国内采用数字技术和数字贸易。阻碍数字贸易发展的监管及政策措施一般分为六大类:数据保护及隐私(包括数据本地化)、网络安全、知识产权、内容审查、市场准入、投资六个方面。企业从事数字贸易的主要障碍是数据本地化规则。该规则要求在单一国家进行数据的存储、管理和处理,会阻碍企业利用云技术的分布式特性所带来的成本、速度和安全优势。该政策会对不同的企业造成不同的影响。比如,尽管成本较高,一些企业仍可以在本地存储数据实现盈利,而另一些企业则会发现,在实施数据本地化规则的较小国家,他们根本无法实现盈利。

数据本地化措施通常是出于隐私或网络安全原因而制定实施的。目前全球服务贸易的一半业务都依赖于跨境数据流的使用，企业越来越依赖于数据流，但近年来数据本地化措施的数量却大大增加。见图 2－3。

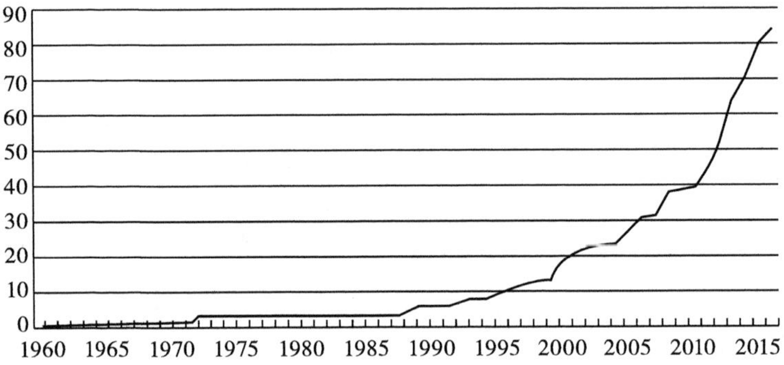


**图 2－3　全球数据本地化措施数量（1960—2015 年）**

资料来源：*Global Digital Trade*，2017. 8。

注：该数据库中包含了全球 65 个国家的数据本地化措施。

## 二、数字化时代服务外包模型创新

### （一）从服务外包 1.0 到 3.0 的发展

服务外包作为一个以技术为核心驱动力的产业，其诞生和发展紧紧伴随着每一次的技术革命浪潮。技术基础决定了外包服务的内涵和外延，并驱动服务外包行业的不断升级和发展。

服务外包 1.0 时代以计算机为代表的 IT 产业推动下诞生和发展起来。这一阶段大致从 1960 年至 1980 年，是服务外包起步期。以世界范围的 IT 服务主要硬件为依托，并逐步开展软件上线测试和后续维护等外包业务；同时，早期业务流程外包服务商提供以数据处理为主的服务。跨国公司与服务供应商签订服务外包合同，将企业的非核心、重复性高的业务外包给其他国家的第三方软件公司。服务外包 2.0 时代以互联网革命为核心的 ICT 产业（Information and Communications Technology，ICT）代表了推动服务外包产业发展的三个关键技术要素（信息、通信和技术）。这一阶段大致从 1981 年至 2010 年，为服务外包发展期。此阶段服务业国际化发展进程加快,各国政府积极支持服务外包产业,出台了各种优惠政策逐渐提升了企业对服务外包的参与度与接受度。部分离岸服务外包供应商之间建立战略伙伴联盟关系,并设立全球范围的交付中心来巩固自身的竞争优势。数字经济时代即服务外包 3.0 时代从 2011 年至今,为服务外包成熟期。ICT 将更多地被赋予信息化、智能化的内涵,并从 ICT 向 ICD(Internet,Cloud & Data,ICD)的迁移。Information 被 Data 取代,互联网新业务、各类商业应用、大数据等将成为新 Data 所代表的主要内容;传感网络、智能终端、All - IP 化网络、云数据中心将成为全新形态的 Communication,并由 Cloud 取代;而 Technology 由于其宽泛性,将成为新一代信息技术特别是光通信技术、IP 化技术、虚拟化等技术的代名词,泛互联网是其中的核心标识,并被 Internet 取代。3.0 时代的服务外包,将在新的 ICD 技术基础上重新组合现有的服务领域和服务模式,并衍生出各种全新的服务业态。

### (二)数字化时代服务外包的特点

#### 1. 合作伙伴的服务模式

数字化时代的服务外包,发包企业愈发需要与外包企业进行全方位、360 度的合作,形成基于信任控制并结合价格和权力控制的跨组织战略关系,以构筑满足自身发展的生态系统并创造纵深的行业价值。这要求接包企业更加专注于与发包企业业务流程的深度整合,与发包企业形成你中有我、我中有你,价值共创。因此,战略客户的布局和开发便具有了前所未有的重要性。

#### 2. 网格管理的运营模式

在数字化时代,随着移动互联网、云计算等技术的兴起,服务外包企业的运营模式向“轻资产运营”转变,自带设备办公(BYOD)、移动办公等的出现,带来众包时代的来临。服务外包企业更加强调技术替代劳动、网络替代场地,通过网络化管理降低企业的固定成本,利用技术和系统取代劳动力的过度依赖。服务外包越来越向知识密集型、数据密集型产业演进。

#### 3. 放弃型外包交易模式

数字化时代,企业外包战略发生了根本性的变化,发包和接包方的利益更加趋同一致,由商业关系向战略合作伙伴关系蜕变。在这种环境下,企业将本身原本没有的 IT 产品或功能，通过外包方式从外部市场获得，即放弃型外包。一般来说，放弃性外包是企业为满足业务战略需求而选择的外包，接包方不仅要提供所需的 IT 资源（人力、物力），还需要与企业一起甚至是独立提供与企业业务流程相关的行业解决方案，这种解决方案集成了企业与服务商双方或者多方的能力，远超出企业自身原有能力，更能适应市场和客户需求，在市场竞争中获得优势。因而，放弃型外包下的外包功能已经超越了节省成本的范畴，而是迈进了解决业务、优化业务的领域，创造的附加值要远高于替代型外包，接包方拥有更高的议价能力。

**4. 按需付费、SaaS 与平台化企业的商业模式**

数字化时代的核心就是服务外包企业建立标准化的统一外包服务处理平台，通过标准化、模块化和流程化将服务集成到统一云平台上，在数据库里面进行统一处理。基于云的技术和云的理念与移动互联网、大数据等新兴技术的进一步融合，将改变服务外包的商业模式、交易模式、交付模式以及定价模式。

一是交付模式与定价模式的变革。随着互联网技术的发展和云时代的到来，在外包 3.0 时代，基于云的服务交付模式，即 SaaS（Software - as - a - Service 软件即服务）与 On - demand Payment（按需付费），将成为新的交付和定价模式的主流。

二是商业模式的变革。在数字化时代，外包产业走向矩阵式，分工变得越来越专业、细分。所以从垂直走向水平，再走向矩阵。云外包最重要的是服务，没有应用就没有服务。这会催生新的资源优化、新的模式和产业分工，从而形成全新的商业模式。首先，云外包将促使共生关系的建立，可促进服务商与用户和合作伙伴一起实现价值的协同创造。其次，“云外包”将带来“云创造”，企业将越来越多地利用网络或者生态系统创造竞争优势，协调活动以获得价值。再次，云外包会从服务延伸到制造领域，制造业将从“成本”导向再延伸至“设计”导向。

三是平台化企业。数字化时代的服务外包推动传统服务外包企业商业模式的根本变革，即企业平台化的趋势开始出现。平台有两方面的意义，具备其中任何一方面，均可称为平台。第一是合作伙伴间利益共享的机制，强调其承载商业模式的特性；第二是不同应用共享数据的技术架构，强调其承载不同合作伙伴提供的应用程序的特性。另外,服务外包的交易模式也在发生变革,从传统的直接交易——中介机构向社会化平台与众包的模式转变。

**5. 人才结构的重新配置**

数字化时代的服务外包将重新配置产业的人才结构。原有的以大规模人工处理提供服务为核心的商业模式,将随着新兴技术的出现,转变为以技术平台为核心的按需使用的商业模式,这一转变也将极大地改变行业对人才的需求。低端 IT 和服务专业人员的岗位正逐步从技术性的具体岗位向综合型转变,垂直行业经验、平台管理、供应商合同管理、分析学、网络应用技术、移动应用技术等,都是未来 10 年需要掌握的知识和技术。例如:设计人才必须跟上云计算技术的快速发展,为企业提供具备更先进的管理理念、更先进的技术架构和更具协作趋势的服务;开发人员将会越来越多地被要求从事快速开发、快速反馈、简单架构,随需应变的 SaaS 软件的开发;服务外包企业管理人员既需要了解云计算技术,精通垂直行业需求,具备管理方法和经验,又要懂云计算应用和管理;应用人才需要是具备行业知识和服务能力的复合型应用人才;而对低端操作人才的需求将持续减少,语言能力、专业知识和对技术的基本掌握将成为操作人员入职的基础条件。

**6. 泛服务化(XaaS)推动泛外包化**

新技术革命导致技术创新为主演变为应用创新为主,用户为中心取代厂商为中心,软、硬件主导让位于软件和服务。IT 业的服务化不再是传统意义的服务化,而是泛服务化,即 XaaS(Everything as a Service),如随着区块链技术的兴起,BaaS(Blockchain as a Service)的出现。换句话说,在通常所说的信息流、资金流和物流的各个层面和维度,都会有平台级的服务商为企业尤其是小微企业提供生产资料共享服务。虽然这些商业模式早就存在,但产业互联网的发展,将使这些早就存在的商业模式得到更广泛高效的应用。

**7. 软硬件一体化、产品服务化与服务产品化**

制造业的低成本化和海量信息的免费化趋势,将导致制造业与服务业的深度融合。依赖单纯的制造或是单纯内容获利的时代渐近尾声,制造与服务、硬件与软件、终端与应用的一体化体验才是获取超额利润的稀缺资源。惠普收购 EDS、戴尔收购佩罗系统和毕博咨询、施乐收购 ACS,都体现了软硬件一体化给外包产业带来的整合浪潮。与此同时,3.0 时代的服务外包企业通过将服务产品化,即由纯服务适当向产品领域延伸,从而实现从线性增长向非线性增长的跨越。例如东软集团将针对医疗和社保行业的综合性行业解决方案与硬件设备相结合,推出“熙康”品牌的服务产品,涵盖了硬件终端、移动 APP、解决方案和软件产品在内的综合服务体系。而印度 Infosys 3.0 时代的核心就是推出了自主品牌的,包括针对银行的核心系统、移动解决方案等在内多个产品化服务。

**8. 从专业服务到跨界融合**

“终端 + 应用”“工业 + 信息”“制造 + 服务”的跨界融合是适应未来变幻莫测的商业环境下满足用户价值最大化的业务模式变革。在服务外包产业的整体变革中,服务的产品化以及产品的服务化两大趋势越来越明显。比如以立思辰、东软为代表的国内企业整体解决方案的推出,以及以谷歌、亚马逊等为代表的国际企业打造的云平台服务。更重要的是,有越来越多的新企业开始进入服务外包这个领域,有更多的传统行业的企业开始跨界进入外包服务领域,且领域不断拓宽。

## 三、云外包的现状与趋势

### (一)云外包的内涵

“云”(Cloud)是一个虚拟的形象比喻,指的是一些大型的计算资源,比如一些大型服务器集群,这些集群资源可以实行自我维护和自我管理功能,具体包括大型计算服务器集群、大型存储服务器集群与宽带资源等。

“云计算”(Cloud Powered Computing)旨在提高云端的大数据处理能力,指的是将各种计算本领、数据存储、网络虚拟化、电脑负载均衡等基本电脑功能与现行复杂网络技术融合在一起,借助 SaaS、PaaS、IaaS 等先进的商业模式为市场终端客户提供强大的数据计算、数据挖掘、数据处理等服务的一种应用计算技术,它是一个完全虚拟化的计算资源提供仓库,也是一种全新的动态计算资源提供理念。一些专家形象地把它比喻成一个大数据处理仓库,在这个大数据处理仓库中,所有的电脑都可以实行自我管理和自我维护资源功能,可以自动安装程序软件与开启响应,还可以动态地分配与再分配、部署与再部署、配置与再配置资源以及回收资源。

“云外包”(Cloud Powered Outsourcing)是一种基于云计算资源与平台的新型服务外包模式,由软件云、平台云、设施云及处于云端的各种终端服务组成(郁德强等,2012)。鼎韬咨询公司认为,云外包模式应该包括三个基本层面:一是基于云平台的外包服务,即云计算 + SaaS 软件服务云模式;二是基于云模式的外包,即云计算 + PaaS 的平台服务云模式;三是基于云理念的外包,即云计算 + IaaS 设施服务云模式。综上所述:云外包 = (SaaS + PaaS + IaaS) × 服务。

在云外包领域,可以按照云的服务对象分成三类:(1)服务云,是外包业互联网化的体现,即公共云模式。可以为用户提供较为完整的应用外包服务;完全以 SaaS 模式交付服务;由于本身已经 SOA 化,用户之后的应用扩展会变得很便利。因此,通过服务云多种服务可以一次性完成。(2)运营云,即私有云模式。服务外包企业在内部建立统一运作的云平台,将对客户的各项外包服务,以流程化、集约化、软件化的方式执行;同时在企业的内部管理也全部集成在云平台中进行,这是针对企业内部的云外包应用。(3)行业云,行业云是服务云和运营云的结合。以垂直行业为基点,针对某一垂直行业的特征和需求,对内整合服务资源,对外提供全线服务的云外包模式(鼎韬研究报告,2016)。

### (二)云外包给服务外包企业业务模式带来根本性变革

云外包给服务外包企业业务模式带来的变革性影响有以下几个方面:

(1)传统的 BPO 服务,包括数据处理、人力资源管理、财务外包、行政后台服务等,将形成 SaaS(软件即服务)模式下的云服务,通过标准化、模块化和流程化的云平台,为客户提供统一和即需即用式的无缝服务。

(2)传统的软件外包服务,包括软件开发、软件测试、软件支持服务等,将形成 PaaS(平台即服务)模式下的云服务,服务商通过统一的云应用程序开发及部署平台,进行内部开发、测试以及与客户的协调开发管理。

(3)传统的 IT 基础设施服务,IDC 服务、IT 服务、Help Desk 等,将形成基于 IaaS(基础架构即服务)模式下的云服务,即以服务形式提供服务器、存储和网络硬件以及基于硬件的 IT 服务,ITO 也将重新定位为 ITCO(IT Cloud Outsourcing)。

(4)传统外包模式 IT 基础设施服务很难实现离岸,在云外包模式中,IT 基础设施服务,特别是在数据中心和基础设施管理方面,“远程基础设施管理”(RIM)将成为可行的运营模式,这是全球服务交付模式的新形态。

(5)在传统软件开发外包、IT 管理、数据中心和呼叫中心托管等 IT 外包服务的基础上,在云计算模式下,未来的趋势可能是数据的外包和应用外包,采取软件的 SaaS 模式。

(6)在云外包模式下,IT 与业务服务的交付越来越趋近于一种供应链,这将促进客户对服务的管理从“工厂式”转变成“供应链”式的管理。及时获取(Just – In – Time)、按使用收费(Pay – as – you – go)等精益生产模式将应用到管理服务和外包过程中。

(7)云外包将带来外包服务企业运营模式的根本变革,从现在以人员规模论的线性收入增长模式向非线性收入增长模式(即与劳动为基础的增长没有直接关联,与服务的能力和规模正相关)的模式转型,这将带来产业经营理念和方式的重大变革。

## (三)云外包给外包企业带来的机遇

首先,云外包将促使共生关系的建立,促进服务商与用户和合作伙伴一起实现价值的协同创造。云使许多公司联合在一起创造出更加全面的解决方案以满足市场需要,小公司与大公司结合在一起成为一个价值创造体系,这一体系不仅仅是为了效率,更是为了响应速度与创新。其次,“云外包”将带来“云创造”。在众包概念的基础上,云创造就是企业与个人和其他公司等外部机构合作创造新的商业服务。云创造允许企业扩展到其地理边界之外,并利用几何倍数于其员工人数的智力。企业将越来越多地利用网络或者生态系统创造竞争优势,协调活动以获得价值。再次,云外包会从服务延伸到制造领域,随着 EMS 与 ODM 的疆域日渐模糊,在云服务构架下,预期未来设计制造整合服务(Design and Manufacturing Service, DMS)模式将取代 EMS,制造业将从“成本”导向再延伸至“设计”导向。

云外包是企业发展的一个关键动力,关键特征就是将外包服务从成本—套利模式向效率—规模模式的转型。目前我国外包服务商可采取两种发展路径:

一是自己作为云外包服务提供商,建造以云计算为基础的多客户数据中心,这样可以将云服务嵌入更多的外包产品中。二是打造基于垂直行业的云服务。垂直行业知识非常重要,提高企业的综合实力及竞争力,使其拥有更好的发展前景。企业要想构建和应用云外包,也要解决数据的存储以及安全问题。

## 参考文献

[1] Bhagwati, J., A. Panagariya and T. N. Srinivasan. : The Muddles over Outsousing[J]. The Journal of Economic Perspectives, 2004(4): 93 - 114.

[2] Amiti, Mary and Shang - Jin Wei. Fear of Service Outshoring: Is It Justified[J]. Economic Policy, 2005( 20) :308 - 347.

[3] Crino. Rosario. Service Offshoring and White - Collar Employment[J]. Review of Economic Studies, 2010 (77) : 595 - 632.

[4]王晓红. 服务外包:推动产业转型升级与创新发展 [J]. 中国战略新兴产业, 2016(8):56 - 57.

[5] 江小涓. 服务外包:合约形态变革及其理论蕴意机[J]. 经济研究, 2008(7)7:4 - 10.

[6] 韩敏敏. 促进新型城市化建设——产业集聚、产业结构优化升级[J]. 当代经济, 2017(2):62 - 63.

[7] 李永乐. 推进我国服务外包发展的人才策略分析[J]. 商业会计, 2016(12):89 - 91.

[8] 柳婵娟, 邹海林, 邹宁. 国际化应用型软件服务外包人才培养模式研究[J]. 计算机教育, 2011(11):18 - 22.

[9] 李晓华."互联网 +"改造传统产业的理论基础[J]. 经济纵横, 2016(3):57 - 63.

[10] 涂舒. 共享经济下服务外包模式创新[J]. 开放导报, 2018(3): 52 - 55.

[11] 李长江. 关于数字经济内涵的初步探讨[J]. 电子政务, 2017(9): 84 - 92.

[12]黎娟. 互联网众包对现代企业管理模式创新的启示及应用[J]. 商业

经济研究,2017(1):113 – 115.

[13] 郝渊,郭玉宝. 互联网众包模式对企业管理创新的促进作用及应用[J]. 经营与管理, 2016(5):74 – 75.

[14] 王习农. 服务外包不等于服务业外包——服务外包概念再认识与理论新析[J]. 国际贸易问题,2012(8):91 – 100.

[15] 舒朝普. 金融科技变革服务外包生态[J]. 中国外资, 2018(10):62 – 64.

# 专题三　中国服务外包示范城市的发展与竞争力评价

谢兰兰①

## 一、服务外包示范城市的发展进程

改革开放40年,我国服务外包产业从无到有,规模不断扩大,领域逐步拓宽,成为我国参与全球产业分工、提升产业价值链地位的重要途径。进入21世纪,在国家政策的引领与支持下,我国服务外包产业逐渐形成了较为完善的产业生态,进入提速发展阶段,助推中国经济迈入服务经济时代。

我国服务外包产业的蓬勃发展与示范城市的带动和引领密不可分。

自20世纪90年代后期以来,随着信息和通信技术的突飞猛进,全球范围内掀起了以服务业为主导的产业转移浪潮,服务外包逐渐成为全球价值链的核心环节和关键节点。越来越多的企业为了保持和提高核心竞争力,将非核心业务剥离并对外转移,许多发展中国家抓住这一机遇,通过承接发达国家的服务外包使经济得到跨越式发展。

在此背景下,2006年,"十一五"规划中首次将发展服务外包产业列入国家规划,提出"加快转变对外贸易增长方式,建设若干服务业外包基地,有序承接国际服务业转移",2010年"十二五"规划中再次明确提出要"大力发展服务外包,建设若干服务外包基地",以服务外包基地建设为抓手推动我国服务外包产业升级的发展思路逐渐成形。

---

① 谢兰兰,中国社会科学院农村发展研究所,博士后,副教授。

2006 年 10 月 13 日，商务部发布商务领域“十一五”规划，首次将服务贸易纳入发展重点，服务外包产业成为重点扶植发展对象。10 月 16 日，商务部下发《关于实施服务外包“千百十工程”的通知》，提出“十一五”期间在全国选择一批中心城市作为开展承接离岸服务外包业务的基地城市，在宏观政策、规划设计、人才培训、招商引资、综合协调等方面给予支持，并通过专项扶持基金，支持基地城市在公共信息平台建设、人力资源培养、基础设施和投资环境等方面的建设。目标是在 5 年内建设 10 个具有一定国际竞争力的服务外包基地城市，推动 100 家世界著名跨国公司将其服务外包业务转移到中国，并培育 1000 家取得国际资质的大中型服务外包企业，“千百十”工程成为商务部服务外包基地城市认定工作全面展开。

2006 年 10 月 23 日，商务部、信息产业部和科技部认定成都、上海、深圳、西安、大连 5 个城市为首批“中国服务外包基地城市”，12 月 25 日将北京、天津、南京、杭州、武汉、济南等 6 个城市认定为第二批“中国服务外包基地城市”。2007 年和 2008 年又增列了合肥、长沙、广州、重庆、哈尔滨 5 个城市。截至 2008 年底，全国服务外包基地城市共 16 个。详见表 2－3。

**表 2－3　中国服务外包基地城市认定情况**

| 认定时间 | 基地城市 |
|---|---|
| 2006 年 10 月 | 成都、上海、深圳、西安、大连 |
| 2006 年 12 月 | 北京、天津、南京、杭州、武汉、济南 |
| 2007 年 10 月 | 长沙 |
| 2007 年 12 月 | 合肥 |
| 2008 年 7 月 | 广州、重庆、哈尔滨 |

2008 年全球金融危机爆发，世界经济陷入衰退，为了降低外部负面影响，2009 年中央经济工作会议提出“保增长、扩内需、调结构”的经济发展目标，提出要转变经济贸易发展方式，优化出口结构，大力承接国际服务外包，推动区域协调发展，扩大高校毕业生就业。2009 年 1 月，国务院办公厅下发了《关于促进服务外包产业发展问题的复函》，将 16 个服务外包基地城市和南昌、苏州、大庆、无锡等 20 个城市确定为中国服务外包示范城市，2010 年初增列厦门市为第

21 个示范城市，继续在示范城市实行税收优惠、财政资金支持、实用人才培训、特殊劳动工时、金融支持、知识产权和信息保护等鼓励和支持措施，促进服务外包产业发展，以推进产业结构调整、转变外贸发展方式、增加高校毕业生就业机会。

2015 年 1 月，商务部牵头的九部委发布《国务院关于促进服务外包产业加快发展的意见》，根据服务外包产业集聚区布局，统筹考虑东、中、西部城市，对服务外包示范城市有序扩容。将沈阳、长春、南通、镇江、福州（含平潭综合实验区）、南宁、乌鲁木齐、青岛、宁波、郑州等 10 个城市纳入中国服务外包示范城市，引导市场资源继续向示范城市集聚。截至目前，全国服务外包示范城市共计 31 个，初步形成了东、中、西部错位发展、良性竞争的定位和发展局面。

**表 2－4　中国服务外包示范城市认定情况**

| 认定时间 | 示范城市 |
| --- | --- |
| 2009 年 1 月 | 北京、天津、上海、重庆、广州、深圳、武汉、大连、南京、成都、济南、西安、哈尔滨、杭州、合肥、长沙、南昌、苏州、大庆、无锡 |
| 2010 年 2 月 | 厦门 |
| 2016 年 1 月 | 沈阳、长春、南通、镇江、福州（含平潭综合实验区）、南宁、乌鲁木齐、青岛、宁波、郑州 |

2017 年商务部等 5 部门下发《国际服务外包产业发展“十三五”规划》，提出要“充分发挥服务外包示范城市的带动引领作用，开展体制机制创新，形成制度创新和政策创新的高地”，并做好示范城市的经验复制和政策推广。

自“千百十工程”实施以来，服务外包示范城市及所在省/市积极落实国家关于促进服务外包产业发展的一系列鼓励和支持政策，并结合自身发展实际，制订产业发展规划和促进本地外包产业发展的政策措施。商务部 2016 年发布的对 31 个服务外包示范城市评估结果显示，多数城市均已经出台了金融、创新、知识产权保护等政策措施。在公共信息平台建设、人才培养、引资引智等方面成效显著，带领中国服务外包产业从规模扩张向量质并举转变，对促进产业集聚、培育壮大市场主体、调整产业结构、增加高水平就业发挥了重要作用。

“十三五”时期，我国经济发展进入新常态，供给侧结构性改革深入推进，示范城市作为我国服务外包产业制度创新和政策创新的高地，继续发挥先行先试示范带动作用，通过经验复制和政策推广，带动产业整体发展。

## 二、服务外包示范城市的发展概况和发展特征

### （一）发展概况

服务外包示范城市长期保持高速发展势头，是我国服务外包产业发展的主要载体。“千百十”工程实施10年以来，在内外部市场需求不断释放和政策支持体系日趋完善的背景下，示范城市加快发展建设，主要指标均超过全国平均水平，对我国整体服务外包产业的发展引领作用不断增强。

商务部数据显示，2016年31个服务外包示范城市承接服务外包执行额高达999.2亿美元，其中离岸服务外包执行额657.9亿美元，占全国市场的比重分别为93.8%和93.4%，相比于2015年扩容前21个示范城市，比重分别提高了9.4个百分点和6.6个百分点。在国家和地方对示范城市的各项优惠支持政策措施促进下，新增的10个示范城市合同执行额102.1亿美元，占31个示范城市执行总额的10.2%，部分城市如南宁和南通，增速达91%和38%，郑州和南通的离岸执行金额增长实现翻番。

示范城市对促进我国服务外包产业市场主体壮大、产业集聚、吸纳就业、人才培养的引领效应显著。截至2016年，31个示范城市共集聚服务外包企业2.9万家，累计吸纳就业596万人，全国占比均超过70%。示范城市是我国服务外包中高端人才的主要培养基地，在专业人才培养方面积累了丰富经验，建立了包括企业、园区、培训机构、行业协会、高等院校等载体在内的多层次多渠道的服务外包人才培养体系。据统计，目前全国示范城市已经汇集了1000多个服务外包专业培训机构及大批专业师资力量，建立了超过10000个大学生实习基地和高校毕业生见习基地，示范和外溢效应显著。截至2016年底，示范城市外包行业中大学（含大专）以上学历从业者429万人，占从业人员总数72%。在示范城市带动下，截至2016年，全国已有130多个地级以上城市发展服务外包产业，累计从事服务外包业务的企业39277家，形成了覆盖全国的外包产业体系，从区域构成到产业演进显现出梯队化发展的城市格局。

## （二）发展特征

### 1. 产业规模高速扩张

2010—2016 年示范城市承接的服务外包执行额、离岸服务外包执行额以超过 30% 的年均增速增长。其中，服务外包执行额由 185.4 亿美元增长至 999.2 亿美元，7 年间扩大了 4.4 倍，离岸外包执行额由 135.4 亿美元增长至 657.9 亿美元，7 年间扩大了 3.9 倍。从市场主体规模看，2010—2016 年示范城市累计新增服务外包企业 1.7 万家，新增从业人员 406.7 万人，全国占比 60% 左右。这一方面说明全球和中国服务外包产业市场发展空间巨大，另一方面也说明我国以示范城市为载体的服务外包产业国际竞争力在增强。详见表 2－5。

**表 2－5　2010—2016 年服务外包示范城市产业发展状况**

| 发展情况 | 2010 年 | 2011 年 | 2012 年 | 2013 年 | 2014 年 | 2015 年 | 2016 年 |
|---|---|---|---|---|---|---|---|
| 示范城市个数 | 21 | 21 | 21 | 21 | 21 | 21 | 31 |
| 新增企业（家） | 2625 | 2702 | 2541 | 2325 | 2200 | 1437 | 3226 |
| 全国占比（%） | 69.9 | 63.8 | 59.4 | 64.6 | 66.5 | 25.5 | 58.6 |
| 新增从业人员（万人） | 54.3 | 66.5 | 71.5 | 56.6 | 49.4 | 24.2 | 84.2 |
| 全国占比（%） | 69.5 | 77.8 | 64.2 | 53.1 | 69.4 | 19 | 69.4 |
| 合同执行金额（亿美元） | 185.4 | 294.4 | 417.2 | 556.9 | 711.9 | 816.3 | 999.2 |
| 全国占比（%） | 93.6 | 90.9 | 89.6 | 87.2 | 87.5 | 84.4 | 93.7 |
| 离岸外包（亿美元） | 135.4 | 219 | 305 | 402.9 | 497.1 | 561.2 | 657.9 |
| 全国占比（%） | 93.7 | 91.9 | 90.7 | 88.7 | 88.9 | 86.8 | 93.4 |
| 在岸外包（亿美元） | 47.9 | 74.5 | 112.2 | 154 | 214.8 | 255.2 | 340.9 |
| 全国占比（%） | 93.4 | 88.1 | 86.7 | 83.5 | 84.5 | 79.6 | 94.6 |
| ITO（亿美元） | 86.3 | 126.6 | 171.4 | 221.9 | 267.2 | 288.7 | 315.8 |
| 全国占比（%） | 94.1 | 91.3 | 90.8 | 89.4 | 91.1 | 91.1 | — |
| BPO（亿美元） | 27.2 | 34.8 | 46.8 | 55.5 | 69.3 | 78.4 | 105.3 |

续表

| 发展情况 | 2010 年 | 2011 年 | 2012 年 | 2013 年 | 2014 年 | 2015 年 | 2016 年 |
| --- | --- | --- | --- | --- | --- | --- | --- |
| 全国占比(%) | 92.9 | 91.1 | 90 | 87.4 | 87.6 | 85.5 | — |
| KPO(亿美元) | 19.2 | 57.6 | 86.8 | 125.5 | 160.6 | 194.1 | 236.8 |
| 全国占比(%) | 95.1 | 93.7 | 90.7 | 88 | 86 | 81.6 | — |
| 新增国际资质(项) | 1402 | 1057 | 1019 | 831 | 881 | 468 | — |
| 全国占比(%) | 69.3 | 62.6 | 57.3 | 60.1 | 63.4 | 35.1 | — |

资料来源：商务部。

**2. 业务结构逐步优化**

引领服务外包产业转型升级和创新发展是示范城市的重要使命。“千百十”工程实施 10 年来，示范城市通过创新服务平台、培育引进创新创业人才、推广新技术应用等各种手段带领中国服务外包产业加速创新发展，实现由低成本竞争向智力投入取胜转变。服务外包业务结构高端化呈现良好发展态势。附加值较低的 ITO 业务比重不断下降。ITO、BPO 和 KPO 业务份额由 2010 年的 64∶20∶15 调整为 2016 年的 48∶16∶36。在 ITO 业务内部，与大数据物联网、移动互联和云计算相关的高技术和高附加值业务比重也在提升，同时，外包产业内 ITO、BPO 和 KPO 的业务融合进一步带动了数字化、智能化的高技术含量和高附加值的综合性外包业务比重提升。

**3.“示范城市 + 示范区”模式高度集聚创新要素**

“示范城市 + 示范区”是我国服务外包产业的特色发展模式。示范城市对服务外包产业的集聚和示范引领作用主要是通过专业园区实现的。在示范城市内，各类园区高度集聚创新要素资源，发挥着承接外包业务、集聚外包企业和技术创新发展的作用。目前在一线外包示范城市，80% ~90% 以上的外包业务收入都在园区实现，大量外包企业借助入驻园区，以共享政策、人才、信息、平台、技术等资源优势，这些企业通过集聚高端生产要素，在商业模式和技术领域不断引领创新，推动所在城市和地区的产业发展，反哺地方经济发展。中国服务外包领军企业，如东软、文思海辉、软通动力、微创软件等大型企业，历年中国服务外包百家成长型企业绝大部分孵化、成长和壮大于示范城市。与此同时，越来越多的跨国公司和龙头企业总部选择在示范城市的外包园区落户，以北京中关村软件园为例,目前已有400多家IT企业总部和全球研发中心集聚,总部经济超过80%。详见表2-6。

**表2-6　部分示范城市服务外包园区发展概况**

| 示范城市 | 园区概况 |
| --- | --- |
| 北京 | 5个服务外包示范区:海淀区、昌平区、朝阳区、大兴区、经济技术开发区;典型园区:中关村软件园 |
| 天津 | 3个服务外包示范区:开发区、保税区和高新区;6个专业园区:南开区、河西区、西青区、武清区、生态城和北辰区;3个实验区:河东区、东丽区、蓟县;典型园区:泰达服务外包产业园 |
| 上海 | 5个服务外包示范区:浦东新区、长宁区、新静安区、黄浦区和漕河泾新兴技术开发区;12个专业园区;典型园区:上海浦东软件园 |
| 重庆 | 12个服务外包专业园区 |
| 大连 | 10个软件服务外包园区;典型园区:大连软件园 |
| 哈尔滨 | 8个服务外包园区;典型园区:中国云谷 |
| 济南 | 10个服务外包园区;典型园区:齐鲁软件园 |
| 杭州 | 2个服务外包示范区:杭州高新技术产业开发区、杭州经济技术开发区;9个省级服务外包示范园区 |
| 苏州 | 1个国家级示范基地:苏州工业园区;2个升级示范城市:昆山市和太仓市;9个省级示范区;典型园区:苏州国际科技园 |
| 广州 | 3个服务外包示范区:南沙经济开发区、黄花岗科技园、天河软件园,1个省级示范区; 典型园区:天河软件园 |
| 厦门 | 8个服务外包园区:厦门软件园1期、2期、3期、东渡港区、保税物流园区、象屿保税区、航空港工业与物流园区、厦门火炬高技术产业开发区 |

资料来源:《中国服务外包发展报告2016》。

### 4. 各示范城市形成差异化、错位竞争态势

"千百十"工程的实施,促使我国服务外包产业在示范城市内加速集聚扩张。伴随着世界经济深度调整,国际经贸规则重塑,国内经济发展新常态、新技术和新商业模式迭代更新,相互交错影响,在市场机制及国家和地方政策的引导下,示范城市外包产业经历了由扎堆低水平重复、无序竞争到差异化发展、错位竞争的明晰产业定位。

一些发展基础和资源优势突出的领军城市立足产业基础与资源优势，加强对特色产业的发展引导，走差异化发展道路，在各自特色业务领域成为全国性或区域性的中心城市，对区域内产业转型升级带动效果逐步显现。北京产业基础雄厚，向高端化和国际化方向发展，聚焦总部经济，重点打造跨国企业软件研发、IT 支持、客户服务与财务共享中心；上海在云计算、大数据、移动互联网和医药研发服务方面领先全国；杭州专注通信服务、物联网研发、金融服务外包等领域拓展；苏州在工业设计和工程技术方面形成了较强竞争力；大连重点打造亚太软件和服务创新中心，形成了涵盖应用软件开发和外包、业务流程外包、资源共享中心、产品研发、工业设计以及区域性总部的完整产业链条。

**5. 示范城市间协同发展态势显现**

各示范城市从孤立布局到区域合作联动、协同发展、良性发展态势显现。一是区域内产业规划联动。在区域内，各省市政府有意引导省内服务外包加强合作，协调发展。如江苏省提出要建设服务外包产业“一带一群”发展格局，辐射带动其他地区的服务外包产业。突出南京、苏州、无锡 3 个国家级服务外包示范城市的引领作用，打造南京、苏州、无锡 3 市与常州、镇江构成的以知识流程外包为主要发展方向的“苏南国际服务外包产业带”，及南京、苏州、无锡 3 市与南通、泰州等城市构成的以知识流程外包、业务流程外包共同发展的“江苏沿江服务外包示范城市集群”。二是随着国家区域协调发展战略的有序推进，一些示范城市开始谋划区域间服务外包产业的整体发展布局，规划产业发展方向。比如随着津冀协同发展战略的深入推进，两市一省的外包产业布局各有倚重。京津作为离岸外包主要承接地，积极承接跨国公司的发包业务，并有序向河北省进行人力密集型业务转移，带动河北省外包产业跨越式发展。三是公共服务联动。依托第三方公共平台、垂直产业联盟，在示范城市间实现公共服务联动、创新孵化环境联动，形成发展合力。例如合肥与上海漕河泾新兴技术开发区合作共建创新创业园，在科技企业孵化、资本运作、专业人才轮训、技术溢出、营造创业氛围等多方面开展合作，为服务外包企业和机构提供全方位、一体化、立体式的专业服务，加速外包产业的有效融合转移。四是比较优势联动。示范城市在服务外包细分领域各有擅长，通过城市间合作，依托各自比较优势，带动区域内整体产业提质增效。例如长江中游城市群，跨越湖北、湖南、江西三省，是以武汉城市圈、环长株潭城市群、环鄱阳湖城市群为主体形成的特大城市群，依托武汉、长沙、南昌 3 个示范城市在创新研发、文化旅游、工程基建等外包领域各有侧重，集中各自优势资源深耕细分领域。

## 三、示范城市的竞争力评价

本部分对示范城市的外包产业发展竞争力进行分析评价。评价体系借鉴商务部对示范城市发展状况的年度评价指标，包括产业发展状况、基础设施建设情况、人力资源、要素成本和政策因素五个方面。

2016 年商务部进行综合评价中共涉及 5 个一级指标、20 个二级指标和 57 个三级指标。各级指标设定情况如表 2 -7 所示。

按照表 2 -7 的评价指标体系，对各指标进行无量纲化处理，将综合得分均值调整为 100 分，其中，“产业发展情况”均值 40 分，“基础设施状况”均值 15 分，“人才培养培训与就业”均值 20 分，“要素成本”均值 10 分，“政策措施”均值 15 分。综合得分高于 100 分，说明产业总体发展高于平均水平，反之亦然。

**表 2 -7 示范城市服务外包产业竞争力评价指标**

| 一级指标 | 二级指标 | 三级指标 |
|---|---|---|
| （一）产业发展情况 | 1. 服务外包企业 | 1.1 服务外包企业；1.2 有离岸业务的服务外包企业；1.3 新增服务外包企业；1.4 高技术服务业企业；1.5 技术先进型服务企业；1.6 年营业额 500 万美元及以上的企业数；1.7 从业人员 500 人以上的企业数 |
| | 2. 业务规模 | 2.1 承接国际服务外包合同执行金额；2.2 承接在岸服务外包合同执行金额；2.3 高技术服务业产业收入 |
| | 3. 税收情况 | 3.1 服务外包企业实缴税额 |
| | 4. 企业资质 | 4.1 通过国际资质认证企业；4.2 企业通过的国际资质认证数量 |
| | 5. 服务外包园区 | 5.1 开展服务外包业务的专业园区；5.2 园区服务外包收入占城市服务外包收入的比重 |

续表

| 一级指标 | 二级指标 | 三级指标 |
| --- | --- | --- |
| （二）基础设施状况 | 6. 信息技术基础设施水平 | 6.1 互联网宽带接入用户；6.2 移动互联网用户 |
| | 7. 电力设施水平 | 7.1 用户年平均停电时间 |
| | 8. 交通运输水平 | 8.1 民航客运量；8.2 铁路客运量 |
| | 9. 公共服务水平 | 9.1 公共服务平台数量 |
| （三）人才培养培训与就业 | 10. 就业情况 | 10.1 服务外包企业从业人员；10.2 服务外包企业新增就业人员；10.3 新增大学生就业人员；10.4 新增经培训后就业人员；10.5 留学归国人员；10.6 外籍员工；10.7 高校服务外包相关专业毕业生 |
| | 11. 培训/实训情况 | 11.1 服务外包培训机构；11.2 服务外包培训机构培训/实训人员 |
| | 12. 人才储备情况 | 12.1 大学生实习基地；12.2 服务外包企业接纳实习大学生；12.3 高校毕业生见习基地；12.4 服务外包企业接纳见习高校毕业生；12.5 高等院校数量；12.6 高校毕业生数量 |
| （四）要素成本 | 13. 用工成本 | 13.1 城镇单位在岗职工平均工资；13.2 社会保险交纳金额 |
| | 14. 商务成本 | 14.1 电信费用；14.2 用电平均价格；14.3 商品房平均销售价格 |
| （五）政策措施 | 15. 财政政策 | 15.1 中央财政资金实际拨付金额；15.2 地方财政资金实际拨付金额；15.3 中央财政资金支持培训人数；15.4 政府部门购买专业服务金额 |
| | 16. 金融政策 | 16.1 出台扶持服务外包企业投融资政策；16.2 出台扶持服务外包企业融资担保补助政策 |
| | 17. 支持创新政策 | 17.1 出台鼓励和引导企业研发创新政策；17.2 出台鼓励高校毕业生创业政策 |
| | 18. 税收优惠 | 18.1 企业享受税收优惠金额；18.2 增值税免税销售额；18.3 企业所得税优惠金额；18.4 按 15% 低税率减免所得税金额；18.5 职工教育经费税前扣除比例超过 2.5% 的企业数量；18.6 职工教育经费税前扣除比例超过 2.5% 的企业职工教育经费税前扣除总额 |

续表

| 一级指标 | 二级指标 | 三级指标 |
|---|---|---|
| （五）政策措施 | 19. 知识产权保护 | 19.1 知识产权司法案件结案率；19.2 知识产权保护地方性法规 |
| | 20. 信息安全保护 | 20.1 出台互联网信息安全/商业数据保密相关的地方性政策法规 |

### （一）总体情况

根据2016年的结果，按照综合得分高低，可以将31个示范城市竞争力水平分为三个层次：第一层次得分高于100分，分别是南京、上海、广州、苏州、无锡、北京、杭州、深圳、济南、青岛、重庆、武汉、成都和南昌等14个城市；第二层次得分在60～100分之间，分别是天津、宁波、大连、郑州、合肥、长沙、厦门、西安、南通和哈尔滨等10个城市；第三层次得分低于60分，分别是沈阳、镇江、南宁、福州、长春、大庆和乌鲁木齐等7个城市。原21个示范城市由于有较长时间的政策和资源优势叠加，竞争力普遍高于新增示范城市，在得分高于100分的14个城市中，仅有青岛为新增示范城市。在地区分布上，东部地区示范城市的综合实力显著高于中西部地区，中部和西部地区的水平差异不大。

从2014年、2016年的动态变化看，在排名前10位的示范城市中，南京、上海、广州和苏州仍然稳居前四位。无锡和北京位次上升，杭州和深圳位次下降，青岛在10个新增示范城市中表现突出，排名第10位。商务部数据显示，2012—2016年，青岛离岸服务外包执行额年均增长34.8%，服务外包企业由390家发展到1000余家，吸纳就业人数由7.2万人增加到23万余人，扎实的产业基础和强劲的发展势头使青岛连续四年成为中国服务外包最具潜力城市。与之形成对比的是大庆、哈尔滨、西安等城市产业发展未见明显提升，表现甚至不及新晋示范城市。详见表2－8、表2－9。

表2－8　各示范城市综合排名情况

| 层次 | 城市 | 得分 |
|---|---|---|
| 第一层次 | 南京、上海、广州、苏州、无锡、北京、杭州、深圳、济南、青岛、重庆、武汉、成都、南昌 | >100分 |
| 第二层次 | 天津、宁波、大连、郑州、合肥、长沙厦门、西安、南通、哈尔滨 | 60～100分 |
| 第三层次 | 沈阳、镇江、南宁、福州、长春、大庆、乌鲁木齐 | <60分 |

表2－9　2014年、2016年示范城市综合得分情况对比

| 2016年 | 城市 | 综合得分 | 2014年 | 城市 | 综合得分 |
|---|---|---|---|---|---|
| 1 | 南京 | 176.1 | 1 | 南京 | 169.48 |
| 2 | 上海 | 175.6 | 2 | 上海 | 169.08 |
| 3 | 广州 | 172.5 | 3 | 广州 | 164.18 |
| 4 | 苏州 | 170.6 | 4 | 苏州 | 163.37 |
| 5 | 无锡 | 157.3 | 5 | 杭州 | 128.89 |
| 6 | 北京 | 149.2 | 6 | 无锡 | 122.89 |
| 7 | 杭州 | 147.9 | 7 | 深圳 | 116.77 |
| 8 | 深圳 | 119.6 | 8 | 北京 | 113.37 |
| 9 | 济南 | 109.3 | 9 | 济南 | 95.24 |
| 10 | 青岛 | 108 | 10 | 合肥 | 92.01 |
| 11 | 重庆 | 106.9 | 11 | 南昌 | 90.55 |
| 12 | 武汉 | 105.9 | 12 | 天津 | 90.06 |
| 13 | 成都 | 103.2 | 13 | 成都 | 89.65 |
| 14 | 南昌 | 102.5 | 14 | 重庆 | 88.05 |
| 15 | 天津 | 96.5 | 15 | 武汉 | 73.16 |
| 16 | 宁波 | 93.3 | 16 | 大连 | 70 |
| 17 | 大连 | 90.2 | 17 | 西安 | 66.3 |
| 18 | 郑州 | 89 | 18 | 长沙 | 61.94 |
| 19 | 合肥 | 85.7 | 19 | 厦门 | 58.55 |
| 20 | 长沙 | 80.7 | 20 | 哈尔滨 | 49.02 |

续表

| 2016 年 | 城市 | 综合得分 | 2014 年 | 城市 | 综合得分 |
|---|---|---|---|---|---|
| 21 | 厦门 | 79.7 | 21 | 大庆 | 27.46 |
| 22 | 西安 | 78.3 | | | |
| 23 | 南通 | 75.3 | | | |
| 24 | 哈尔滨 | 71.6 | | | |
| 25 | 沈阳 | 59.3 | | | |
| 26 | 镇江 | 55.7 | | | |
| 27 | 南宁 | 54.6 | | | |
| 28 | 福州 | 51 | | | |
| 29 | 长春 | 50.9 | | | |
| 30 | 大庆 | 45.9 | | | |
| 31 | 乌鲁木齐 | 36.7 | | | |

### （二）示范城市分项指标的竞争力评价

分项指标评价结果显示，各示范城市产业发展优势差异较大，且原示范城市普遍好于新增示范城市。

产业发展情况是最能够体现示范城市产业发展水平的核心指标，由外包企业数量、业务规模、企业资质和服务外包园区等指标组成。南京、苏州、上海、无锡、广州、杭州、北京等城市在产业规模、企业规模及技术先进性等方面表现突出，雄厚的产业基础为这些城市释放集聚效应，进一步吸引优质企业和优质业务集聚，以及推动产业向中高端发展创造了条件。

人力资源是衡量服务外包产业发展水平的另一个核心指标。外包产业既需要大量高端人才支撑，同时也是实现高水平、大数量就业的重要产业部门。示范城市在吸纳和培养外包人才方面各具特色。比如上海，留学人员和外籍员工数量庞大，济南依托高校培养大量外包专业毕业生，为服务外包企业提供人才保障，天津的服务外包培训机构数量多，据统计，仅 2015 年，通过天津大学软件学院、中软卓越、服务外包培训中心、东软睿道等服务外包培训机构培训人员就高达 3 万余人次。乌鲁木齐、南宁、大庆等中西部城市受地理位置影响，在人才培养培训和就业吸引力方面仍然存在较大差距。

从基础设施建设环境来看，北京、上海、广州、深圳等东部城市总体状况优于其他城市，这些城市陆续开展了智慧城市建设，重视互联网及移动互联网等基础设施建设，能够满足服务外包企业跨境交付的网络条件，同时这些城市的电力资源相对有保障，特别在重要园区都基本实现了24 小时双回路供电。

从要素成本看，由于权重和指标设定差异，各示范城市的两次排名差异较大，相比较而言，北京上广深等一线城市是受要素成本影响最大的区域，中西部城市的综合要素成本优势明显。较低的用工、用电、电信、住房成本，对产业梯度转移形成了一定吸引力。以成都为例，企业运营成本低于东部沿海地区，又较其他中西部城市对人才更具吸引力，未来有望成为西部地区的外包产业中心城市。

在政策措施方面，各示范城市重视程度都十分高，多数城市都已经出台了金融、创新、信息保护等相关支持鼓励政策，越是产业发达地区，政策扶持力度越大，越完善。且政策与时俱进，匹配本地资源特色，适应当地产业发展阶段。详见表2－10。

**表2－10　示范城市综合竞争力评价分项指标**

| 序号/指标 | 产业发展状况 | 基础设施 | 人才培养培训与就业 | 要素成本 | 政策措施 |
|---|---|---|---|---|---|
| 1 | 南京 | 北京 | 广州 | 成都 | 杭州 |
| 2 | 苏州 | 上海 | 南京 | 南通 | 无锡 |
| 3 | 上海 | 深圳 | 苏州 | 哈尔滨 | 武汉 |
| 4 | 无锡 | 广州 | 济南 | 大庆 | 成都 |
| 5 | 广州 | 武汉 | 杭州 | 天津 | 南昌 |
| 6 | 杭州 | 重庆 | 重庆 | 长沙 | 上海 |
| 7 | 北京 | 南通 | 北京 | 镇江 | 广州 |
| 8 | 青岛 | 成都 | 深圳 | 乌鲁木齐 | 大连 |
| 9 | 深圳 | 南京 | 上海 | 青岛 | 北京 |
| 10 | 济南 | 苏州 | 合肥 | 南宁 | 苏州 |

### （三）新增城市竞争力评价

对新增的10个示范城市评价结果显示，在服务外包产业竞争力评价的一些硬性指标，如产业发展和基础设施等方面与原示范城市差距较大。如服务外包企业和业务规模、信息技术基础水平以及地理位置等原因导致的交通运输水平等。另一个制约因素是政策支持力度。尽管新增示范城市各级政府都十分关注和重视用制度来营造良好的外部发展氛围，并积极出台相应制度保障支持措施，但从现况看，由于积累时间较短，部分政策尚未落实到位，财政支持力度和税收优惠政策方面明显不如原示范城市，政策支持效果不明显。

## 四、发展趋势

### （一）内需市场将成为示范城市外包产业发展新的增长极

中国服务外包产业发展起步于离岸业务，多年来内需市场开发处于停滞不前状态。2010年，示范城市承接的外包业务有3/4来自国际市场。近几年，随着国际环境的改变，承接离岸外包压力陡增，一方面，欧美、日韩等主要发包市场相对疲软，尤其是美国大选后，越来越多的离岸外包业务被收回国内，加剧了未来全球离岸外包市场萎缩。另一方面印度、波兰、马来西亚等接包国凭借在资源禀赋、政策环境和基础设施等方面的优势，对我国目前的市场形成巨大威胁。与国际市场形成鲜明对比的是，随着“两化”融合的持续深入，“中国制造2025”“互联网+”“一带一路”倡议等落地，本土市场将释放出大量服务外包新需求。事实上，离岸、在岸业务比重正在发生变化，2010—2016年，示范城市在岸业务比重由26%提升至34%，尽管增速平缓，但我国服务外包产业开始进入离岸、在岸协调发展的趋势已经基本形成，未来对内需市场的充分开发将成为示范城市外包产业持续发展的关键。详见图2-4。

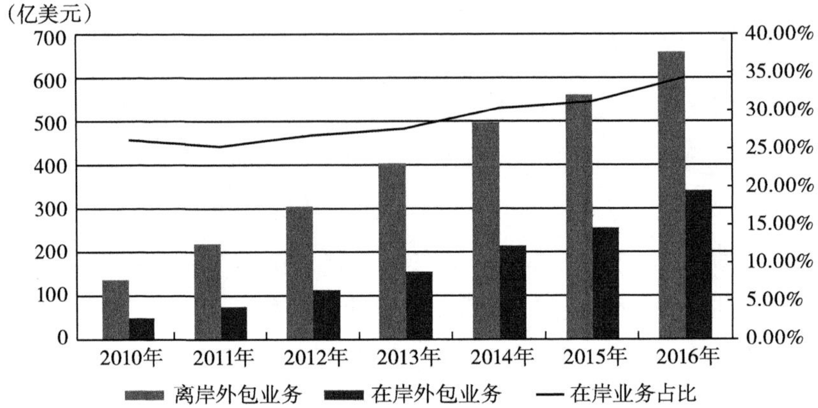


**图 2-4　示范城市离岸、在岸外包业务发展趋势**

## （二）立足后发优势，中西部城市将加速赶超东部城市

2015 年 1 月，商务部牵头的九部委发布《国务院关于促进服务外包产业加快发展的意见》，根据服务外包产业集聚区布局，统筹考虑东、中、西部城市产业发展，对服务外包示范城市进行扩容，中西部城市增加至 13 个，未来随着更多政策和资源向中西部城市倾斜，在东部城市占据主导优势的产业竞争结构中，以西安、成都、武汉等城市为代表的中西部城市，凭借后发优势将加速追赶。一方面东部城市综合成本快速上升导致区域间产业梯度转移，很多服务外包企业将最优化内部资源配置，在北上广深等一线城市只保留区域总部、营销机构及高端研发与设计中心，而将离岸交付基地、后援支撑平台转移到中西部地区的二、三线城市。

另外，“一带一路”倡议的深入推进，中西部城市的基础设施建设水平加快提升，要素优势和区位优势逐渐显现，随着互联互通工程建设的加速推进，中亚、西亚等地区将释放大量工业技术服务、信息化解决方案、专业业务服务需求，中西部城市将优先获得尚未被东部城市及园区关注的潜在市场和目标客户。目前，中西部服务外包基地和示范城市已经开始与“一带一路”沿线国家的服务经济和服务外包展开合作。例如成都是我国与南亚服务外包产业合作的重要窗口城市，不少印度服务业巨头在成都建立了服务基地。西安在促进我国与中亚、中东欧乃至西欧跨国服务外包合作方面日益发挥积极作用。2014 年美国 Amidi 集团等跨国公司与西安高新区签约，将西安作为基地和跳板提前进行区域布局，以利用“一带一路”建设提供的市场机遇，加强与中亚地区的经济合作。

### （三）国际合作程度将进一步加深

在合作方式上，除了传统的离岸接包外，示范城市鼓励企业走出去，全球配置资源，优化布局，做大做强。一些领军型服务外包企业加快设立海外研发中心和海外交付中心，以便优化利用在岸、近岸、离岸等多种模式的综合优势，实现多级交付高质量服务的能力，与发包市场形成更紧密的合作关系。如博彦科技在中国、美国、日本、印度、加拿大、新加坡等6个国家设有30余家分支机构、研发基地或交付中心，软通动力在全球61个城市设有120余个分支机构和33个交付中心，微创软件在全球设有13个交付中心，交付网络涵盖亚洲、北美以及欧洲等国家和地区。2016年中科创达以6400万欧元收购总部设在芬兰赫尔辛基的智能车载交互技术公司Rightware，进入欧洲市场。此外，越来越多的跨国公司被示范城市的产业资源吸引，北京、大连、天津、上海等示范城市已经成为跨国公司集聚地。以大连为例，目前已有90余家全球500强企业在大连从事软件开发和服务外包业务，全球前十大ITO和BPO服务提供商中，有6家在大连开展外包业务。戴尔、毕博、爱立信、埃森哲、索尼、安永、花旗等20多家跨国公司将大连作为地区服务总部。跨区域、跨产业深度融合将带动示范城市“引进来”和“走出去”并举的国际合作程度持续提升。

### （四）国家战略叠加，将助推示范城市产业创新升级

党的十八大以后，国家陆续出台了“一带一路”倡议及“创新创业”“互联网+”“中国制造2025”“大数据”等及配套政策密集落地，作为中国服务外包产业先行先试的桥头堡，示范城市集聚人流、物流、资金流和信息流等先发优势，借助国家政策叠加效应产生的综合红利，将迎来全方位提升的发展机遇。“中国制造2025”“互联网+”将释放国内服务外包新需求，在岸市场规模将进一步扩大；“一带一路”倡议，为我国服务外包产业提供了发展动力与空间，外包产业成为示范城市融入“一带一路”建设的新渠道。中国服务外包特有的“示范城市+示范区”发展模式，多年实践证明是有效的，可以为沿线国家服务外包产业发展

提供一定的经验借鉴和参考，预计今后更多沿线国家的城市、科技园区将倾向与中国服务外包示范城市和产业园区加强合作的空间和范围。

# 附表

附表 1　2016 年中国服务外包示范城市竞争力综合评价得分情况

| 序号 | 城市 | 产业发展 | 基础设施 | 人才培养培训与就业 | 要素成本 | 政策措施 | 综合得分 |
|---|---|---|---|---|---|---|---|
| 1 | 南京 | 103.7 | 16.1 | 32.3 | 9.3 | 14.7 | 176.1 |
| 2 | 上海 | 92.3 | 30.5 | 24.8 | 7.0 | 21.0 | 175.6 |
| 3 | 广州 | 70.8 | 27.6 | 48.3 | 6.2 | 19.6 | 172.5 |
| 4 | 苏州 | 98.1 | 16.1 | 31.5 | 8.0 | 16.8 | 170.6 |
| 5 | 无锡 | 91.7 | 12.3 | 20.6 | 10.6 | 22.1 | 157.3 |
| 6 | 北京 | 59.5 | 41.0 | 25.8 | 5.8 | 17.2 | 149.2 |
| 7 | 杭州 | 66.4 | 16.1 | 28.7 | 10.1 | 26.6 | 147.9 |
| 8 | 深圳 | 43.9 | 28.0 | 25.7 | 6.3 | 15.7 | 119.6 |
| 9 | 济南 | 41.1 | 12.4 | 30.5 | 10.7 | 14.7 | 109.3 |
| 10 | 青岛 | 50.8 | 10.9 | 19.9 | 11.0 | 15.3 | 108.0 |
| 11 | 重庆 | 37.3 | 19.0 | 28.2 | 10.2 | 12.2 | 106.9 |
| 12 | 武汉 | 29.9 | 20.2 | 23.5 | 10.4 | 22.0 | 105.9 |
| 13 | 成都 | 31.1 | 16.6 | 22.2 | 11.8 | 21.5 | 103.2 |
| 14 | 南昌 | 40.5 | 7.4 | 23.5 | 9.8 | 21.4 | 102.5 |
| 15 | 天津 | 35.0 | 14.5 | 23.2 | 11.4 | 12.5 | 96.5 |
| 16 | 宁波 | 40.5 | 12.0 | 17.9 | 10.6 | 12.4 | 93.3 |
| 17 | 大连 | 36.4 | 9.9 | 16.0 | 9.9 | 18.0 | 90.2 |
| 18 | 郑州 | 36.0 | 14.6 | 19.0 | 10.1 | 9.3 | 89.0 |
| 19 | 合肥 | 24.9 | 10.4 | 23.8 | 10.6 | 16.0 | 85.7 |
| 20 | 长沙 | 27.0 | 13.9 | 16.9 | 11.3 | 11.5 | 80.7 |

续表

| 序号 | 城市 | 产业发展 | 基础设施 | 人才培养培训与就业 | 要素成本 | 政策措施 | 综合得分 |
|---|---|---|---|---|---|---|---|
| 21 | 厦门 | 30.2 | 12.2 | 14.6 | 9.0 | 13.7 | 79.7 |
| 22 | 西安 | 25.0 | 11.1 | 19.2 | 10.3 | 12.7 | 78.3 |
| 23 | 南通 | 26.4 | 16.9 | 10.5 | 11.7 | 9.8 | 75.3 |
| 24 | 哈尔滨 | 20.3 | 12.8 | 12.8 | 11.7 | 13.9 | 71.6 |
| 25 | 沈阳 | 9.0 | 11.5 | 12.6 | 10.1 | 16.1 | 59.3 |
| 26 | 镇江 | 21.7 | 5.9 | 7.6 | 11.1 | 9.4 | 55.7 |
| 27 | 南宁 | 8.5 | 14.3 | 10.8 | 10.9 | 10.1 | 54.6 |
| 28 | 福州 | 10.6 | 8.0 | 12.2 | 10.5 | 9.7 | 51.0 |
| 29 | 长春 | 11.7 | 14.0 | 5.1 | 10.0 | 10.2 | 50.9 |
| 30 | 大庆 | 13.9 | 2.2 | 8.6 | 11.6 | 9.6 | 45.9 |
| 31 | 乌鲁木齐 | 5.8 | 6.7 | 3.5 | 11.1 | 9.7 | 36.7 |

**附表 2　2014 年服务外包示范城市综合评价情况**

| 序号 | 城市 | 产业发展 | 基础设施 | 人才培养培训与就业 | 要素成本 | 政策措施 | 综合得分 |
|---|---|---|---|---|---|---|---|
| 1 | 南京 | 110.97 | 10.89 | 33.37 | 5.86 | 8.39 | 169.48 |
| 2 | 上海 | 77.73 | 9.88 | 56.00 | 5.15 | 20.31 | 169.08 |
| 3 | 广州 | 68.84 | 8.45 | 63.07 | 5.95 | 17.87 | 164.18 |
| 4 | 苏州 | 86.08 | 10.77 | 29.43 | 6.62 | 30.46 | 163.37 |
| 5 | 杭州 | 64.20 | 7.07 | 19.57 | 7.02 | 31.03 | 128.89 |
| 6 | 无锡 | 75.08 | 4.16 | 17.81 | 7.76 | 18.07 | 122.89 |
| 7 | 深圳 | 53.05 | 6.94 | 30.67 | 5.40 | 20.71 | 116.77 |
| 8 | 北京 | 58.24 | 11.28 | 23.72 | 4.56 | 15.58 | 113.37 |
| 9 | 济南 | 37.67 | 6.14 | 30.77 | 7.70 | 12.96 | 95.24 |
| 10 | 合肥 | 23.81 | 25.02 | 21.79 | 8.24 | 13.14 | 92.01 |
| 11 | 南昌 | 46.59 | 2.36 | 20.05 | 8.88 | 12.66 | 90.55 |
| 12 | 天津 | 32.89 | 4.30 | 32.81 | 7.92 | 12.14 | 90.06 |

续表

| 序号 | 城市 | 产业发展 | 基础设施 | 人才培养培训与就业 | 要素成本 | 政策措施 | 综合得分 |
|---|---|---|---|---|---|---|---|
| 13 | 成都 | 27.01 | 7.03 | 27.83 | 8.79 | 19.00 | 89.65 |
| 14 | 重庆 | 37.67 | 5.92 | 25.52 | 7.87 | 11.07 | 88.05 |
| 15 | 武汉 | 28.07 | 6.36 | 19.08 | 9.49 | 10.16 | 73.16 |
| 16 | 大连 | 30.14 | 4.27 | 16.66 | 7.08 | 11.85 | 70.00 |
| 17 | 西安 | 23.60 | 4.23 | 16.94 | 10.69 | 10.83 | 66.30 |
| 18 | 长沙 | 22.91 | 3.52 | 18.27 | 8.91 | 8.33 | 61.94 |
| 19 | 厦门 | 22.16 | 2.65 | 8.57 | 11.29 | 13.88 | 58.55 |
| 20 | 哈尔滨 | 13.71 | 4.02 | 10.80 | 9.09 | 11.41 | 49.02 |
| 21 | 大庆 | 4.58 | 1.75 | 2.26 | 13.72 | 5.14 | 27.46 |

注:2014 年与 2016 年的一级指标赋分情况不同。“产业发展情况”均值 45 分,“基础设施状况”均值 7 分,“人才培养培训与就业”均值 25 分,“要素成本”均值 8 分,“政策措施”均值 15 分。

# 专题四　2017 年中国人力资源外包发展简析

袁静①

人力资源外包服务是服务外包的重要组成部分。英国学者 Charles Gay 与 James Essinger 在《企业外包模式》一书中指出:外包是依据服务协议,将某项服务的持续管理责任转交给第三方执行,这是在专业化分工日益细致的前提下企业向非纵向一体化的战略转移。人力资源外包就是外包服务的一种。从定义上看,根据国务院相关文件指出:人力资源服务是为劳动者就业和职业发展,为用人单位管理和开发人力资源提供相关服务的专门行业,主要包括人力资源招聘、职业指导、人力资源和社会保障事务代理、人力资源培训、人才测评、劳务派遣、高级人才寻访、人力资源外包、人力资源管理咨询、人力资源信息软件服务等多种业务形态。

人力资源服务涵盖整个雇用周期的人力资源活动和管理流程,不同阶段的垂直化需求促使整个行业的市场化进一步细分。从招聘环节开始,派生出的批量招聘(RPO)业务、猎头业务(Headhunting)进而进入劳动合同阶段,出现的人力资源和社会保障事务代理、劳务派遣、工资与薪酬服务(Payroll)、人力资源外包(TMO)、员工培训到用工综合咨询,劳动合同终止阶段派生的安置服务、员工关系管理、劳动关系管理等。纵观行业发展,我国人力资源服务行业还处于发展初级阶段,挑战与机遇并存。

① 袁静,上海然至博科技有限公司董事总经理。

人力资源外包产品结构图

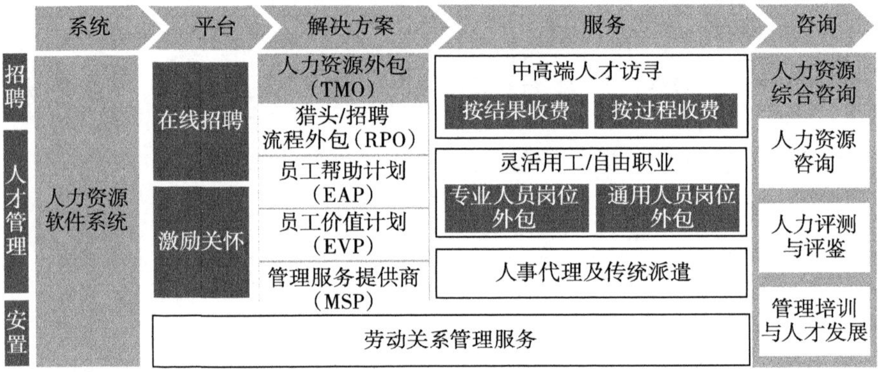


资料来源:然博科技·彩虹数据。

**图2－5　人力资源外包产品结构图**

## 一、人力资源外包国内外研究与发展趋势

人力资源外包,首先出现在世界二次工业革命后的发达国家。20 世纪 80 年代开始,随着国际分工的日益发展,一些发达国家大型制造业企业不再包揽生产的所有阶段,而是把生产阶段分解到不同企业,外包从制造业开始,逐渐发展到制造业服务的一个产业,也随之出现了服务外包(Service Outsourcing)。随着信息产业的发展,世界各地间信息传递变得更加扁平化与快捷,外包的范围也就从单一的制造加工业转移到通用性强的人力资源服务与信息化处理服务,如微软就从大型的技术提供商逐渐转型为以提供技术人员外包为主的服务外包商,这些服务性工作正是目前每个全球性企业发展壮大的根基。很多跨国公司已经意识到服务外包所带来的巨大市场,再如 IBM 公司已经从原来主营的电脑制造转向到大型的服务器,通过为客户提供信息技术支持即技术人力资源外包服务而大幅提高全球营业收益。

经济学的主要创立者亚当·斯密在《国富论》中,就对劳动分工理论进行了系统的阐述。在劳动分工理论中,企业的分工直接决定了企业的经济效益,而且对企业的规模起到直接决定作用。1920 年,马歇尔在劳动分工理论的基础上,提出了“企业内在成长轮”理论,该理论论证了不同的企业部门、不同的企业、不同的产业都具有差异分工的现象，而这种现象的产生主要是由于它们掌握的技术知识和生产技能的协调能力决定的，这种协调能力实质上就是企业内在成长轮。人力资源外包便是在 21 世纪背景下提升企业内在成长轮的“利器”。

美国是就人力资源外包服务最早的实施与研究国家之一。2003 年美国一名企业人力咨询总监库克在其发表的《人力资源外包策略》一书中首次指出：以 12 个步骤制订公司人力资源外包实施计划。此书是目前为止研究人力资源外包实操方面的最早的管理书籍。同期赵瑞美也就中国人力资源开发提出了相关论述。2014 年美国康奈尔大学 Eileen 教授在 *Financial Intermediaries in the United States: Development and Impact on Firms and Employment Relations* 中提及人力资源外包为美国经济回暖提出了新的机会，可见人力资源外包已经成为企业发展的必然策略。另美国人力资源协会（SHRM）2005 年的调查表明，美国企业 85% 均采用人力资源外包服务，这一占比较 2004 年 60% 的占比，提高了 25%。主要应用于减少劳务纠纷、成本控制提升人力资源服务品质，进入 2016 年，人力资源外包已然成为美国企业均会采用的服务外包形式，由此可见，美方的人力资源外包实施与研究均进入了优化迭代阶段。

中国就人力资源外包的学术研究主要围绕以下两个方面，即人力资源外包的优势与风险及人力资源外包的必要性上。何淑明在《企业经济》提出，企业人力资源外包是信息产业发展的产物，是社会专业分工细化的体现。企业通过外包那些具有基础性、重复性、事务性的人力资源管理工作，使企业专注于提升自己的核心竞争力。但是，这种外包存在着商业机密泄露、潜在的高额成本支出、企业内部矛盾激化等风险，所以企业应当谨慎决策。

## 二、中国人力资源外包实践、机遇与挑战

中国加入 WTO 后，市场竞争更加激烈，企业经营环境复杂多变，客观上要求企业必须尽快提高自身实力并拥有核心竞争优势，以占有、保持和扩大自己的产品市场份额。由于人力资源管理是企业中必备的、重要的职能，也是管理成本大、重复程度高的工作，因此，通过企业内外部资源的整合，架构出一种新

型的人力资源管理模式——人力资源管理外包，对提高企业经济效益和竞争能力都具有非常重要的意义。当前，中国的劳动力市场正在经历着前所未有的结构性变革，劳动力主体也在发生着变化，尤其是人工智能也加入了当前的劳动力大军，延时退休进一步开放了老龄化雇佣市场，这已然成为全球命题。随着中国人口红利的消失与刘易斯拐点的到来，中国企业人工成本的优势面临巨大挑战，然而随着产业结构的调整、新技术创新与新劳动力优势的形成，“新人口红时代”正在形成，新的劳动优势来源于创新、技术、技能提升以及劳动力结构的优化，即人力资源外包。“十二五”至今，人力资源外包在市场上得以充分发展，随着《劳务派遣暂行规定》的正式实施，企业对于人力资源外包的需求进一步加大，新兴市场需求也在不断推动人力资源产品与服务的进程，进而推动着人力资源规模化增长，截至 2015 年底，中国人力资源服务机构 2. 1 万家，全年营业收入扩大到 9680 亿元，服务各类人员 6. 02 亿人次，较 2014 年增长 23. 1%，为 2432 万家次用人单位提供人力资源服务，帮助 1. 5 亿人次实现就业。2016 年行业总营业收入更是突破了 1 万亿元关口，较 2015 年增长 22. 4%，保持了近几年两成以上的高增长态势。

2018 年是改革开放 40 周年，我国人力资源服务行业也经历了 30 多年的发展，经过积极借鉴国外先进用工模式、汲取成功管理与经验，人力资源服务已从单一的人事代理服务向着中高端猎头、人才外包、招聘外包等多业态并存的新格局迈进，市场活力不断被激发，行业规模在持续扩大。根据人力资源社会保障部发布《2016 年人力资源市场统计报告》数据显示，截至 2016 年底，全国共设立各类人力资源服务机构 26695 家，从业人员 552828 人，全国各类人力资源服务机构共设立固定招聘（交流）场所 2. 1 万个，建立人力资源市场网站 11675 个。从经营和发展情况看，2016 年全行业营业总收入 11850 亿元，约为 1768. 66 亿美元。代收代付部分即人力资源和社会保障事务代理与劳务派遣业务收入为 8792 亿元，其他部分主要包括人力资源招聘、职业指导、人力资源培训、人才测评、高级人才寻访、人力资源外包、人力资源管理咨询、人力资源信息软件服务等多种业务形态收入合计为 3058 亿元。

虽然，我国人力资源服务行业在规模上不断刷新营收，但也面临较为严峻的结构调整性问题，与世界级标杆服务机构还存在明显差距。据 2014 年全球人力资源外包市场公开数据计算，2014 年全球人力资源服务中仅外包业务市场容量达 2721 亿美元，折合 16678.37 亿元人民币，中国市场份额占 70%，而我国人力资源服务营收主要来源还停留在人事委托代理服务与劳务派遣服务上，人力资源外包营收统计远远不足。截至 2016 年，从主营业务收入数据上看，人事委托代理服务仍占到行业总营收的 74.19%，由此可见我国人力资源外包仍处在初级阶段，而在全球人力资源市场上趋于成熟的猎头、人才外包、灵活用工、人力资源咨询等现代服务模式还处于相对薄弱状态，仅占 25.81%，人力资源外包营收远远不足，服务产品结构亟待升级，待开发市场空间巨大。详见图 2－6。

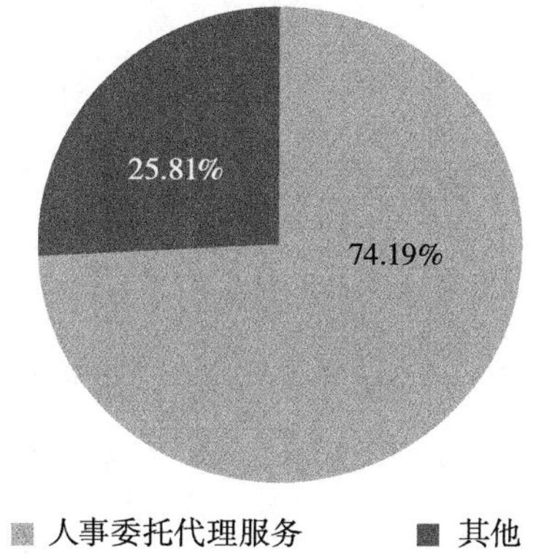


**图 2－6　中国人力资源行业主营业务收入**

资料来源：《2016 年人力资源市场统计报告》（人力资源和社会保障部）。

截至 2016 年底，《2016 年人力资源市场统计报告》（人力资源社会保障部）中显示，当前从服务机构构成类别进行统计，县级以上地方政府人力资源社会保障部门（含其他行业管理部门）共设立公共就业和人才服务机构 5262 家，占人力资源服务机构总量的 19.7%；国有性质人力资源服务企业 1493 家，占 5.6%；民营性质人力资源服务企业 18859 家，占 70.6%；外资及港澳台资本性质的服务企业 227 家（其中港资、澳资、台资性质的服务企业分别为 103 家、2 家、4 家），占 0.9%，民办非企业等其他性质的服务机构 854 家，占 3.2%。合计为 26695 家。在此设想人力资源外包业务均通过市场化企业完成，如此计算，占比中国人力资源服务机构 74.7% 的市场化人力资源服务企业，对应着 2016 年 3058 亿元人力资源外包营业收入。平均每家企业创造人力资源外包年营业收入不足 1600 万元。

据 *Staffing Industry Analysts* 的公开数据显示，仅 2014 年，美国人力资源外

包市场总额为 1060 亿美元，美国企业万宝盛华以 202.5 亿美元排名“HRoot2014 全球人力资源服务机构 50 强”第二。在经济不景气时期，人力资源外包产品甚至成为欧洲很多大型人力资源服务机构渡过难关的主要支持，德科、任仕达主营的安置服务就显现出不凡的成绩。在“HRoot 2017 全球人力资源服务机构 100 强榜单”的前十位榜单中，两家总部位于欧洲的巨头德科和任仕达继续领军行业发展。上榜企业的 2016 财年总营业收入为 2033 亿美元，相比 2015 年的 1886 亿美元，增长了 7.8%，共有 33 家中国企业进入榜单。前五强的营收占“HRoot 2017 全球人力资源服务机构 100 强”上榜营收总额的 46.20%。唯一进入前十位的中国国有企业中智（CIIC）以人力资源外包年营业收入 97.29 亿美元排名第七，为排名第一德科营收的 38.72%，利润率仅为 0.9%，与国际行业利润率 3.8% 相比，差距明显。以上数据一定程度上表现出我国人力资源外包企业与世界级人力资源外包企之间的差距。截至 2017 年末，《中华人民共和国 2017 年国民经济和社会发展统计公报》显示：中国大陆总人口为 13 亿 9008 万人，2017 年从年龄结构看 16～59 岁（含不满 60 周岁）总人口为 9 亿 0199 万人，占总人口比重的 64.9%。从城乡结构看，城镇常住人口 8 亿 1347 万人，占总人口比重（城镇化率）为 58.52%，比 2016 年末提高 1.17 个百分点。如此庞大的人口基数不仅向世界展现出一个庞大的消费市场，更为人力资源外包市场提供了数量依托。由此可见，中智（CIIC）市场空间与利润空间都有待提升，也揭示了中国本土人力资源外包市场有巨大的商业机会。

GLOBAL100　HRoot2017全球人力资源服务机构10强

| 排名状态 | 2017年排名 | 2016年排名 | 公司名称 | 标识 | 国别 | 主营业务 | 2016财年营业收入(百万美元) | 2016财年营业利润(百万美元) | 2016财年营业收入增长率 | 2017财年营业利润率 |
|---|---|---|---|---|---|---|---|---|---|---|
| — | 1 | 1 | 德科(Adecco) | Adecco | 瑞士 | 人才派遣/租赁/安置服务 | 25,129 | 1,175 | 2.9% | 4.7% |
| — | 2 | 2 | 任仕达(randstad) | randstad | 荷兰 | 人才派遣/租赁/安置服务 | 22,889 | 875 | 7.3% | 3.8% |
| — | 3 | 3 | 万宝盛华集团(Manpower Group) | ManpowerGroup | 美国 | 人才派遣/租赁/安置服务 | 19,654 | 751 | 1.7% | 3.8% |
| — | 4 | 4 | 瑞可利(RECRUIT) | RECRUIT | 日本 | 猎头服务与招聘流程外包 | 14,615 | 1,049 | 10.8% | 7.2% |
| ↑ | 5 | 6 | 安德普翰(ADP) | ADP | 美国 | 人力资源服务外包 | 11,668 | 1,495 | 6.7% | 12.8% |
| ↓ | 6 | 5 | 傲聚士(Allegis Group) | ALLEGIS GROUP | 美国 | 人才派遣/租赁/安置服务<br>猎头服务与招聘流程外包 | 11,500 | / | 2.5% | / |
| — | 7 | 7 | 中智(CIIC) | ciic | 中国 | 人力资源服务外包 | 9,729 | 89 | 13.7% | 0.9% |
| ↑ | 8 | 14 | 韦莱韬悦(Willis Towers Watson) | Willis Towers Watson | 英国 | 人力资源咨询 | 7,887 | 551 | 106.0% | 7.0% |
| ↓ | 9 | 8 | 瀚纳仕(HAYS) | HAYS Recruiting experts worldwide | 英国 | 猎头服务与招聘流程外包 | 5,737 | 245 | -2.3% | 4.3% |
| ↑ | 10 | 13 | Persol | PERSOL | 日本 | 人力资源服务外包 | 5,446 | 307 | 26.8% | 5.6% |

**图 2－7　HRoot 2017 全球人力资源服务机构 10 强**

从入榜企业的产品结构我们不难发现：人力资源外包（租赁）、安置服务、猎头服务与招聘流程外包是主流业务形态，其中人力资源外包（租赁）与安置服务创造的营业收入最为可观，榜首德科与第二位任仕达分别贡献了 251.29 亿美元与 228.89 亿美元。猎头服务与招聘流程外包服务所创造的利润率最高，平均值为 5.5%。另外值得关注的是亚洲邻国日本的 Recruit 主营猎头与招聘外包业务，竟然以 146.54 亿美元的营收位列第四，营业收入同比上涨 10.8%。同业务类型的中国企业科锐国际以 1.31 亿美元营收位列榜单 68 位。

| 排名状态 | 2017年排名 | 2016年排名 | 公司名称 | 主营业务 | 2016财年营业收入（百万美元） | 2016财年营业利润（百万美元） | 2016财年营业收入增长率 | 2016财年营业利润率 |
|---|---|---|---|---|---|---|---|---|
| — | 7 | 7 | 中智<br>(CIIC) | 人力资源服务外包 | 9729 | 89 | 13.70% | 0.90% |
| → | 47 | / | 海峡人力<br>(Strait Human Resources) | 人才派遣/租赁/安置服务<br>人力资源服务外包 | 391 | 4 | 4.60% | 1.10% |
| — | 50 | 50 | 前程无忧<br>(www.51job.com) | 在线招聘 | 352 | 92 | 8.50% | 26.20% |
| → | 51 | / | 慧博人力<br>(Orient Huibo Human Resource) | 人力资源服务外包<br>人才派遣/租赁/安置服务 | 300 | 0.3 | 4.40% | 0.10% |
| → | 52 | / | 和君商学<br>(HEJUN) | 其他（教育与培训） | 271 | 36 | 237% | 13.20% |
| → | 53 | / | 点米科技<br>(365hr) | 人力资源服务外包 | 266 | -2 | 407.70% | -0.90% |
| ↓ | 59 | 56 | 智联招聘<br>(zhaopin.com) | 在线招聘 | 232 | 46 | 11.50% | 19.90% |
| → | 61 | / | 浙商企业<br>(WorkPlus) | 人力资源服务外包<br>人才派遣/租赁/安置服务 | 214 | 0.03 | 227.60% | 0.02% |
| → | 68 | / | 科锐国际<br>(Career International) | 猎头服务与招聘流程外包 | 131 | 11 | 12.10% | 8.40% |
| → | 70 | / | 晨达股份<br>(Chenda Group) | 人才派遣/租赁/安置服务<br>人力资源服务外包 | 120 | 1 | 47.10% | 0.60% |

**图2－8　HRoot 2017全球人力资源服务机构100强中国企业入榜名单（一）**

| 排名状态 | 2017年排名 | 2016年排名 | 公司名称 | 主营业务 | 2016财年营业收入（百万美元） | 2016财年营业利润（百万美元） | 2016财年营业收入增长率 | 2016财年营业利润率 |
|---|---|---|---|---|---|---|---|---|
| → | 71 | / | 杰艾人力<br>(Gi Group) | 人才派遣/租赁/安置服务<br>人力资源服务外包 | 118 | -0.4 | 2.90% | -0.30% |
| → | 72 | / | 前程人力<br>(Bright Future) | 人力资源服务外包<br>人才派遣/租赁/安置服务 | 113 | 1 | -14.00% | 0.50% |
| → | 73 | / | 智通人才<br>(CHITONE) | 人力资源服务外包<br>在线招聘<br>人才派遣/租赁/安置服务<br>其他（教育与培训） | 112 | 3 | 2.10% | 2.30% |
| → | 74 | / | 泛亚人力<br>(FairHR) | 人才派遣/租赁/安置服务<br>人力资源服务外包 | 100 | -1 | 12.10% | -0.70% |
| → | 75 | / | 企源科技<br>(AMT) | 人力资源咨询 | 96 | 6 | 67.70% | 5.70% |
| → | 78 | / | 越吴股份<br>(Yuewu Human Resources Stock) | 人才派遣/租赁/安置服务<br>人力资源服务外包<br>其他（教育与培训） | 87 | -1 | -18.10% | -1.10% |
| → | 80 | / | 快乐沃克<br>(www.kuailework.com) | 人才派遣/租赁/安置服务<br>在线招聘<br>其他（教育与培训） | 85 | -7 | -11.50% | -7.70% |
| → | 81 | / | 传智播客<br>(www.itcast.cn) | 其他（教育与培训） | 81 | 16 | 172.70% | 19.60% |
| ↓ | 82 | 67 | ATA | 其他（人才测评/考试服务 | 71 | 20 | 43.70% | 28.10% |
| → | 85 | / | 圣邦人力<br>(Shengbang Human Resources) | 人才派遣/租赁/安置服务<br>人力资源服务外包 | 57 | 1 | 114.90% | 2.60% |

**图2－9　HRoot 2017全球人力资源服务机构100强中国企业入榜名单（二）**

| 排名状态 | 2017年排名 | 2016年排名 | 公司名称 | 主营业务 | 2016财年营业收入(百万美元) | 2016财年营业利润(百万美元) | 2016财年营业收入增长率 | 2016财年营业利润率 |
|---|---|---|---|---|---|---|---|---|
| ↓ | 86 | 68 | 104人力银行<br>(104 Job Bank) | 在线招聘 | 56 | 11 | 25.60% | 20.40% |
| → | 87 | / | 起点人力<br>(QIDIAN HR) | 人力资源服务外包<br>人才派遣/租赁/安置服务<br>在线招聘 | 53 | 1 | 174.70% | 2.60% |
| → | 88 | / | 百姓网<br>(baixing.com) | 在线招聘 | 51 | -0.2 | 132.70% | -0.40% |
| ↓ | 89 | 69 | 建诚国际<br>(JC International) | 人才派遣/租赁/安置服务 | 51 | / | 22.40% | / |
| → | 90 | / | 南深股份<br>(NANSHEN GUFEN) | 人才派遣/租赁/安置服务 | 45 | 1 | 45.60% | 1.20% |
| → | 91 | / | 山大地纬<br>(Dareway) | 人力资源管理软件 | 44 | 6 | -3.41% | 13.50% |
| → | 94 | / | 北森<br>(Beisen) | 人力资源管理软件 | 27 | -17 | 29.20% | -60.90% |
| → | 95 | / | 蓝海股份<br>(Bluesea HR Solutions) | 人力资源服务外包<br>人才派遣/租赁/安置服务<br>人力资源咨询 | 25 | -2 | 115.20% | -7.90% |
| → | 96 | / | 起航股份<br>(qihangedu) | 其他（教育与培训） | 22 | 1 | 46.00% | 6.30% |
| → | 97 | / | 华中人才<br>(111job.cn) | 人力资源服务外包<br>人才派遣/租赁/安置服务 | 21 | 1 | 283.50% | 3.40% |
| → | 98 | / | 欧孚科技<br>(Offer Tech) | 人力资源服务外包<br>在线招聘 | 21 | 1 | 564.40% | 5.40% |
| → | 99 | / | 华勤互联<br>(Huaqin Internet) | 人才派遣/租赁/安置服务 | 20 | -1 | -37.00% | -5.10% |
| → | 100 | / | 易第优<br>(XDL) | 其他（教育与培训） | 20 | 2 | 111.80% | 11.10% |

**图 2－10　HRoot 2017 全球人力资源服务机构 100 强中国企业入榜名单(三)**

上榜百强的 33 家中国企业营业收入统计为 133.82 亿美元，人力资源社会保障部公布的官方数据为 2016 年全行业营业总收入 11850 亿元人民币，约为 1768.66 亿美元，扣除代支代付营业收入后为 3058 亿元人民币，约为 456.42 亿美元。即 2016 年全年，中国人力资源机构占比仅千分之 1.24 的 33 家企业，创造出中国人力资源外包行业总营业收入的 29.32%，人力资源外包产业蕴藏着巨大的潜在市场与机会。

对比上榜中国人力资源企业的主营产品收入，人力资源外包、招聘猎头、人才派遣、租赁安置服务合计占比为 90.11%，咨询、培训与其他贡献 13.23 亿美元主营收入。入榜排位居中国企业之首的中智与第二位海峡人力均属于国有控股企业，2016 年营业收入分别为 97.29 亿美元与 3.91 亿美元，相差 25 倍。市场供需远远未得以满足，还存在市场空间。就上榜企业的主营产品分析，依然呈现服务范围过于宽泛、交叉重叠性强的特点，这在实际运营中会导致主营业务不清晰、内部竞争阻力大、沟通成本高、客户体验差等问题，直接影响中国人力资源外包企业的发展速度与增长规模，故人力资源外包服务产品结构亟待转型升级。市场期待精细化、系统化管理与专业度强的中国龙头企业的出现。

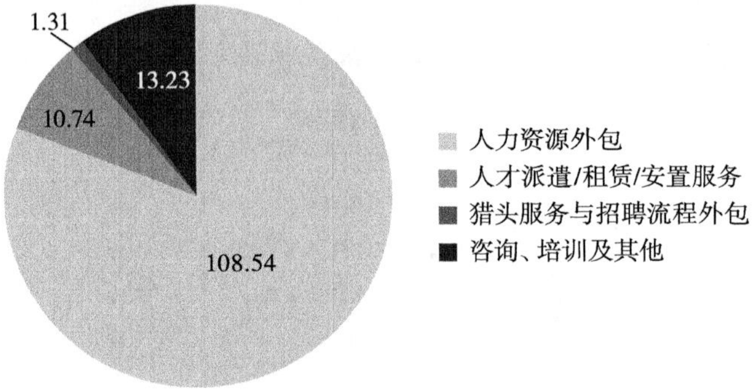


**图2-11　2016财年上榜中国人力资源服务机构营业收入(单位:亿美元)**

资料来源:HRoot《2017全球人力资源服务机构100强榜单与白皮书》。

人力资源外包具有行业通用性强、专业技能度高、区域特点显著的特点,所提供的服务类型与业务边界在不断地拓展,纵向专业化趋势和横向整合趋势是中国市场需求的潜在爆发点。

2017年,随着外包市场从成本中心向价值中心的转移,市场对于人力资源外包服务的要求也在发生着变化。由国际著名咨询公司埃森哲资助HFS Research实施的一项研究显示,外包行业未能在人力资源方面进行投资,获得外包协议带来的全部价值。研究报告指出,为了获得成本节约之外的持续价值,外包买家和供应商都必须提高对人力资源开发的关注度。报告调查了282家企业的管理人员。其中有77%的管理者认为中国开展服务外包业务时,对于人力资源外包中人才招聘,培训,员工管理,劳动力风险规避、安置服务等问题存在问题。仅仅有不足1/3业外包客户相信他们目前的人才资源外包商在招聘上能够推动满足业务需求的人才供给。且仅有约50%的外包供应商设立了正式的人才培训项目,针对人才进行培养、分析,并通过数据管理人才的行业技术和技能。市场上,缺乏对于人力资源外包的人才投资的管理,这已造成了一种"人才矛盾",随着人力资源外包从后台服务转型中端和前台服务,价值创造变得非常重要,且买家希望获得成本节约以外的更加可持续的业务成果,买家和供应商都围绕在价值创造最重要的推动力即外包人才上作必要投资。这一必要的投资也体现在市场竞标的规范性上:供应商报价中涵盖如成本控制、招聘能力、培训效果、员工管理、劳动力风险规避与安置能力的各个竞标维度的权重上。由此面见,人力资源垂直业务线上,缺乏精细化管理、分工协调管理、必要的专业度培训，这些业务维度还不被买家重视，还存在服务规范性空白。特别是在“人才荒”的2017年，“如果外包想要发挥全部潜力，那么买家和供应商就需要在开发技能和人才方面投资，从第四代和第五代BPO解决方案中获得最大的价值”。埃森哲业务流程外包部集团首席执行官Mike Salvino说，“这项研究强调了行业及客户想要获得的价值与缺乏对实现价值所需人才的投资之间的差距。我们希望这能唤起外包业务中每一个人的意识。”发生在2018年的滴滴打车连续发生平台司机致死乘客事件，使得人力资源外包价格再次浮出水面，凸显了供求双方在外包人力上投入资本的矛盾。根据国际人力资源外包企业上市公司财报显示，人力资源外包企业的合理净利润在8%～10%之间。以此推算，专业的服务费报价标准即毛利率应该在20%～30%之间，如此服务费比例，在中国现行的“劳动合同法”中才可以支撑合法合规的员工管理、用工风险与安置等维度专业服务的成本与费用及合理的企业发展利润空间。否则，来自供求双方价格与成本的标准衡量不同，无疑会加剧这一外包人才矛盾的激化。如何响应市场的需求，填补市场空缺，优化中国还处于初级阶段的人力资源外包产品结构与规范服务权重是当下限制中国人力资源外包企业发展的关键。

## 三、中国人力资源外包结构优化、升级与前瞻

服务贸易发展“十三五”规划秉承坚持创新发展、坚持协调发展、坚持绿色发展、坚持开放发展、坚持共享发展的发展理念，发展的基础来源于人力资源服务，面对新社会主义经济发展的挑战，如何在产业结构调整中赶超国际标杆企业，人力资源外包将于产品结构上凸显新的市场特征。

### （一）加速O2O模式深化服务

“互联网+”对于人力资源外包行业无疑是一个机会。目前中国适龄劳动力应参保尚未参加社保的人数达到2亿人，主要呈现为就业分散与地域不固定特点。“互联网+社保”的产品形式不仅缓解了市场需求更有利于分散就业的社保统筹问题。近两年市场上出现的51社保、彩虹社保、人人保、金柚网、社保通等均属于人力资源“互联网+”的升级产品表现。未来3～5年是中国人力资

源市场发展的黄金时期，根据红彬等资本方数据显示“互联网＋社保”市场将达到万亿规模，然而中国当前的人力资源外包还处于线下为主、线上为副业务形态，面对日益多变的市场需求，对于数据庞大的社保数据而言，开放查询权限，打通线上与线下数据共享渠道，提供市场化的个性化的服务，才能真正吸引客户，激发市场动力。

### （二）BAT 从 O2O 切入布局人力资源外包

2016 年是 BAT 三巨头对人力资源外包资本布局的一年，阿里、腾讯、百度三方以资本、技术、用户为纽带不断完善生活服务的生态链。阿里自从 2015 年试水阿里招聘后 2016 年开始全力布局企业级 SAAS 服务入口钉钉 2.0，通过企业级沟通捆绑人力资源服务全过程。除了涉足招聘与企业沟通外，阿里还与国际人力资源巨头德科与外企服务共同投资打造了“人力窝”为中小企业提供人力资源一战式服务。此外，腾讯通过企业微信与深圳人力资源与社会保障局达成战略合作，围绕人才、社保、医保展开合作。

中国互联网社保平台信息汇总

| 社保平台 | 所属公司 | 上线时间 | 总部 | 业务覆盖范围 | 最低单价 |
|---|---|---|---|---|---|
| 51社保 | 众合天下 | 2007年 | 北京 | 企业社保、企业福利、自由保、灵活用工、七险一金 | 19.9元/人/月 |
| 亲亲小保 | 金色华勤 | 2011年 | 北京 | 社保公积金个税代理、五险一金托管服务、薪酬个税服务、补充保险和员工福利 | 10元/人/月 |
| 人人保 | 曼帕尔 | 2013年 | 北京 | 缴社保、公积金 | 200元/人/月 |
| 点米社保通 | 点米 | 2014年 | 江苏 | 五险一金、社保补缴、公积金补缴、社保转移 | 49.9元/人/月 |
| 金柚网 | 金柚网 | 2014年 | 杭州 | 社保+商保、公积金、薪酬管理、人事管理及福利商城 | 9.9元/人/月 |
| 我的社保 | 闪聘 | 2015年 | 广州 | 社保、公积金 | 28.8元/人/月 |
| 彩虹社保 | 然博科技 | 2015年 | 上海 | 金融后台社保、公积金数据服务、人力资源外包 | 29.9元/人/月 |
| 社保通 | 社宝信息技 | 2015年 | 上海 | 社保公积金代缴、员工保障计划指定、政策咨询 | / |
| 招才进宝 | 不木科技 | 2015年 | 苏州 | 社保+商保、薪酬代发、代办户籍、招聘、培训 | / |
| 蚂蚁HR | 微聘 | 2015年 | 上海 | 社保、公积金、薪资代发 | 20元/人/月 |
| 轻松保 | 今致人力资源 | 2015年 | 上海 | 社保、商保、薪资福利、人事代理、劳务派遣 | 200元/人/月 |
| 欢雀 | 欢雀科技 | 2015年 | 深圳 | 自助社保、薪酬管理、弹性福利管理 | 19.9元/人/月 |
| 幸福社保 | 幸福社保 | 2016年 | 上海 | 社保公积金服务、薪资外包服务、商业保险服务、健康体检服务、员工灵活福利服务 | 28.8元/人/月 |
| 人力窝 | 外企德科 | 2016年 | 上海 | 社保、离职管理、薪资管理 | 18.8元/人/月 |
| 乐班班 | 猎聘网 | 2016年 | 北京 | 社保、考勤管理 | 18.8元/人/月 |

Rainbow Technology

图 2－12　中国互联网社保平台信息汇总

资料来源：然博科技·彩虹数据。

## （三）技术推动人力资源外包转型升级

移动、社会化、大数据、云计算对人力资源外包领域的影响日益加深，人工智能技术等新兴技术也使人力资源外包不得不加快转型升级，拥抱云计算SAAS（Software－as－a－Service）、PASS（Platform－as－a－Service）、IaaS（Infrastructure－as－a－Service）人力资源管理系统企业优势将不断加强，旨在提升中小企业人力资源管理者服务水平与服务能力。机器人对于人力资源外包行业无疑是一把双刃剑：一方面，当企业使用自动化人工智能产线后，对于人力资源外包的依赖就会大大降低；另一方面，这也将是人力资源外包商的一大机遇，可以加快人力资源智能产品的研发，也会提升整体外包资源的投资价值和客户体验度。与新兴技术携手，人力资源外包＋人工智能的服务形式将成为主流。

## （四）虚拟现实技术场景化应用价值再造

工作场景与培训场景通过拟现实技术的应用将不再受地域、时间、成本的控制，虚拟现实技术的快速发展必将重塑人力资源外包格局。VR（虚拟现实）/AR（增强现实）/MR（混合现实）适用于操作烦琐、规模系数高、高操作效率、高操作安全的岗位培训，帮助企业突破传统面授与在线培训无法解决的“学时不能用，用时不能学”的培训遗忘曲线。人力资源管理于未来无疑是基于技术、技能的管理，重新认知计算、物联网等技术要素必将影响人力资源的发展与重塑。

## （五）共享经济带动人力资源外包结构调整

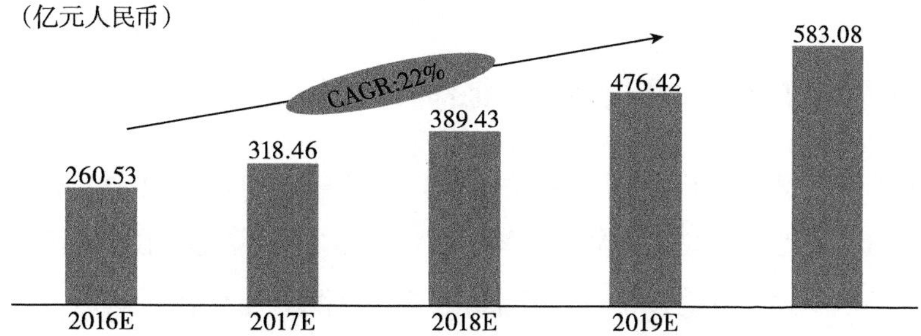


**图2－13　中国灵活用工市场规模（2016—2020年）**

资料来源：HRoot《中国人力资源服务行业研究报告》。

灵活用工模式异军突起。中国劳动力市场正在经历前所未有的结构调整，由社会、人口以及新技术等力量所促进的结构变革意味着在今后的15年当中高技能人才会长时间处于短缺的状态，随着社会统筹的不断提高，人工成本的加大以及劳动力数量的降低，为了满足经济可持续性发展，提高劳动力市场的灵活性将势在必行。

企业通过人力资源外包商建立MSP（Management Service Provider）战略系统，将企业服务采购部、人力资源与运营部有序建立连接，制定有效的灵活用工策略，在控制企业成本、提升服务品质的同时持续降低企业合规风险，有效降低员工安置成本。据HROOT数据预测，至2020年，中国灵活用工市场规模将达到583亿元人民币，年平均复合增长率达22%。

自由职业平台兴起。越来越多的劳动者将不再隶属于一家企业而是通过灵活用工平台即人力资源外包公司进行劳动任务的再分配与劳动报酬与社会保障的领取，甚至于缴纳税金都可以完全通过平台完成。全球三大自由职业人力资源平台如图2－14：

| 平台名称 | LinkedIn | Freelancer.com | Upwork |
| --- | --- | --- | --- |
| 国家 | 美国 | 澳大利亚 | 美国 |
| 注册会员 | 超过4亿 | 2000万 | 1300万 |
| 备注 | 微软262亿美金收购 | 全球规模最大的自由人力市场平台 | 严谨规模的综合类人力资源平台 |

**图2－14　全球三大自由职业人力资源平台**

资料来源：企业官网。

### （六）人力资源职业征信将并入征信大数据

从事社会劳动，不论是正式雇佣还是灵活用工、自由职业其前提是人与组织之间的可信任性，以往人力资源市场上惯用的“背景调查”服务也属于人力资源外包服务的一种，但就其信息的严谨度与全面性上还存在不足。

随着就业形式的多样式发展，人与组织为达成交易，代表人力资源维度的职业征信数据必将成为征信数据中重要的组成部分。

劳动者凭借以往的职业征信数据通过人力资源外包平台获取雇佣与灵活用工的劳动任务机会,人力资源外包平台通过接收劳动者以往的征信数据包括但不限于劳动时期的绩效数据、管理者反馈、奖惩记录等,不断更新职业征信数据 ,形成良性循环机制,就个人征信而言将更立体全面,对用工方的意义则更具有安全性、保密性和可追溯性。

2017 年,中国经济实体面对经济疲软、成本高压、供给失衡的挑战,传统产业仍处于结构转型升级、产业创新的阶段,国内外市场竞争严峻。人力资源外包是市场竞争下的产物,是服务外包的重要组成部分。应用迈克尔 · 波特在《竞争战略》中总结出的波特五力模型于人力资源外包行业我们不难发现:人力资源外包同业内现有竞争者的竞争能力参差不齐,潜在竞争者进入的威胁不容小视,互联网替代品的替代能力呼之欲出,供应商与购买者之间竞价能力不对等尤其突出,人工智能、大数据与云计算等技术不断更新与迭代对企业用工模式也会产生深远的影响,进而推动产业升级甚至转型。

与此同时,个人所得税与社保缴纳基数的政策性调整加之互联网新兴技术的加速发展对应衍生的新商业模式又将刺激人力资源外包的新生需求,由此将演变出更为垂直、细分的新的人力资源外包产品与服务。

## 参考文献

[1] 德鲁克(Drucker,P. F). 卓有成效的管理者[M] . 北京:机械工业出版,2009:32.

[2] 盖伊(Gay. C. L. ),艾辛格(Essinger. J. ). 企业外包模式[M] . 华经,译. 北京:机械工业出版社,2003:105 - 106.

[3] 苟坤,何廷玲. 基于竞争战略的企业人力资源外包策略[J]. 重庆理工大学学报(社会科学),2012:46 - 53.

[4]玛丽 · F. 库克. 人力资源外包策略[M]. 北京:中国人民大学出版社,2003:5 - 18.

[5] 赵瑞美. 企业人力资源外包影响因素概观[J]. 中国人力资源开发,2003:12.

[6] Frederic P Miller and Agnes F Vandome. Outsourcing[M] . Alphascript

Publishing ,2010:54 -56

[7] Eileen Appelbaum, Rosemary Batt, Jae Eun Lee. 2014. Financial Intermediaries in the United States: Development and Impact on Firms and Employment Relations. Oxford, UK: Oxford University Press, 2014.

[8] Joe Weinman , Cloudonomics: the Business Value of Cloud Computing, Hardcover ,2012.

[9] 来有为,马骏. 发展人力资源外包的战略意义与对策[J]. 经济纵横,2011:8.

[10] 王晓红. 加快设计创新发展,推动产业转型升级[N]. 经济日报,2014 -11 -03.

[11]彭十一. 我国中小企业人力资源管理外包风险问题研究[M]. 北京:北京理工大学出版社,2013:28 -49.

[12]张莉. 中国制造业外包动因研究[M]. 北京:人民出版社,2014 :78.

[13]迈克尔·波特. 竞争战略[M]. 陈晓悦,译. 北京:华夏出版社,1997:89 -93.

[14] Creating a Strategic Human Resources Organization: An Assessment of Trends and New Directions By Edward E. Lawyer Ⅲ; Susan Albers Mohrman; Alice Yee Mark; Beth Neilson; Nora Osganian Stanford University Press, 2003.

[15] Michael J. The Organizational Dimension , Oxford University Press, 1998:13"IT Outsourcing and the Changing Shape of the Information Systems Function".

[16]魏建国. 服务贸易100问[M]. 北京. 中国商务出版社,2014 .

[17]戴夫埃文斯(Dave Evans),乔科瑟. 社会客户体验[M]. 北京:机械工业出版社,2015.

[18]李丽. 低碳经济条件下我国对外经济贸易发展研究——基于国家竞争优势理论 [M]. 北京:经济管理出版社,2015.

# 专题五　数字经济与软件业发展研究

沈家文[①]

党的十九大报告指出,我国经济结构不断优化,数字经济等新兴产业蓬勃发展,要加强应用基础研究,为建立网络强国、数字中国、智慧社会提供支撑。数字经济正在以数字技术的不断创新为动力、以开放的知识为基础、以信息为载体、以互联网为通道,从制造领域、管理领域、流通领域的数字化扩展到包括政府宏观调控的一切经济领域,渗透并影响到整个经济领域乃至人类社会。数字经济有别于传统的农业经济、工业经济,也有别于服务经济,是人类发展史上前所未有的新经济。人类社会已进入数字经济时代,我国软件业发展面临重大机遇。

## 一、数字经济加速全球经济与软件业增长

数字经济是基于数字化技术的经济,由于受到梅特卡夫法则、摩尔定律和达维多定律的影响,可实现定期升级创新,拥有巨大的市场和活力,正在成为全球发展最快、创新最活跃、辐射最广的经济活动。

### (一)数字经济的概念与内涵

关于数字经济的认识是一个不断深化的过程,数字经济有别于信息化、两化融合、信息经济、网络经济等概念,目前仍然存在着不同的定义。唐·塔普斯科特(Don Tapscott)在1995年出版的《数字经济:网络智能时代的希望和危险》

---

① 沈家文,中国国际经济交流中心《全球化》编辑部主任、副研究员。

中首次提出数字经济的概念，预见了互联网对经济发展的影响。美国商务部1998年发布的《浮现中的数字经济》首次将数字经济定义为信息技术产业和电子商务，其后陆续发布《新兴的数字经济（1999）》《数字经济2000》《数字经济2002》《数字经济2003》等系列报告对数字经济发展进行了深入分析。英国研究委员会（2013）认为，数字经济是通过人、过程和技术发生复杂关系而创造社会经济效益，在数字经济中，数字网络和通信基础设施提供一种全球化的平台，促进个人和组织的相互交往、通信、合作和信息分享。在众多关于数字经济的定义中，2016年9月二十国集团杭州峰会发布的《G20数字经济发展与合作倡议》最具代表性，明确指出："数字经济是指以使用数字化的知识和信息作为关键生产要素、以现代信息网络作为重要载体、以信息通信技术的有效使用作为效率提升和经济结构优化的重要推动力的一系列经济活动。"这一定义阐明了数字经济的本质和核心特征，超出了此前狭义的信息产业和电子商务范畴。

随着信息通信技术和互联网产业的快速发展和跨界融合，数字经济的内涵不断丰富，各国政府以及国内外学者对于数字经济分类的理解仍然有较大差异。美国统计局1999年10月发布 *Measuring Electronic Business Definitions, Underlying Concepts, and Measurement Plans*，将数字经济分为四部分：数字基础建设、电子化企业、电子商务、计算机网络。英国的标准行业代码（2003）将数字经济分为两类：信息通信技术、数字内容；信息通信技术系统、硬件、软件和与此相关的服务；数字内容分为核心内容产业、嵌入式内容产业和数字内容的分发者。澳大利亚《数字产业指南》将内容制作、数字咨询或专业服务、数字/广告公司、多媒体/流媒体服务、搜索技术、社交媒体等24个产业、部门列入数字经济范畴。美国商务部数字经济顾问委员会报告（2016）认为，用传统方法来测量数字经济是困难的。提出四部分框架：数字化的范围、数字化的影响、数字化对经济指标的累积性影响和数字化新兴领域的监控。阿里研究院（2017）将数字经济分为1.0和2.0两个阶段。数字经济1.0的核心是信息化，信息技术在传统的行业和领域得到推广应用；数字经济2.0的核心是数字化，即万物在线互联，数据成为驱动商业模式创新和发展的核心力量。腾讯研究院（2017）根据数字化程度的不同，将数字经济分为信息数字化、业务数字化和数字化转型三阶段。中国信息通信研究院（2017）《中国数字经济发展白皮书2017》中提出，数字经济是信息经济、信息化发展的高级阶段，包括数字产业化和产业数字化两大部分。目前看，数字经济的未来演进方向仍然充满着不确定性，尚未形成广泛认同的数字经济定义和分类，国内外关于数字经济的研究在大量展开，系统性理论架构还未形成，对于数字经济本身发展规律的科学研究还较欠缺。

### （二）发达国家加快数字经济战略布局

在全球经济增长乏力的背景下，数字经济快速发展并产生巨大活力，数字经济正在成为全球经济增长的新动能。《2016 埃森哲技术趋势与展望》提出，数字经济实现了乘数效应的增长，2005 年数字经济占全球 GDP 的 15%，2015 年为 22%，预计 2020 年将达到 25%。数据流动对全球经济增长的贡献已经超过传统的跨国贸易和投资，基于数据的商品和服务的全球化趋势在最近十年的全球化发展历程中得到显著的体现，不仅支撑起包括商品、服务、资本、人才等几乎所有类型的全球化活动，同时也在发挥着越来越独立的作用。

基于数字经济重要性的认识，世界银行、经济合作与发展组织、世界贸易组织、二十国集团等国际组织也对数字经济发展表现出极大关注，发布了多项研究报告，将数字经济视为全球经济复苏和经济发展的新动能。美国、欧盟、德国、英国、澳大利亚等许多国家和地区已经将发展数字经济作为优先事项，出台数字经济发展战略、数字议程等推动数字经济的发展。美国商务部早在 1999 年开始连续多年发布数字经济的系列报告，促进美国数字经济发展。英国政府 2009 年 6 月公布了《数字英国》白皮书，目标是将英国打造成世界的“数字之都”。日本政府 2009 年 7 月制定《2015 年 i－Japan 战略》，主要包括：促进电子政务、医疗保健和教育、人力资源领域建设三个领域的优先发展。大力开展数字化基础设施建设，促进产业发展，刺激当地社会的复兴并培育新产业。澳大利亚政府也于 2011 年 5 月启动了《国家数字经济战略》，涉及宽带建设、在线教育、政府互联网教育等八项目标。2013 年 8 月，工信部赛迪研究院《装备工业研究》首次阐述了制造业数字化的概念与内涵，分析了中国制造业数字化的发展现状、趋势以及制约因素，提出了推进制造业数字化战略的政策建议。2015 年 2 月英国政府出台《英国 2015—2018 年数字经济战略》，倡导通过数字化创新来驱动经济社会发展，为把英国建设成为未来的数字化强国部署战略方向。同年，德国联邦政府正式提出数字化战略，2016 年 3 月德国联邦经济与能源部发布《德国数字化战略 2025》，该报告涵盖基础设施、创新创业、经济发展、数据治理、监管、人才和组织等十个方面。2016 年下半年，美国政府连续发布了三份人工智能战略计划和研究报告：《为人工智能的未来做好准备》《国家人工智能研究和发展战略计划》和《人工智能、自动化与经济》。英国政府 2017 年 3 月发布《英国数字化战略》，设定了明确途径以帮助英国启动并推进数字化业务。综合而言，各国的数字经济战略仍聚焦在狭义数字经济的层面，即信息通信技术和电子商务等领域。

### （三）数字技术革命加速全球软件业增长

数字经济的基本特征是数字技术被广泛使用并由此带来经济环境和经济活动的根本改变，现代信息网络成为经济活动的重要空间，数字技术革命成为优化经济结构和促进经济增长的重要驱动力。

第一，数字经济的快速发展给全球软件和信息服务业带来巨大机遇。全球数字经济高速增长、快速创新，并广泛渗透到其他经济领域，深刻改变世界经济的发展动力与方式。随着互联网和移动用户的增长，全球电子商务高速发展，根据互联网统计公司 Statista 的报告，全球零售类电子商务在 2013 年时的销售额为 8398 亿美元，2015 年增长至 1.55 万亿美元，年均增幅高达 35.9%，预计到 2020 年将增至 4.06 万亿美元。未来，数字经济发展的重点将是以软件技术和 ICT 为基础，通过物联网将所有数字化产品和服务连接起来，运用云技术实现对整个社会、全领域的数字化管理，形成数字家庭、数字城市、数字国家。数字经济的快速发展给软件服务业带来巨大发展机遇，软件服务业推动数字技术向纵深发展，深刻改变全球经济发展格局。

第二，人类社会已经从 PC 时代迈入云时代，数字技术革命催生的新业态、新模式成为加速全球软件业持续增长的新动力。物联网、移动互联网、大数据、云计算、人工智能、虚拟现实等数字技术加快应用，创新活力、集聚效应和应用潜能快速释放，众创、众包、众筹等新业态快速发展，云计算、物联网、移动互联网将带动全球软件业进入新一轮增长周期。根据 Gartner 研究报告，全球公有云市场规模从 2010 年的 683 亿美元增长至 2016 年的 2092 亿美元，年均复合增速高达 20. 51%；预计 2017—2020 年行业规模增速维持在 15% 以上，到 2020 年有望达到 3834 亿美元。

第三，传统产业数字化转型成为全球软件市场需求持续扩大的重要动力。全球软件业保持较快增长态势，软件支出和软件出口的增长速度高于 IT 设备和 IT 服务。根据 Gartner 的研究数据，2017 年全球 IT 与软件支出增长 2. 9%，其中软件支出 3570 亿美元，增速 7. 2%。大数据、云计算、移动物联网等为代表的数字技术与传统的农业、工业、建筑业、服务业以前所未有的广度和深度交汇融合，人工智能、虚拟现实、区块链等前沿技术正加速与制造、生物、能源、金融等融合，传统产业正在网络化连接、数字化转型、融合化发展。全球服务分工网络体系的迅猛发展使得软件和信息技术服务渗透到生产的每一个环节，整合重构着全球化生产的各个方面。

## 二、数字经济对于我国软件业的影响

数字经济发展突飞猛进，深刻地改变着人类的生产方式和生活方式。数字技术是数字经济发展的持续动力，加快软件和信息服务业发展，对于扩展我国数字经济的发展空间、推动传统产业的转型升级、促进经济可持续增长、提升社会管理和服务创新水平具有重要的意义。

### （一）数字经济成为推动中国经济发展的新动力

我国数字经济正在进入快速发展的新时代，经济增长的决定性因素投入的"规模效应"转变为知识"溢出效应"，以数字技术为核心的知识密集型产业正在成为新的经济增长点，数字经济对国民经济的贡献显著增强，成为促进经济转型升级的新引擎。

第一，我国已进入数字经济推动经济发展的新阶段。党的十八大以来，党中央、国务院高度重视数字经济发展，出台了《"互联网 +"行动》《国家信息化发展纲要》《促进大数据发展行动纲要》《新一代人工智能发展规划》《进一步扩大和升级信息消费》《新一代人工智能发展规划》等系列重大战略和政策措施，数字经济是近年来中国经济发展最为活跃的领域。2016 年 9 月，在杭州召开的二十国集团(G20)峰会上,中国首次提出“数字经济”议题,为全球经济发展指明方向。2017 年 3 月,数字经济首次写入中国政府工作报告。2017 年 7 月,习近平主席在 G20 讨论数字化议题时强调,要携手构建增长友好型、就业友好型数字经济,为世界经济开辟更广阔空间。中国信息化百人会课题组测算结果认为,中国数字经济占 GDP 比重达到 30.1%,美国、英国、日本这一比重分别为 59.2%、54.5%、45.9%。根据数字经济指数报告,“互联网 +”数字经济指数每增长一点,新增城镇就业人数将上升 1.73 万人,由此估算数字经济在 2016 年带来了 280.17 万新增就业人数,占中国年新增就业人数的 21%,成为推动中国经济发展的新动力。

第二,我国数字基础设施建设取得高速进展。建成全球领先的光纤宽带网络和 4G 网络,截至 2016 年底,全国光缆总长达到 3041 万千米,全国所有地市基本建成光网城市。截至 2017 年 7 月,固定互联网宽带接入用户达到 3.26 亿户,移动电话用户总数达到 13.7 亿户。截至 2016 年底,全国固定宽带平均接入速率达 49 兆比特/秒,移动互联网户均接入流量达 1087.8 兆。

第三,我国数字服务产业核心竞争力明显提升。云计算、大数据、移动互联网、物联网以及电子商务、移动支付、分享经济、平台经济等新兴业态快速发展,2016 年我国电子商务交易额达到 26.1 万亿元,交易额约占全球电子商务零售市场的 39.2%。信息消费规模由 2013 年的 2.2 万亿元增长至 2016 年的 3.9 万亿元,年均增幅高达 21%,为同期最终消费增速的 2.4 倍。

第四,我国数字产品产业进入快速成长期。根据《2016 中国数字创意产业发展报告》的研究数据,2015 年中国数字创意产业已拥有 36948 家企业、近 384 万从业人员,2015 年产值突破 5939 亿元,同比增长 22.9%,其中 VR 增幅最大,达 267.5%。我国数字创意产业已经进入高速发展期,七大细分领域中,网络文学是 IP 源头,增速快;动漫的衍生市场潜力大;影视受众广泛,爆发强劲;游戏规模 1424 亿元,电竞、VR 是新增长点;VR 规模 15.4 亿元,处于起步阶段,潜力旺盛;在线教育结合语音识别、AI 等技术将有更多应用。

第五,我国数字技术与传统产业加速融合,制造业数字化转型步伐加快。智能工厂、数字化车间、智能机器人、移动智能终端等快速发展,制造业骨干企业“双创”普及率达 60%,工业互联网供给能力持续提升。两化融合管理体系不断完善，截至2016年底，完成贯标的企业累计超过4300家，开展自评估自诊断自对标的企业超过7万家，制造企业数字化研发设计工具普及率、关键工序数控化率分别达到62.4%和45.4%。

### （二）我国软件业在数字经济时代加速转型升级

第一，软件服务业在数字技术的推动下向网络化、移动化、平台化转型发展。一是软件产品开发行业发展水平呈现加速提升发展态势，在新技术的推动下不断向网络化、移动化、平台化方向发展。根据工信部发布的数据，我国软件和信息技术服务业2017年完成软件业务收入5.5万亿元，呈现稳健增长的发展态势（见图2－15）。2017年我国软件业实现信息技术服务收入2.9万亿元，同比增长16.8%；其中，云计算相关的运营服务（包括在线软件运营服务、平台运营服务、基础设施运营服务等在内的信息技术服务）收入超过8000亿元，比上年增长16.5%。二是信息技术服务行业发展水平高位波动，在服务支撑和发展环境方面提升较快，信息安全服务需求迅速增长。2017年我国软件业信息安全和工业软件产品收入均超过1000亿元，分别增长14%和19.9%。三是嵌入式系统软件行业发展水平提升相对平缓，嵌入式系统软件已成为产品和装备数字化改造、智能化增值的关键技术，企业跨界融合发展、产品智能化带动嵌入式研发投入强度稳步提升。

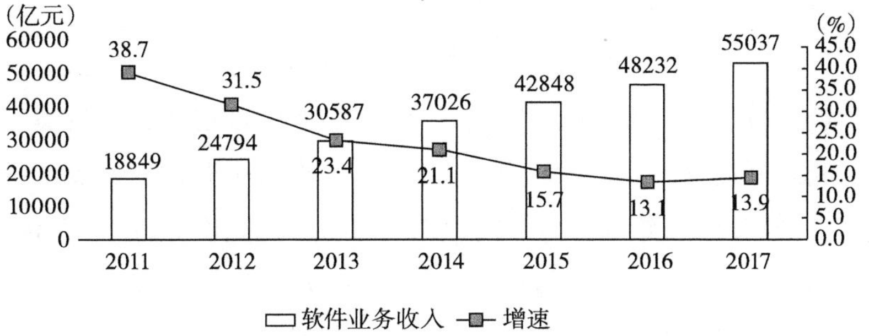


**图2－15　中国软件产业发展态势（2011—2017年）**

第二，我国软件业发展呈现出高质化、服务化、融合化的转型升级特点。首先，服务化趋势明显，产业结构高端转型，软件业务收入中信息技术服务比重过半，数据服务、运营服务、电子商务平台技术服务所占比重不断提高，从2014年的36.6%提高到2016年的40.8%。其次，融合渗透加速，服务支撑作用凸显，面向行业应用、智能制造、信息安全等各领域的应用软件、工业软件、信息安全服务，平台运营服务业务快速增长，2016年我国电子商务平台运营服务收入同比增长30.8%。最后，研发投入保持较高水平，知识产权储备持续增强。2016年我国软件业研发投入4545亿元，占软件业务收入比重达7.2%，软件著作权数量超过2万件。产业创新活跃，新业态发展迅速，在云计算、大数据、区块链、人工智能等新技术、新业态、新模式驱动下，产业进入新一轮创新活跃期。

第三，我国软件业在全球软件产业中的地位不断上升。全球IT软件和信息服务贸易多年来一直呈现持续上升态势，2016年全球IT信息服务贸易增长4.52%，其中，发展中经济体增速为2.47%，发达经济体增速达5.31%。近年来，我国软件服务业在全球软件产业调整中的地位不断上升，2006—2016年中国服务外包执行金额从13.8亿美元增至1064.6亿美元，年均增长率达54%；离岸服务外包在全球市场的份额从不到1%攀升到33%，稳居全球第二位；离岸市场从以日本为主拓展至北美、欧洲、东南亚等200个国家和地区。

### （三）企业数字化转型给我国软件业发展带来新机遇

数字经济对经济社会的影响将是革命性的，未来数据资源将成为企业经营决策的新驱动，企业都将转型为数字化企业，数字化的价值创造潜能大幅提升，软件和信息技术服务领域面临着新机遇。

第一，数字化已成为企业创新驱动的首选战略。进入21世纪以来，全球制造业竞争已经发展至创新能力的竞争。企业竞争聚焦在产品研发速度和创新能力上，为提高创新能力和效率，数字化战略已成为企业创新的首选战略。据波士顿咨询公司预测，到2035年中国整体数字经济规模接近16万亿美元，数字经济渗透率48%，总就业容量达4.15亿。随着信息科学、材料科学、管理科学等学科不断交叉融合，新一代信息技术、高端装备制造、新能源、新材料等领域的融合发展面临技术突破，企业数字化转型面临重要战略机遇。

第二，企业数字化转型给软件服务业带来巨大机遇。在数字经济时代，企业所处的市场环境遭遇到了前所未有的变革，企业数字化转型不仅是节约成本和提高效率，更主要是满足企业可持续成长和创新发展的需求。“互联网+”成为企业数字化转型的基石,促进企业数字化业务的发展,同时给软件服务业带来更大的商机。2016 年中国的互联网用户达到 7.31 亿,数量巨大的年轻网民为数字商业模式迅速投入商用创造了条件,促进数字化创新企业快速实现规模经济,数字化生态圈不断拓展延伸。

第三,企业数字化推动新技术新业态不断涌现。云计算、大数据、物联网、移动互联、人工智能、区块链等技术的快速研发与应用,促进云服务、互联网反欺诈、大数据征信、供应链金融服务、工业物联网应用、智能化设计、知识产权服务、汽车服务、空间地理信息服务、创意设计等发展,为企业数字化转型注入新动力。随着移动互联网的广泛普及,数字经济发展迅速,网络经济、分享经济等新形态、新模式在交通出行、商旅住宿、快递物流等领域渗透,并向知识内容、文化创意等领域不断拓展。

## (四)我国数字创意产业面临巨大成长空间

第一,我国数字创意产业已进入高速发展时期。数字创意产业是以创意为核心、数字技术引领的新兴产业,主要包含网络文学、动漫、影视、游戏、创意设计、VR、在线教育。根据《2016 中国数字创意产业发展报告》的数据,2015 年我国数字创意产业规模达到 5939 亿元,同比增长 22.9%,其中 VR 增幅 267.5%;我国数字创意企业数量近 3.7 万家,从业人员 384 万人,产业已进入高速发展时期。随着云计算、VR、AI 等新技术的演进,互联网企业竞相布局,影游漫文联动和产业融合将成为趋势,移动电竞、互联网影视成为新的探索点。

第二,中国数字创意产业规模仍有巨大增长空间。根据智研咨询的研究数据,英国数字创意产业占 GDP 的比重达到 8%,居全球首位,全球音乐的 15% 来自英国;美国数字创意产业年营收约 4000 亿美元,占 GDP 比重为 4%;日本媒体技术、电子游戏、动漫卡通等产业已经成为仅次于汽车产业的日本第二大产业,数字创意产业占 GDP 比重为 2.4%,日本动漫制作占全球 60% 份额。中国数字创意产业规模 5939 亿元,占 GDP 比重为 0.7%,还有十余倍的巨大增长空间。

第三,中国已经成为全球第一大游戏市场,市场重心从 PC 端向移动端转移。国家大力扶持文化产业的发展,2009 年以来出台多项鼓励政策,促进中国游戏市场发展。2015 年中国网络游戏市场规模达 1435 亿元，同比增长 30%；PC 游戏占 61%。2016 年中国网络游戏市场规模超过美国，成为全球第一，移动游戏占比上升至 57%。根据中国音数协游戏工委、伽马数据、国际数据公司发布的《2017 年中国游戏产业报告》，中国游戏市场 2017 年实际销售收入达到 2036.1 亿元，同比增长 23.0%，保持高速增长的发展态势（见图 2－16）；游戏用户规模达到 5.83 亿人，同比增长 3.1%。

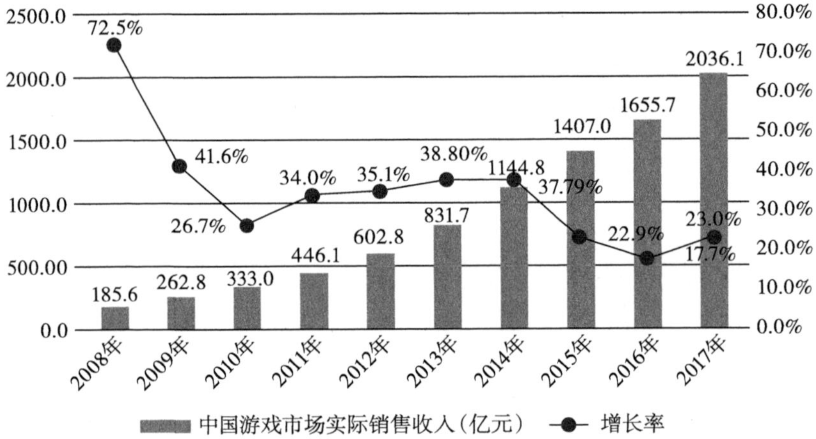


**图 2－16　中国游戏市场发展态势（2008—2017 年）**

### （五）数字经济对软件业发展模式的影响

第一，跨境电商借势数字技术转型升级。越来越多的传统企业通过拥抱互联网融入数字贸易，从消费互联网到产业互联网，从跨境电商到数字贸易。2012 年我国跨境电商交易额（包括 B2B 和 B2C）不到外贸总额的 1/10，但 2016 年跨境电商已经占到我国外贸的 1/4。艾瑞咨询、中投顾问等机构预测，我国跨境电商交易规模 2018 年将达到 8.8 万亿元，2020 年有望达到 12 万亿元。未来几年，我国跨境电商交易规模将保持高速增长，传统软件出口模式面临新转变，线上线下融合成必然。

第二，数字贸易有望成为我国软件业发展的新增长点。随着数字技术的兴起和发展，世界主要跨国企业纷纷开启了数字经济战略。埃森哲 2016 年的报告显示，超过 50% 的跨境服务通过数字化平台完成，超过 12% 的跨境实物贸易通过数字化平台实现。数字化给商业发展模式带来了颠覆性的变革和重构，数字贸易成为数字经济的驱动力。

第三，网络经济成为驱动软件业转型发展的重要引擎。我国网络经济保持高速增长的态势，根据艾瑞咨询的《2017 年中国网络经济年度监测报告》，2016 年中国网络经济营收规模达到 14707 亿元，同比增长 28.5%，预计 2018—2019 年仍将保持高速增长的态势（见图 2－17）。随着我国推进网络强国战略，“互联网＋”政策陆续出台，互联网与传统行业融合，网络经济的快速增长将加快软件业的发展转型。

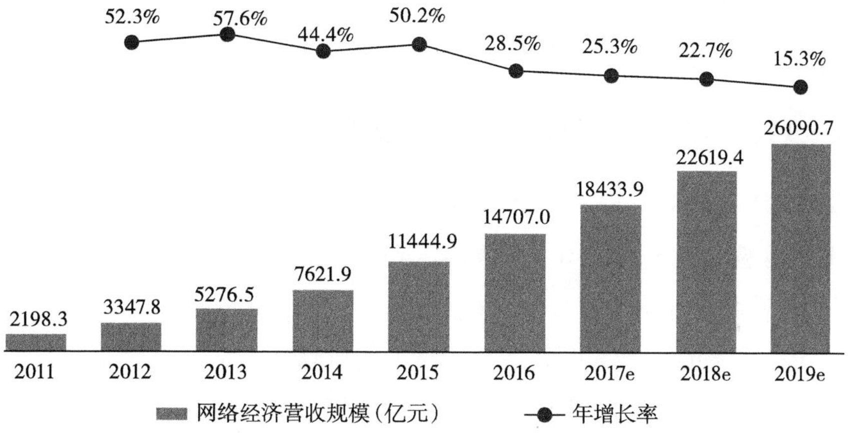


**图 2－17　中国网络经济营收规模（2011—2019 年）**

## （六）软件业发展对数字经济的促进作用

数字经济时代，“计算、网络、数据、软件”无处不在，软件是支撑计算、网络和数据的基础，软件和信息技术服务业面临重大发展机遇。

第一，软件和信息技术服务业在数字经济发展中发挥关键性作用。数字经济是全球经济增长的新动能，服务贸易在国民经济中的地位显著上升。中国服务进出口年均增长 15.7%，2016 年中国服务进出口总额突破 5 万亿元人民币，同比增长 14.2%，中国市场吸纳了近 1/10 的全球服务出口。在数字技术的推动下，软件服务业在数字经济发展中发挥关键性作用，成为优化产业结构的重要动力。

第二，软件和信息技术服务业成为塑造全球数字经济格局的中坚力量，从产业投资、商业模式和全球治理等领域引领全球数字经济新趋势。我国拥有全球最活跃的数字化投资与创业生态系统，拥有全球最大的电子商务市场，占全球电商交易总额40%以上，中国与个人消费相关的第三方移动支付交易额是美国的11倍。2016年中国金融科技领域风险投资位列全球第一位；虚拟现实、自动驾驶、可穿戴设备、教育技术、机器与无人机和3D打印领域的风险投资位列全球第二；大数据领域、人工智能与机器学习领域的风险投资位列全球第三。区块链技术应用于资产托管、产业链金融、消费金融、金融科技等领域，推动更多企业与服务提供商建立基于区块链技术的区块链服务合作，推动软件和信息技术服务产业能级再上新台阶。

### （七）数字化成为我国软件出口发展新趋势

第一，基于云的数字服务模式被软件出口企业广泛认可。数字经济是数字技术催生的经济形态，数字化是人类从传统生产社会向数字生产社会转型升级的关键，软件企业开始摒弃传统的模式，不断地进行创新，运用新的信息技术、智能化设备来帮助客户实现数字化。新一代信息技术加速与传统软件出口企业融合，基于云的服务模式被广泛认可，云端交付也大量被传统软件出口企业所采用，SaaS（软件即服务）和On－demand Payment（按需付费）成为主流的交付与定价模式。根据商务部的有关数据，信息技术外包是我国软件出口的主要方式，2016年信息技术外包出口执行金额为330.48亿美元，占软件出口比重96.55%；软件产品出口执行金额为11.82亿美元，占比为3.45%。中国率先应用的多种数字商业模式如今已在全世界流行，从共享单车到视频社交网络等等。新型经济全球化正在加速发展，催生E国际贸易，越来越多的中国数字企业通过并购、商业模式拓展、提供技术供应等方式扩展全球业务，中国软件企业开始步入全球数字化发展的最前沿。

第二，数字产品出口正成为推动中国培育软件产业国际竞争新优势的重要力量。全球软件出口市场目前由美国、欧洲和日本等发达经济体主导。美国是全球最主要的软件发包国家，2015年发包规模占全球市场的55.3%；欧洲和日本的市场份额分别为25.5%和10.2%。美日欧三大经济体占我国软件出口市场规模的一半以上,2016 年三大经济体共计出口执行金额为 170.38 亿美元,占比为 50%。当前,我国经济发展进入服务经济引领期和创新国际竞争优势关键期,数字产品出口正成为推动中国产业结构转型升级、吸纳中高端人才就业、培育国际竞争新优势与提升全球价值链的中坚力量。

第三,数字经济成为国际合作的新热点。根据商务部的数据,2006—2016 年,我国服务外包执行金额从 13.8 亿美元增至 1064.26 亿美元;从业企业从 500 多家迅速扩展至近 4 万家;从业人员由不足 6 万人增长至 856 万人。随着全球数字经济领域的政策沟通和战略对接不断加强,数字贸易将成为提升我国软件业全球价值链层级的战略选择,成为服务贸易发展的重要动力,我国软件服务业出口规模将不断扩大。根据工信部快报数据,2017 年我国软件业实现出口 538 亿美元,同比增长 3.4%,呈现稳中向好的发展趋势(见图 2－18);其中,外包服务出口增长 5.1%,嵌入式系统软件出口增长 2.3%。

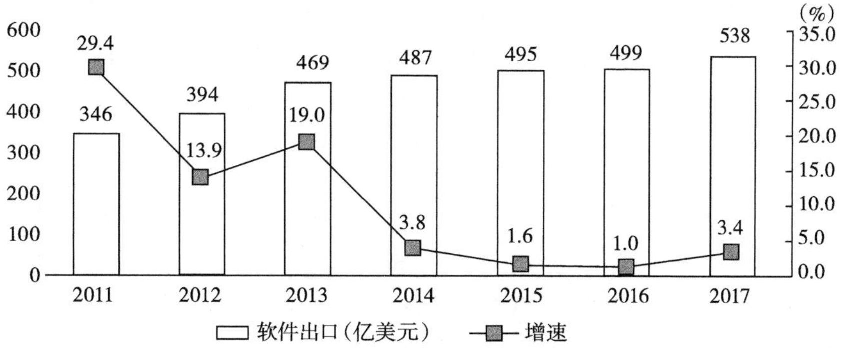


**图 2－18　中国软件出口发展趋势(2011—2017 年)**

## 三、我国软件业面临数字经济引发的新问题

### (一)数字技术创新和温特尔模式变革带来新挑战

数字经济在全球形成巨大的市场网络效应,催生新消费模式,软件业发展面临数字经济时代的温特尔模式变革。按照因特网经济学理论,网络固定成本不变而边际成本趋近零,随着网络用户数量提高而增加网络的价值。近年来我

国分享经济高速增长，2016 年我国分享经济市场交易额约 3.45 万亿元，同比增长 103%；分享经济平台的就业人数约 585 万人，同比增加 85 万人。在数字经济时代，生产数字化和消费网络化相结合，形成温特尔模式，生产者和消费者借助数字化、网络化实现平台化分工，突破传统的规模经济模式，传统的软件生产模式和消费方式面临变革。一是数字经济推动生产方式的新变革，数字化生产方式直接影响资源配置和生产要素权重，影响各国的比较优势，将重塑软件业的全球价值链分工。二是数字化引发对商业竞争的新关注，传统软件系统架构已经难以支撑数字经济的快速发展，在鼓励软件业新模式、新业态迅速增长的同时，兼顾效率与公平、充分竞争与有序发展，成为软件业市场主体和政策制定者、监管者面前的共同挑战。

### （二）软件业面临成本上升、高端人才缺乏等新问题

一是软件企业的管理成本和风险上升。伴随数字经济的快速发展，软件服务业规模扩大和业务增长，对软件企业的管理能力、技术能力、市场营销能力、研发能力等多方面经营能力提出更高的要求，企业的组织结构和管理体系趋于复杂化，2017 年我国软件业从业人员工资总额增长 14.9%，人均工资增长 11.2%，增速高于其他费用增长，企业管理成本明显上升。二是软件企业的核心人才缺乏、人才流失以及人工成本上升问题并存。2017 年我国软件业就业人数接近 600 万人，比上年同期增加约 20 万人，软件企业面临转型升级压力，高端人才的争夺趋向激烈，随着网络化智能化不断推进，互联网公司加入软件人才争夺行列，跨界竞争超出软件业内部竞争，软件产业可持续盈利能力面临新挑战。

### （三）我国软件业数字化竞争力亟待提升

我国信息服务业近年来快速增长，但软件业竞争力与发达国家相比仍很弱小，软件业整体偏小偏弱，核心技术、产品成熟度、创新能力存在较大差距。全球软件重点企业主要分布在美国，占比达到 75%；其次为欧洲、加拿大、日本等发达国家及地区，占比为 22%；发展中国家占比仅为 3%。2016 年全球上市公司 2000 强名单中，美国有 14 家芯片公司与 14 家软件公司，而中国无一家。我国货物贸易居世界前列，但数字贸易相比明显偏低，数字产品服务的标准规范

发展滞后，数据流尤其是跨境数据流动的监测标准缺乏，基础软件、系统软件非常薄弱，国产软件基本属于应用型软件，在软件开发技术、开发工具和开发理念方面仍然是追随者，我国软件业的数字化竞争力亟待提升。

## 四、结论与建议

数字经济发展迅猛，人类社会已经从 PC 时代迈入云时代，传统产业数字化转型成为全球软件市场需求持续扩大的重要动力，数字技术革命催生的新业态、新模式成为加速全球软件业持续增长的新动力。数字经济的快速发展给全球软件和信息服务业带来巨大机遇，软件服务业在数字技术的推动下向网络化、移动化、平台化转型发展。在数字经济驱动的新一轮全球化发展浪潮中，我国软件业和数字贸易有巨大发展空间，数字产品出口正成为推动中国培育软件产业国际竞争新优势的重要力量。把握数字经济发展的历史性机遇，对提升我国软件出口竞争力具有重大意义。

### （一）加强数字内容产业的发展规划

数字经济正从“硬件为王”“软件为王”进入“内容为王”的阶段，数字创意产业 2016 年 12 月纳入《“十三五”国家战略性新兴产业发展规划》，但目前缺乏相应的数字经济发展规划。我国数字内容产业高速增长，但同发达国家相比，在产业链条、产业规划和法律环境等方面还存在差距，亟待统筹制定数字内容产业发展规划，加快数字内容产业的发展。加快以数字内容产品为核心，通过前后关联机制，发挥链条经济效应。加大知识产权保护力度，避免数字侵权抑制数字内容产业创新。加强国家层面的数字内容产业规划布局，促进产业做优做强做大。

### （二）推动软件业与科技服务业的跨界融合

软件和硬件的融合、软件和服务的融合、软件和信息的融合、软件和科技的融合、软件企业的融合，融合才能做大做强，先进数字技术与传统产业融合创新已成为提高企业核心竞争力的战略选择。数字经济离不开建模、算法和软件，软件企业要与科研机构和工程技术跨界融合，协同开发计算、网络和数据问题的软件解决方案和高端软件产品。软件业要加快产业融合，根据软件产品的定位和发展方向，吸收工程和科学技术人员，改变软件业的人才结构，抢占数字经济制高点，通过数字化融合来驱动软件业发展。

### （三）加速工业互联网平台建设

数字经济时代，价值创造不再强调竞争，而是通过整合产品和服务供给者，并促成交易协作和适度竞争，共同创造价值，构建共建共赢的生态系统。平台是数字经济时代协调和配置资源的基本经济组织，是价值创造和价值汇聚的核心。要把握窗口期，抢占基于工业互联网平台的制造业生态发展主导权、主动权和话语权，推动产业组织关系从线性竞争到生态共赢转变。

### （四）促进软件业加快构建现代化产业组织方式

软件产业尚未形成现代化产业组织方式，尚未进入能极大满足消费需求的流水线作业的工业化时代。要加快软件产业的专业化分工，促进软件企业改变依靠程序员编码实现价值的盈利模式，将技术架构、业务架构、应用架构专业化分工，发展“业务架构 + 应用架构 + 技术平台”的组织模式，技术构架通过平台公司技术开发、编码实现，业务和应用架构由业务和产品人员设计，提高开发效率和质量，降低开发到运营的成本，提升软件创造力和产业竞争力。

### （五）把握区块链发展机遇实现换道超车

人类正在从信息互联网阶段进入价值互联网阶段，区块链是发展数字经济的重要形态，可能重塑货币市场、支付系统、金融服务和经济形态，还将改变人类社会众多领域。全球最大的 10 家信息互联网公司分布在美国和中国，价值互联网时代的市场格局或将面临变革。在数字经济的价值互联网时代，软件业需要把应用创新方面作为突破口，区块链技术还处于发展的初期阶段，区块链的共识算法和加密算法等核心技术仍存在很大的优化和创新空间，中国软件企业要把握区块链发展的历史机遇，开拓产业创新路径，进行换道超车，构建价值互联网时代的主导应用范式。

## 参考文献

[1]李忠民,周维颖. 美国数字贸易发展态势及我国的对策思考[J]. 全球化,2014(11).

[2]陈文玲,颜少君."E 国际贸易"的理论内涵与理论体系[J]. 全球化,2017(12).

[3]王晓红. 中国软件出口:现状趋势与战略机遇[J]. 全球化,2017(9).

[4]沈家文. 破解李约瑟难题:制造业数字化战略[J]. 中国发展观察,2014(3).

[5]沈家文. 产业融合创新提升软件出口竞争力[J]. 中国发展观察,2017(2).

[6]周宏仁. 软件业发展的战略思考[J]. 中国经济和信息化,2014(4).

[7]李忠民,周维颖,田仲他. 数字贸易:发展态势、影响及对策[J]. 国际经济评论,2014(11).

[8]李国杰. 从信息技术的发展态势看新经济[J]. 中国科学院院刊,2017(3).

[9]工信部信软司. 做大做强数字经济 培育壮大经济发展新动能[EB/OL]. 中国经济网,2017-10-11.

[10]欧阳日辉,孙宝文. 数字经济——中国经济提质增效新引擎[EB/OL]. 中国社会科学网,2017-09-06.

[11]何枭吟. 数字经济发展趋势及我国的战略抉择[J]. 现代经济探讨,2013(3).

[12]邢厚媛,涂舒. 2017 年服务外包七大发展趋势[N]. 国际商报,2017-02-07.

[13]王灏晨. 国外数字经济发展的特点[J]. 瞭望,2017(6).

[14]经祎. G20 推动数字经济迸发巨大潜力[N]. 经济日报,2017-07-07.

[15]肖风. 区块链让价值互联网露出曙光. 人民日报[N],2017-01-10.

# 专题六　去杠杆背景下的金融服务外包发展战略

郑忠良[①]

## 一、金融去杠杆的国际和国内背景

### （一）国际背景

自 1971 年布雷顿森林体系解体，美元与黄金脱钩以来，世界各国相继进入了信用货币时代，随之而来的是金融业获得了前所未有的巨大发展空间，对经济和政治的影响也日渐深入。经过 40 多年的快速发展，信用货币造成的货币宽松导致了金融业杠杆的不断升高，衍生金融产品层出不穷，金融风险不断累积，终于在 2008 年美国爆发了次贷危机。次贷危机引起美国金融市场的巨大震荡，进一步发展为金融危机。由于金融在政治经济中的重要作用，肇始于美国的金融危机终于扩散开来，酿成全世界范围内的经济危机。为了挽救陷入泥潭的经济，各国政府又普遍实行了量化宽松的货币政策，金融业的杠杆进一步加大。但事与愿违，世界经济的复苏态势仍然显得脆弱和不均衡。世界各国逐渐达成共识，宽松的货币政策无异于饮鸩止渴，无助于世界经济的复苏和健康发展，世界经济增长的源泉在于技术进步和商业模式的创新。以 2015 年 12 月美联储加息为标志，世界各国进入了金融去杠杆的新时代。

---

① 郑忠良，中国农业大学经济管理学院教授。

## （二）国内背景

党的十八大以来，以习近平同志为核心的新一代党中央高瞻远瞩、审时度势，对我国当前经济形势和未来经济发展趋势做了科学的判断。面对中国经济“三期叠加”即增长速度换档期、结构调整阵痛期和前期刺激政策消化期的客观现实，果断指出中国经济将进入新常态：中国经济将从高速增长转为中高速增长；经济结构要不断优化升级，告别粗放的发展模式；经济增长的动力要从要素驱动、投资驱动转向服务业发展及创新驱动。为适应新常态的要求，就必须进行供给侧结构性改革，从提高供给质量出发，矫正要素配置扭曲，扩大有效供给，促进经济社会持续健康发展。2016 年中央经济工作会议提出了以“三去一降一补”即去产能、去库存、去杠杆、降成本、补短板五大任务为抓手，推动供给侧结构性改革。其中最重要的就是去杠杆，提出“要把防控金融风险放到更加重要的位置”。2017 年以来，“一行三会”相继出台推动金融去杠杆的政策措施，下决心处置一批风险点，着力防控资产泡沫，提高和改进监管能力，确保不发生系统性金融风险。

根据中国人民银行公布的央行资产负债表显示，截至 2016 年 12 月 31 日，中国总体债务为 255 万亿元人民币。2016 年我国 GDP 为 74.4 万亿元人民币，这意味着我国的总负债率为 342.7%，除去金融部分的负债率，我国实体经济总负债率约为 250%。鉴于中国目前稳增长的路径依然是“债务—投资”驱动模式，未来我国总体债务仍将持续攀升，考虑债务还本付息的固有特点，这将进一步加剧金融风险。

## （三）加杠杆的金融风险不可忽视

中国经济近 40 年的高速发展，金融业起到了非常重要的推动作用。但随着中国经济增速放缓、互联网金融的快速崛起及金融业自身特点的影响，金融业面临发展困境：一是银行业盈利能力放缓；二是证券业盈利能力大幅下降；三是保险业高速增长，但可持续高增长能力存疑。

金融的本质就是跨时间、跨空间的价值交换，其天性就具有以小博大的倾向。金融业的健康发展取决于信用、风险和收益之间动态的平衡，其中的关键

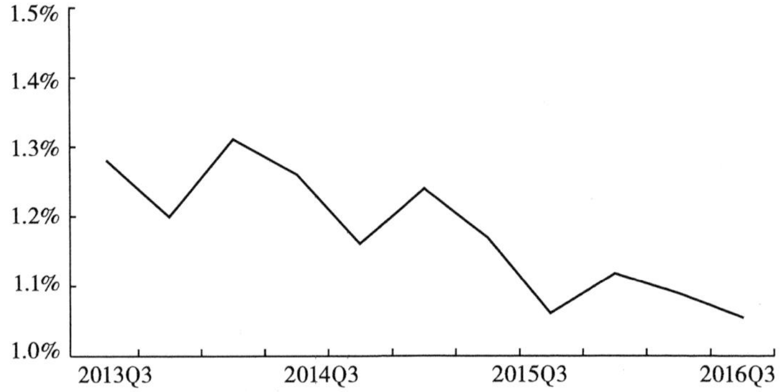


**图 2－19　上市银行资产利润率**

主要在于合理确定杠杆的水平。在前期货币政策宽松的背景下，金融机构的理性选择是加大杠杆博取超额收益。在这个过程中，银行业主要以通道业务、委外业务和同业存单为主要手段，证券业主要借助融资融券、资管业务进行扩张，而保险业主要以万能险和投连险为资金来源进行股权或债券投资。

根据杜邦分析法，净资产收益率等于资本收益率乘以权益乘数。在资本收益率下降的情况下，要维持或提升净资产收益率，一个可行的选择就是增加杠杆。由于资金成本即利息相对固定，在投资收益率超过资金成本的情况下，可以获得倍数级的税后利润的增长，这就是财务杠杆的魔力。但财务杠杆是把双刃剑，如果资金成本上升或投资收益率下降，税后利润的下降也将是倍数级的。2009 年以来我国银行类金融机构杠杆率持续攀升证实了银行加杠杆的事实（见图 2－20）。

银行通过发行理财产品和同业存单进行主动负债，再通过与信托、券商、基金、保险等金融机构合作开展通道业务和委外业务来进行扩张以获取收益。由于这些业务很多都是表外业务，没有包括在银行的资产负债表内，因此这些措施在提升了银行业盈利能力的同时也提升了银行杠杆率，从而加剧了金融风险。由于金融风险一般具有滞后发生的特点，因此暂时的盈利可能难以冲抵风险真正到来时所带来的损失。根据银监会的数据显示，商业银行不良率从 2011 年 9 月末的 0.90% 增长到 2016 年 9 月末的 1.76%，几乎增加了一倍，商业银行的不良率显示出不断攀升的趋势，预示金融风险不断增加。另根据相关数据计算结果显示，伴随 2008 年 4 万亿元投资的实施，我国银行类金融机构杠杆水平

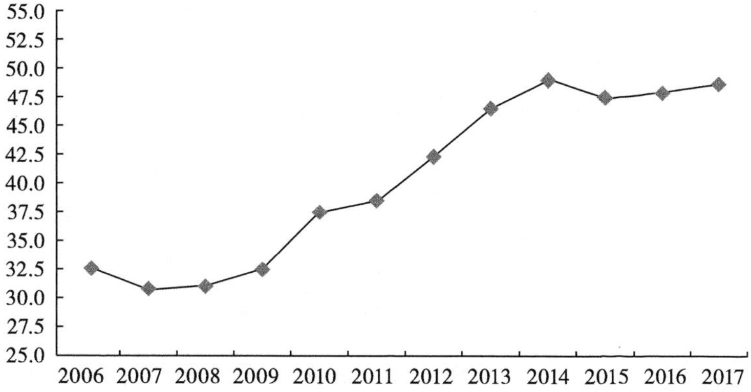


**图 2－20　银行其他存款性公司杠杆率**

不断增加,与之伴随的是金融业占 GDP 的比重也不断增加,2016 年达到 8.3%,这一比例超过了美国、日本、英国等金融发达国家。2016 年末中国银行业总资产占 GDP 的比重更高达 313%。中国银行业资产增速远超 GDP 的增速和 M2 的增速,这说明银行业资产增长的效益不高,在某种程度上也表明银行业的增长开始脱离真实经济需求,金融与经济不平衡、不协调问题突出,由此累积的金融风险不容忽视。

## 二、金融去杠杆背景下金融服务外包发展趋势

### (一)金融服务外包的现状

金融服务外包最早可以追溯到 20 世纪 70 年代,到 90 年代开始迅速发展。进入 21 世纪以来,随着经济全球化和金融全球化的深入发展,金融业务内容不断丰富,产品趋于复杂,金融机构开始将产品研发与设计等核心业务委托给专业服务供应商。

近年来,随着国际产业转移加快、发达国家和国内金融外包需求增加,我国金融服务外包业已步入快速发展轨道。但总体来说,中国金融外包产业仍处于初级阶段,呈现出以下特点:金融服务外包市场虽发展迅速,但规模依然较小,专业度不足;金融服务外包企业规模小,交付能力不强;外包业务种类以 ITO 和

BPO 为主，处于产业链低端；金融机构和外包供应商之间尚未建立专业性强、深层次的战略合作关系。

导致金融服务外包产业与全球金融服务外包产业存在差距的原因主要在于：中国金融行业的集中度很高，买家市场竞争尚未被完全激活；中国现代金融行业成型较晚，在市场化和国际化方面都与发达国家有差距；高素质核心人才供给相对不足，高校教学与实践脱节及实践机会较少等因素，使知识结构和技能难以满足行业需求；本土服务供应商投资起点低、业务定位产业链下游；与印度等国相比，我国在产业政策扶持力度、税收政策优惠力度、知识产权保护执行力度方面还存在不足。

### （二）从金融去杠杆看我国金融外包发展新趋势

在金融去杠杆的大背景下，金融业也将告别过去粗放的增长模式，从规模扩张型转向质量效益型发展。随着我国金融业市场化程度的不断提高，金融机构面临的风险和竞争压力也在日益增加。顺应时代变革的要求，金融机构也做出了大胆的尝试。借助于互联网、大数据、区块链、云计算和人工智能等新兴科技，金融机构已经向精细化、科技化和综合化转型迈出了坚实的步伐，从而不断提升经营管理水平，降低经营成本，保持核心竞争力和持续创新的能力。在此过程中，金融外包行业将迎来新的发展机遇。

#### 1. 未来金融服务外包市场潜力巨大

目前金融服务外包产业已经成为横跨金融产业和服务外包产业两大现代服务支柱产业的一个新的细分产业。未来，随着中国经济转型升级，金融业市场化改革的逐步推进，金融行业价值链的不断延伸，金融服务外包发展空间和潜力很大。

#### 2. 经济转型催生金融外包市场需求

当前，我国正处在经济转型的重要历史时期，其核心问题实质上是社会资源的重新配置。金融资源是社会资源中最重要的部分，金融资源的重新配置，将遵循效用最大化的原则，引导社会资源按照经济转型升级的路径前进和发展，在金融资源重新配置的过程中，将会产生大量金融外包的需求。

**3. 盈利能力降低促使金融机构采取外包策略应对挑战**

数据显示,2016 年商业银行当年累计实现净利润 16490 亿元,同比仅增长 3.54%,基本处于停滞不前的状态。随着竞争加剧,未来金融机构的盈利水平或将进入下降通道。受制于机制体制,金融机构发展新业务系统、新的技术系统的投资成本巨大,大型金融机构虽可勉强承受,但也对利润造成了挤压。对中小金融机构而言,则难以承受技术升级、业务转型所需的高昂成本,且也难以招聘到合适的人才。借助外包策略,金融机构可以改变以往的粗放经营模式,实施精细化管理,以降低成本,提高效率,巩固和提升核心竞争力。

**4. 金融业发展为金融服务外包提供了广阔的市场机遇**

以银行业为例,2016 年全行业营业成本约为 3 万亿元人民币,按照成熟市场 3% 的外包渗透率计算,银行业金融外包市场规模为 900 亿元人民币。加上证券行业和保险业释放的金融外包需求,2016 年金融外包理论市场规模约为 1200 亿元人民币。"十三五"期间金融服务业增加值将保持在 5% ,这将给金融服务外包带来广阔的市场机遇。

**5. 价值驱动引领服务外包从价值链低端向高端延伸**

随着我国金融业市场化程度的不断提高,金融机构面临的风险和不确定性增加,服务外包的核心驱动要素也从降低成本向保持核心竞争力和提高创新能力等提升战略价值的方向转变。与此同时,服务外包企业在发展过程中面临规模约束、市场开拓、技术创新和服务提升等方面的问题和不足。行业发展的困境将促使服务外包企业提供能为金融机构提供长远战略价值的服务,从而引导服务供应商积极探索,进入附加值高的业务和领域,向产业链的高端延伸。

## 三、金融去杠杆背景下金融服务外包发展战略

考虑我国未来金融业发展趋势,结合金融服务外包行业的特点,笔者认为,为了行业的健康可持续发展,未来金融外包服务商应该着重在以下几个方面挖掘潜力。

## (一)专业化

聚焦细分市场,不断提高专业化服务水平。金融行业覆盖的业务范围广,产业附加值高,相关的细分市场为数众多,市场规模非常可观。企业只要找准细分市场,在选择的细分市场里精耕细作,就有可能成为细分市场的标杆企业。比如1995年成立的恒生电子,聚焦于财富资产管理,致力于为证券、期货、基金、信托、保险、银行、交易所、私募等机构提供整体的解决方案和服务,为个人投资者提供财富管理工具,至今,已经成为中国领先的金融软件和网络服务供应商之一。

## (二)科技化

借助先进的科技手段,引领金融服务创新。现在以人工智能、大数据、云计算、区块链为代表的新兴科技日新月异,正深刻影响和改变金融业的现在和未来。借助这些科技手段,金融业提高了金融信息采集和处理能力、风险评估能力、投资决策效率,优化了客户体验,提升了金融行业的服务水平,降低了经营管理成本,提高了盈利能力,从而推动了金融行业的发展。比如2015年成立的云从科技,研发了首个刷脸支付原型系统、首个商用人脸识别远程开户系统,不仅成为参与人脸识别国标、部标、行标制定的唯一研发企业,还是让四大行在全国范围用上人脸识别的唯一企业,公司未来发展前景广阔。

## (三)联盟化

拓展合作空间,构建伙伴关系。中国仍然是发展中国家,政策经常变化和调整,加上市场环境瞬息万变,客户期望不断提升,科技进步日新月异。金融机构从经营实践中逐渐认识到,仅靠自身的努力难以及时应对各种挑战,需要借助外物力量特别是专业的第三方的服务机构的力量共同完成任务。金融机构更加关注自身核心业务的创新和整体经济效益的提升,金融市场的快速变化使得金融机构在新型金融业务和流程方面存在不小的人才、经验和技能缺口。金融机构逐步尝试将一些核心业务,如金融衍生产品设计研发、金融数据分析等业务委托给外部服务商,通过外包,各方资源共享、优势互补、有效合作,共同应对竞争日益激烈的市场环境的挑战，以提高效率，降低风险。因此，金融机构和外包机构拓展合作空间，构建密切的合作伙伴关系，对于双方而言是双赢之举。如上海易贷网金融信息服务有限公司通过和中小金融机构达成战略合作伙伴关系，向中小银行提供 FINTECH 技术支持，在满足中小金融机构的业务需求的同时，也提升了自身的服务水平和服务能力。

综上所述，未来我国金融服务外包行业发展前景广阔。金融外包服务商如遵循专业化、科技化和联盟化的发展战略，聚焦细分市场，不断提高专业化服务水平；借助先进的科技手段，引领金融服务创新；拓展合作空间，构建伙伴关系，不仅会推动金融业转型升级，而且将推动金融服务外包行业持续健康地发展。

# Ⅲ 国际篇

# 专题一　美国服务外包行业发展现状及展望

杨丹辉①

作为全球第一大经济体，美国有着高度先进和繁荣的服务业。美国经济被公认为服务经济，高达80%的GDP是由服务业所贡献。作为最大的服务贸易出口国，美国对大部分国家都有服务贸易顺差，与美国在货物贸易中的普遍逆差形成了鲜明的对比。在服务外包市场上，美国同样是最主要的发包方，美国企业在全球服务外包价值链上占有举足轻重的地位。

## 一、美国服务贸易的发展状况

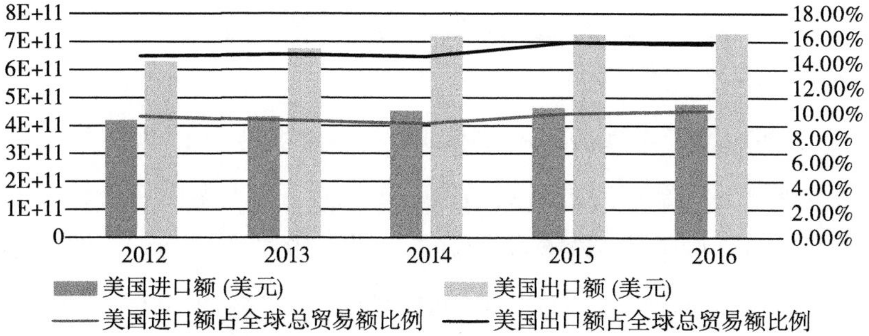


**图3－1　美国服务业进出口贸易额及其占全球总贸易额的比例**

资料来源：WTO Statistics Database。

图3－1展示了近年来美国的服务业总贸易额及其占全球总贸易额的比例。由图可见，美国服务业无论进口额还是出口额都表现出稳定上升的趋势。

① 杨丹辉，中国社会科学院工业经济研究所资源与环境研究室主任、研究员、博士生导师。

2016 年,美国服务业总出口额达到 7325.5 亿美元,比上一年度增长了 2.68%。同年,美国服务业的总进口额则达到 4819.6 亿美元,比上一年度增长 3.17%。超过 2500 亿美元的服务业贸易顺差体现出美国服务业在拉动出口、促进贸易平衡中的巨大作用。美国服务业贸易占全球总贸易额的比例则更令人瞩目。2017 年,美国服务贸易进口额占全球服务贸易总额的比例为 10.27%,比 5 年前上升了 0.44%。美国服务贸易出口额占全球服务贸易总额的比例为 15.61%,比 5 年前上升了将近 1%。如果将二者相加,可以发现全球超过 1/4 的跨境服务贸易与美国有关。这充分体现了美国作为服务业超级大国在全球服务贸易中的领导地位。

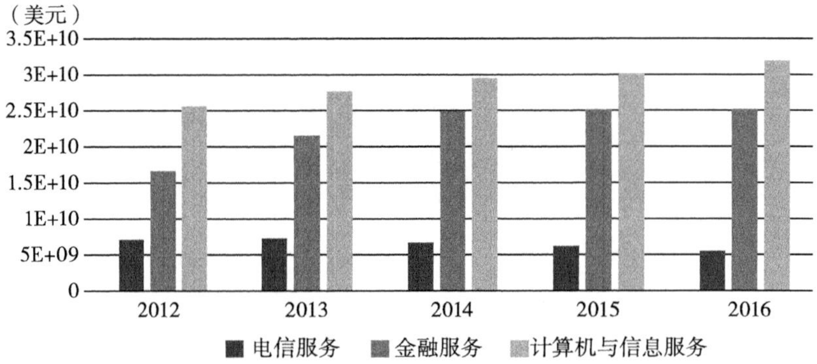


**图 3－2　2012—2016 年间美国部分服务行业的进口额**

资料来源:WTO Statistics Database。

图 3－2 展示了近年来美国在电信服务、金融服务和计算机与信息服务 3 个主要的服务业外包领域的进口贸易额。由图可见,计算机与信息服务业在 3 个部门中的进口额度最大,2016 年的进口额为 319.7 亿美元,5 年时间内增长了 24.8%。与欧盟国家不同的是,美国金融服务进口额的增速高于计算机服务进口额。2016 年,美国金融服务进口额达到 252.3 亿美元。同计算机与信息服务业的差距十分有限。在 5 年时间内,这一领域的进口总额增加几乎达到了 50%。这种现象的产生可能是由于美国计算机与信息服务业的技术水平较高所致。对于劳动力技术素养较高的要求导致美国计算机与信息服务业企业必须更多依靠内包或在岸外包,以确保产品质量。

**表 3 - 1　美国 ICT 产业进口的主要来源地（2016 年）**

| 排名 | 国家 | 进口额（亿美元） |
|---|---|---|
| 1 | 加拿大 | 37.51 |
| 2 | 爱尔兰 | 27.62 |
| 3 | 英国 | 22.85 |
| 4 | 菲律宾 | 13.63 |
| 5 | 墨西哥 | 9.78 |
| 6 | 德国 | 9.27 |
| 7 | 中国 | 8.99 |
| 8 | 以色列 | 7.49 |
| 9 | 法国 | 6.00 |
| 10 | 荷兰 | 5.63 |

资料来源：OECD。

表 3 - 1 展示了美国 ICT 产业进口的主要来源国家。由表可见，美国最主要的 ICT 服务来源国是邻国加拿大，2016 年的进口额为 37.51 亿美元。英国、德国和法国等具有成熟信息产业的欧洲发达国家同样是美国 ICT 产业的主要进口来源地。与此同时，美国也从一些具有大量丰富人力资源的发展中国家进口 ICT 服务。由于历史文化原因，通行英语的菲律宾是美国最主要的外包合同承接国，2016 年向美国的出口额为 13.63 亿美元。中国和以色列同样是美国外包合同的重要承接国，分别向美国出口了 8.99 亿美元和 7.49 亿美元的 ICT 服务。

## 二、美国服务外包贸易的特点

### （一）软件行业外包贸易的蓬勃发展

随着软件产业的发展呈现出规模化、服务化、专业化和国际化的特点，软件外包行业已经成为规模巨大的市场。来自美国市场调查机构 Statista 的预测指出，这一市场在今后几年中仍将以 5% 以上的速度增长，在 2019 年有可能达到

2.6万亿元人民币。美国是软件外包市场最大的发包方之一。美国本土传统产业数字化、信息化不断发展的趋势以及众多互联网科技企业在全球市场上的进一步扩张促进了软件外包市场的发展。根据IDC的研究报告，美国IT外包需求量最大的前10位行业分别为：制造业、银行业、政府、金融业、通信媒体、零售批发、服务业、公共事业、医疗健康、保险业。

面对国内持续增长的软件服务需求，美国国内软件人才严重短缺。人工智能、大数据等新兴技术与互联网的融合进一步加剧了这一困境。根据劳动市场咨询公司Career Advisory Boarding的调查，到2020年，美国软件行业对于开发人员需求的缺口可能达到140万人之多。此外，相比印度、中国等国家，美国软件开发等专业人员的薪酬水平明显偏高。咨询公司My Hiring Club的薪酬调查结果显示，美国IT专业人员的平均年薪约在中国和印度IT专业人员的3倍以上。美国各主要城市编程人员的平均年薪可参见表3－2。由于这一薪酬水平的巨大差距，美国企业普遍倾向于向海外寻求较为廉价的人力资源。

**表3－2　美国各主要城市编程人员的平均年薪表**

| 地区 | 年薪（万美元） |
|---|---|
| 旧金山湾区 | 13.4 |
| 西雅图 | 12.6 |
| 纽约 | 12.0 |
| 洛杉矶 | 11.7 |
| 波士顿 | 11.6 |
| 奥斯汀 | 11.0 |
| 芝加哥 | 10.8 |

资料来源：中国数据分析行业网。

软件服务的多样性特征导致人才供应与需求结构出现一定程度的错位也是美国企业越来越多地寻求外包服务的原因之一。由于软件行业对从业人员的需求范围广阔，新产品和新服务不断涌现，专业人力资源的供给结构和需求结构往往不能匹配。美国互联网企业中充斥着大量没有获得专业学位的人员。在业界标杆的谷歌公司，一些团队甚至有14%的人员没有获得计算机专业的相关学位。美国大学计算机专业课程的设置与实践需要的对接不紧密，更加重视理论学习，而非编程语言、项目管理与合作等实际知识。在这种情况下，转向海外寻找适合的人才和服务成为企业的必然选择。

此外，美国软件业扩大对外包服务的需求也有简化非核心业务、提升竞争力的目的。移动互联网的兴起进一步抹平了传统企业与互联网企业间的界限，许多曾经由传统企业统治的领域现在均由新兴企业掌控。Uber、Airbnb 等企业的涌现就是这一趋势的代表。目前，美国约有 67% 的编程岗位是来自非科技类公司。这些企业通常会选择将软件业务的相当部分外包出去，集中资源从事其他业务，确保核心竞争力。

### （二）整体性的外包模式

为降低服务成本或提供及时、优质的服务，美国跨国公司常常开展整体性外包。这种模式对接包商的能力提出了很高的要求，不仅要求接包商有廉价的成本优势，要具备相当的组织、协调和管理能力，是一种高度依赖市场提供解决方案的模式。

与日本模式有着显著的不同，美国大型跨国公司更多地采用事业部制的组织结构管理企业，将某一特定流程外包的决策下放到事业部层级。各事业部具有较大的权利，彼此之间相对独立，其所开展业务的价值链环节也各不相同。在这种架构下，各事业部为了减少自身的负担、有效提高竞争力，往往选择将各种服务活动整体外包出去。由于外包后的公司业务部门减少，管理更加简单，组织结构犹如一个倒立的大写英文字母“T”，因此，美国跨国公司的离岸服务外包模式也被称为“倒 T 型”模式。

基于美国软件外包模式的显著特点，发包方提出需求后，承包方需要分析需求，并提出解决方案，完成系统设计、详细设计、分解模块和模块的工程实现、需求修订、实施更正、测试、系统集成和售后服务等一系列工作。这就要求外包服务供应商的人员规模较大，能够应对较长的项目开发周期，具有一定的资金实力和开发大型项目的经验。承接美国公司服务外包的门槛通常更高。

# 三、美国服务外包市场展望

## （一）大数据时代带来的新变革

作为信息产业中最具潜力的“蓝海”技术，大数据技术一经出现，便受到了美国企业的热烈欢迎。如今，美国已经拥有领先全球的大数据产业，与传统产业形成了广阔的交融。几乎所有美国主流科技企业都在积极开拓大数据业务，并将大数据嵌入自身的传统业务领域，使数据科学融入行业应用。亚马逊在业内率先利用大数据技术进行仓储物流的管理，创新推出了预测性调拨、跨区域配送、跨国境配送等服务，并建立了全球跨境云仓以提升物流效率、应对供应链挑战。谷歌已经在包括客户情绪分析、交易风险分析、产品推荐、消息路由、法律文案、邮件内容过滤等多个领域提供大数据分析服务，并研发了 Dremel 和 PowerDrill 等大数据及管理平台，运用大数据技术改造自身的搜索引擎。甲骨文通过与 Cloudera 的合作，基于 Cloudera Hadoop 的发行版提供了大数据一体机；并提供了管理与维护大数据服务的云平台。甲骨文还通过嵌入大数据和人工智能的方式提供企业级的应用解决方案，进一步加强了人工智能、机器学习、物联网、区块链等技术在大数据应用中的互联互通。

除此以外，大数据产业的创新企业仍在不断涌现，这些企业运用创新思维提出商业领域的综合解决方案，填补现有的空白。例如，作为估值仅排在优步和爱彼迎之后的独角兽企业和估值最高的大数据企业，Palantir 在国家安全、金融等领域提供数据分析服务，与美国政府间有密切的合作关系。估值第二高的大数据企业 Cloudera 则基于大数据存储处理开源框架 Hadoop 开展平台业务，并与 Intel 开展密切合作。另一家著名的独角兽企业 AppDynamics 则集中研发应用性能管理（APM）软件，专业提供监控商业软件应用程序和 IT 基础架构性能的智能平台，帮助企业发现和修复应用程序中的错误。

美国大数据产业的发展一方面应归功于领先世界的互联网高科技企业集群，另一方面也与美国各级政府有计划的政策鼓励密切相关。联邦层面已经发起了 4 轮主要的政策行动。2012 年 3 月，白宫发布《大数据研究和发展计划》，并成立大数据高级指导小组，负责协调跨部门的大数据科技研发活动。航空航天局、国家安全局和国防研究高级计划局等联邦政府架构内的研发部门都被纳入计划。2013 年 11 月，白宫提出大数据到知识到行动计划，细化了运用大数据技术改造国家治理模式、促进前沿创新、拉动经济增长的规划。这一计划描述了未来美国数字经济、数字治理、数字城市、数字国防建设的蓝图，以全社会的数字转型为目标。2014 年 5 月，总统办公室提交《大数据：把握机遇，维护价值》报告，强调政府部门和私人部门的紧密合作，利用大数据在促进经济增长的同时避免个人隐私泄露等风险。2016 年 5 月，白宫发布《联邦大数据研发战略计划》。该计划包括技术、可信数据、基础设施、共享管理等 7 个主要方面，对负责机构、机构间协作、公司合作等事项作出了规划。联邦政府层面制定的规划分工明确，涵盖广泛，具有较好的前瞻性和可操作性，并且充分考虑了与本国技术储备丰富的私营部门合作，在实践中表现出良好的引领性。

美国大数据产业的蓬勃发展带来了广泛的外包需求。由于技术和算法的快速进步，大数据外包服务的规模正快速扩大。通过与第三方 SaaS 供应商合作，零售商能够在短时间内以较少的投资评估和部署许多尖端解决方案。试图在内部构建这些解决方案不仅成本高昂而且进度缓慢，降低了企业业务的灵活性，因此并不是企业的首选。据 IDC 的估计，2019 年美国大数据市场的规模将达到 980 亿美元，在 2015 年的基础上增长 50%，占全球大数据分析市场的 50% 以上。作为全球最主要的数据分析市场，美国企业旺盛的数据分析需求将为大数据市场带来充足的动力。由于大数据必须与其他行业的领域知识相结合，在不同的领域环境和不同的应用需求，大数据的获取、分析、反馈的方式将截然不同。针对不同行业与领域业务需求，展开数据特征与业务特征的研究，进行大数据需求的分析，将带来从需求分析→业务模型→数据模型→数据采集→数据分析→总结反馈→数据分析的全生命周期的外包产业链。作为知识流程外包的新领域，大量的大数据外包企业的出现将形成丰富的数据外包解决方案，帮助处于大数据时代的买家进行内部数据挖掘，或侧重优化，帮企业更精准找到用户，降低营销成本。传统企业在大数据时代提出的新需求，将为整个产业带来新的动力。

## （二）部分外包业务的回归趋势

尽管在经济全球化的趋势中，美国服务业外包总额仍然呈现连年上升的趋势，但金融危机后的增长已经不如从前明显。金融服务、计算机信息服务等外包最为密集的服务业行业进口贸易额的增速不及服务业总贸易额的增速，就很好地说明了这一点。在美国政府政策手段、本身商业要求和国际市场局势变化的影响下，许多企业选择内包，将业务交给本国企业或本企业其他部门处理。

吸引海外产业特别是制造业回流，以此促进投资并扩充就业，是金融危机后历届美国政府坚持不懈的政策取向。美国政府意识到，长期的产业空心化威胁到美国实体产业的竞争力，对平衡贸易与扩大就业造成了严重的负面影响，同时也导致美国经济在金融危机的打击中缺少抵抗力和稳定性。制造业与研发岗位的相互分离，更损害了美国引领新一轮科技革命与产业革命的能力。为了扭转经济过度虚拟化、服务化的趋势，促进产业结构的合理化，美国政府进行了不懈的努力。奥巴马时期，美国先后颁布了《重振美国制造业框架》《先进制造业伙伴计划》《先进制造业国家战略计划》和《制造业创新中心网络发展规划》等文件，旨在达成政府、高校和企业界的普遍协作，为提高美国全球竞争力的新兴技术进行投资。奥巴马在2013年国情咨文中强调，要将制造业放在核心地位，使美国成为吸引就业岗位和制造业的磁极。特朗普政府时期，美国政府则主要从促进就业、改善国内营商环境入手促进制造业的回流。2017年12月，美国国会通过了税改法案，旨在实现简化税法、降低企业和个人所得税、促进企业将海外利润转移回国内等目标，提振美国实体经济。此外，特朗普政府还通过废除奥巴马医改、广泛的去管制、促进基础设施建设等措施为企业减负，力图拉动国内投资。

除了美国政府的政策引导外，其他一些客观原因也促使美国企业过度伸展的全球外包布局发生一定程度的收缩。由于近年来新兴市场国家的经济快速增长，人均工资也相应出现提升；这些国家在劳动力成本方面的优势相对缩小了。以软件行业为例，据Nexitent的估计，目前美国软件开发岗位的人力成本仅为印度的2倍左右。随着机器人技术和自动化技术日趋成熟完善，制造业运用机器人等设备替代工人的趋势不断发展，同样降低了人力成本在企业布局决策中的重要性。由于危机导致全球经济增长放缓,消费市场的快速扩张停止,取而代之的是消费需求趋于细化。企业必须实现对供应链的灵活管理,以更好响应客户需求,此时内包显然比外包更有优势。此外,汇率问题也是跨国公司进行国际外包决策的重要因素。美元相对几种主要货币的贬值同样消解了外包的成本优势。

在多种因素的作用下,近年来美国企业大举内迁的案例不断发生。通用电气、卡特彼勒、通用汽车、福特汽车等大型跨国公司都不同程度地卷入了这场内迁潮。根据 Reshoring Initiative 的估计,2017 年共有 17.1 万个就业岗位回归美国。应该看到,尽管美国政府的主要政策集中在促进制造业的回流,但在现代经济中,制造业与服务业本身是相互融合、密不可分的。生产性服务业和服务型制造业的不断发展,已经从实质上模糊了二者之间的界限。制造业的回流必然导致渗透于制造业各环节的研发、设计、金融、营销等相应环节趋于回流。例如,著名的运通(American Express)将为美国客户服务的呼叫中心和支持部门从亚洲迁回美国本土。将大量信息技术岗位外包到印度的通用电气(General Electronics)已经宣布,将在美国国内新增 1.5 万名员工,特别是将在底特律的信息技术中心大量扩员。IBM 也宣布未来 4 年内将在美国本土技术服务岗位增加 2.5 万人。甚至印度的印孚瑟斯等大型外包企业也计划在美国增加雇员,并设立更多业务中心。

# 专题二　日本服务外包行业发展现状及展望

杨丹辉①

作为中国的近邻,日本是工业大国和经济强国,在信息服务业等服务外包贸易密集的领域也有着强大的实力。21 世纪以来,中国服务外包行业承担日本的计算机软件外包合同日益增加,日本市场已经成为中国服务外包行业最主要的收入来源之一。尽管日本服务业市场近年来陷入停滞,增长速度比较有限,但在举办东京奥运会带来重大利好与新一轮工业革命深入改造日本制造业的背景下,日本服务业出现了许多新的发展,其动向值得关注。

## 一、日本服务贸易的发展状况

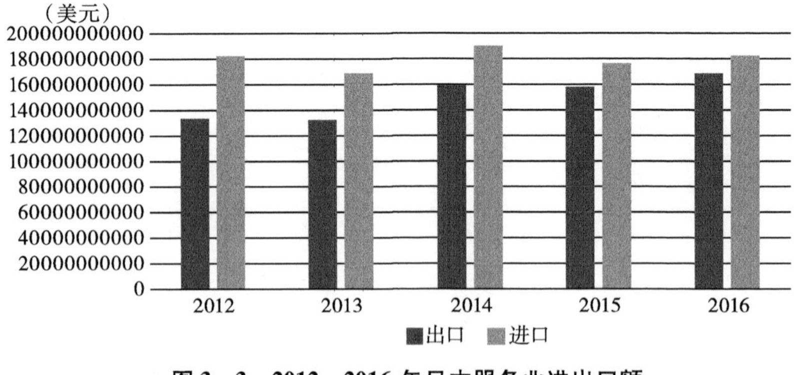


**图 3－3　2012—2016 年日本服务业进出口额**

资料来源:WTO Statistics Database。

① 杨丹辉,中国社会科学院工业经济研究所资源与环境研究室主任、研究员、博士生导师。

图 3－3 展示了日本服务业进出口贸易额近 5 年来的变动。由图可见,日本服务业的进口规模近年来基本保持稳定。2012 年,日本服务业进口额为 1828.3 亿美元,2017 年则为 1826.9 亿美元,5 年中几乎没有变化。日本服务业出口额则稳步上升。2012 年,日本服务业出口额为 1338.3 亿美元,2016 年则攀升至 1687.3 亿美元。5 年间增加了 26.1%。日本服务业出口的扩大正逐步弥补服务业由来已久的贸易逆差,体现出日本服务业的国际竞争力正逐步增强。

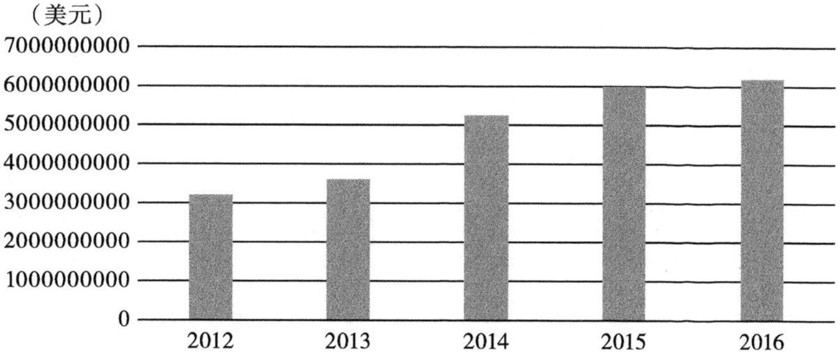


**图 3－4 2012—2016 年间日本金融服务进口额**

资料来源:WTO Statistics Database。

尽管日本服务业进口贸易的总体规模近年来陷入停滞,但在服务外包贸易比较密集的几个领域,日本进口额的扩大却十分明显。图 3－4 展示了日本金融服务进口额近年来的变化。由图可见,金融服务进口额经历了迅速的增长,由 2012 年的 32.24 亿美元增至 2016 年的 62 亿美元,几乎增长了一倍。2013—2015 年间,尽管外部市场经历了欧债危机等严重打击,但日本金融服务进口却逆势大幅上扬。这体现出日本金融服务业正加快海外布局的步伐。

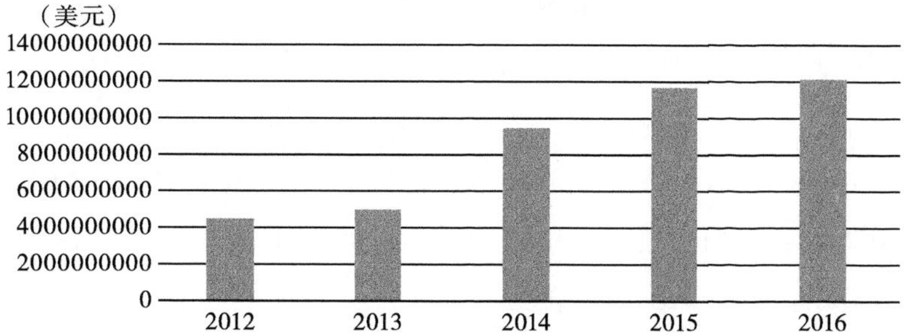


**图 3－5　2012—2016 年间日本计算机与信息服务进口额**

资料来源:WTO Statistics Database。

日本计算机与信息服务业进口的上升则更加惊人，具体可参见图 3－5。2012 年，日本计算机与信息服务业的进口额仅为 45 亿美元，而 2016 年则攀升至 121.3 亿美元，5 年间增长了 169.7%。2013—2015 年期间的增长尤其明显，2014 年几乎增长了一倍之多。由此可见，日本计算机与信息服务业在海外的外包业务正迅速增长，产业与国际价值链的整合也不断深化。

**表 3－3　日本主要的 ICT 服务进口来源地及进口额和逆差（2016）**

| 排位 | 国家和地区 | 进口额（亿美元） | 逆差（亿美元） |
|---|---|---|---|
| 1 | 美国 | 43.14 | 30.44 |
| 2 | 新加坡 | 24.82 | 21.13 |
| 3 | 中国 | 14.59 | 11.9 |
| 4 | 英国 | 10.37 | 7.64 |
| 5 | 荷兰 | 8.36 | 7.78 |
| 6 | 印度 | 5.08 | 4.07 |
| 7 | 瑞士 | 4.37 | 3.00 |
| 8 | 瑞典 | 4.18 | 4.14 |
| 9 | 中国台湾 | 3.36 | 2.85 |
| 10 | 韩国 | 2.55 | 0.36 |

资料来源：OECD。

表 3－3 展示了日本 ICT 服务进口的来源地。由此可见，向日本出口 ICT 服务的国家和地区主要分为两类：一类是美国、英国和荷兰等计算机信息技术先进的西方国家，另一类则是中国、印度等具有人力成本优势的外包承接大国。日本最主要的 ICT 服务进口来源地是美国，2016 年的进口额达到 43 亿美元，英国、荷兰和瑞士等发达国家对日本的出口额也相当可观。这些国家主要向日本出口软件信息系统的终端产品。发展中国家向日本的 ICT 服务出口则主要以承接外包合同的形式存在。作为日本外包订单最主要的承接地，2016 年中国对日本的 ICT 服务出口额达到 14.59 亿美元。印度和中国台湾地区的出口额则分别有 5.08 亿美元和 3.36 亿美元。

# 二、日本服务外包贸易的特点

## (一)IT 外包地位日趋重要

在安倍政府一揽子经济刺激政策和东京奥运会重大利好的作用下,日本信息产业正经历几十年未有的快速增长。日本社会的数字化转型和智能社会的建设更提升了对软件、通信、数据分析等产业的需求。日本经济产业省进行的特定服务业调查数据指出,日本共有软件与信息服务企业 2.9 万家,从业人员总数 101 万人。在人员结构中,直接从事软件开发相关的系统工程师与程序员的人数占 60%。在数字化转型的关键时期,日本社会表现出对于信息软件人才的强烈需要。JETRO 指出,大数据分析的应用、云计算理念的普及以及企业对信息管理重要性的认识逐渐加深都促使日本企业寻求更高质量的信息服务,以图提高管理水平,有效拓展市场。

由于日本企业的人力储备比较有限,人力成本也相对较高,许多日本企业转向从企业外部购买服务。据 JETRO 的统计,日本外包市场的总规模将于 2018 年达到 3.47 万亿日元,具体可参见图 3-6。而根据 IDC 日本的统计和预测,2015 年到 2019 年,日本 IT 市场年均复合增长率仅为 0.8%,2019 年日本 IT 市场规模将达到 15.2 万亿日元。外包市场规模的增速超过 IT 市场总规模的增速,意味着外包服务在日本 IT 商业模式中的地位正日趋重要。

传统上来看,日本软件与信息服务企业的离岸外包比例通常较低。由于比较独特的企业文化和商业环境,日本企业往往选择将外包业务交由本国企业完成。但是,劳动力供给的短缺和本土人力成本居高不下近年来已经成为困扰日本信息产业的重要问题。据日本经济产业省的统计,目前日本市场上仅是软件编码人员的缺口就高达 10 万人之多。面对严峻的劳动力供给形势,越来越多的日本企业开始选择将业务交由外国企业承担。据经济产业省的统计,以存储软件为例,其离岸外包的比例高达 81%,远远超过美国的 47% 和欧洲的 35%。许多外国企业也抓住时机,进入高度封闭的日本市场,从离岸外包的扩张进程中获取机会。目前,印度塔塔、美国埃森哲等世界范围内主要的信息咨询服务商都已经在日本市场获得了稳固的市场份额，并在本土化进程中不断扩张市场。日本 IT 服务市场的部分主要接包商可参见表 3－4。

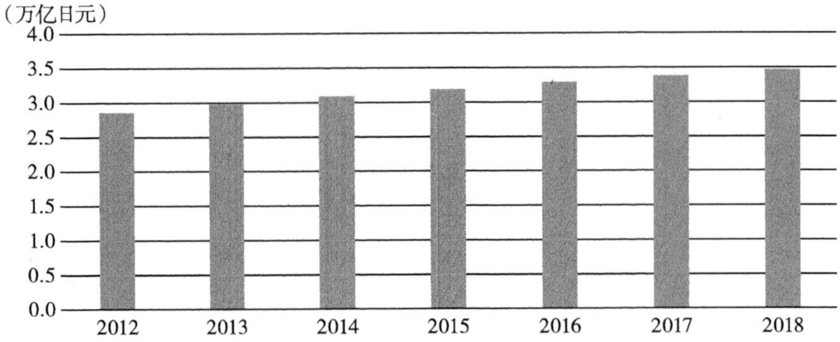


**图 3－6　日本 IT 外包市场总规模①**

资料来源：JETRO。

**表 3－4　日本 IT 服务市场的主要接包商**

| 企业 | 国籍 | 主要业务 |
|---|---|---|
| 富士通 | 日本 | 网络系统开发 |
| NEC | 日本 | 网络系统开发 |
| NTT 数据 | 日本 | 系统开发，政府业务 |
| IBM 日本 | 美国 | 大规模系统开发 |
| 野村研究所 | 日本 | 安防产业、销售业 |
| 伊藤忠商事 | 日本 | 电信业、销售业 |
| 埃森哲日本 | 美国 | IT 咨询、网络系统开发等 |
| 塔塔咨询 | 印度 | 通信和信息技术等 |

资料来源：作者总结。

## （二）有限度、固定化的外包模式

在全球价值链构不断延伸的大背景下，日本企业普遍开始采用“精确定量供给和交付”策略，将产品的设计、开发和营销等附加值最高的生产和服务作为

① 2017 年、2018 年数据为估计。

核心竞争能力保留发展，而将一般性的生产和服务视为非核心业务予以剥离。这一理念始终引导着日本服务外包行业的发展进程。为了追逐海外低廉的人力成本，日本的一体化大型企业将其生产流程中的部分环节剥离出去，交由外国合作伙伴承担，自身则转型为全球价值链中的主导企业。随着日本跨国企业越来越多地将零部件和中间产品外包出去，一个动态的、呈蛛网状的跨国生产网络逐渐成型。不过，日本企业始终十分重视将核心能力和环节保留在自己手中，通常情况下，被外包出去的是技术简单、利润微薄的环节。

在日本独特的商业文化与社会环境的影响下，日本跨国公司形成了具有自身特点的离岸服务外包模式。日本企业的外包模式相对比较固化、等级分明，企业在外包模式中的位置呈现明显的金字塔型结构。这种曾经在制造业中占主导位置的模式同样对服务业的外包流程产生了十分深刻的影响。金字塔顶端的企业是实力雄厚的总发包商，驱动着全部的价值链条，引导外包体系的发展。一级接包商则从总发包商处承揽合约，并将合约切分给二级接包商承担。由于发包者和接包者之间往往进行长期的业务往来，互相之间较为熟悉，形成了牢固而稳定的纽带。相对欧美较为灵活多变的外包供应链模式，市场力量在日本模式中起到的作用并不显著。

在日本离岸服务外包领域，企业之间的金字塔型结构和关系同样存在。以离岸软件服务外包领域为例，在日本式的外包模式中，一级接包商的企业从最终客户手中承揽项目，进行总体设计，并将工作分割成若干个模块，再将各个模块分包给二级接包商。二级接包商还会寻找三级或四级接包企业，完成具体的模块设计、代码转换和测试工作，任务细分到相当层次后，才会实施离岸外包。日本的软件离岸外包业务多属于三级接包或者四级接包。在发包时，日本的最终用户往往希望总承包商拥有强大的资金储备和抗风险能力，有在日本本地承担法律责任的能力，并与自身保持比较长时间的良好关系。因此，一级接包商一般会是日本国内规模较大的企业。这些企业通常控制着价值链中的高端环节，将整个项目流程进行切割后，再将那些技术含量比较低的业务外包给邻近国家。由于高附加值的环节往往被总承包商自己留在手中，外国企业只能接到一些被转了二手、三手甚至更多环节的外包业务。因此，日本软件外包单量的规模往往不大，技术含量较为有限，接包企业的利润率会受到一定限制。不过，在这种自由度较低的模式中,日本企业常会把技术标准、产品规范、功能参数、管理经验等大量的显性和隐性知识转移给承接的企业,对其能力建设起到促进作用。

## 三、日本服务外包市场展望

### (一)新工业革命对需求的变革

以信息技术与制造业加速融合为核心的智能制造正成为全球制造业发展的主要趋势。随着互联网、传感器及高性能计算技术嵌入工业生产,全球范围内的制造业正掀起设计方式、生产方式和服务方式的广泛变革。借助信息技术的强大威力推进生产平台之间的互联互通、促进传统技术与新技术的全面融合,成为日本制造业发展的重要目标。

与美国、德国等制造业强国相比,日本制造业在通过节省人力、能源等手段改善生产效率方面并不落后。但是,许多日本企业倾向于单打独斗,对发展数字化、网络化的制造业持有比较消极的态度,软件信息人才的储备也显得十分不足。日本制造企业之间的合作很不充分,制造设备的通信标准繁多,多种技术标准并立,企业和行业弊端普遍存在。针对这些问题,日本政府和业界普遍主张,应当尽快调整发展理念,主动引入信息技术和互联网改造制造业,拿出与工业 4.0 对标的制造业变革方案,积极追赶国际潮流。

日本政府多次强调在制造业中引入计算机互联网技术促进融合革新的重要性。2015 年的日本经济产业省《制造白皮书》主张,重塑日本制造业价值链的当务之急是加速供应链优化和制造设备信息化,发展适合生产制造过程的软件技术。汽车与电子、建筑与机器人、能源与信息等行业应当成为跨行业融合的重点。2017 年的《制造白皮书》强调,日本版的工业 4.0 是通过网络化创造价值,灵活运用技术力和现场力的以人为本的工业之路。要鼓励企业跨越行业进行合作,并积极与政府展开合作。2017 年 3 月,首相安倍晋三在德国电子通讯展提出“互联工业”(Connected Industry)的概念。在“汉诺威宣言”中,德日两国宣布共同推进“通过连接人、设备、技术等实现价值创造的互联工业”。

在日本政府、学界和产业界的共同推动下,体现日本制造业革新需求的工业4.1J计划和工业价值链倡议(Industrial Value Chain Initiative)应运而生。它们旨在打造符合全球制造业发展趋势、吻合日本国情的产业合作机制。工业4.1J聚焦于将工业智能化由单一工厂延伸到产业整体价值链,进行工业数据的搜集、解读,由此提供生产与营运分析建议。该计划的主要工作是将日本分散在各地的工厂串联起来,实现集安全管理、资产管理、原料管理、远程服务、技术支持于一体的智能化信息工业环境。通过智能监控系统,日本企业可以实时分析海外工厂的生产制造情况,在出现问题时迅速为海外工厂提供集成解决方案。工业价值链倡议联盟则聚焦工厂互联机制,三菱、东芝、欧姆龙等百余家企业加入了这一联盟。联盟的工作重点是以信息技术连接价值链不同环节、不同领域的企业,将产品设计阶段、生产制造阶段到后期服务阶段全部导入智能信息平台,最终实现覆盖全产业链的工业互联机制。工业价值链倡议联盟主要活动集中在远程工厂的运行监控与管理、设备生命周期管理、基于数据的生产线动态管理、中小企业工厂的互联互通、网络物理生产系统和物流一体化等方面。

日本制造业的转变是从生产自动化到智能化、网络化的转变,智能制造的本质是让数据在生产系统内流动,用信息流代替人工流,以解决系统的复杂性。在这样的转变中,各种工业软件和信息系统可能成为主角,工业软件将定义未来制造业的发展方式。日本制造业的职能转型需要大量项目管理类、人机界面类、控制类和外围服务类软件。考虑到日本软件开发产业长期以来在人力供给方面的不足,大量工业软件的开发需求可能使日本企业将目光转向国外寻求供给商。数字化工业对软件系统的智能化、网络化提出了很高的要求,需要接包企业的人员素质和开发组织能力迈上新的台阶。智能制造理念的发展和工业互联网的形成,可能促进日本海外服务外包市场的加速洗牌。

### (二)"超智能社会"的建设

互联网和信息技术革命不仅正在改造日本制造业,同时也蕴含着改造日本社会生活的动能。为了抓住新一轮科技革命的历史机遇,用新技术新理念引领全社会转型变革,日本政府于2016年1月颁布的第五期《科学技术基本计划》中提出了"超智能社会"的理念,并在《科学技术创新战略2016》中对这一理念作了诠释。提出要建成世界范围内的首个融合网络空间与物理空间的“超智能社会(Society 5.0)”。日本政府认为，随着信息通信技术的发展，从前独立发生作用的事物将通过虚拟空间被系统化。不同领域的独立系统相互联合协调，将成为新的价值源泉，并改变人们的工作和生活方式。在少子化和老龄化问题区域严重的日本，系统之间的联合协调不能局限在制造业领域，还应扩展到更加广阔的社会生活领域，以建成经济稳定增长、人民健康长寿的社会，提高人民的生活质量。“超智能社会”就是日本政府在这一方向上进行的利用智能化技术解决一揽子经济社会问题的尝试。

虽然日本政府宣称“超智能社会”是与德国的“工业4.0”、美国的“先进伙伴制造计划”对标的计划，但实际上，“超智能社会”却有更为宏大的视野。“超智能社会”的构想十分丰富，涵盖了交通、能源、医疗、制造等多个领域，未来还将纳入人力资源管理、法律和商务服务等多个领域，体现了日本政府借助数字互联网技术实现社会全面变革、建设以人为本社会的宏大设想。日本政府谋求以网络空间技术和物理空间技术的融合，最大限度发挥信息通信技术的效益，提供精准服务，解决社会问题。超智能社会构想中的关键支撑技术可参见表3－5。

**表3－5　日本超智能社会的关键支撑技术**

| 支撑技术 | 内容 |
|---|---|
| 网络安全技术 | 以低成本安全通信实现对规模庞大的物联网设备统一管理的技术 |
| 物联网系统技术 | 实现新旧物联网设备无缝衔接、更新换代，结构化技术及应用于服务器的虚拟技术 |
| 大数据分析技术 | 从包含非结构化数据的海量数据中提取有价值信息的高速信息处理技术 |
| 人工智能技术 | 以深度学习技术为代表的创新性人工智能基础技术和探索型、知识型、计算型、综合型人工智能应用技术 |
| 设备技术 | 以小型超低功率电力设备实现大批量数据实时高速处理的技术开发工作，并在设备开发进程中推进信息数据共享 |
| 网络技术 | 网络虚拟化技术、无线宽带通信技术和可对大数据进行实时深度分析的网络技术 |

续表

| 支撑技术 | 内容 |
|---|---|
| 边缘计算技术 | 可应对信息实时高速处理的分散式技术处理结构 |

资料来源：http://www.kantei.go.jp/jp/singi/keizaisaisei/pdf/miraitousi2017_t.pdf。

在健康医疗服务领域，"超智能社会"构想提出要利用大数据、人工智能等技术建立新型健康、医疗和护理系统，延长人的寿命。日本政府计划建设全国保健医疗信息网络和保健医疗数据平台，将健康、医疗等大数据与个人信息结合，方便医疗、保险等行业基于大数据进行分析。日本还计划利用大数据推进疾病预防、远程医疗等服务，促进人工智能领域在医疗中的广泛应用。

在交通领域，日本计划大力发展自动驾驶与无人运输工具。在 2017 年发布的《官民智能交通系统构想路线图 2017》中，日本提出，要整合研究机构，改进相关制度和基础设施建设，大力鼓励发展无人交通工具和自动驾驶辅助装置。日本的目标是在 2030 年基本普及安全驾驶辅助系统。日本还计划在 5G 通信网络的基础上建立无人驾驶车辆的通讯控制系统，并完成无人驾驶车载软件系统的开发。

日本还计划全面开发智能供应链，打造以人为本、以解决问题为导向的新型产业社会。日本提出了"联结性产业社会"（Connected Industries）这一新概念，利用物联网等设备和日本卓越的技术力量实现人与机械的系统性协作，促进生产者和消费者的互联互通。日本政府宣称，要利用科技革命带来的技术创新，通过分析产品从接收订单到设计、生产、物流、销售乃至消费的全生命周期数据，创新性地为消费者打造产品和服务。

日本"超智能社会"的计划旨在推进日本社会向智能化、数字化的全方位转型，为日本经济社会注入新的活力。全社会的数字化转型形成了对软件系统和智能技术的需求，需要数据存储、数据分析、社会管理平台的有力支撑。随着日本智能社会建设的逐步深入，各种数据系统与社会生活深度交织，利用大数据分析实现资源利用和协同、运营管理、业务创新的服务需求将会逐步扩张，为外包行业提供广泛的参与机会。

# 专题三　欧盟服务外包行业发展现状及展望

杨丹辉①

高度发达的服务业是欧盟促进经济增长、创造就业的关键部门，也是欧洲经济国际竞争力的重要来源。欧盟是国际服务外包市场上主要的发包方之一，也是全球外包价值链的重要驱动者，为中东欧、印度等接包国带来了大量需求。欧洲的再工业化浪潮以及欧盟进一步整合市场的努力正重塑欧洲服务业的格局，为全球服务外包市场注入新的动能。经历了欧债危机和英国脱欧等事件的负面影响后，欧洲服务业正迎来复苏，来自欧盟的服务外包需求有可能在接下来的几年中进一步增长。

## 一、欧盟服务贸易的发展状况

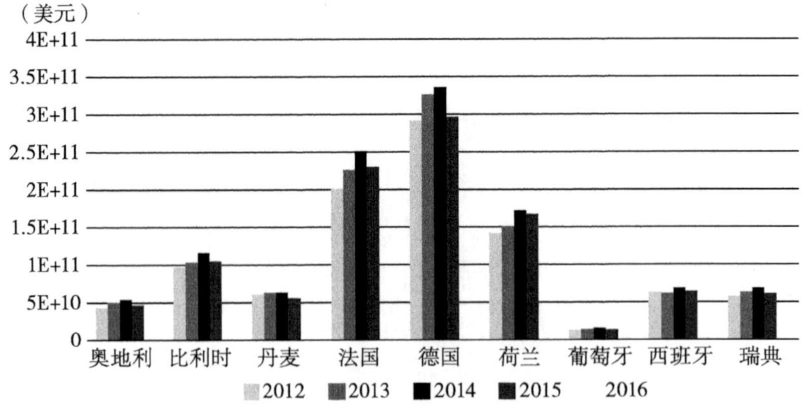


**图 3-7　2012—2016 年欧盟各国服务贸易进口额**

资料来源：WTO Statistics Database。

① 杨丹辉，中国社会科学院工业经济研究所资源与环境研究室主任、研究员、博士生导师。

图 3 - 7 展示了欧盟各主要国家服务业总进口额的变动。由图可知，在报告期内，欧盟大部分国家的服务业进口额均显现出稳步上升态势。尽管 2015 年债务危机、乌克兰危机和难民危机多重打击下欧洲经济表现低迷导致服务业贸易规模一度缩窄，但 2016 年服务业贸易的规模重又回升，基本达到或超过了 2014 年水平。从国别来看，德国是最大的服务业进口国，2016 年服务业进口额达 310. 60 亿欧元。法国紧随其后，进口额为 235. 66 亿欧元。比利时、丹麦和西班牙则分列三至五位。

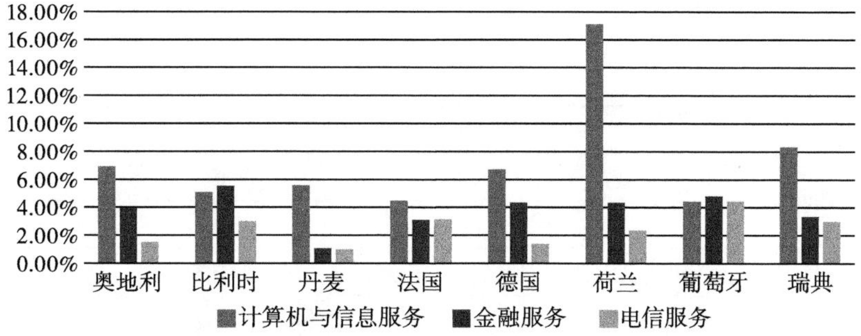


**图 3 - 8　2016 年欧盟各国计算机与信息服务和金融服务的进口额占服务业进口额比例**

资料来源：WTO Statistics Database。

从进口服务的结构来看，各国之间有很大的不同。图 3 - 8 展示了服务外包贸易最为集中的计算机与信息服务和金融服务两大领域占各国服务业总进口额的比例。计算机与信息服务进口额占比最高的国家是荷兰。2016 年，荷兰计算机与信息服务进口额占服务业总进口额的比例高达 17. 13%，远远超过其他任何欧盟国家。荷兰发达的软件产业和高度外向型的经济体系使其计算机信息服务的进出口占有显著比例。第二位则是北欧的软件强国瑞典，计算机与信息服务进口占比为 8. 33%。德国和奥地利计算机与信息服务进口占比也相对较高，分别为 6. 74% 和 6. 92%。其他各国计算机与信息服务进口占比均在 5% 上下，而法国的这一比例仅为 4. 47%，在各国中垫底。

金融服务占服务业总进口额的比例则在各国大致相同。金融服务进口占比最高的国家是比利时，比例为 5. 55%。紧随其后的是葡萄牙，金融服务进口占比为 4. 81%。德国与荷兰金融服务占总进口额的比例均为 4. 33%。在大部分欧盟国家内，金融服务占总进口额的比例已经不及计算机与信息服务占总进口额的比例。

电信服务占服务业总进口额的比例相对前两种类型的服务来说最少。电信服务进口占比最高的国家是葡萄牙，为4.45%。葡萄牙也是西欧各国中唯一一个电信服务进口超过计算机与信息服务进口的国家。法国和瑞典电信服务占服务业进口的比例同样较高，为3%和2.98%。其他各国电信服务占服务业进口的比例普遍较低，德国的这一比例仅为1.38%。可见，随着计算机互联网行业的迅速兴起，传统的电信、金融等行业在服务外包贸易版图中的地位已经相对下降。

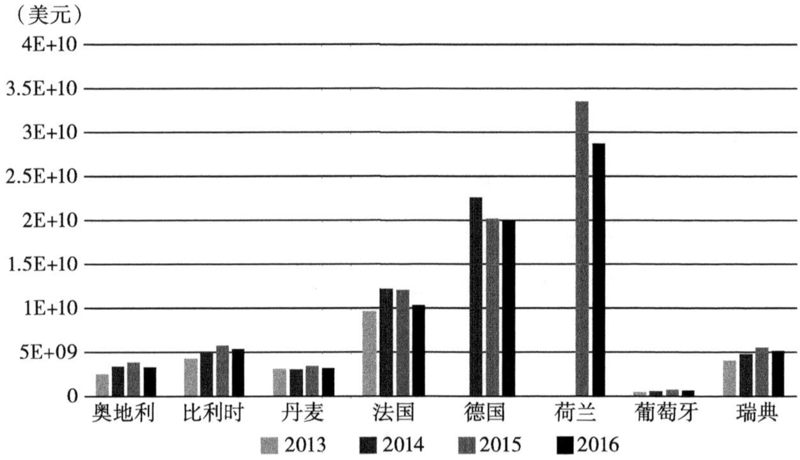


**图3－9　2013—2016年间欧盟各国计算机与信息服务进口额**

资料来源：WTO Statistics Database。

图3－9显示，在报告期内，大部分欧盟国家的计算机与信息服务进口额保持稳定，略有上升，但计算机与信息服务两个最主要进口国荷兰与德国的进口额却稍有下降。这可能应归因于计算机软件市场仍需一定时间从债务危机等挑战中恢复，也可能是由于乌克兰危机等原因导致西欧国家与主要外包目标市场中东欧之间的合作有所减少所致。

图3－10则显示，在报告期内，各国的金融服务进口额基本保持稳定。由此可见，在比较成熟的欧洲市场，对金融服务进口的需求已经触及天花板。2016年进口金融服务最高的国家是德国，其进口额为123亿美元，约相当于第二名的两倍。不过，德国的进口额自2015年开始已经连续两年下降。法国、荷

兰与比利时也是金融服务的主要进口国,进口额分别为 62. 5 亿美元、68. 2 亿美元和 55. 9 亿美元。

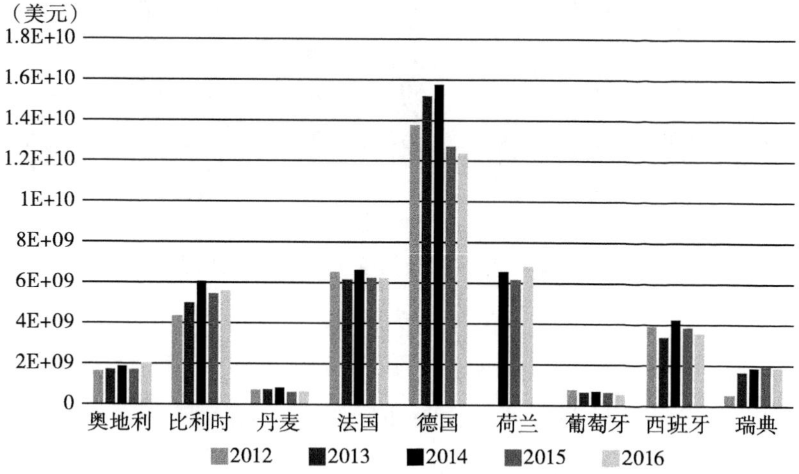


**图 3 - 10　2012—2016 年欧盟各国金融服务进口额**

资料来源:WTO Statistics Database。

## 二、欧盟服务外包贸易的特点

相比美国、日本等国的软件企业,欧洲企业在外包方面持有较为谨慎的态度,较多地将项目环节保留在自己手中。2017 年 FORBA 的一项调查表明,8 个主要欧盟国家企业 IT 业务和商务流程业务外包的份额平均只占 20% 左右。这一调查并不仅限于 IT 企业等特定类型企业,而是同时将制造业、公共服务部门和商业企业包括在内。图 3 - 11 显示,芬兰企业外包业务的份额最高,达到 29% 。这可能是由于芬兰集中了诺基亚等国际化程度较高的大企业所致。西班牙的这一比例为 25% ,英国则为 23% 。

尽管欧洲企业在外包环节的选择方面普遍偏向保守,但近年来,不同的调查都显示,核心环节的外包正在增加。在外包环节的选择方面,欧洲各国的做法有明显差别,具体可参见图 3 - 12。英国和德国的企业倾向于将大量核心环节外包出去,两国企业 40% 以上的外包业务是核心环节。而西班牙企业外包业务中,核心环节更是占到 59% 。相比之下,挪威、瑞典和芬兰等北欧国家的企业

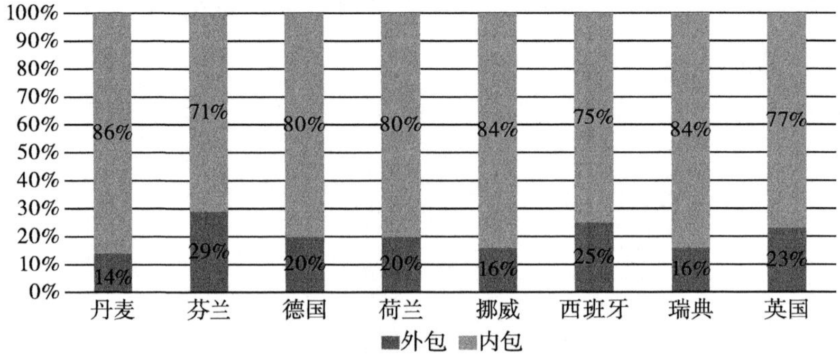


**图 3-11　部分欧盟国家 IT 业务外包比例**

资料来源:FORBA。

则表现得相当保守,这些国家企业的外包业务中,核心环节尚不足 20%,芬兰企业的外包业务更是只有 11% 属于核心环节。通常认为,核心业务环节在外包业务中占较高的比例是外包体系成熟的标志。不过,芬兰较高的外包业务比例与较低的核心业务外包比例对这一传统认知形成了有力的挑战。

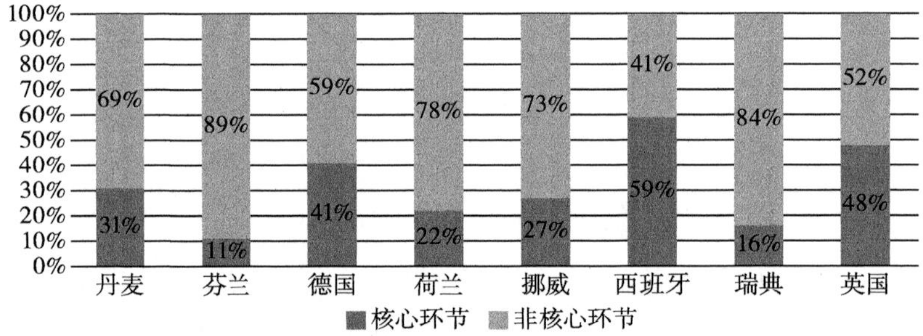


**图 3-12　部分欧盟国家对外包环节选择的差别**

资料来源:FORBA。

在外包模式方面,跨境外包依然处在比较次要的地位,在岸外包仍是欧洲各国的首要选择,占比达 70% 以上,具体可见图 3-13。欧盟各国仍将在岸外包作为首选,意味着这些国家更强调核心业务战略的协调性、技术和专业知识的水平。节约劳动力工资、用较低的生产成本抵消较高的交易成本仍是影响外包目的地选择的次要因素。被调查国家近岸外包的平均比例为 14%,离岸外包则为 12%。而在岸外包比例最高的是西班牙,达到 88%,比例最低的丹麦则只有 53%。近年来,中东欧国家软件业的快速崛起,吸引了许多西欧国家向人力成本低廉、劳动力素质可靠的东欧地区发包,近岸外包的比例有所上升。其中,丹麦企业选择近岸外包的比例最高,达到 28% ,芬兰、德国则分别有 21% 和 17% 。英国与荷兰是少数开展离岸外包超过在岸外包的国家,这可能与两国较高的国际化程度有关。例如,英国可选择将业务外包给遍布全球的英语国家。

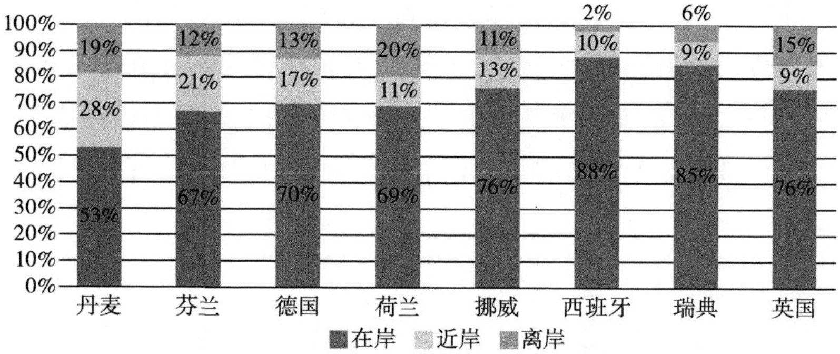


**图 3 - 13　部分欧盟国家对外包模式的选择**

资料来源:FORBA。

在电信服务行业,在岸外包同样是主要选择。被调查国家企业约将 55% 的电信业务外包给本国企业。近岸外包和离岸外包的比例则大致相等,为 22% 和 23% 。电信服务行业外包的比例较低,体现了这一行业本身对技术和专业知识的要求不及计算机信息行业,劳动力成本在外包目的地的选择中是更具决定性的因素。

图 3 - 14 则展示了软件业外包的行业结构。欧洲国家汽车业软件业务外包比例最高,达到 42% ,反映出汽车业对操控软件的旺盛需求。银行业、消费品、软件初创公司和通信等行业外包业务的比例也达到 30% 以上,可见传统商业流程外包在外包领域仍占据重要地位。

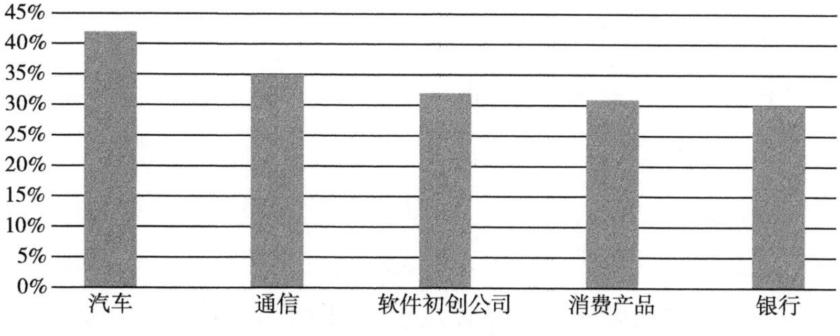


**图 3 - 14　欧盟部分行业软件业务外包的比例**

资料来源:Computaris。

随着生产和交易数字化、智能化水平不断提高，欧洲软件信息业发展对传统外包模式的倚重有所弱化。Computaris 2016 年的报告指出，欧洲企业正逐渐脱离单纯寻求降低人力成本的思维，寻求将外包模式转化成长时期、高质量的伙伴关系。基于长期伙伴关系的个性化、特质化解决方案，将成为欧洲企业寻求外包的重点。汽车控制软件、电子银行、个人信用记录等都有可能成为下一阶段增长的爆发点。此外，大数据、云计算等概念成为软件外包市场的需求来源，大公司对这方面的需求尤为迫切。一项对欧洲企业进行的调查显示，云计算已成为影响欧洲企业信息服务外包决策最重要的因素，具体可见图 3 – 15。

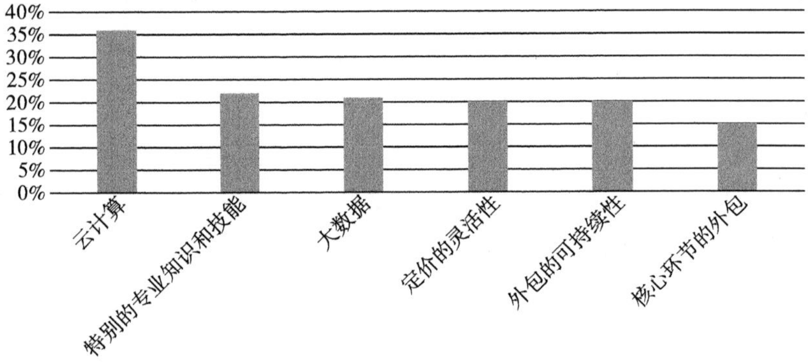


**图 3 – 15　欧盟受访企业外包决策时考虑的因素**

资料来源：Computaris。

## 三、欧盟服务外包市场展望

### （一）经济温和复苏的拉动作用

经历了将近十年艰难的挣扎，欧洲经济正逐步从危机中走出，迎来了持续增长的时期。2017 年以来，全球经济复苏势头明显，而欧洲则是发达经济体中的领跑者。不仅德国、法国、奥地利等国保持着较好的经济增长势头，曾经深陷危机的南欧主要国家西班牙和意大利也显现出复苏的征兆。法、德这两个欧盟主要国家的当选领导人倾向支持欧盟之后，稳固了市场信心，为经济增长提供了稳定的政治环境。在良好政治环境与宽松金融环境的共同作用下，欧元区经济2017年表现抢眼。2017年,欧元区GDP增长2.5%,创下十年来的最高纪录,失业率则降到2009年以来的最低水平9.5%。IMF于2018年3月发布的世界经济展望预测,2018年和2019年欧元区经济将分别增长2.4%和2.0%,德国、法国、西班牙三个主要国家2018—2019年间的增速都将超过2%。一方面,国际市场对欧洲经济增长信心的恢复可能催生投资增加;另一方面,欧洲经济发展长期向好,将提升企业进行设施更新换代和信息化、数字化改造的需求,从而为欧洲服务业提供更加广阔的市场。

尽管英国脱欧一度引起对欧盟前景的疑虑,但欧盟各国已经从这一打击中恢复,致力于欧盟一体化的深入发展。2017年3月,27个欧盟成员国发表罗马宣言,宣布将把欧盟建设成可持续、有竞争力的联盟,在全球化和其他国际事务中发挥更大作用,并创造经济增长的新机遇。法国、德国等欧盟重要国家的政治领袖也多次公开强调欧洲一体化的重要意义,表示将继续致力于欧盟的团结和发展。欧盟国家内部进行着十分密集的服务贸易往来,欧盟服务业进出口总额约有一半是来自于欧盟内部各国间的贸易。欧共体第七次创新调查指出,欧盟约有11%的服务业企业依靠与其他成员国企业的合作创新拓展业务。未来欧盟一体化市场的逐步巩固和扩大,有利于欧盟服务业进一步提升市场规模,不断扩大业务领域,通过合作中的规模效应有效提升竞争力。

### (二)新工业革命带来新动能

20世纪末以来,欧洲经济逐渐显现出去工业化的趋势。尽管欧盟工业仍在全球范围内具有很强竞争力,但由于生产环节向新兴经济体的转移持续多年,其全球份额已经显著降低。欧盟工业的总体衰退也体现在欧盟产业结构上。2000年,工业增加值还占据欧盟GDP的18%,而到了2010年,这一比值已经下降到谷底的14%。金融危机使欧盟国家进一步意识到,必须着力发展以新技术、高科技为核心竞争力的先进制造业,使现代服务业与先进制造业相互融合,相互促进,不能有所偏废。

以智能制造为主导,以制造业数字化、网络化和智能化为核心的新一轮工业革命,正对欧洲经济产生深刻的影响。2016年欧盟议会领导的一项研究表明,未来五年内,产品和服务的数字化每年将为欧洲创造1100亿欧元的市场,成为欧洲重要的增长点。为此，欧盟和产业界早已展开合作，谋求提高欧洲制造业企业的全球竞争力和可持续性。2012 年，欧盟委员会正式提出欧洲要进行新工业革命，2013 年发布了未来工厂 2020 路线图，提出了欧盟工业发展战略的新愿景。欧盟的再工业化战略目标在于到 2020 年，工业增加值占 GDP 比重将提升至 20% 的高位。其中，清洁生产、生态产品、关键使能技术、可持续的建筑材料、清洁车辆和智能电网等被确定为优先发展的领域。德国的工业 4.0、法国的新工业法国计划等，都是欧洲国家应对新工业革命挑战所推出的代表性计划。由于欧洲国家对新工业革命的准备程度不同，观念有所分歧，2016 年，欧盟又推出了数字化欧洲工业（Digitalizing European Industry）计划，试图整合欧盟各国推进工业智能化、绿色化的努力，为各国工业的网络互联、标准互通打下基础。

可以预见，在今后相当长的时期内，欧盟国家将依靠工业化发展所产生的知识与技术的积累和其高端制造业的优势，继续发展现代服务业，尤其是大力发展知识密集型服务业，并通过发展知识密集型服务业不断强化其高端制造业的核心优势。发展现代服务业正成为欧盟参与全球竞争并取得竞争优势所采取的主要战略之一，信息技术、计算机技术和自动化技术深度交织，新的价值领域不断延展，将为欧洲服务外包产业发展提供更为广阔的市场。

### （三）英国脱欧后的挑战和机遇

2016 年，英国通过全民公投方式决定脱离欧盟，成为首个以公投方式脱离欧盟的国家。2018 年，特朗普领导下的美国政府又频频启用关税武器应对所谓不公平贸易，对贸易自由化进程构成不小损害。这些标志性的事件导致全球化和区域一体化进程面临逆转和倒退，“逆全球化”暗流涌动可能对欧盟的服务外包行业造成一定程度的冲击。无论是信息技术外包，还是商务流程外包，都是智力高度密集的行业。知识和人员的自由流动、标准与法规的一致性对服务外包行业的发展至关重要，英国退欧会使整合英国与欧洲大陆市场的漫长努力付之东流。例如，欧美间数据共享协议即“安全港协议”已经运行了 15 年，英国退欧后，其公民将不再受到该协议及其后续协议的保护。据英国《镜报》2016 年初的统计，87% 的科技行业从业者明确反对英国退出欧盟。伦敦证券交易所指出，金融相关的交易、分销、风险管理和 IT 等部门将失去 23 万个工作岗位。而另根据 Juniper Research 的调查，65% 的受访者认为英国脱欧会对全球科技行业带来负面影响。

同时，值得注意的是，英国退欧也将为欧盟服务业带来新的机遇。首先，英国退出欧洲统一市场后，为数众多的科技企业可能转向欧洲大陆进行投资。据安永会计师事务所的数据显示，在过去 10 年间，伦敦所吸引的国际科技投资项目超过了巴黎、都柏林、马德里、阿姆斯特丹和慕尼黑等城市之和。在欧洲科技独角兽公司中，超过 1/3 位于英国。英国脱欧后，英国与欧洲大陆市场之间的隔离将促使企业转向欧洲大陆。例如，2017 年初，微软公司就曾提出，有可能将计划建设的数据中心从英国迁往欧洲大陆国家。德意志银行准备将伦敦一半的员工移至法兰克福等欧洲大陆其他的金融中心。汇丰银行则计划将 1000 个工作岗位移至法国。

其次，欧盟服务业将获得更为丰富的劳动力供给。英国退欧导致许多员工重新考虑自己的职业选择。人力资源机构 CIPD 在 2017 年年中的调查显示，近 1/3 的英国企业表示欧盟籍员工正考虑离职。回流欧洲大陆的人才，将为欧盟企业提供更多劳动力供给，有效控制人力成本，提高劳动力队伍的总体素质。此外，英国退欧后，法、德等西欧国家依然坚持开放政策，努力维护和发展欧洲一体化进程，无疑起到了欧盟压舱石的作用。稳固的欧洲统一市场将有利于吸引服务业的投资，促进服务贸易的扩张。

# 专题四　中东欧国家服务外包行业发展现状及展望

杨丹辉①

在跨国公司新一轮的全球产业布局调整中，内部服务近岸外包越来越盛行。随着服务外包业务范围由传统的软件开发和金融服务扩大到商业流程服务、计算机系统解决方案等领域，接包者与发包者之间的沟通更加频繁而普遍，对接包方的语言能力、沟通能力和服务时效等方面提出了更高的要求。在这种背景下，中东欧国家作为接包者的地位开始崛起。尽管在人力成本等方面或许不及印度、墨西哥等国，但中东欧国家与西欧临近的区位优势和语言文化方面的相通性使其成为发达国家特别是西欧地区外包服务的首选对象。这种趋势被称为近岸外包(Nearshoring)。在全球服务外包交易规模不断扩大、业务范围逐渐拓宽、参与群体日益增多的趋势中，中东欧国家正以强劲势头在国际外包市场上扩大自己的份额。

## 一、中东欧服务贸易的发展状况

服务业向中东欧发包的趋势带来了中东欧服务业出口的快速增长。图3－16显示了中东欧服务业出口的增长趋势。2012 年，中东欧服务业出口额仅为 1367 亿欧元，而 2014 年已经增长到 1634 亿欧元，两年间增长了约 20%。尽管在 2015 年出现回落，但 2016 年重又攀升至 1575 亿欧元。中东欧国家服务业出口总额占全欧盟出口总额的百分比也不断提升。2011 年，中东欧国家服务业

① 杨丹辉，中国社会科学院工业经济研究所资源与环境研究室主任、研究员、博士生导师。

出口占全欧盟出口的百分比为 7. 16% ,而 2016 年这一比例提升到了 7. 76% 。考虑到西欧国家在服务业出口中的传统强势地位,东欧服务业出口份额的提升尤其令人瞩目。

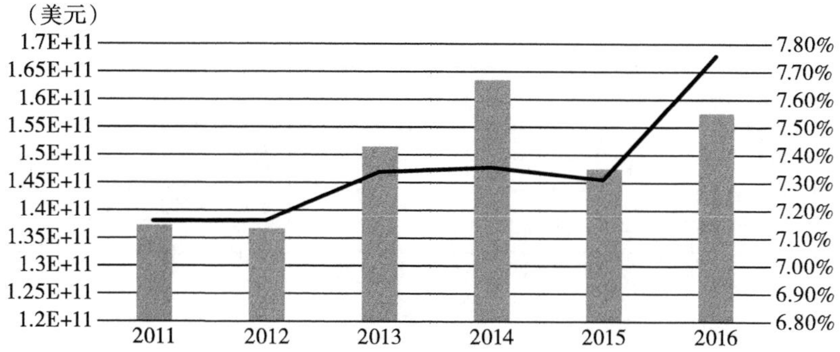


**图 3 - 16 2011—2016 年间中东欧国家服务业出口总额及占全欧盟出口总额的百分比**

资料来源:WTO Statistics Database。

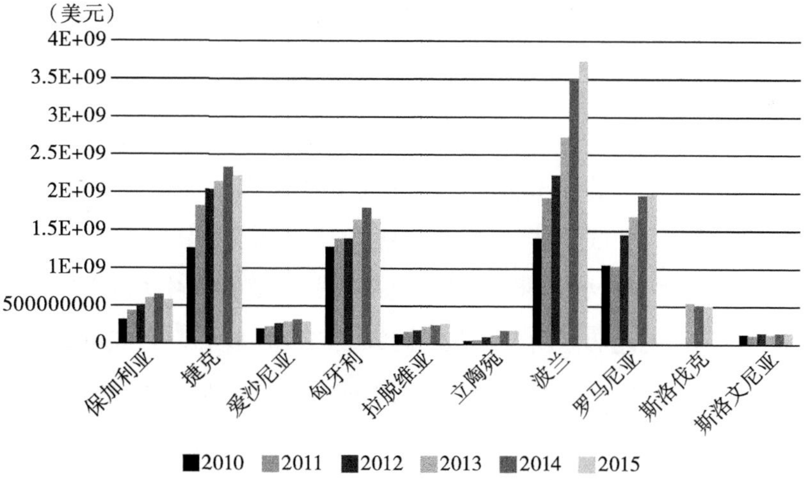


**图 3 - 17 2010—2015 年间中东欧国家计算机服务出口额**

资料来源:WTO Statistics Database。

图 3 - 17 显示了东欧国家计算机服务出口额的变化趋势。由图可见,除了斯洛伐克外,几乎所有东欧国家的计算机服务出口额都在迅速上升。作为东欧的第一大计算机服务出口国,波兰的计算机服务出口额从 2010 年的 14 亿欧元上升到 2015 年的 37. 4 亿欧元,5 年中增长了 2. 5 倍之多。第二和第三大计算

机服务出口国为捷克和罗马尼亚,这两国 2015 年的出口额分别为 22.3 亿欧元和 19.8 亿欧元,在 5 年中分别增长了 76.1% 和 89.1%。这种惊人的发展速度体现了中东欧作为计算机服务接包国的迅速崛起。

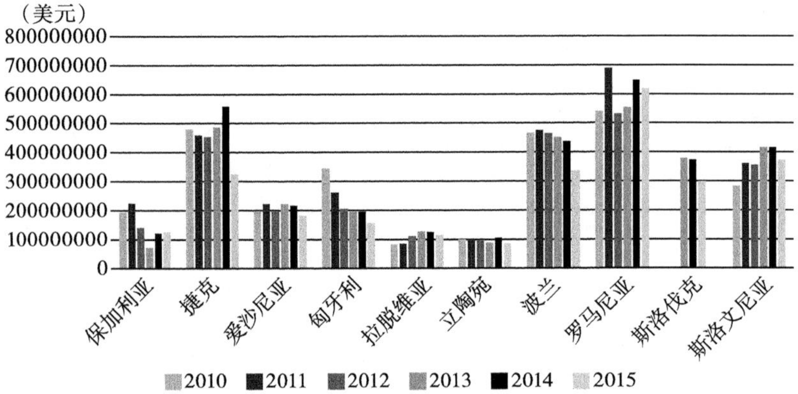


**图 3-18　2010—2015 年间中东欧国家电信服务出口额**

资料来源:WTO Statistics Database。

中东欧国家电信服务外包的增长则相对缓慢,具体可见图 3-18。中东欧最大的电信服务出口国是罗马尼亚,2015 年的出口额为 6.2 亿美元,6 年间仅仅增长了 14%。另外两大出口国捷克和波兰的出口额也出现了比较明显的萎缩,从 2010 年的 4.8 亿美元和 4.7 亿美元降至 2015 年的 3.3 亿美元和 3.2 亿美元。只有斯洛文尼亚和拉脱维亚的电信服务出口额经历了提升,分别增加了 40.5% 和 31.8%。但是,这两个较小国家出口额的提升,并不能扭转中东欧国家电信服务出口总体停滞不前的趋势。随着中东欧国家经济的发展和人力成本的提高,技术水平要求较低的电信服务正在向印度等人力成本优势更加明显的地区转移。

## 二、中东欧外包行业的优势

### (一)良好的网络基础设施

根据 A. T. Kearney 公布的 2017 全球服务业选址指数(Global Services Location Index),许多中东欧国家作为服务业选址目的地的吸引力甚至可以与德国等发达国家相提并论，这首先是依靠良好的网络基础设施。中东欧国家的互联网普及率在世界范围内也是领先的。大部分中东欧国家的网民比率超过60%，巴尔干半岛以外的中东欧国家网民比率更是普遍超过70%，大大超过43.4%的世界平均水平。爱沙尼亚和斯洛伐克两国的网络普及率高达80.0%和77.9%，在欧洲平均水平之上。根据2015年发布的网络就绪指数，中东欧国家得分最高的是爱沙尼亚，以5.3分位居第22名。立陶宛和拉脱维亚则以4.9分和4.7分紧随其后。大部分中东欧国家的得分都在4.3分以上，在143个被调查国家和地区中居于前列。详见表3-6。

东欧拥有良好的互联网基础设施，这应当归功于各国政府在转轨期采取了有力的政策，以竞争、开放鼓励电信行业的发展，并促进全社会的数字化、信息化转型。

**表3-6 中东欧国家的互联网普及率与网络就绪指数**

| 国家 | 网络普及率 | 网络就绪指数 |
|---|---|---|
| 斯洛伐克 | 77.9% | — |
| 爱沙尼亚 | 80.0% | 5.3(第22名) |
| 拉脱维亚 | 75.2% | 4.7(第33名) |
| 捷克 | 74.1% | 4.5(第43名) |
| 斯洛文尼亚 | 72.7% | 4.6(第37名) |
| 匈牙利 | 72.6% | 4.3(第53名) |
| 立陶宛 | 68.5% | 4.9(第31名) |
| 克罗地亚 | 66.7% | 4.3(第53名) |
| 波兰 | 62.8% | 4.4(第50名) |

资料来源：世界经济论坛。

爱沙尼亚在独立后很快就确定了发展互联网技术、实现弯道超车的信息化战略。20世纪90年代，爱沙尼亚就制定了教育信息化战略，并在不到4年的时间里实现该国所有学校均介入互联网。爱沙尼亚政府在全国设立了数千个无线网络免费区域，为全国公民提供免费接入互联网的机会。目前，爱沙尼亚99.6%的银行交易通过电子方式完成，98%的纳税和海关申报通过互联网进行。据爱沙尼亚政府的统计，用电子政务取代传统方式所节省的政府支出高达国内生产总值的2%。爱沙尼亚坚持不懈的努力使该国成为全球范围内社会信息化建设的先导者。

爱沙尼亚的邻国拉脱维亚同样在电信网络发展方面做了许多努力。2013年，拉脱维亚政府宣布开放本国电信业，打破了国有电信公司 Lattlecom 长期以来的垄断地位。同时，爱沙尼亚政府又指导 Lattlecom 大量设立无线网络免费区域，为公共场所提供无线网络服务。此外，该国政府还与欧盟合作，利用欧盟资金开展大容量宽带光纤网络建设。根据美国阿卡迈公司（Akamai）发布的"全球互联网状态报告"，拉脱维亚互联网平均速度（9.8Mbps）排名全球第六，峰值速度（44.2Mbps）排名全球第四。2012年，拉脱维亚建成了连接德国、波兰、立陶宛、俄罗斯等国的"波罗的海高速光缆网"，使该国成为东欧地区通信网络的重要中心。

### （二）高性价比的劳动力队伍

中东欧国家的劳动力队伍具有很高的技能水平，在国际市场上以物美价廉著称。表3－7从期望受教育年限和教育经费比重两方面说明了中东欧国家的教育状况。中东欧国家在这两方面的指标可与世界发达国家看齐。中东欧各国的期望受教育年限均在15年以上，立陶宛、斯洛文尼亚、波兰等国的期望受教育年限更超过16年，与英美等国大致看齐。各国的教育经费占GDP比重普遍超过4%，斯洛文尼亚更达5.7%。中东欧地区较高的教育水平使区内各国保有一支高效的劳动力队伍，适合服务业外包对高素质人才的需要。

**表3－7　中东欧国家的期望受教育年限及教育经费占GDP比重**

| 国家 | 期望受教育年限(2015) | 教育经费占GDP比重 |
|---|---|---|
| 斯洛伐克 | 15 | 4.1%(2013) |
| 爱沙尼亚 | 16.5 | 4.7%(2012) |
| 拉脱维亚 | 16 | 4.9%(2013) |
| 捷克 | 16.8 | 4.3%(2012) |
| 斯洛文尼亚 | 17.3 | 5.7%(2012) |
| 匈牙利 | 15.6 | — |
| 立陶宛 | 16.5 | 4.8%(2012) |

续表

| 国家 | 期望受教育年限(2015) | 教育经费占 GDP 比重 |
|---|---|---|
| 克罗地亚 | 15.3 | — |
| 波兰 | 16.4 | 4.8%(2012) |
| 美国 | 16.5 | — |
| 英国 | 16.3 | 5.7%(2013) |
| 德国 | 17.1 | 4.9%(2012) |
| 日本 | 15.3 | 3.8%(2014) |

资料来源:Eurostat。

波兰全国约有500所高校,300所主要科研机构,研究人员总数约为9.1万人。由于历史文化原因,波兰学生对外语的掌握水平极高,学校普遍开展英、法、德、俄等外语的教学,极大提高了国民的外语水平和国际沟通能力。2014年,皮尔森/经济学人智库将波兰的教育水平评为欧洲第5位,世界第10位。2015年OECD国际学生评估项目将波兰的教育水平排在欧洲第5位,世界第11位。波兰还有完善的继续教育体系。据波兰政府统计,该国约有1/4的劳动力参与各种形式的成人教育。

爱沙尼亚同样是教育强国。该国人口仅为132万,却拥有各类学校589所,其中高等教育院校15所。塔林大学、塔尔图大学等综合研究型国立大学在世界范围内享有盛名。爱沙尼亚高校在IT方面有非常悠久的历史传统,苏联第一个计算机中心就建立在爱沙尼亚。爱沙尼亚科学院曾主导了苏联时期软件系统的研发。经合组织公布的《2017教育概览》显示,爱沙尼亚9%的高校学生学习ICT专业。这一比例在经合组织国家中居第一位。

另外,东欧国家又有十分低廉的人力成本。大部分东欧国家的工资水平远低于西欧国家。如表3-8所示,即使是相对发达的波兰,其人力成本尚不足欧盟平均工资的一半。而保加利亚、罗马尼亚等国的人均工资水平更是几乎只有欧盟平均水平的1/5。相比生活水平很高、人力成本惊人的西欧,人力成本的优势可以说是中东欧最大的优势。

表 3-8　中东欧国家人均工资水平占欧盟平均水平的比例

| 国家 | 人均工资水平占欧盟平均水平的比例 |
|---|---|
| 捷克 | 39.8% |
| 克罗地亚 | 38.6% |
| 波兰 | 32.4% |
| 匈牙利 | 32% |
| 罗马尼亚 | 21.2% |
| 保加利亚 | 17.0% |

资料来源：Eurostat。

## （三）与西欧国家的密切纽带

冷战结束以来，为了谋求经济发展与安全保障，中东欧国家纷纷把目光投向西欧，积极加强与西欧发达国家之间的政治经济联系，“入盟”之风在中东欧地区劲吹。目前，波兰、捷克、斯洛伐克、匈牙利等 11 个中东欧国家已经先后成功加入欧盟。欧盟的成员资格大大加深了西欧与中东欧国家之间的经济纽带，促进了双方在经济社会制度方面的并轨。

表 3-9　中东欧国家自欧盟进出口占进出口总额的比例

| 国家 | 对欧盟出口占比（2016） | 自欧盟进口占比（2016） |
|---|---|---|
| 保加利亚 | 66.8% | 66.1% |
| 克罗地亚 | 66.3% | 77.2% |
| 捷克 | 83.7% | 67.3% |
| 爱沙尼亚 | 69.2% | 66.7% |
| 匈牙利 | 79.4% | 78% |
| 拉脱维亚 | 73.8% | 79.8% |
| 立陶宛 | 60.7% | 70.5% |
| 罗马尼亚 | 75% | 77.1% |
| 斯洛伐克 | 85.1% | 58.3% |
| 斯洛文尼亚 | 76.6% | 70.8% |

资料来源：WTO *Statistics* Database。

表 3 -9 显示了中东欧各国经济对欧盟的依存程度。由表可见,对欧盟的进出口在中东欧各国的进出口结构中占主导地位。对欧盟贸易在各国的进出口份额中都占 60% 以上。捷克、匈牙利和斯洛伐克三个主要国家对欧盟出口占出口份额几乎均达 80% 以上。中东欧各国已经紧密地融入了欧盟的价值链,与欧盟国家形成了专业化分工。从历史看,中东欧国家的经济增长高度受到欧盟经济波动的影响。

欧盟还通过结构基金等方式积极援助中东欧国家发展。结构基金包括欧洲地区发展基金、欧洲社会基金和聚合基金等多种形式。欧盟的支付推动了地区融合与社会团结,提升了落后国家的竞争力,同时也通过附加条件影响获支付国家的改革路径。2014—2020 年期间,欧盟结构基金的预算规模高达 6467.45 亿欧元。中东欧国家在预算中获得了很大份额,充分体现了欧盟对支持中东欧发展的高度重视。结构基金的具体分配可参见表 3 -10。

**表 3 -10　中东欧各国将获得的结构基金**

| 国家 | 2014—2020 年间将获得的结构基金总额(亿欧元) |
|---|---|
| 波兰 | 104921 |
| 罗马尼亚 | 37589 |
| 捷克 | 33402 |
| 匈牙利 | 29649 |
| 斯洛伐克 | 19559 |
| 克罗地亚 | 12653 |
| 保加利亚 | 11728 |
| 立陶宛 | 9947 |
| 拉脱维亚 | 6907 |
| 爱沙尼亚 | 5966 |

资料来源:欧盟委员会。

经历了入盟 10 年以来的转型,中东欧国家普遍对欧盟持有积极乐观的态度。V4 智库在入盟 10 年的评估报告中指出:“中东欧国家历史上从未像现在一样自由、安全和繁荣,中东欧地区的繁荣归功于与欧盟其他成员国之间的投资和贸易。”中东欧与西欧建立起来的紧密的经济纽带关系促进了中东欧的经济增长，也增进了中东欧各国人民对欧盟的认同。南欧国家的债务危机和西欧一些国家的疑欧思潮都未能动摇中东欧各国对欧盟的信心。历次民调表示，中东欧国家对欧盟的支持率远高于欧洲平均水平。从合作中获得的广泛利益和坚定的政治意愿是中东欧与西欧扩大合作的基础。

## 三、中东欧服务外包市场展望

### （一）单一市场建设的红利

进入互联网时代以来，美国在数字产品与服务国际市场上的统治地位始终为欧盟所担忧。为了促进数字产业的发展，保卫欧洲的原有文化，欧盟致力于提升区内各国规则领域的兼容性，并推进各国数字市场的深度整合。

2015 年所确立的欧盟数字化单一市场计划就是这一进程中的最新成果。数字化单一市场主要有 3 大支柱：第一，为个人和企业提供更好的数字产品及服务。第二，创造有利于数字网络和服务繁荣发展的有利环境。第三，最大化数字经济的增长潜力。在此基础上，欧盟提出了十余项具体措施。在知识产权保护方面，欧盟将对版权保护规则、跨境使用网络内容规则等进行修正，扩大欧盟统一规则的适用范围，使其能够适应市场形势和消费者行为的新变化。在电信规则方面，欧盟将促进电信单一市场的建设，整理规制体系，建立有利于网络设施发展的新环境。在网络安全方面，欧盟建议成立关于网络安全的公私合作机制，推动网络安全领域的科技创新。在数据流动方面，欧委会将启动“欧盟数据自由流动”计划，排除数据自由流动过程中的法律障碍，特别是为大数据计算、云计算、物联网等新领域铺平道路。

2017 年，欧盟委员会还提出了四大措施以提升服务部门的竞争力。首先，建立新的电子审批流程，方便服务业企业在他国注册。其次，控制各国关于从业资格的规定，并限制从业资格规定的规模、确保透明度。最后，加强各国立法通报，及时纠正不符合欧盟规范的立法行为。这些规定旨在以优化审批流程、促进规范相容等方式降低企业在不同国家开展业务的成本，并破除对劳动力市场的过度管制。

由于历史上的长期分离,东欧与西欧之间在制度层面形成了很深的鸿沟,至今尚未完全弥合。此外,东欧的电信基础设施不够完善,硬件与西欧尚有差距。这些问题构成了东西欧间围绕服务业外包展开合作的重要障碍。促进东欧与西欧软硬件层面的互联互通,打造各国有机共存、普遍受惠的分工体系。一直以来是欧盟致力的优先目标。由于向中东欧企业发包的企业以西欧为主,欧盟推进电信网络建设、保障网络空间安全、促进全欧盟范围内规则互通的努力将大大有助于欧洲离岸外包的发展。

### (二)温和经济增长的促进作用

2009 年后的欧洲债务危机重创了西班牙、希腊等南欧国家,也为欧盟各国的内部关系带来许多不确定性。但是,除了匈牙利等个别国家受到比较显著的影响外,大部分东欧国家保持了较为良好的经济发展势头。目前,东欧经济已经从欧债危机的负面影响中恢复。波兰 2017 年的 GDP 增长高达 4.6%,已经成功保持经济增长连续 20 年以上。匈牙利坚决执行振兴制造业、扩大出口的政策,从 2013 年第四季度起已经转入经济增长。捷克和斯洛伐克 2017 年也分别经历了 4.6% 和 3.4% 的较快增长,复苏势头远超过人们的预期。经济发展水平在欧盟中垫底的保加利亚与罗马尼亚同样表现出良好势头,其中罗马尼亚 2017 年的 GDP 增速更是高达 7%。

中东欧良好的经济走势应归结于以下几个原因:首先,东欧国家相对西欧国家而言,社会福利水平较低,这也意味着政府背负的刚性财政包袱相对较小,易于作出调整。第二,东欧国家的产业结构相对更偏向第二产业,受债务危机的影响比较有限。在危机后,各国普遍采取促进制造业投资、鼓励出口的政策,实现了稳固的经济复苏。此外,中东欧各国将危机作为体制改革的契机,进一步优化制度环境、促进体制接轨,取得了良好的收效,吸引了众多外国投资者的关注。

维也纳国际经济研究所的报告认为,2019 年前,中东欧地区各国经济仍可以保持 3% ~4% 的增长。IMF 同样对中东欧地区给出正面预测。IMF2018 年 3 月发布的世界经济展望报告中预测,匈牙利、波兰和罗马尼亚 2018 年的经济增速分别为 3.8%、4.1% 和 5.1%。2017 年 EIB 进行的投资调查显示,服务业企业对中东欧的发展前景十分看好，追加投资的热情高涨。

中东欧稳固的经济增长势头将有效促进服务业投资，推动服务外包产业的进一步发展。作为中东欧经济振兴的火车头，制造业、金融业等产业的快速发展也将为电信、软件等紧密相关的服务行业提供更多商机。总之，在东欧经济转轨复兴的进程中，服务外包行业将获得广阔的发展空间，充分提升自己的竞争力。

# 专题五　数字生态与贸易保护主义中的印度服务外包

杜振华①

印度的信息技术与软件服务外包产业像其他国家的大多数软件接包国一样，面临着双重挑战：数字化转型的挑战，以及贸易保护主义在沉寂了多年之后卷土重来的挑战。数字化转型正在重塑印度的数字生态企业；而面对贸易保护主义，印度迅速进行了危机公关。印度能否继续保持其在信息技术与软件服务外包中的领跑者角色，关键还要看其应对两大挑战的能力。这也为我国的信息与软件服务外包提供了可借鉴的经验。

## 一、数字化转型中印度软件服务外包的发展状况

### （一）印度软件服务外包发展现状

#### 1. 市场规模和收入近十年复合增长率呈两位数增长

印度 IT 包括两部分：IT 服务业和外包，其雇员接近 400 万人②。印度目前是全球第二大 IT 出口国，出口主导着印度 IT 产业，占其 IT 产业全部收入的 75% 左右，因此印度 IT 很大程度上被称为外包。

2017 财年，印度软件和服务收入达 1540 亿美元（图 3－19），为全国最大出

① 杜振华，北京邮电大学教授。

② 苑基荣．印度外包产业走到十字路口[N]．人民日报，2018－01－15.

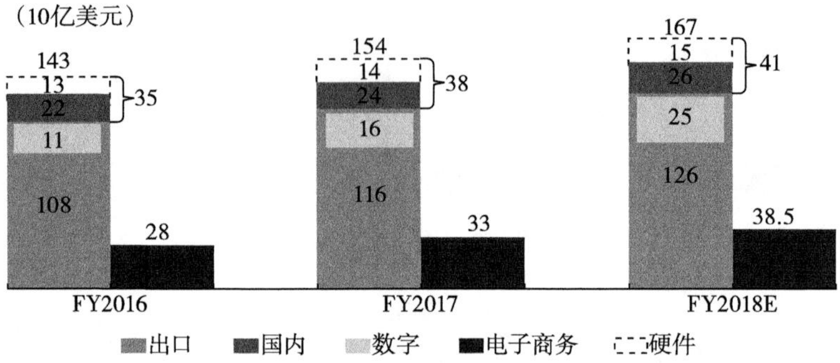


**图 3－19　印度 2016—2018 财年 IT 产业收入分解**

注：FY 为财年，印度财年的起讫时间是当年的 4 月 1 日至来年的 3 月 31 日。2018 财年为 2017 年 4 月 1 日至 2018 年 3 月 31 日。

资料来源：Catalyzing the Ecosystem for A Trillion Dollar Digital Economy. 20 Feb 2018, Hyderabad. p6.

口部门，占印度全部出口总额的 24%。增长最快的是数字部分，达 30%，其次是工程、工程研究与开发（ER&D）和业务流程管理（BPM），分别为 13% 和 8% 强。据国家行业协会印度软件与服务外包企业联合会（NOSSCOM①）披露，2018 财年 IT 产业收入达到 1670 亿美元，其中出口为 1260 亿美元。担保投资合约（GIC）基地在扩展，2017 年有 40 个担保投资合约基地，占全球增加额的 1/4。

从 2010 财年到 2017 财年，印度 IT 产业市场规模由 740 亿美元增长到 1540 亿美元，年复合增长率达 11.14%，其中 2017 财年 IT 产业出口 1170 亿美元，占比达 76%（图 3－20）。

印度的 IT 产业主要是出口，其增长速度达两位数。从 2009 财年到 2017 财年的 9 年中，IT 产业出口年复合增长率达 12.84%。其中，2017 财年，IT 服务为 660 亿美元，占 IT 出口的 56.4%；BPM 为 260 亿美元，占 22.2%；软件产品和工程服务为 250 亿美元，占 21.4%（图 3－21）。

**2. 数字生态系统推动消费与新企业增长**

印度拥有亚太地区（APAC）技术市场成长最快的企业。新建企业 5200 个，

---

① NOSSCOM：印度软件与服务外包企业行业协会，即 IT－BPM 行业的行业协会。成立于 1988 年，是一个非营利性组织。其目标是在印度建立一个增长导向和可持续的技术和商业服务部门。2018 年 7 月有 NASSCOM 会员资格企业已超过 2500 个。这些公司占行业收入的 95%，协会能够率先在全国和全球提出和建设该行业的倡议和方案。是新全球经济的积极参与者，他们的创新业务实践，提出社会倡议，并推动新的机遇而备受推崇。

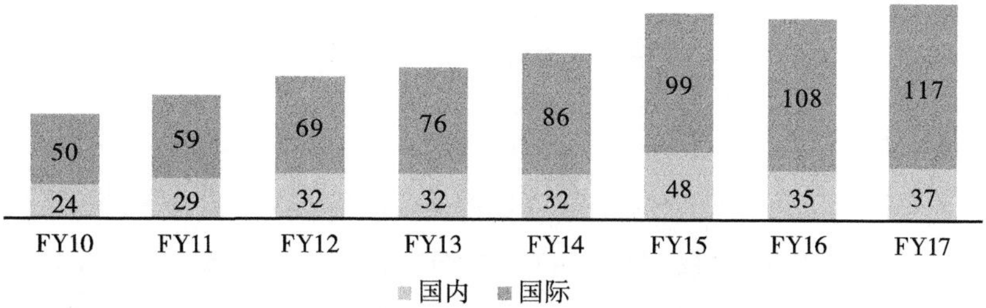


**图 3-20 印度 IT 产业市场规模(10 亿美元)**

资料来源:印度 NOSSCOM。

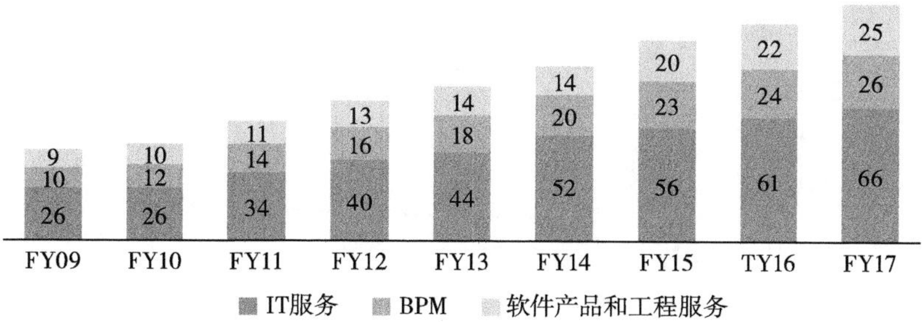


**图 3-21 2009—2017 财年印度 IT 出口收入增长(10 亿美元)**

资料来源:NASSCOM。

拥有世界第三大新建企业枢纽。电子商务方面,电子旅行(43%份额)和电子零售(54%份额)是驱动增长的主要力量。并创造了新就业机会,技术就业在非技术企业的扩张,线上平台经营者和数字行业能间接创造 3 倍至 4 倍就业。

数字生态系统推动消费与新企业增长。2017 年新增 700 多家先进技术创业公司,增长率在 25% ~30%。健康技术、金融技术和整合者是增长最快的部分。增长最快的技术是人工智能和区块链,比上年增长 17%,达到 385 亿美元。移动钱包交易从 5320 亿卢比(77.5 亿美元)①增长到 2017 年的 7930 亿卢比(115.6 亿美元)。数字交易在 GDP 中的比重从 2016 年的 5%增长到 2017 年的 6%。90%以上的印度公司产品在全球销售,50%以上企业将人工智能融入他们的产品。自 2010 以来,印度公司在 SaaS 上投资 20 亿美元②。印度数字增长速度比全球数字增长速度快 1.5 倍,目前在全球产业出口中占 20%。

---

① 2017 年平均汇率:1 美元(USD)=68.6225 印度卢比(INR)。

② NASSCOM. Catalyzing the Ecosystem for A Trillion Dollar Digital Economy. 20 Feb 2018, Hyderabad.

## (二)IT - BPM 行业业绩

### 1. 收益指标

(1)收入和利润。数字技术增长加速了 IT - BPM 行业收入和利润的增长。由于印度 IT - BPM 行业数字技术的采用和加速实施,2018 财年第四季度[①]的收入同比增长 2. 8% ,年度收入同比增长达 11. 1% ( 图 3 - 22),收入增加在过去四年是最强的。2018 财年第四季度的利润率高达 17. 8% ,比上一季度高出 2. 1 个百分点,但比上一财年同期下降 0. 5 个百分点(图 3 -23)。

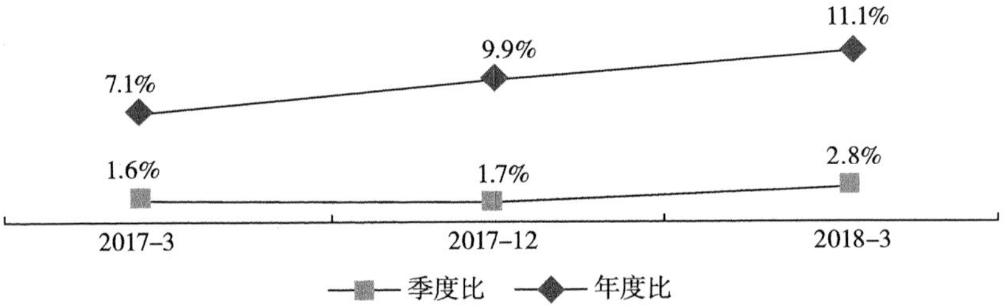


**图 3 -22　IT - BPM 行业季度与年度收入增长**

各公司 2018 年第四季度净利润参差不齐,总体上比上一季度有所回升,汇率波动仍然是这一转变的关键因素。大多数公司数字业务的增长速度超过了其他业务,数字业务将成为未来几年增长的关键动力。数字业务收入在总收入中的份额一直在不断增长,占 2018 财年第四季度收入近 27% ,这表明数字业务持续成为客户和服务提供商的最主要业务发展方向。

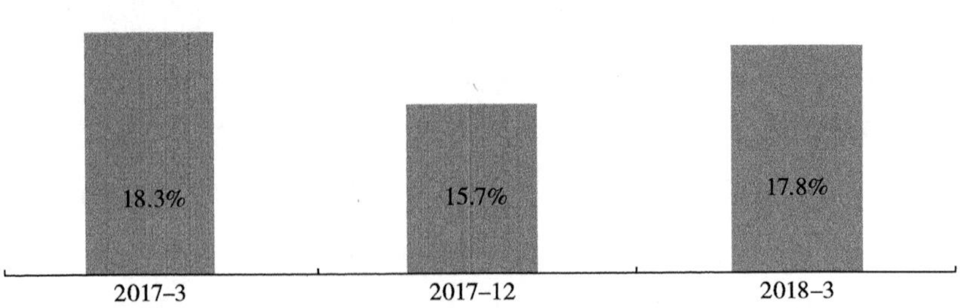


**图 3 -23　IT - BPM 行业季度净利润率**

注:按美元收入计算的增长。

资料来源:NASSCOM. Research & Intelligence, QUARTERLY INDUSTRY REVIEW, June 2018。

---

① 2018 财年第四季度:指 2018 年 1 月 1 日至 3 月 31 日。

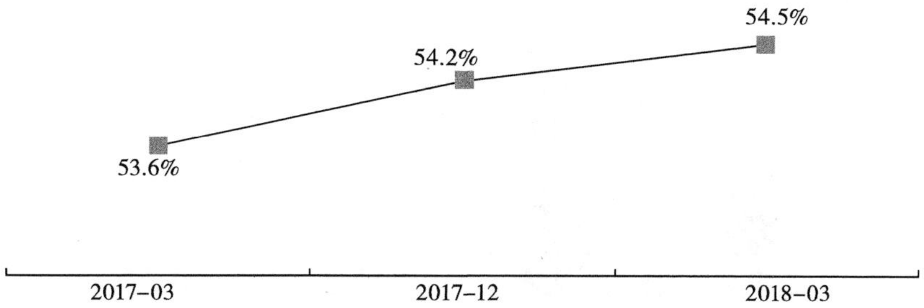


**图 3－24　来自固定价格合同收入的份额**

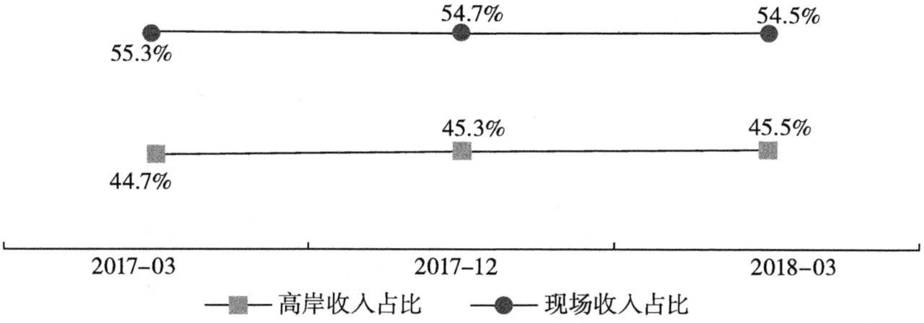


**图 3－25　现场收入与离岸收入占比**

资料来源：NASSCOM. Research & Intelligence, QUARTERLY INDUSTRY REVIEW, June 2018。

（2）固定价格合同收入份额仍然最大，现场服务收入保持稳定。2018 财年第四季度，来自固定价格合同的收入仍然占最大的份额，超过 54%，比 2017 财年同期上升 0.9 个百分点（图 3－24）。离岸收入占比 45.5%，现场服务收入占比 54.5%（图 3－25）。2018 财年期间，收入增长超过上年 11%。许多企业与其客户保持紧密关系，现场服务收入份额保持稳定。

（3）收入的区域构成。软件服务外包来自欧洲的收入增长继续超过美国。其中，来自欧洲、中东和非洲的收入增长是最高的，年度同比增长 21.7%；来自北美的收入增长达 6.9%；其他地区则为 9.4%（图 3－26）。在 2018 财年第四季度，来自美国的季度收入增长继续保持疲软，只有 1.0%，连续三个季度低于欧洲。

（4）收入的行业构成。来自能源、公用事业和电信部门的收入在企业中破纪录增长。新兴产业是 2018 财年第四季度收入增长的重要驱动力，年收入同比增长达 13.5%（图 3－27），旅游和酒店业、能源和公用事业、电信部门是主要收入增长部门，而金融服务和保险业的增长在企业之间差异仍较大。

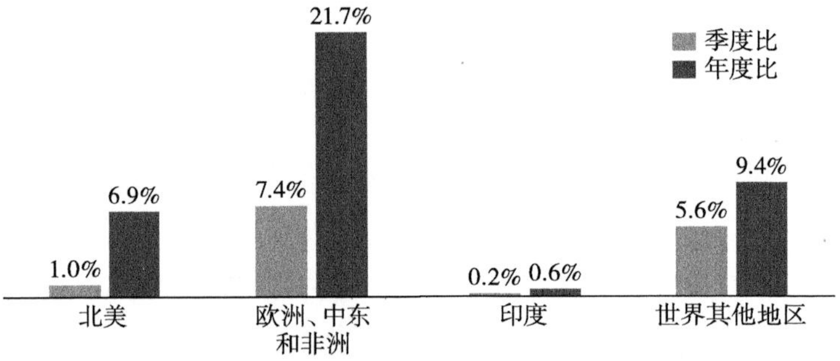


**图 3-26　IT-BPM 不同地区收入增长**

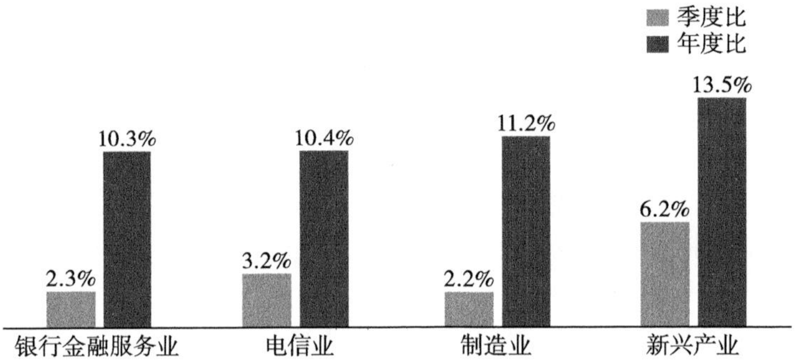


**图 3-27　IT-BPM 行业收入增长**

注：新兴行业包括医疗保健、零售、能源与公用事业、旅游与接待、政府、公共部门和教育、基础设施等。

资料来源：NASSCOM. Research & Intelligence, QUARTERLY INDUSTRY REVIEW, June 2018。

### 2. 印度 IT-BPM 主要客户

来自客户的数字业务增长较快。2018 财年第四季度期间，净客户增加仍然保持增长的态势。以 2014 年第四季度指数为 100，则 2018 年第四季度活跃客户基于多数公司的持续增长而增长，收入指数为 96.4。每个客户的收入保持稳定。2018 年第四季度每客户收入指数为 148.3，与上一季度指数 147.8 基本持平，与上年同期相比指数增加 4.6（图 3-28）。主要源于 IT-BPM 行业专注于挖掘新老客户，提供数字及转型服务。

从客户贡献率来看，前 20 家客户贡献率近年来一直超过 IT-BPM 行业收入的一半以上，说明印度的软件服务外包面对的主要是大客户。不仅如此，而且还稳中有升。2018 年第四季度前 20 家客户贡献率达到 57.5%，比上季度提高了 0.6%。前五家客户贡献率为 31.8%，最大客户贡献率一直稳定在 15% 左

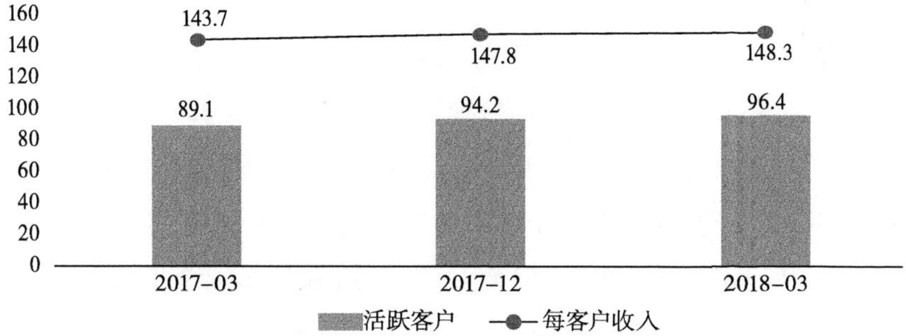


**图 3－28　每单位客户收入与活跃客户(以 2014 年 3 月指数＝100)**

资料来源:NASSCOM. Research & Intelligence, QUARTERLY INDUSTRY REVIEW, June 2018。

右(图 3－29)。以 2014 年 3 月指数为 100,2018 年第四季度客户收入贡献超过 2000 万美元的增长显著,季度同比接近 4%,指数为 138;500 万～2000 万美元的客户指数为 143(图 3－30)。

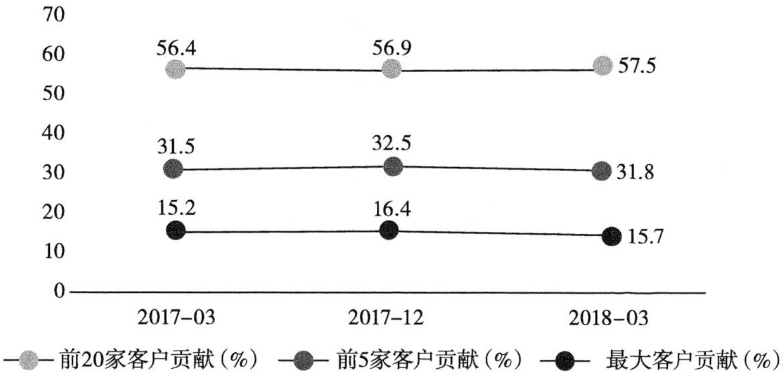


**图 3－29　客户贡献率**

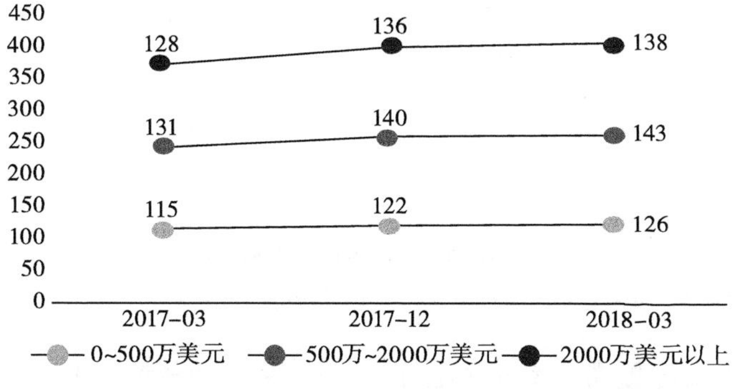


**图 3－30　客户集中度(以 2014 年 3 月指数＝100)**

资料来源:NASSCOM. Research & Intelligence, QUARTERLY INDUSTRY REVIEW, June 2018。

### 3. 员工指标

IT－BPM 行业雇佣人数大幅下降，但裁员仍在继续。季度边际雇员增长 0.6%；年度边际雇员增长 0.2%，雇佣速度大大减慢。以 2014 年第四季度指数为 100，则雇员人均收入指数由 2017 年第四季度的 109.4 增加到 2018 年第四季度的 121.8。净雇佣人数指数由 104.7 减少到 44.8（图 3－31）。IT－BPM 人员流失率从 2017 财年第四季度的 13.8% 上升到 2018 财年第四季度的 14.8%，上升一个百分点，但人员流失仍处于可控水平（图 3－32）。目前雇员招聘是为了提高技能，而不是扩大规模，这已成为当前的趋势。企业集中从海外、领域和行业的专家中进行招聘。

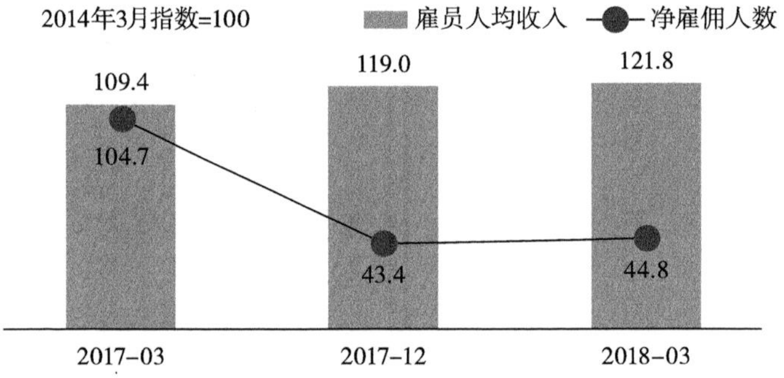


**图 3－31　2017—2018 财年季度净雇佣人数**

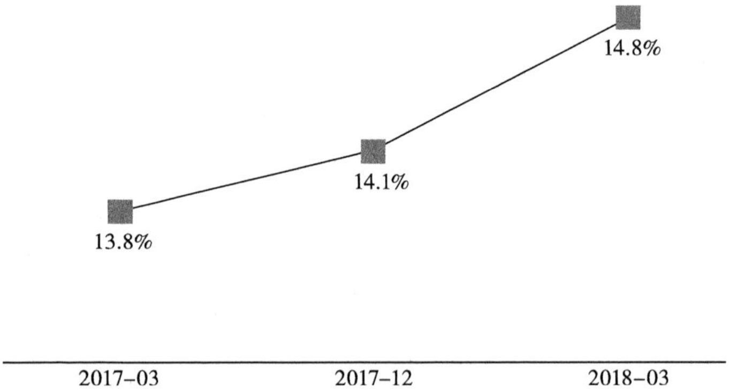


**图 3－32　IT－BPM 人员流失**

资料来源：NASSCOM. Research & Intelligence, QUARTERLY INDUSTRY REVIEW, June 2018。

随着企业实施提高效率的措施，产能利用率达到峰值水平。2018 财年第四季度，不包括受训者的产能利用率达 83.7%，包括受训者在内的产能利用率为

80.2%（图 3－33）。

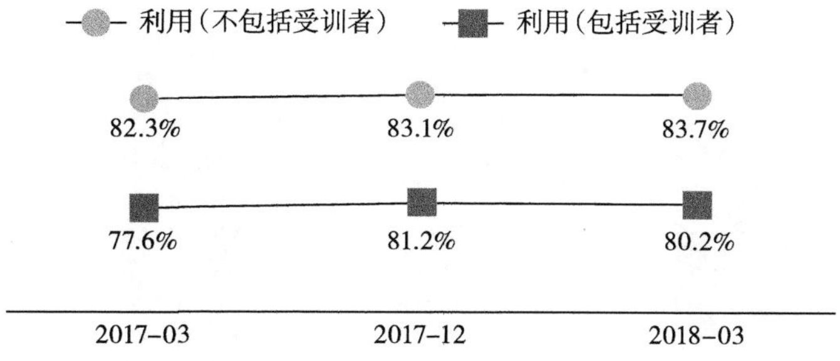


**图 3－33 IT－BPM 产能利用**

资料来源：NASSCOM. Research & Intelligence, QUARTERLY INDUSTRY REVIEW, June 2018。

**4. IT－BPM 特定收入指标**

BPM 板块收入增长下降，利润率却保持强劲增长，主要由于一些顶级公司专注于战略收购。2018 财年第四季度收入季度增长率为－0.2%，年度增长率为 12.1%（图 3－34），数字业务继续成为客户和服务提供商的重要关注领域。

由于企业专注于战略收购，净利润率在 2018 财年第四季度大幅回升，由上一季度的 8.3% 上升到 10.5%，比上年同期增长 3.3 个百分点（图 3－35）。同时，在医疗应用、金融服务、分析、高端价值服务和数字业务投资也是增长的关键驱动因素。

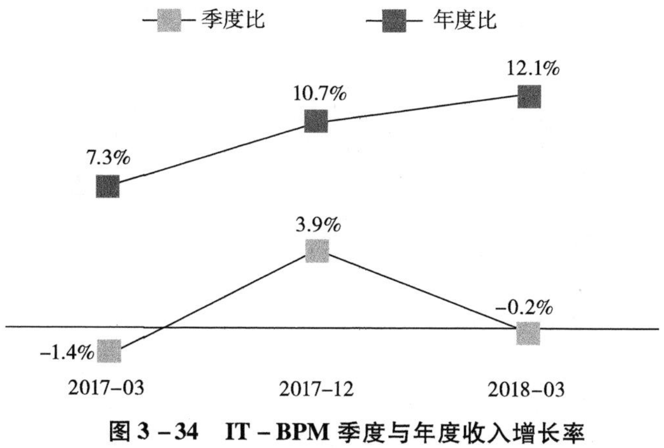


**图 3－34 IT－BPM 季度与年度收入增长率**

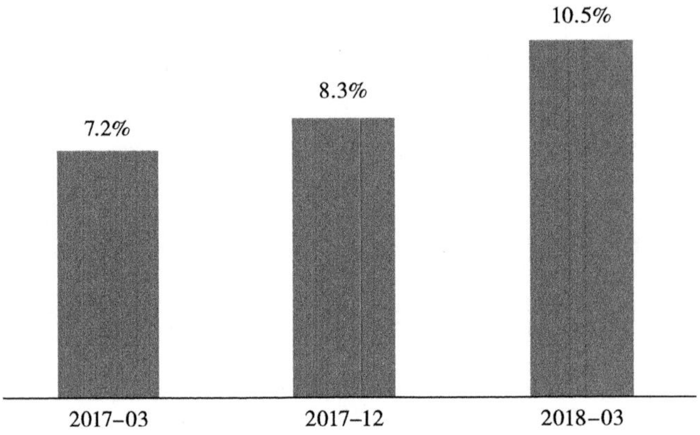


**图 3-35　IT-BPM 季度净利润率**

注：以美元计的收入；请参阅研究中所列公司的附录。

资料来源：NASSCOM. Research & Intelligence, QUARTERLY INDUSTRY REVIEW, June 2018。

印度《经济时报》2018 年 1 月 2 日报道，2017 年印度 IT 产业裁员高达 5.6 万人，2017 年 IT 公司校园招聘减少了 50% 至 70%。2018 财年第四季度的雇佣人数增加可忽略不计，与此同时人员流失进一步上升。员工净增长是负的，为 -48.6%，雇员人均收入变化不大，以 2014 年第四季度指数为 100，2018 年第四季度指数为 118.9，几乎与上季度持平（图 3-36），因为 IT-BPM 公司更集中在通过技能而非规模来提高他们的数字和分析能力。与上一季度相比，人员流失水平上升了将近 5 个基点，达到 34.8%（图 3-37）。

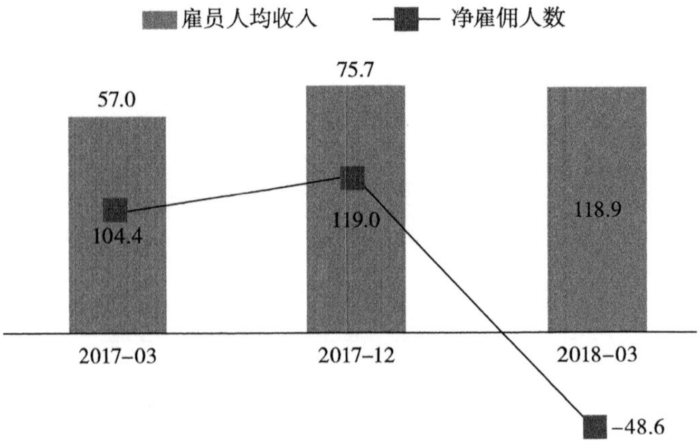


**图 3-36　BPM 净雇佣**

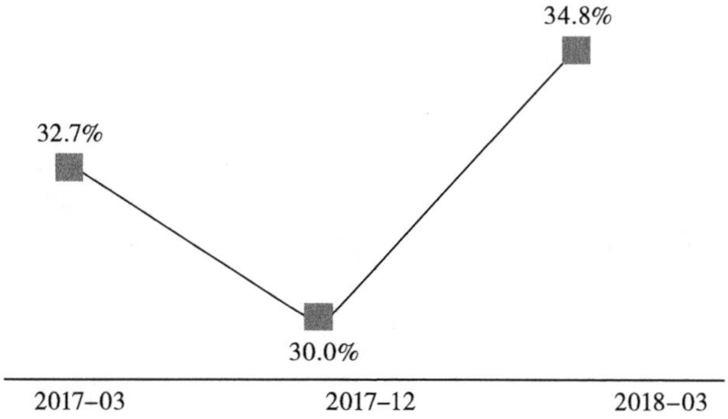


**图 3-37　季度 BPM 人员流失变化率**

资料来源:NASSCOM. Research & Intelligence, QUARTERLY INDUSTRY REVIEW, June 2018。

# 二、印度软件服务外包向数字生态系统的拓展

## (一)数字生态推动经济增长

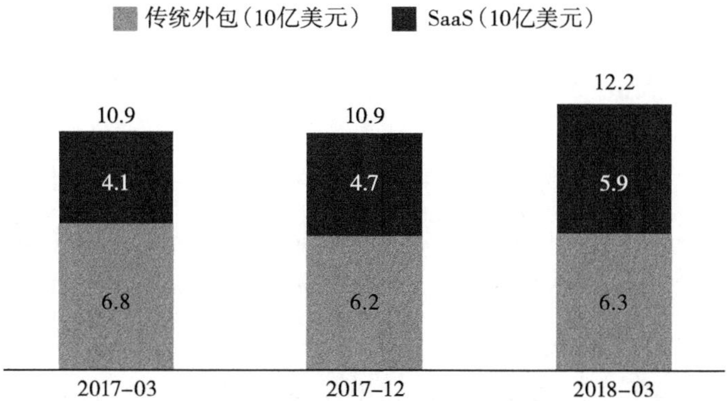


**图 3-38　全球 ACV 季度交易**

2018 财年,印度 IT 产业总体可以概括为拓展数字生态系统。

从全世界来看,对数字转型服务的持续强劲需求推动了全球外包市场发展。通过数字技术驱动全球服务外包迈上新台阶。全球外包市场在 2018 财年第四季度出现高峰,全球平均合同价值(Average Contract Value,ACV)创纪录增加,达到 122 亿美元,比上季度增长了 12%。SaaS 是关键增长动力,增长

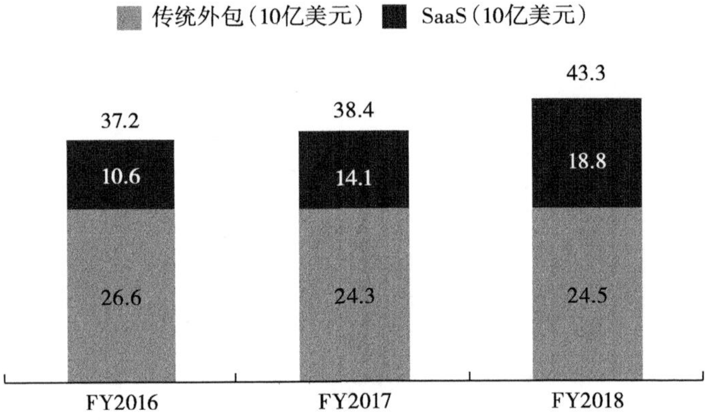


**图 3-39 全球 ACV 年度交易**

资料来源：NASSCOM. Research & Intelligence, QUARTERLY INDUSTRY REVIEW, June 2018。

25.5%，信息即服务（IaaS）ACV 达到 46 亿美元，比上年增长了 48%，而 SaaS ACV 为 13 亿美元，增长了 18%。传统外包 ACV 创纪录地下降了 6%，与 2017 年同期相比，由 68 亿美元下降到 63 亿美元（图 3-38）。从年度来看，2018 财年 AVC 433 亿美元，比 2016 财年和 2017 财年分别增长 61 亿美元和 49 亿美元。其中 2018 财年 SaaS 已占合同外包交易额的 43%，达 188 亿美元（图 3-39）。

为适应世界对数字服务的发展需要，2017 年印度数字生态系统的拓展主要包括三个方面①：

一是新时代数码。包括“创业 + 电子商务 + 产品 + 数字支付”。新创企业 5200 个，2017 年增加 1000 多个，价值为 400 亿美元。电子商务商品交易总额达 385 亿美元，较 2016 年增长 17%。产品方面获得 70 亿美元的收入，主要是 SaaS。数字支付为 1450 亿美元，占 GDP 的 6%。

二是国内技术应用。包括“企业 + 中小企业 + 政府”。政府是驱动数字经济增长的关键，包括建设数字生态系统、技能培训和公民服务，如消费税（GST）、数据库技术（DBT）、身份证（Aadhaar）。企业方面有 141 家上市公司，营业收入超过 10 亿美元，收入中花费在数字业务方面的支出为 0.5% ~3%。中小企业 5100 万个，关键举措包括在线客户获取和在线销售支持。

① NASSCOM. Catalyzing the Ecosystem for A Trillion Dollar Digital Economy, 20 Feb 2018, Hyderabad. P4.

三是技术服务。包括“服务 + 跨国公司(MNCs) + 全球行业分类标准企业(GICs)”。1670 亿美元的总收入与数字、工程研发和 BPM 关键领域的增长有关。新 GIC 的加速涌入,达 1140 个。印度正成为数字规模的核心。

从供应商来看,Gartner(盖特纳公司,全球知名的咨询公司)将 Tata(印度塔塔公司)、Infosys(印度印孚瑟斯公司)、Wipro(印度维普尔公司)、Accenture(埃森哲)和 IBM 列为欧洲和北美的应用服务市场的领跑者。2017 年印度 GDP 增长 6.7%,国际货币基金组织(IMF)预期 2018 年和 2019 年印度 GDP 将达到世界最快的经济增长 7.4% 和 7.8%(图 3-40)。这一增长源于数字支出的驱动。截至 2018 年 4 月,全球技术支出增长 8.5%(图 3-41)。预计全球数字支出从 2017 年的 1800 亿美元增加到 2020 年的 3100 亿美元①,增长 20% 以上,是全球经济发展的关键驱动力。

2018 财年,印度 IT 产业增加 132 亿美元,出口增长 7.8%;数字收入占 20% 左右(220 亿~250 亿美元),比上年增长 30%;解决方案组合扩展-托管软件、产品即服务、RPA(机器人流程自动化)、平台等;SaaS(软件即服务)是印度超过 50% 的产品公司的首选模式;云计算增长率为 43%。电子商务在商品交易总额(GMV)中比上年增长 17%,而在线酒店预订、食品杂货和食品技术是关键驱动。

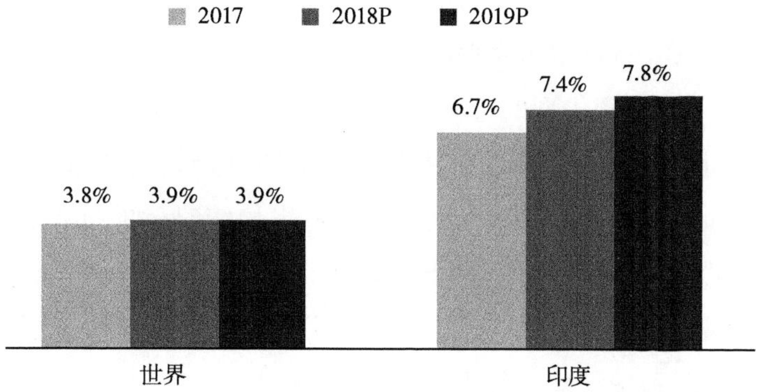


图 3-40 GDP 增长率

注:2018 年、2019 年为估计值。
资料来源:IMF。

① Everest Research, Everest Research Institute 珠穆朗玛研究所。

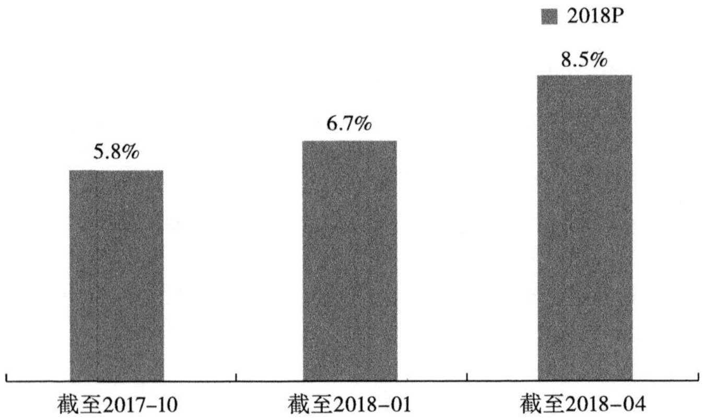


**图 3 -41　2018 年技术支出增长预期①**

资料来源：Gartner，NASSCOM。

Infosys、Tata、Wipro 等印度外包国际巨头企业，以及 NASSCOM，在推动印度服务外包产业发展中发挥了重要作用。NASSCOM 报告显示，2016 年印度软件外包产业总值同比下降 10%，软件外包失业率在增加。过去 5 年，软件外包上市公司前 5 名企业收入和利润增长减半②。印度最大 IT 公司 Infosys 2017 年股票市值大幅低于 2016 年，印度 IT 产业对投资的吸引力正在下降。Infosys 和 Tata 2017 年业绩不佳已经延续几个季度，现在企业正在从技术角度来适应新商业环境以及应对英国脱欧和美国特朗普签证政策的影响。

随着云计算、大数据等数字服务和数字经济的发展，印度 IT 产业也在经历从劳动密集型向技术密集型的结构性转型。同时，IT 产业的低端解决方案开始转向高端数字服务，技术平台正在从低端支持和维护转向高端云计算、大数据服务等。目前印度回流的 IT 从业人员主要从事传统时代的低端软件开发维护服务，而现在世界进入了一个新的数字时代，云计算、大数据分析、移动智能终端广泛应用。数字项目更多的是技术密集型而不是人员密集型，公司需要持续的技能重塑、咨询和设计能力的提升。

① Gartner（includes IT services and enterprise software revenues in reported currency terms）。

② 苑基荣．印度外包产业走到十字路口[N]．人民日报，2018 -01 -15.

## （二）人工智能成为带动经济增长的重要领域

人工智能（AI）是机器执行类似人类思维功能的能力，如感知、学习、解决问题等。人工智能改变了工作的本质，为社会创造了商机。根据埃森哲的研究报告，到2035年，人工智能将使印度经济增加9570亿美元。届时，印度总增值额将由2018年的5.8%增长到2035年的7.1%。

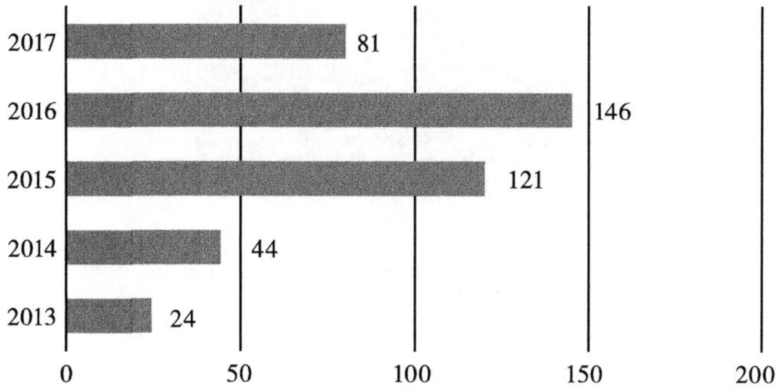


**图3－42　2013—2017年印度新成立的人工智能企业数**

资料来源：NASSCOM. ARTIFICIAL INTELLIGENCE Primer. July 2018. p14。

2017年印度新增人工智能企业81个，低于高峰期2016年的146个，是2013年的3倍多（图3－42）。印度投资在人工智能上的资金2017年为7300万美元，比2016年的4400万美元提高了66%（图3－43）。

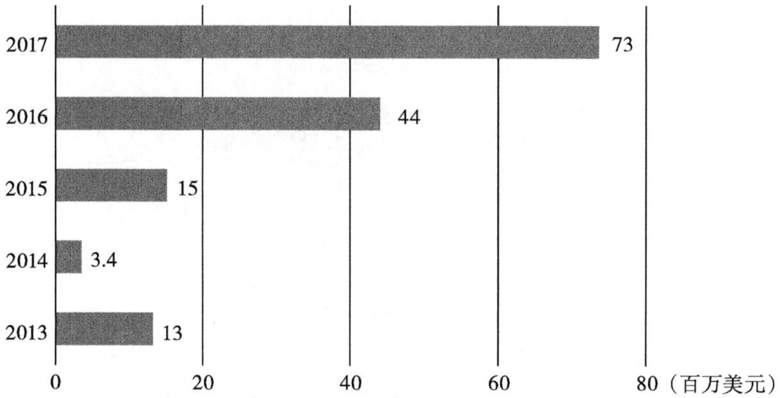


**图3－43　2013—2017年印度投资在人工智能上的资金**

资料来源：NASSCOM. ARTIFICIAL INTELLIGENCE Primer. July 2018. p14。

印度新成立的人工智能企业主要集中在计算机视觉和零售重点领域，其中零售业达30%，其次是金融服务和保险业为18%（图3－44）。人工智能企业技术集中的领域主要包括：先进的分析学、机器人程序自动化、计算机视觉、聊天机器人和自然语言处理。其中，计算机视觉占比最高，达35%（图3－45）。

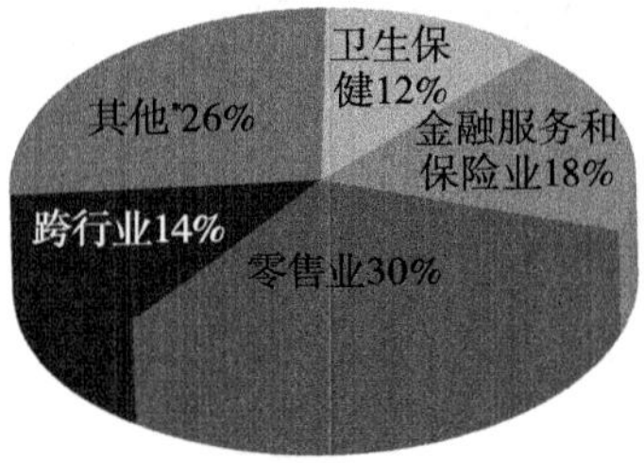


**图3－44　印度新成立的人工智能企业主要集中的产业**

其他*：法人社团、制造业、教育、政府、媒体、农业。

资料来源：NASSCOM. ARTIFICIAL INTELLIGENCE Primer. July 2018. p32

大企业一些重要的人工智能处于初始阶段，主要关注于客户体验和使用先进的分析，成为营销的组成部分。印度大企业人工智能集中的产业包括：制造业、银行、跨产业和卫生保健，其中，银行业所占比例最大，达35%（图3－46）。大企业人工智能集中的领域包括：先进的分析学、机器人程序自动化、计算机视觉、聊天机器人、自然语言处理和语音识别，其中，深度分析所占比重最大，达37%（图3－47）。

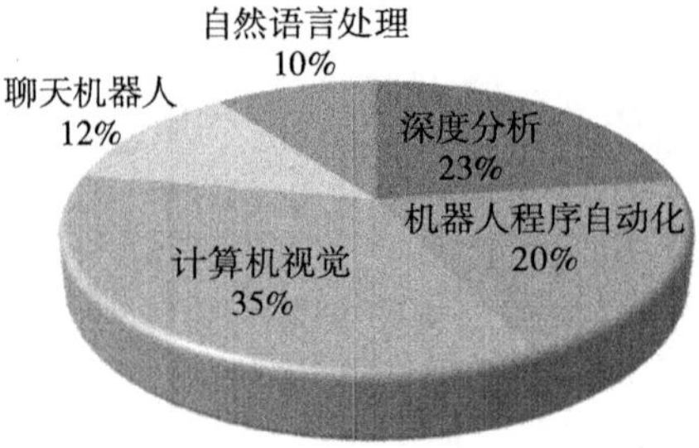


**图3－45　印度新成立的人工智能企业重点技术领域**

资料来源：NASSCOM. ARTIFICIAL INTELLIGENCE Primer. July 2018. p32。

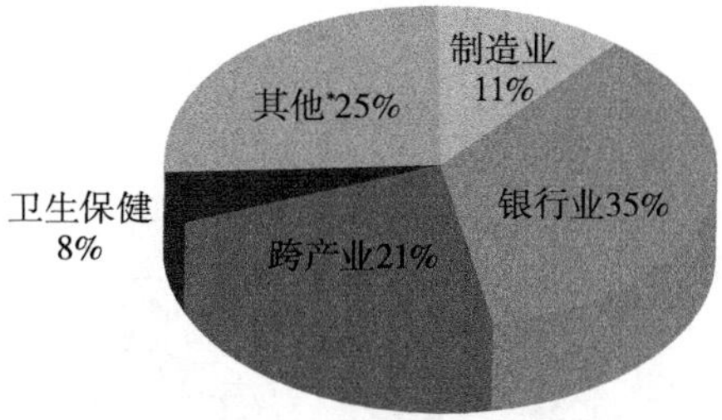


**图 3－46　印度大企业人工智能集中的产业**

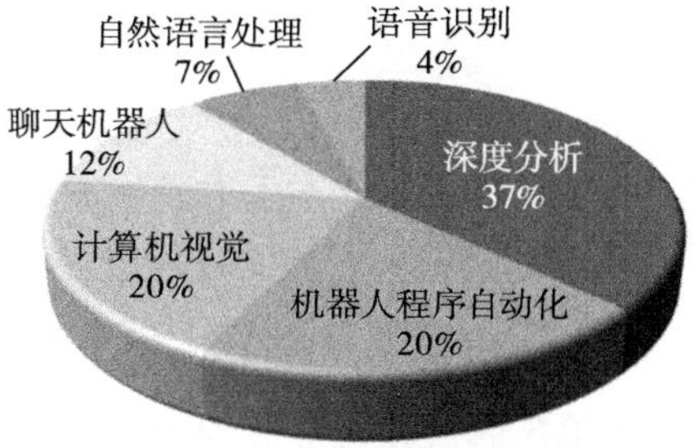


**图 3－47　印度大企业人工智能重点技术领域**

资料来源：NASSCOM. ARTIFICIAL INTELLIGENCE Primer. July 2018. p29。

NASSCOM 通过对 72 个中小企业 107 个研究对象的分析，发现中小型企业人工智能技术集中的产业更多地集中在金融保险服务业上，达 24%。其次是跨行业和零售业，分别为 20% 和 17%（图 3－48）。中小型企业人工智能技术关注的重点技术是计算机视觉和机器人程序自动化（RPA），但深度的分析案例仍然占主导地位，达到 36%（图 3－49）。

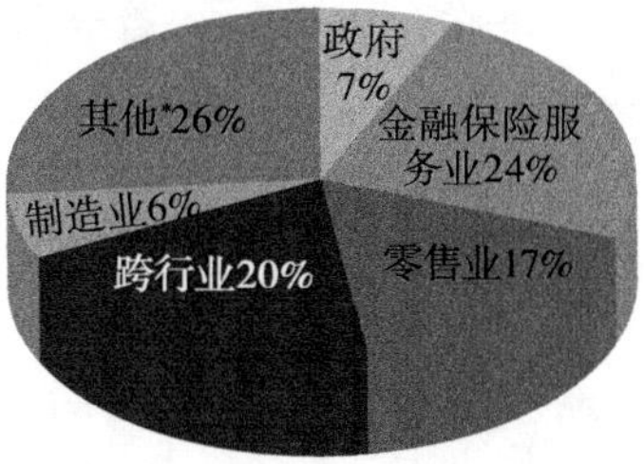


**图 3－48　中小型企业人工智能技术集中的产业**

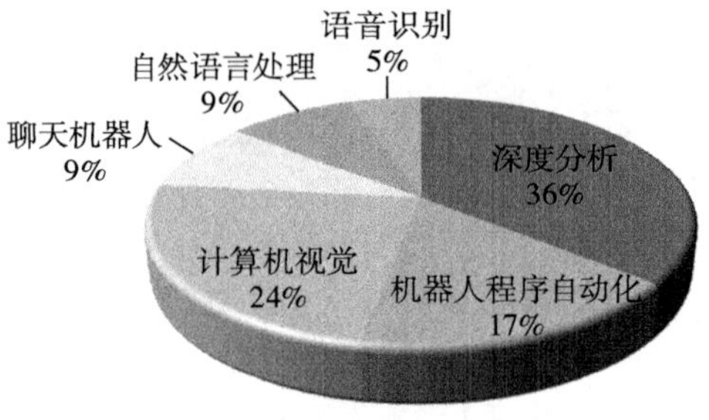


**图 3－49　中小型企业人工智能重点技术领域**

资料来源：NASSCOM. ARTIFICIAL INTELLIGENCE Primer. July 2018. p30.

## 三、印度软件服务外包应对贸易保护主义的危机公关

对于印度来说，2018 财年，持续的贸易保护主义席卷全世界，英国退出欧盟（Brexit）不确定性问题，与美国税制改革有关的不确定性问题，美国尽管宏观经济指标有所改善，但金融服务和保险业（BFSI）的增长仍然滞后。全球股市波动及其关联的冲击增加了不确定性。在印度，政府数字倡议像智慧城市和外包改革仍在起步阶段。缺乏足够的基础设施，限制了电子商务的增长。数字项目更多的是技术密集型而不是劳动力密集型，公司需要持续的技能重塑、咨询和设计能力提升。

据印度媒体报道，受美国签证政策影响，预计将有 50 万在美印度 IT 人员不得不返回印度。这些回流的人主要从事传统时代的低端软件开发维护服务，而现在世界进入了一个新的数字时代，云计算、大数据分析、移动智能终端广泛应用。这对印度软件服务外包产业的发展是一次大的挑战。

印度服务外包主要有两种方式：一种是由印度的软件公司向外国派出工程师驻扎在国外需要服务的客户处为客户服务，这就是印度公司所说的“现场服务”形式。第二种是印度软件公司在印度国内开发完成客户所需要的软件后，传送到客户那里，再由印度公司的服务人员上门安装、调试。这种方式为“离岸开发”。不论是“现场服务”还是“离岸开发”，共同特点都是占用的资金少，场地少，不承担销售风险，也不涉及市场开拓。在此基础上，印度廉价、优质、高效的软件人力资源，在全球范围内的影响力越来越大，许多国外

著名的IT公司和软件公司争先恐后到印度投资设厂，通过二三十年的发展，印度很快从小到大发展成为全球软件开发中心。《印度时报》称，在美国移民局每年提供的8.5万H－1B签证[①]中，50%由印度外劳人员获取，但申请者却达到美国提供签证数额的3倍之多。

目前，美国政府日益繁多的总统令和政策备忘录，使印度面对的保护主义挑战正在升级。虽然印度的IT产业在美国已成功地运行了全球服务配送模式，但目前在签证方面仍要面临更高更严厉的行政措施。2017年2月、6月、11月，印度高级商务代表团三次到达华盛顿特区，会见美国政府和国会高级官员在内的政治、商业利益相关者和媒体机构，重点强调印度IT公司的积极贡献。特别是在美国，印度IT业是美国的“净就业创造者”。印度IT专业人士帮助美国实现了STEM（Science，Technology，Engineering and Mathematics，科学、技术、工程和数学）四门短缺学科人才的供给。针对H－1B改革危机，众多印度外包公司共同商讨并快速提出应对方案，包括和美国当地大学达成协议，合作办学，向高中毕业生提供2～3年IT培训教育等等。NASSCOM积极采取措施，派出代表前往华盛顿特区展开全面游说攻势，雇佣华盛顿两家著名的专业游说事务机构，2017年在华盛顿的游说开销高达44万美元，但效果甚微。

## 四、行业协会在外包中发挥重要作用

IT被认为是印度五大重点产业之一，它是形成国家政策的一部分，以使印度从IT外包中获得最大利益。政府采取的自由化和放松管制措施旨在支持与全球经济增长的融合。这些改革使外国公司更容易进入印度市场。来自无线网接口（NRI）的外国投资公司（OCB）的直接投资在印度受到热烈欢迎。NASSCOM与政府在保护IT部门的利益方面发挥着重要作用。因此，在上述条件下，IT外包给印度带来了巨大的利益。

---

① H1B签证系美国最主要的工作签证类别，发放给美国公司雇佣的外国籍有专业技能的员工，属于非移民签证的一种。持有H1B签证者可以在美国工作三年，然后可以再延长三年，6年期满后如果签证持有者的身份还没有转化，就必须离开美国。

### (一)技术政策和管制

**1. 与不同政府部门在各种政策事项上的沟通**

NASSCOM 积极投入到与各个中央政府部门如国防部、电信部、卫生部、工业促进部、民航部和其他部门,讨论、商议并给出技术发展、应用、简化管理的政策框架,以及被不断发展的技术所破坏的业务流程再造。

**2. 数据保护和隐私保护**

NASSCOM 与印度安全理事会积极合作,提倡在国家建立健全数据保护框架,数据保护和隐私保护不仅对企业和 IT 部门至关重要,而且对数据应用和数字印度的成功至关重要。

**3. 中介责任**

NASSCOM 与新兴技术公司合作,影响其业务领域,并继续与行业成员和政府密切合作,以解决监管方面的担忧和限制①。

### (二)发挥重要的协调作用

**1. 与不同政府部门在各种政策事项上的接触**

NASSCOM 与印度的产业政策和推广部(DIPP)广泛合作,与印度知识产权局(IPO)及其他政府部门就各种知识产权事宜,包括与计算机相关发明审查指南(CRIs)等合作。NASSCOM 还组织了多个知识产权研讨会以增进业界成员了解有关知识产权资产管理的最佳做法和保障措施。

**2. 双用途技术出口管制**

NASSCOM 与政府就双重用途技术出口问题进行了磋商,产业对特殊化学品、生物的修正案的高度关注。

**3. 其他服务提供商规则**

NASSCOM 向电信部门通信部表示,重点关注当前其他服务提供商指南和建议,需要通过重新审视多地点实体的注册规范来简化法规,减少基础设施共享的银行担保金额,鼓励采用云电话。年内,NASCOM 还组织了多个关于其他

① NASSCOM. INCLUSIVELY INDIA, 2017 - 18. P19.

服务提供商法规的认识研讨会。

**4. 消费税(GST)制度**

2018 财年是印度消费税制度实施的里程碑式的一年。从 2017 财年开始，NASSCOM 与中央政府和州政府密切合作，分享 GST 法律的行业关切，以及代表 IT 行业、数字用品和电子商务部门对技术部门的影响。向财政部长、GST 理事会、国家财长授权委员会、IT/IT 服务部门和电子商务部门工作组、收入秘书、CBEC 官员和州政府官员、GST 法律审查委员会提交对面临问题的详细解决方案。NASCOM 在法律的重大修改中发挥了关键作用①。

## 五、印度 IT 产业展望

目前，印度软件服务外包产业正从套利第一转向快速增长的数字业务第一模式。这是继 2013 年将 IT – BPO(业务流程外包)改为 IT – BPM(业务流程管理)之后的又一次重大变革，体现了产业性质和地位的根本提升。产业价值在创新中转变，颠覆性技术变革和强调客户体验成为产业焦点②。

### (一)建立数据科学与人工智能卓越中心

数据科学与人工智能卓越中心(COE)，为印度从知识经济走向创新经济提供了巨大潜力。NASSCOM 与卡纳塔克邦(Karnataka)产业和政府合作建立了一个数据科学和人工智能卓越中心，推动印度在未来五年跻身世界五强。

面向世界五强目标，卓越中心将快速满足数据科学与人工智能生态体系发展所需的技能和人才。这种满足主要通过扩张颠覆性创新、产业原创性研究，采用激增用户和企业用户实现。卓越中心将与生态系统伙伴共同工作，包括科技有限公司、中小型企业创新者、大的解决方案供应商、学术界和研究员、用户企业和政府。

数据科学与人工智能卓越中心在班加罗尔(Bengaluru)建立为实体和虚拟

① NASSCOM2017 – 18，INCLUSIVELY INDIA. p18.

② NASSCOM2017 – 18，INCLUSIVELY INDIA. p45.

中心。卓越中心将在云端和内部计算能力、应用程序接口(API)、解决方案库、访问公共数据集、专家和复杂业务问题方面提供多技术平台。未来几年,随着印度政府的参与,COE 将扩展到其他城市。

## (二)提供“达到更高”发展技能的人才

数据科学与人工智能产业所需的工作角色包括以下人才:业务分析员、解决方案架构师、数据集成商、数据架构师、数据分析师、数据科学家、机器学习专家等,这些人才将是产业增长的关键。数据科学中的工作角色正在被细化为工作规范和必要的技能设置,这将由合作伙伴学术和非学术机构所提供。

为迎接数字经济的挑战,在全球范围内建立合作机制。实现共同创造、合作发展,在分析领域建立相互关联的战略合作能力。

## (三)乐观面对贸易保护主义

面对日益猖獗和不断升级的贸易保护主义,NASSCOM 继续加速在美国的宣传和扩大为自身辩护的工作,密切关注任何新的美国政治制度,全面考虑并制定了各种政策行动。印度软件外包服务仍然对未来的发展充满乐观的态度。NASSCOM 预计印度 2019 财年 IT 产业出口收入会在 2018 财年 1260 亿美元的基础上,增长 7% ~9%,达到 1350 亿 ~ 1370 亿美元(图 3 -50)。国内除硬件外,收入会由 2018 财年的 260 亿美元增长到 2019 财年的 280 亿 ~ 290 亿美元①(图 3 -51)。

2019 财年的主要趋势:软件和服务外包产业预计将增加 1400 万 ~ 1600 万美元的收入,数字业务增长将使 IT 产业增长 1.5 倍到 2 倍。国内技术应用继续得到双位数增长,数字交易规模项目预期有较大增长,印度市场被企业数字应用和爱好技术的消费者所驱动。

除美国外,印度政府和 NASSCOM 与许多国家政府进行了交涉,开拓美国以

① NASSCOM. Catalyzing the Ecosystem for A Trillion Dollar Digital Economy. 20 Feb 2018, Hyderabad. P9.

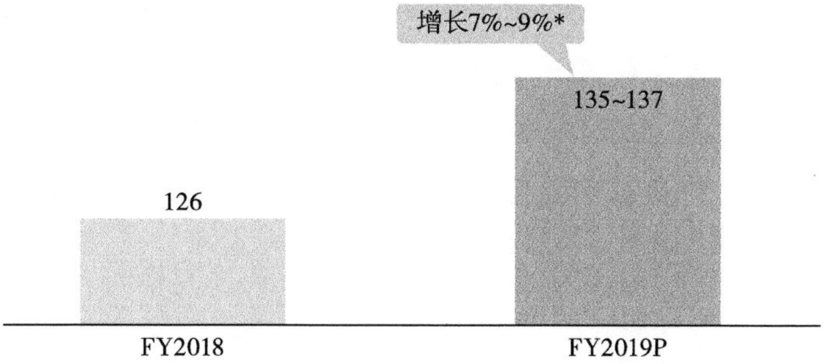


**图 3－50　印度 IT 产业出口收入(10 亿美元)**

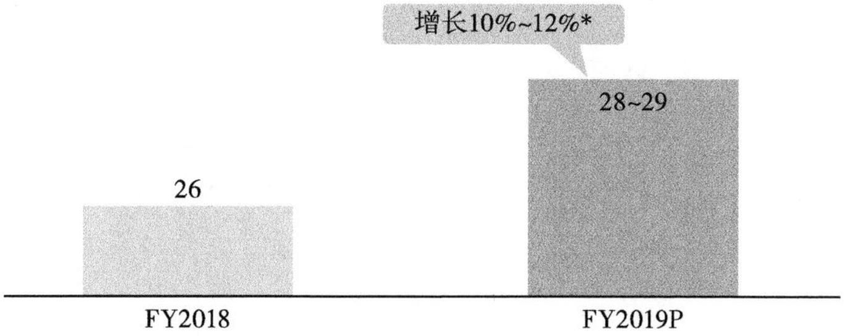


**图 3－51　国内除硬件外收入(10 亿美元)**

* 注:以不变货币计算。

资料来源:NASSCOM. Catalyzing the Ecosystem for A Trillion Dollar Digital Economy. 20 Feb 2018, Hyderabad. p9.

外的其他软件服务外包市场。如英国、欧盟、日本、澳大利亚、新加坡和加拿大等。与中国城市大连联合启动由 AI 供电的协作平台。印度把大连当作自己的 IT 走廊,试图将其发展为印度公司瞄准中国国内市场的发射台。双方提出利用各自的优势在 IOT 上共同发展全球市场。

### (四)人工智能与产业深入融合

印度人工智能的发展潜力使其经济在 2035 年增加到 9570 亿美元。届时,印度经济总增加值的增长将由 2018 年的 5.8% 上升到 2035 年的 7.1%。其中印度卫生保健部门预计到 2020 年增长 16%,达到 280 亿美元。人工智能在卫生保健中的应用:保持早期诊断检测、决策、治疗处理等①。农业中的人工智能

① NASSCOM. ARTIFICIAL INTELLIGENCE Primer. July 2018. p18.

预计到2025年达到26亿美元。农业中的人工智能主要为:农场数据分析、物联网、连锁市场等。教育方面:印度数字学习市场增长30%,到2020年达到57亿美元。教育中的人工智能:定制学习、互动辅导等。智慧城市和基础设施:在智慧城市的使命下,99个城市招商引资2.04亿卢比。智能城市中的人工智能:智能公园、智能家居、人群管理等[①]。

① 资料来源:Gartner Report - The Road to Enterprise AI, NITI Aayog Report, DIPP Report。

# 专题六 我国承接“一带一路”服务外包助推服务业开放新格局

朱福林①

2013年9月和10月习近平主席分别出访中亚和东盟时相继提出共建“丝绸之路经济带”和“21世纪海上丝绸之路”。党的十八届三中全会《中共中央关于全面深化改革若干重大问题的决定》确定“一带一路”建设为实施新一轮全方位对外开放的重要内容之一。党的十九大报告指出，要以“一带一路”建设为重点，坚持引进来和走出去并重，遵循共商共建共享原则，加强创新能力开放合作，形成陆海内外联动、东西双向互济的开放格局。“一带一路”倡议成为我国对外开放的重要组成部分，有利于促进双方贸易投资深度合作，从而为我国服务外包发展提供了难得历史机遇。

“十三五”期间，我国国际服务外包产业面临着严峻的转型升级压力，国际服务外包市场竞争激烈，开拓难度不断加大，迫切需要寻找新的市场发展机遇。同时，欧美发达国家的服务外包市场受国内保护主义影响而出现一些不确定性。而“一带一路”沿线国家和地区在服务外包领域蕴含着巨大的潜在市场，据安永公司研究报告，2018年中东北非地区服务外包市场规模达70亿美元，从而为我国服务外包产业国际化发展提供了新途径。通过承接“一带一路”沿线国家和地区的服务外包将有利地促进我国服务业开放新格局形成，并为我国企业在服务外包国际化经营策略方面积累经验。

---

① 朱福林，国际贸易经济合作研究院副教授。

# 一、我国承接“一带一路”服务外包现状与特点

随着“一带一路”倡议逐渐受到国际社会尤其是沿线国家和地区的认可与响应，我国与“一带一路”沿线的政治经济合作逐渐大规模展开。“一带一路”成为我国对外投资的重点区域。通常来讲，企业国际化过程必然会产生大量生产性服务需求。鉴于文化、语言、习惯等方面的客观原因，跨国公司通常会采用来自母国公司提供的信息与服务，以达到降低交流沟通成本、控制信任危机等目的。实际上，我国企业在“一带一路”沿线国家进行投资时，对这些国家政策商机的发布、企业资源要素配置等内容认知还较为薄弱，从而需要我国专业提供服务商为企业“走出去”提供咨询、设计、法律、金融等方面的生产性业务。因此，随着我国与“一带一路”国家和地区对外投资规模的加大，我国服务外包产业将拥有更为广阔的国际市场。另外，“一带一路”沿线国家和地区自身也面临着发展经济、解决人口就业等社会问题，而且全球范围内信息化技术革命与产业融合不断加深，这些国家也不例外，须不断利用信息技术来促进整个经济和社会发展，从而产生了大量内生的服务外包需求。近年来，“一带一路”沿线国家和地区逐渐成为我国服务外包合作的重要区域，并日益成为我国离岸服务外包的新增长点。

## （一）我国承接“一带一路”服务外包增长迅速

首先，从规模与增速上来看，近年来，我国承接“一带一路”服务外包合同额和执行额均保持稳步增长态势，有力地促进了我国服务外包国际市场多元化发展。2014—2017 年期间我国承接“一带一路”服务外包合同和执行额分别增长 2.5 和 1.6 倍，高于同期我国服务外包总额增幅。

如图 3－52 所示，2014 年，我国承接“一带一路”服务外包合同金额和执行金额分别为 125 亿美元和 98.4 亿美元，同比增速达 25.2% 和 36.3%。2015 年的合同金额和执行金额分别为 178.3 亿美元和 121.5 亿美元，同比增速为 42.6% 和 23.4%。受全球经济不确定因素影响，2016 年随着我国整体上服务外包承接业务有所放缓，“一带一路”服务外包市场额和增速均出现下降。经过 2016 年短暂调整，2017 年我国“一带一路”服务外包业务出现较大幅度增长，合

同额增长大大高于执行额，分别达 312.5 亿美元和 152.7 亿美元。说明随着“一带一路”倡议的推进、双方互信程度的加深，“一带一路”沿线国家与我国服务外包领域合作意愿得到加强，服务外包订单数量增加，服务外包潜在市场不断被挖掘。

但是，由于“一带一路”沿线的大部分国家和地区还是经济欠发达或新兴经济体，许多国家还处于工业化初期，仍以基础建设开发和基本工业体系建设为主要任务，服务业与服务贸易发展程度还不充分，从而导致我国与他们之间的服务贸易总体规模增长幅度不大。此外，由于“一带一路”各项措施还处于积极推进中，相关的软硬件支持体系还在不断建设与完善中，而且沿线国家服务外包需求也容易受到国际、周边和本国经济政治环境变化可能出现不稳定，加上我国服务外包企业在“一带一路”的拓展与布局也需要一个过程，因此作为新开创的国际市场，“一带一路”服务外包市场表现出较大年际波动。

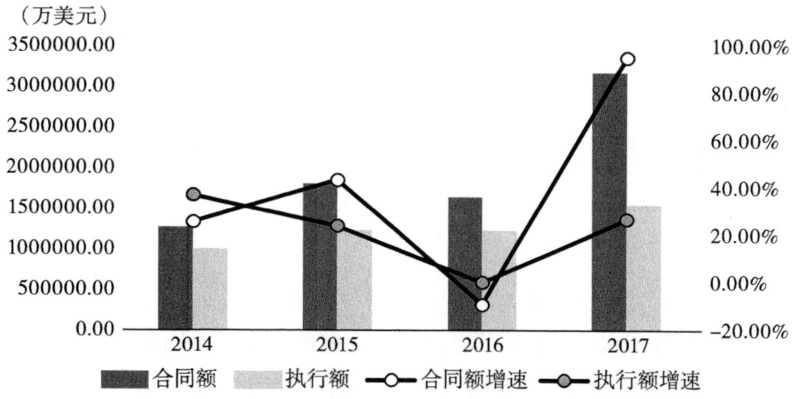


**图 3－52　我国承接“一带一路”服务外包规模**

资料来源：中国商务部。

其次，从占比来看，近几年来，“一带一路”服务外包规模增速显著，逐渐成为我国承接服务外包的重要来源地区。如图 3－53 所示，“一带一路”服务外包占我国总体离岸服务外包比重稳步提升，表明其在我国离岸服务外包中的地位和重要性逐渐提高。2014—2017 年期间，“一带一路”服务外包合同额占比分别达 17.41%、20.43%、16.95% 和 28.1%，执行额占比达 17.6%、18.79%、17.22% 和 19.17%。随着我国与沿线国家的经贸、投资及互联互通进一步快速发展，“一带一路”正成为新时代我国服务外包重要的承接来源地和服务外包提质增效的新动力源泉。由于服务外包产业具有一定的滞后特征，随着“一带一路”沿线国家和地区经济结构不断提升，以及我国对沿线国家和地区对外投资不断加大，未来服务外包需求将进一步释放，“一带一路”服务外包在全部外包的份额还有可能再获新高。

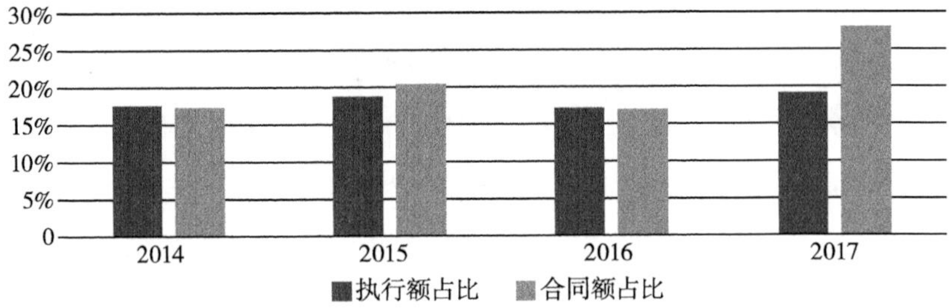


**图 3－53　我国“一带一路”服务外包占比分布**

资料来源：中国商务部。

### （二）我国承接“一带一路”服务外包国别分析①

首先，从片区来看，我国承接沿线国家和地区的离岸服务外包主要集中在东南亚地区（如图 3－54 所示）。2014—2016 年，我国承接东盟 11 国离岸服务外包执行金额分别为 53.8 亿美元、63.2 亿美元、65.7 亿美元和 78.8 亿美元，占沿线比重分别为 54.7%、52%、54.2% 和 51.6%。据商务部官网数据，2017 年上半年，承接东南亚 11 国外包执行金额 232.4 亿元，约占“一带一路”沿线国家的 60%，占比与前几年相比有所提高，说明东南亚服务外包在“一带一路”推动下得到较大释放。相对其他区域来讲，东盟地区服务外包业务发展较为稳定，服务外包市场相对比较成熟，市场发展程度较高，因此未来一段时间内东盟地区仍将是我国“一带一路”服务外包市场的主要来源地区。从图 3－54 中看出，

① 东南亚 11 国：新加坡、马来西亚、印度尼西亚、越南、泰国、菲律宾、柬埔寨、缅甸、老挝、文莱、东帝汶。西亚北非 16 国：沙特阿拉伯、伊拉克、伊朗、土耳其、阿拉伯联合酋长国、埃及、以色列、科威特、阿曼、卡塔尔、叙利亚、约旦、黎巴嫩、巴林、巴勒斯坦、也门共和国。南亚 8 国：印度、巴基斯坦、孟加拉国、斯里兰卡、马尔代夫、尼泊尔、不丹、阿富汗。俄罗斯蒙古国中亚 5 国：俄罗斯、哈萨克斯坦、蒙古国、土库曼斯坦、乌兹别克斯坦、塔吉克斯坦、吉尔吉斯斯坦。中东欧 16 国：波兰、捷克共和国、匈牙利、斯洛伐克共和国、克罗地亚共和国、罗马尼亚、保加利亚、立陶宛、塞尔维亚、拉脱维亚、斯洛文尼亚共和国、阿尔巴尼亚、马其顿、爱沙尼亚、波黑、黑山。独联体其他 5 国及格鲁吉亚：白俄罗斯、乌克兰、阿塞拜疆、格鲁吉亚、亚美尼亚、摩尔多瓦。

除东盟之外，西亚、南亚也是我国服务外包重要的合作伙伴。2017 年，我国与西亚北非、南亚服务外包合同与执行金额分别为 34 亿美元和 22 亿美元，占“一带一路”服务外包的 22.3% 和 14.5% 。

其次，从单个经济体情况来看，“一带一路”沿线国家和地区当中有些就是我国内地传统的服务外包来源地，如中国香港、韩国、中国台湾、印度等。每个片区中都有几个重点市场，在东南亚，新加坡、马来西亚、印度尼西亚是该区域主要发包国；而沙特和伊拉克是西亚北非区域的主要发包国；印度和巴基斯坦是南亚地区的主要发包国；俄罗斯是中亚地区的主要发包国。就合作规模来看，我国与新加坡、印度、俄罗斯的服务外包合作更为密切，这些国家的服务外包产业均具有一定规模基础。在“一带一路”倡议促进下，一些新的服务外包市场增长加快。2016 年，来自拉脱维亚、乌兹别克斯坦、捷克、爱沙尼亚等中东欧国家的服务外包业务增长迅速，增长均超过 80%[①]。

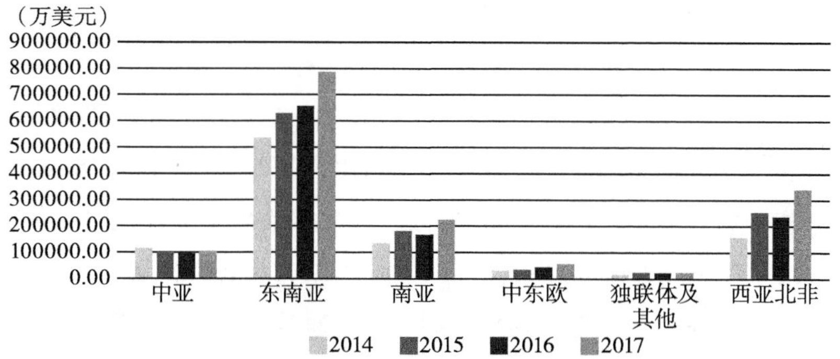


**图 3－54　我国“一带一路”服务外包来源区域分布**

资料来源：商务部。

## (三)“一带一路”部分沿线国家和地区成为我国服务外包企业走出去的重要目的地

为充分利用国外人力资本优势，缓解国内高成本压力，实现快速交付和本地化提供等战略目的，以及发挥离岸、近岸和在岸多种模式结合带来的综合优势，我国许多服务外包企业加大了在海外建立交付中心、研发中心和分支机构

① 中国商务部数据。

的步伐。美日欧是我国服务外包企业的主要业务来源地，自然也成为企业建立国外业务机构的首选目的地。然而，随着“一带一路”合作机制的不断深入，“一带一路”沿线国家和地区日益成为我国服务外包企业设立海外中心的重要目的地。博彦科技不仅在其主要离岸市场美国和日本建立了分支机构，也在印度和新加坡服务外包高端目的地设立交付中心。文思海辉与印度尼西亚 Jatis 集团成立合资公司，目的就是提升亚太市场开拓和全球交付能力。2015 年华为宣布在班加罗尔成立新的研发中心，希望将该中心打造成面向全球客户的重点开发和交付中心。

## 二、我国承接“一带一路”服务外包面临的挑战

近年来，在国家大力推动下，我国承接“一带一路”服务外包从无到有、由点及面，成果超出预期，但也面临着诸多挑战。“一带一路”沿线国家和地区存在的风险不可忽视。

首先，从风险状况来看，“一带一路”国家具有重要的位置，很多处于国际能源供应带和地缘政治敏感带，是大国博弈的焦点区域，不可避免地与大国地缘政治战略相碰撞。美国提出的重返亚太及亚太再平衡战略，以及最近特朗普提出的“印太战略”都具有非常明确的针对性。“一带一路”倡议可能也与沿线国家自身战略政治战略主张形成对撞，2014 年莫迪政府提出“季风计划”，试图抗衡中国的“21 世纪海上丝绸之路”。印度还对中巴经济走廊、我国与斯里兰卡的合作也大为不满。“一带一路”还存在战争风险，其中，战略的起源包括三种情况：①域外大国为霸权利益以各种理由强行介入带来的战争；②一些国家内部因民族、宗教等矛盾激化引发的内战；③上述两种势力搅和在一起导致的战争。另外，“一带一路”沿线国家很多处于恐怖主义人员和活动频繁的“高风险”区域。一些欠发达国家，政治上不太稳定，国家没有明确的长期发展规划，有的国家执政党一旦更替，新的执政党上台后不认前任的账，从而产生政权更迭风险。例如，2018 年，马来西亚总统一上台就宣布重新评审与中国的投资合作项目。有些国家和地区由于担心资源、能源或重要物资被中国利用，或对中国介入当地政治存在顾虑，对中国投资或多或少产生焦虑和担心。由此看来，

“一带一路”国家和地区范围局部地缘政治相对不稳定，将给我国“一带一路”国家的服务外包项目带来财务、法律、合同等方面的风险。

第二，从市场合作成熟度来看，与成熟的美日欧发包方不同，“一带一路”沿线是我国新兴的国际服务外包市场，产业、企业与市场等不同连接层面的稳定性还不高。“一带一路”沿线国家和地区经济基础发展程度差异较大，经济合作程度深浅不一。在“一带一路”倡议之前，我国与这些国家之间的合作比较松散，未能形成明确的经贸合作共识。“一带一路”沿线部分国家经济体量相对较小，国际贸易发展缓慢，经济全球化步伐滞后。这些因素的存在使得服务外包国际业务风险提高。我国服务外包产业经历了十余年的快速发展总体实力得到提高，但与发达国家相比，在行业成熟度、操作经验上仍有欠缺，尤其是在国际开拓方面的新市场、新问题、新环境上娴熟处理的能力还不是很高，导致在开发国际新市场方面经验不足。

第三，从国别差异来看，“一带一路”沿线跨越多个大洲，相关国家和地区数量众多，各个国家和地区的经济发展水平、开放程度、政治文化环境存在很大差别，服务业发展基础参差不齐。除少数国家和地区之外，“一带一路”沿线国家和地区经济发展与信息技术水平整体上还不高。因此，除与传统服务外包市场具有深度合作基础之外，与其他国家和地区之间的服务外包领域层次和水平还很有限。另外，“一带一路”国家和地区多元文化、多种社会体制，无形中增加了我国服务外包企业与“一带一路”发包方在分工协作、沟通交流上的困难，从而更给服务外包合作项目带来诸多风险隐患。

第四，从营商环境来看，相比美欧、日韩等发达国家，“一带一路”国家地缘政治相对不稳定。这种不稳定可能给中国与“一带一路”国家的服务外包项目带来财务、法律、合同等方面的风险，对业务拓展形成挑战，并产生不利影响。有些“一带一路”沿线国家的经贸、金融体制、信用经济还不是很健全，我国企业还会容易造成资金损失。另外，有些“一带一路”沿线部分国家经济体量较小，国际贸易发展缓慢，知识产权和法律制度还不健全，知识产权和信息安全保护意识薄弱，相关法律制度不健全，这些因素的存在使得业务风险无形中提高，不利于服务外包合作开展。

## 三、我国承接"一带一路"服务外包的发展趋势

### （一）"一带一路"合作基础不断夯实①

从政治上来看，我国"一带一路"倡议不断获得国际关注，也多次被联合国写入其决议。尤其在沿线国家和地区"一带一路"倡议影响不断深入。我国与"一带一路"沿线国家元首首脑访问 43 次，与 11 个国家签署 15 份推动双边关系发展文件。2017 年在北京举行的"一带一路"高峰论坛，共有 18 个"一带一路"沿线国家元首首脑访华，期间中国与相关国家签署 270 多项经贸等多领域合作文件。截至 2017 年 5 月，我国已与沿线 36 个国家及欧盟、东盟分别签订了双边海运（河运）协定。而且"一带一路"沿线国家和地区与中国的政治互信程度较高。鉴于多种原因，很多国家在经济发展领域更倾向于和中国开展合作，并且有上合组织、"一带一路"论坛等多种国际协调机制，从而让"利益共同体"和"命运共同体"在经贸合作中的可能性大大提高。这都为我国与"一带一路"沿线国家服务外包合作创造了良好的政治环境。

从联通上来看，中欧班列开行近 7000 列，运行线路 57 条，国内开行城市 35 个，到达欧洲 12 个国家 34 个城市。截至 2017 年 5 月，中国民航已与 43 个沿线国家实现空中直航。国外航空公司新开 18 条"一带一路"沿线国家航线。截至 2017 年 11 月，我国国家交通运输物流公共信息平台实现与全球 31 个港口的物流信息互联共享。我国已与沿线 12 个国家建有 34 条跨境路缆和多条国际海缆。2017 年 12 月 3 日，在第二届世界互联网大会上，我国与老挝、沙特、塞尔维亚、泰国、土耳其、阿联酋等国家相关部门共同发展《"一带一路"数字经济国际合作倡议》。截至 2017 年 7 月，我国已与 24 个沿线国家实现公民免签或落地签，并逐步向西亚北非、中东欧等地区扩大。

从金融上来看，亚投行成员总数增至 48 个，其中"一带一路"沿线国家占 42

---

① 一带一路数据观［EB/OL］. 中国一带一路网 . https://www.yidaiyilu.gov.cn/xwzx/gnxw/43662.htm,2018 - 01 - 12.

个，共批准20多个投资项目，总额超过37亿美元。线路基金已签约17个项目，承诺投资70亿美元，支持项目涉及总投资金额达800亿美元。6家中资银行在沿线19个国家设立80多家分行、支行、代表处等。中国银联卡覆盖沿线50多个国家，超过400万商户和40万台ATM。中国出口信用保险公司为沿线近20个国家合作项目提供各种类型保险服务，并与白俄罗斯、格鲁吉亚等国签订合作协议。

通过以上分析，不难看出，“一带一路”框架下我国与沿线国家合作机制进一步完善、合作基础得到巩固、合作领域不断扩大，为我国服务外包产业向“一带一路”沿线拓展奠定了坚实基础。

### （二）“一带一路”服务外包市场空间巨大

首先，从经济基本面来看。2013年，“一带一路”沿线国家和地区经济总量为23万亿美元，人口共计约45亿人。若加之欧盟诸国，则“一带一路”周边国家的经济总量将占世界比重的50%以上，人口占比达到70%以上。2017年，我国与“一带一路”沿线国家贸易额7.4万亿元人民币，同比增长17.8%，增速高于全国外贸增速3.6个百分点。

其次，从发展阶段来看。“一带一路”沿线65个国家之间工业化水平差距较大，大部分国家和地区总体上还处于工业化进程中，且大多数还处于工业化中后期，大体呈现“倒梯型”的结构特征①。一些国家工业化水平、科技发展水平与中国还有一些差距。随着这些国家经济的发展，工业化与信息化进程中必然产生大量服务外包需求。

第三，从我国对外投资角度来看。在“一带一路”倡议深度合作推动下，我国对外直接投资将继续以每年约20%的速度增长。2015年习近平总书记在APEC工商领导人峰会上表示，未来10年我国对外投资将达到1.25亿美元。随着中国对“一带一路”沿线投资增长，“跟随型”服务外包市场将持续扩大。而且投资项目将由基础设施、制造业、能源等少数行业逐渐向全产业不断拓展，从而产生巨大服务外包产业需求。据统计，2014年以来，我国对“一带一路”沿

① 中国社会科学院工业经济研究所课题组．工业化蓝皮书：“一带一路”沿线国家工业化进程报告，2016.

线国家的投资已超过 500 亿美元,与相关国家的企业合作共建项目近 2000 个[①]。

第四,从双边合作推动机制来看。在重大项目推进上,东非铁路网起始段肯尼亚蒙内铁路竣工通车,中老铁路首条隧道全线贯通,中泰铁路一期工程开工建设。中国—白俄罗斯工业园、埃及苏伊士经贸合作区等成为"一带一路"经贸合作的典范。自贸区建设方面,中国与格鲁吉亚、马尔代夫签署自贸协定,与摩尔多瓦、毛里求斯自贸协定正在积极谈判,推动区域全面经济伙伴关系协定(RCEP)谈判取得积极进展。对外援助方面,启动"共筑援助之桥、畅通'一带一路'"行动,落实重大援助举措,积极为沿线发展中国家提供力所能及的援助。同时,稳步推动改善民生的援助项目,开办南南合作与发展学院,举办专题培训班,帮助受援国增强自主发展能力。

### (三)"一带一路"拓展我国离岸服务外包国际市场多元化格局

"一带一路"朋友圈不断扩大,有利于拓宽我国与沿线国家和地区在服务外包产业方面的合作空间和市场机会。"一带一路"沿线国家和地区有些本来就是全球服务外包市场重要的组成部分,当中包含着不少全球服务外包重要角色。以印度为核心包括中国、菲律宾等在内的东南亚地区是全球第一大离岸业务承接区;以波兰、保加利亚、捷克为中心的中东欧地区是承接欧洲服务外包的重要聚焦地;俄罗斯凭借其高科技人才优势从而在高端研究服务外包方面占有一定独特优势;处于丝绸之路另一端的爱尔兰是全球著名服务外包发源地,是全球中商端服务外包重要聚焦区(姜荣春,2015)。

从产品、技术及整体解决方案上来看,我国服务外包的提供方式可能更接近于亚洲一些国家和地区的市场需求。"一带一路"沿线国家和地区对于服务提供高技术、标准、能力成熟度等方面的具体要求与我国服务外包企业的能力更加匹配。2017 年我国"一带一路"服务外包合同金额增长近一倍,说明服务外包的谈判项目与日俱增。美欧日等发达国家和地区是我国服务外包传统市场,随着"一带一路"倡议的实施和我国传统产业尤其是制造业的转型升级,"一带一路"相关国

---

① 国家发改委. 中国对外投资报告,2017.

家服务外包业务加速释放，在岸市场规模快速增长，我国服务外包产业有望形成发达国家、新兴国家和国内市场“三位一体”的产业新格局。

### （四）我国“一带一路”服务外包领域呈现非均衡性、特色性分布

由于“一带一路”沿线国家和地区整体经济发展和信息产业水平差异很大，导致我国“一带一路”服务外包具体业务结构由于出口区域不同而呈现巨大差异。对于相对落后国家和地区来讲，相关基础设施投资、能源等方面的服务外包具有很大市场空间。硬件设施的建设往往需要配套服务的跟进，在其国内相关服务业发展还不充分的情况下，这些国家和地区需要通过服务进口来弥补，为我国服务外包企业“走出去”提供了市场。以高铁出口来说，轨道交通设备及高速车辆出口还带动了运营、管理、养护、维修、安全监控等后期运维服务及相关人才技能培训服务的出口。对于需要发展高铁、机场、公路等基础设施的沿线国家和地区来说，与基础设施投资相关的服务外包就能获得发展。而对于经济发展水平和信息产业基础较为完备的沿线国家和地区来说，尤其是第三产业相对发达的国家和地区来讲，除信息技术外包之外，业务流程外包及知识流程外包均具有较大发展空间。此外，在沿线国家和地区有些制造业基础比较良好的国家，制造业外包具有很大需求。总之，“一带一路”沿线服务外包由于各国和地区的经济基础、产业条件等因素存在很大差异，从而在不同国家和地区的服务外包业务范围也具有较大差异。

### （五）新兴服务外包领域具有很大发展空间

随着“一带一路”沿线国家和地区的信息技术水平不断提高，其互联网、大数据、移动电子商务等新兴服务业态也逐渐壮大，势必产生大量新兴服务外包需求，为我国新兴服务外包的出口提供了潜在市场。此外，随着我国“一带一路”对外投资合作的加深，企业“走出去”所需的生产性服务业种类、标准逐渐提高，将会产生更多的工业技术服务、信息化解决方案、专业服务需求，BPO 和 KPO 等企业中高端服务外包逐渐增加。据中国服务外包研究中心研究，我国与“一带一路”沿线服务外包应深化七大领域合作，分别是：信息技术运营维护和工程技术服务、供应链管理服务、检验检测服务、云计算、数据处理分析和电子

商务平台服务、软件研发和技术服务、工业设计和IC设计服务、医疗和医药研发服务。这些领域未来有可能成为我国“一带一路”服务外包的主要领域。

### （六）我国“一带一路”服务外包与对外投资协同发展

根据《国际服务外包产业发展“十三五”规划》，深化“一带一路”相关国家合作，推动“装备＋服务”“工程＋服务”和中国服务标准的国际化进程，开展工业、能源、软件和信息技术、文化创意、金融、交通物流等领域的跟随服务，“一带一路”将成为我国对外投资的重要市场。国际经验表明，企业对外投资需要服务先行，我国跨国公司“走出去”开展对外投资也不例外。我国“一带一路”服务外包的发展有力地推动了我国对外投资项目的落地，为对外投资提供了必需的配套服务支持。由于“一带一路”沿线国家法律制度、社会政治、宗教文化、经济条件和商业环境等差异很大，投资往往具有很大的风险，投资过程极具复杂性和不确定性，企业对投资咨询、法律顾问、风险管理、应收账款等外部高水平专业性服务产生巨大需求，需要大量先进生产性服务的支持。随着“一带一路”建设广度与深度的推进，我国与沿线国家和地区在贸易、能源资源、金融、旅游、文化以及生态环保等方面不断加强对接与合作，涉及服务外包产业合作领域将不断扩大，从而带动中国与沿线国家服务外包产业合作，“一带一路”对外投资规模扩张将为我国服务外包企业带来新一轮国际化浪潮。反过来，“一带一路”服务外包的发展也有力地促进了我国在“一带一路”沿线国家对外投资的扩大。服务外包在对外投资前期、中期和后期都发挥着至关重要的作用，很大程度上影响了对外投资的成本与收益。因此服务外包与对外投资合作有望形成相互辅助、互相促进、相互提升的局面，形成良性互动循环局面。

## 四、“一带一路”服务外包对我国服务业开放的促进效应

### （一）“一带一路”服务外包有利于促进我国服务业转型升级

母国相关市场效应对于一国和地区产业国际竞争力具有重要支撑作用，这是波特国家竞争模型强调的重要因素之一。反过来，相关产业国际市场占有率

的扩大将进一步带动母国相关产业的开放发展。就我国来看，通过“一带一路”获得的服务外包边际增量可通过产业关联和波动效应促使我国信息服务产业的发展。另外，随着新一轮信息技术革命的突破，基于互联网和现代信息技术的服务外包产业不断与其他产业融合，制造业、批发零售业、交通运输业、能源业、金融业、医疗卫生健康业、生活性服务等垂直行业与信息产业协同发展趋势加强，因此，服务外包产业的发展不仅促进信息产业的增长，而且对其他产业的转型升级具有强大支持作用。再者，基于低成本优势的传统发展模式已不能适应新阶段发展。“十三五”期间我国离岸服务外包产业面临着严峻的向高起点迈进的挑战。国际市场开拓难度有所增加，通过“一带一路”服务外包的发展，可以搜寻到新型发展机会，以突破全球价值链低端锁定陷阱，加快产业转型升级。

### （二）“一带一路”服务外包促进了我国与沿线国家和地区服务贸易增长

近年来，我国与“一带一路”沿线国家和地区服务贸易进出口总额由2012年的17979.9亿美元增加到2016年的19373.9亿美元，平均增速为1.9%①。2016年我国与沿线国家贸易额占我国贸易总额比例由25.4%上升至25.7%②。服务外包是服务贸易出口的重要方式，而且是新兴服务贸易领域的主要贡献力量。因此“一带一路”服务外包的发展不仅促进了我国与其服务贸易的发展，也有助于提升我国对沿线国家服务贸易行业结构。“一带一路”沿线国家和地区大部分还是发展中经济体，通过“一带一路”倡议扩大了我国服务贸易与服务外包在发展中国家和地区的市场份额，从而有助于我国服务贸易国际市场多元化格局进一步形成。在传统服务出口市场包括美国、日本、欧盟、中国香港等得到巩固的同时，新兴“一带一路”市场份额继续扩大，增强了我国服务贸易抵御国际市场变动风险的免疫力。另外，“一带一路”沿线分布着诸多新兴和转型经济体，它们的服务贸易还刚起步，对技术、金融、管理和人力等高级生产要素需求比较迫切，正好为我国服务外包相关优势领域进入这些市场提供机遇，从而提

① 商务部．中国服务贸易发展报告(2017)．

② 中国一带一路官网．https://www.yidaiyilu.gov.cn/xwzx/gnxw/33799.htm.

升高附加值服务贸易的国际竞争力。

### （三）“一带一路”服务外包为“中国服务”标准走向国际化提供契机

国际贸易的竞争很大程度上在于标准、规则和话语权的博弈。我国虽然是贸易大国，但在国际贸易规则的制定方面还不具有决定性影响力。通过“一带一路”这个平台可以推广中国标准，尤其是在我国具有一定比较优势的先进领域。相对有些“一带一路”沿线国家和地区，我国服务外包技术与质量水平具有显著优势。因而，在承接“一带一路”服务外包时，我国逐渐形成统一、透明的服务标准，有利于培育优质中国服务外包品牌，增加我国服务外包在标准设定上的话语权，从而进一步提升“中国服务”竞争优势并为我国高端服务外包业务提供了巨大市场。在一些市场空白的地区和领域，通过抢占先机率先构建与推广我国的行业、技术、服务标准，在相关国家和地区逐步建立有利于我国的中高端外包标准和规则制定主导权。

### （四）“一带一路”服务外包带动服务贸易人才结构提升

服务外包的价值创造在于按比较优势进行分工协作，价值链活动分解将创造大量新的工作机会，尤其是产生大量高技术含量的就业岗位。服务外包产业对人才知识、技术及综合素质要求较高，使服务外包产业成为知识型、复合型人才的重要培育摇篮。通过承接服务外包可以促使服务外包人才不断提高自身业务综合能力。2018 年我国普通高校毕业生将达 820 万，大学生就业形势仍十分严峻。而服务外包雇员构成中有近 70% 为大学毕业生，服务外包产业成为吸纳大学生就业的重要产业部门。随着“一带一路”服务外包市场潜力不断被挖掘，促进我国外包总体承接规模不断扩大，进一步扩大对高学历人才有效需求。而且服务外包业务内涵已逐渐升级，开始由非核心业务向更高层次的系统解决方案和价值创造转变，从而对服务外包人力资本要求更高，对高学历服务外包人才的需求更大。通过“一带一路”扩大了我国承接服务外包规模，从而对服务外包人才规模的扩大产生积极作用。而服务外包人才的壮大为我国服务贸易发展提供了充备的人才资源基础，从而进一步推动服务贸易相关产业发展。

### （五）“一带一路”有利于促进中西部服务外包产业发展

“一带一路”倡议为中西部服务外包发展提供了机遇。我国中西部地区处于亚太经济圈和欧洲经济圈的中间地带，在“一带一路”倡议实施中发挥着重要作用。“一带一路”倡议的推进扩大了我国中西部地区与俄罗斯、中东欧甚至西北欧等国际服务外包发达地区的经贸联系，从而使得我国西部地区服务外包与服务贸易获得更多发展机会，有利于缓解我国东西部地区间服务贸易发展的不平衡，带动我国中西部地区发展。相关研究指出，西北经济区域信息技术发展程度变量指标对“一带一路”国际服务外包承接竞争力具有显著正相关（戴军和韩振，2016）。随着“一带一路”建设步伐加快，我国中西部地区将大幅提升我国中西部地区基础设施、营商环境及产业条件，带动更多国内外服务外包企业瞄准中西部进行产业布局或转移，使中西部地区低成本要素优势得以有效发挥。“一带一路”为更多中西部企业参与国际化项目、培养国际化人才提供了绝好机遇与平台，为中西部服务外包企业国际化经营打下良好基础。

## 五、政策与建议

“一带一路”服务外包产业具有很大发展潜力，但也应充分清醒地意识到，我国内地离岸服务外包市场主要来自美国、日本、中国香港等发达市场经济体，这些地区制度健全，商业文化发达，人口素质和技能水平较高，市场可预期程度较高。而“一带一路”沿线不少国家和地区还是处于经济转轨过程的发展中国家，经济发展水平、营商环境、法律法规等较不健全，与我国在语言、文化、宗教方面差异也较大，劳动力素质和技术水平偏低，虽然潜在市场需求很大，但我国企业对开展发展中国家的服务外包业务经验还不是很足，因此风险不可低估。为更好地促进我国“一带一路”服务外包市场的发展，提出如下建议。

### （一）构建“政府搭台、企业唱戏”政企合作模式发挥各自优势

政府主要在国家顶层的沟通和协调，沿线国家的投资环境、政策法规、商机等信息提供，相关公共服务平台搭建，专项基金扶持，财政与金融政策等方面发

挥自身优势与作用。着重发挥资源与信息对接功能，不仅加强我国与沿线国家和地区之间政策、资源与信息国际平台建设，为国内参与“一带一路”各市场主体和机构之间建立信息共享平台。涉及营利性质的经营性平台应该由企业来具体建设与运营，如郎坤为中国化工、中国建材搭建的平台运行就较为成功。在我国企业“走出去”过程中，政府应做好支持工作，充分了解“走出去”企业的真实需求，不断提高国际治理能力。

另外，有关国际市场开拓的成功案例可仿照中国香港的做法。在香港企业过去几十年的历史进程中，政府、半官方机构和各大商会“三位一体”的组合，是协助企业“走出去”的重要机制。而且各个机构各司其职，政府引导经济和企业发展大方向；半官方机构如贸易发展局、生产力促进局等扮演“探射灯”角色，集中力量国际贸易协商和市场开拓；中华厂商联合会、香港工业总会等各大商会则弥补政府部门和半官方机构的不足，通过分析研讨会、实地调研考察等方式，为企业会员提供新兴市场详尽的投资指南，以及金融、基建、商贸等各方面的具体需求的服务（梁海明，2016）①。

### （二）与国外先进服务提供商合作共同承接“一带一路”外包业务

一些跨国公司在华机构大都具有高水平国际化能力与经验，国内服务外包企业可与这些跨国公司开展战略与业务合作，共同开发“一带一路”服务外包市场。通过与在华跨国公司合作，一方面可以通过与发达国家和地区企业合作增加主动近距离接触先进技术的机会，学习其技术运营管理等经验，获得服务外包技术实力提升，反过来，也有利于我国企业承接“一带一路”沿线国家和地区的服务外包；另一方面还可以利用跨国公司在项目分析、风险管理、国际化运营等方面优势，保障服务外包项目的成功实施。相对来讲，我国企业的国际化经济还不是很多，与欧美等发达国家跨国公司相比国际化经营的整套经验还比较缺乏，与跨国公司在华机构进行合作共同开发“一带一路”服务外包市场不仅增强彼此之间的关系，为承接跨国公司欧美母国服务外包创造了机会，还可以有效地降低国际化经营风险。

---

① 梁海明．“一带一路”项目的风险防范应借鉴香港经验[EB/OL]．光明网（理论频道），2016.

### （三）利用境外经贸合作区、自贸区等平台促进“一带一路”服务外包产业

目前，境外经贸合作区已经成为推进“一带一路”建设和国际产能合作的重要载体和重要抓手，以及中国企业“走出去”的平台和名片。合作区不仅使中国优势产业在海外形成集聚效应，也降低了中国企业“走出去”的风险与成本。境外产业园区不仅为驻在国创造了就业、税收和技术进步，还主动承担社会责任，积极为当地经济和社会发展做贡献，树立了良好的中国企业形象。在实际运行中，我国企业集体入驻境外园区，共同应对当地政策市场变化、争取更多市场话语权，有效缓解了企业运营压力，降低了中国企业海外投资的风险。有企业负责人还建议，在境外产业园区形成全产业链，要想形成综合竞争优势，必须由政府牵头，大家抱团出海，集群式“走出去”。另外，融资难是困扰园区发展升级的一大阻力。企业在海外建设产业园区，投资周期长，回报率低，需要加强融资方面的政策支持。政策补贴不宜取消，考核标准应该更加充实完善。另外，自贸区建设是“一带一路”建设中的重要内容。据媒体报道①，截至 2017 年 5 月，我国已与 22 个国家和地区签署并实施了自贸协定，其中涉及“一带一路”沿线国家的有 11 个。而且与沿线国家的自贸区研究和谈判工作还在积极进行中，将与 20 个沿线国家推进自贸区建设。这些自贸区协定大都对服务业双边扩大开放做出了很多优惠，从而为双边服务贸易便利化发展创造了良好的政治环境。

### （四）“一带一路”服务外包要坚持稳步推进并注意防范风险

从总的方向来看，“一带一路”是一个重大倡议，通过支持沿线国家经济增长并同时增加我国与这些国家之间的经济融合，形成新的长期增长动力。政府及市场主体在开拓“一带一路”服务外包市场过程中要注重风险防范，实施稳步推进的策略。在政府方面，我国驻“一带一路”沿线国家大使馆应及时发布所在国政治动态信息，在保障中国企业、人员、财务等安全方面发挥最大限度的作用。经济商务参赞处对所在国投资政策、产业规划、法律法规等进行详细说明，

① 商务部．将与 20 个“一带一路”沿线国家推进自贸区建设[EB/OL]．中国证券网，2017－05－10.

多组织国际投资洽谈会、说明会等活动，加强与当地专业性商会、协会的密切联系，了解并分布所在国服务外包项目需求。在企业方面，我国服务外包企业在向“一带一路”沿线国家和地区“走出去”过程中，应仔细核准评估项目风险，充分做好前期相关可行性调研及风险预判。必要时聘请第三方评估机构对投资目的国进行风险评估，甚至通过实地考察切身感受对象国投资环境。

**参考文献：**

[1]姜荣春.“一带一路”下我国服务外包产业创新转型的路径[J]. 人民论坛, 2017(21).

[2]姜荣春. 一带一路促进服务外包产业大发展[J]. 服务外包, 2015(3).

[3]李庭辉. 中国国际服务外包发展现状与趋势[J]. 全球化, 2017(8).

[4]中国服务外包研究中心. 构建面向“一带一路”服务外包合作新体系(上、下)[N]. 国际商报(第 A06 版), 2016 - 06 - 24.

# Ⅳ 案例篇

# 案例一　2016 年度北京市服务外包产业发展报告

## 一、基本情况

### （一）北京服务外包规模

北京是中国服务外包的发源地之一，产业起步较早，基于产业雄厚基础，北京服务外包正在向高端化与国际化的方向发展。如图 4－1 所示，经历了 2015 年的调整之后，2016 年北京离岸服务外包执行金额达到 49 亿美元，相比 2015 年的 45 亿美元，同比增长了 9％。其中信息技术外包（ITO）为 30.8 亿美元，占北京离岸服务外包执行总额的 62.9％；业务流程外包（BPO）为 9.1 亿美元，占 18.5％；知识流程外包（KPO）为 9.1 亿美元，占 18.6％。2016 年在《商务部业务系统统一平台——服务外包及软件出口信息管理应用系统》（以下简称服务外包统计系统）中有业务登记的企业 400 家。详见图 4－2。

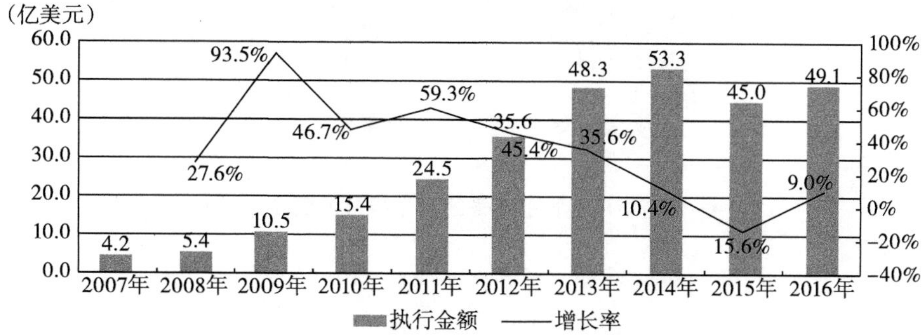


**图 4－1　2007—2016 年北京离岸服务外包规模及增长情况**

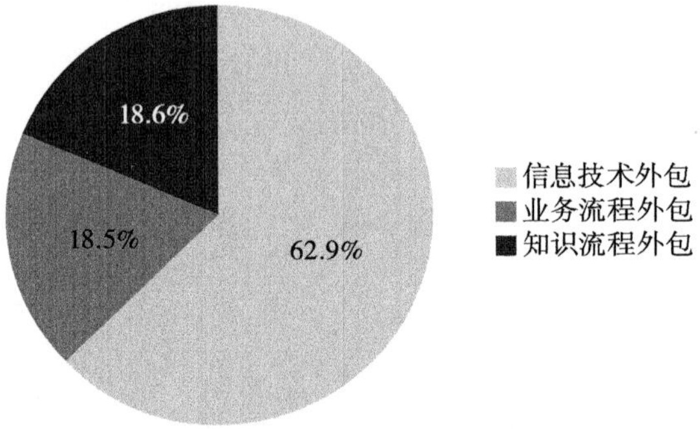


**图 4-2　2016 年北京离岸服务外包业务类型**

### (二)服务外包区域分布

北京市服务外包的产业布局,呈两翼带动型发展格局。作为中关村国家自主创新示范区核心区的海淀区,以及拥有中央商务区和国家文化产业创新试验区的朝阳区,这两个科技企业高度集聚的区,成为北京服务外包企业的重要集聚地。

从 2016 年各区离岸服务外包企业执行金额的数据上看,朝阳区为 19.0 亿美元,海淀区为 17.5 亿美元,两区合计占北京离岸服务外包规模的 74.5%。

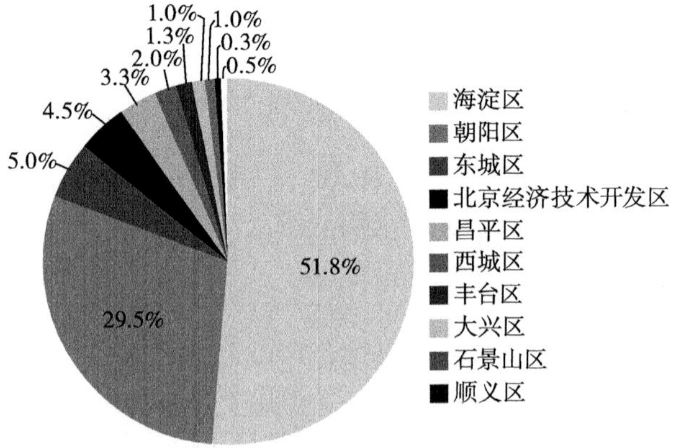


**图 4-3　2016 年北京市各区离岸服务外包企业分布**

### (三)服务外包国际市场结构

北京离岸服务外包业务来源丰富,欧美是最主要的市场。2016 年,北京服务外包出口国、地区达 81 个,其中美国位居第一,离岸金额达 20.23 亿美元,占 41%;名列前五的国家分别为:美国、爱尔兰、德国、瑞典和荷兰。欧洲服务外包业务总量达 18.47 亿美元,成为北京第二大的服务外包出口区域。

## 二、主要特点

### (一)北京服务外包业务特色鲜明

北京服务外包业务结构呈现 3∶1∶1 的结构。信息技术服务(ITO)是北京服务外包的主要业务内容,业务流程外包(BPO)和知识流程外包(KPO)已成为北京服务外包新的增长点。BPO 主要集中在跨国公司在京开展的共享中心管理、供应链管理、商务管理等业务内容,KPO 业务内容不断扩大,已从生物医药研发、动漫及网游研发等服务,扩展到面向汽车制造、能源、矿产行业的工程咨询等技术服务领域。

### (二)规模企业为北京离岸收入的主力军

北京已形成了稳定的服务外包规模企业群体。2016 年北京离岸服务外包收入超过 1 亿美元的大型企业达到 9 家,其业务总额占全市的 44.8%;业务额 1000 万~1 亿美元的大中型企业共 71 家,占企业总数的 20%,离岸服务外包收入占全市的 43%。

### (三)跨国服务机构成为北京不可忽视的重要力量

北京城市的高度国际化,成为跨国公司落户中国的首选。跨国公司在京开展服务外包业务的形式主要有以下三种类型:面向境内外市场的技术服务外包、面向其境外母公司的技术研发中心和共享中心的外包。通过对服务外包统计系统中数据的分析,2016 年有业务登记记录的北京跨国机构(含合资)的总数量为214家，占当年业务登记企业总数的53.5%，其离岸服务外包业务收入占到了北京市的85.8%。

## （四）新技术不断涌现，助力双创企业国际化发展

为推动大众创业、万众创新，结合北京“科技创新中心建设，构建‘高精尖’经济结构”工作，我市整合创新创业服务主体，融合资源渠道，探索联合孵化、跨境加速的互利共赢的新模式，通过举办交流活动、企业推介等形式，推动北京创新创业服务机构的海外布局，促成一批北京企业和技术“走出去”，吸引一批国际优秀项目和创新企业落户北京。

一是形成了良好的双创载体和服务体系。截至2016年底，全市共有双创服务机构350余家，众创空间212家，科技企业孵化器65家，大学科技园29家，全国双创示范基地20家，服务创业团队近3万个。双创服务机构的服务内容已由单点创业实践向人才、资源、项目服务和跨领域、国际化、一体化的专业服务方向转变。

二是企业创新获得专利成果卓著。2016年，我市万人发明专利拥有量达76.7件，同比增长25.1%；万名研发人员技术合同成交总额达105.5亿元，同比增长4.9%。我市服务外包企业“握奇数据”仅2015年一年就获得了4项专利。

三是北京双创走向国际。在“互联网＋”的大潮中，北京创新成果不仅在国内市场取得了成功，也开始走向国际市场。2016年，创业于北京的共享单车摩拜和OFO，把服务空间拓展到了新加坡、英国等地；东方灵盾公司向马来西亚国家知识产权局出售其研发的《世界传统药物专利数据库》，实现了京产专利数据库的首次出口；孵化于创新工场的“Yeecall”的境外通信应用，用户已从中东、北非扩散到了印度、东南亚，甚至美国、欧洲，受到用户好评。

## （五）新业态新模式推动服务外包高端化发展

北京在新兴技术领域起步早，在浓厚技术积累基础上，形成了产业集聚和高端人才优势。近年来，北京企业的新模式新业态不断涌现，引领了服务外包高端化发展。

一是已经初步形成了面向行业的大数据服务能力。我市服务外包企业重

点在大数据咨询能力、行业解决方案上发力,已经取得多项大数据服务的成功案例。如,博彦科技的“海云大数据平台”,在我国高速公路的交通管理和金融历史数据库上成功应用。

二是已经形成较为完整的移动互联产业链。我市企业对标国际标准,加大研发投入,在移动互联领域频出成果,完善了产业链的结构。如,寒武纪科技公司面向智能手机、可穿戴设备、智能驾驶等各类智能终端的“Cambricon－1A 处理器”;中科创达针对智能硬件,具备边缘计算和人工智能能力的“Turbox 平台”。

三是面向传统行业数字化转型服务成果显著。传统企业的数字化转型需求旺盛,为服务外包企业带来了巨大商机。我市企业面向长期服务的老客户,积极开展数字化转型服务,为客户打造新业务模式。如,文思海辉的“互联网金融数字银行核心系统”,为某银行打造了新一代“互联网数字银行服务应用系统”;中软国际与华为合作的“烟草行业云平台联合解决方案”,支撑了国家烟草专卖局“四纵一横”的五大应用。

四是众包平台创新服务外包模式。针对中小企业碎片化需求繁杂、找供应商难、撮合成本高、项目实施过程无监管、产品交付质量无法保障等问题,利用云计算、大数据技术,搭建众包平台,为服务外包的远程交付和工作管理提供了新的手段,成为被众多企业采用的新型交付方式。如,软通动力的“Tonelink 平台”、中软国际的“解放号”平台、文思海辉的“文小包”平台、博彦科技的“Device pass 测试平台”等众包平台项目,都取得了较好的应用成果。

## 三、政策措施及成效

### (一)紧跟“一带一路”倡议,推动服务外包国际创新合作

为对接国家“一带一路”倡议,我市依托中国国际技术转移中心、亚欧科技创新合作中心、中意技术转移中心、北京—特拉维夫创新合作中心等国际科技合作平台,打造国际品牌性科技创新交流活动,促进科技资源互联互通,提高北京企业整合全球创新资源的能力。充分利用在硅谷、特拉维夫、伦敦、赫尔辛

基、慕尼黑等重点区域和城市的海外联络处布局,加强与相关技术机构和顶尖人才的互动沟通,支持北京市各类机构在“一带一路”沿线国家共建科技园区、重点实验室、研发基地和海外孵化基地,承接海外工程项目等。

2015 年 12 月,北京佳讯飞鸿电气股份有限公司成功中标肯尼亚“蒙内铁路通信项目”,包含调度通信、应急通信、光缆监测、电脑叫班四个系统。2016 年中科创达公司以 6400 万欧元收购总部设在芬兰赫尔辛基的智能车载交互技术公司 Rightware,顺利进入欧洲市场。

### (二)借助“制造 2025”强国战略,全力打造“北京服务”品牌

2015 年 12 月,我市发布《〈中国制造 2025〉北京行动纲要》,其核心目标就是要把北京打造成为京津冀协同发展的增长引擎、引领中国制造由大变强的先行区域和制造业创新发展的战略高地。支持有条件的企业由提供设备向提供系统集成总承包服务、由提供产品向提供整体解决方案转变,发展设计、测试和运营维护、数据信息等增值服务业态。为北京服务外包企业转型升级,全力打造“北京服务”品牌提供了重大发展机遇。

### (三)服务外包企业优化布局,辐射带动区域外包产业发展

作为全国服务外包示范城市,我市按照京津冀协同发展规划要求,充分利用政策优势、人才优势、科研优势与总部优势,不断追踪外包业务、模式及标准的全球前沿,鼓励企业向基于创新的智慧服务发展,并按照产业链和价值链分工模式向有支撑条件的地区转移,优势互补,错位发展,服务外包产业正在从规模扩张向以质量为核心发展转型,截至 2016 年底,我市重点跟踪调研的 15 家企业已在海外设立分支机构 25 家,其中,美国 11 家,日本 9 家,中国香港 5 家;同时,在境内设立分支机构 161 家。北京服务外包企业已经开启全球资源优化布局,辐射带动作用明显。

### (四)严格落实财政支持政策,帮扶企业做大做强

继续发挥财政资金的杠杆作用,将创新支持内容及方式落到实处。一是设立外经贸引导基金,政府出资 5 亿元,撬动社会资本 5.3 亿元,以股权方式投资

外经贸企业；二是设立外经贸担保服务平台，按年运营不低于5亿元的规模对我市外经贸企业提供融资担保；三是加强政策集成，设立“政保贷”融资服务平台，通过简化评估手段、优化审批流程、提高企业资信、扩大贷款额度，解决企业融资难、融资贵问题；四是发挥中国出口信用保险公司等保险专业机构的作用，市商务委、北京外汇管理部、中国出口信用保险公司三家通力合作，共同推动以保险手段加快服务贸易发展。2016年，全市共拨付外经贸专项资金5687.72万元，涉及企业99家次，用于支持企业境外设点、租赁办公场地、人才培训、扩大外包业务、提升服务能力、开展实习实训等。

### （五）加强服务外包前瞻研究，紧密跟踪行业动态

为了顺应技术发展、市场变化，我委建立了服务外包研究体系和信息机制，在第一时间把握业态的变化。在信息机制方面，结合北京服务外包企业协会的中介作用，建立了每月定期编印《服务外包动态》和不定期开展调研会、政策交流、问卷调查、企业访问等相结合的工作机制，及时把握了产业和企业的发展状况和转型升级态势。2016年编印《服务外包动态》12期、电子期刊22期。在研究体系方面，每年确定不同专题，针对服务外包产业的发展趋势、市场格局，业态变化等各个方面开展研究并形成报告。

通过与北京服务外包企业协会开展共同研究的方式，已完成北京服务外包年度发展报告、国际服务外包市场、服务外包业态等系列的研究报告。2016年度的研究报告有：《2016北京服务外包产业发展报告》《2016北京服务外包国际化发展战略研究——欧洲篇》《北京服务外包新业态调研报告》。

### （六）发挥协会桥梁纽带作用，搭建产业服务平台

发挥好行业协会组织连接企业、政府和市场的纽带作用，有效推动了服务外包行业对接与区域合作。通过行业协会组织，搭建了国际合作网络和国内市场的对接渠道与平台，精选国际、国内重点会议与展览活动，委托行业协会定期组织企业参会，展示企业技术能力、树立北京服务品牌形象、开展市场交流对接，有效拓展了国际国内市场渠道。如，北京服务外包企业协会与美国、日本、印度、波兰、新加坡、澳大利亚和中国台湾、中国香港等国家和地区的行业组织

建立了稳定的合作关系。每年组织企业赴美国、日本、印度、中国台湾等国家和地区参加高德纳外包峰会、印度服务业大展等行业会展，开展技术交流和市场对接，已经在目标市场形成了一定影响力。在京交会上承办的“软件与信息服务国际企业对接会”成功搭建了对接国际企业、对接行业用户的项目对接平台，收效显著。

# 案例二　2016 年度苏州市服务外包产业发展报告

自 2009 年获批中国服务外包示范城市以来，苏州市依托开放型经济优势和生产制造业，大力发展服务外包，服务外包产业规模从小到大实现了跨越式发展。2016 年以来，苏州市又紧紧抓住国务院赋予苏州市开展服务贸易创新发展试点的战略机遇，深化服务外包体制创新，推动业态结构高端化发展，产业的国际竞争力显著提升。2016 年，苏州市服务外包出口收汇 33.99 亿美元，稳居全国第一方阵和江苏省首位，服务外包产业呈现出"量增质升"的发展态势。

## 一、加快示范城市建设，推动产业持续健康发展

苏州市服务外包产业发展环境和总体水平居于全国前列。2014 年度和 2015 年度中国服务外包示范城市综合评分排序中，苏州市分别以综合得分 163.37 分和 170.6 分名列第四，2016 年，苏州市服务外包产业持续稳定发展，呈现以下特点。

### （一）产业规模稳步增长，离岸执行额占全国近一成

2016 年，全市新登录服务外包企业 387 家，累计达 3243 家，完成接包合同额 128.45 亿美元，离岸执行额 66.88 亿美元，同比分别增长 7.80% 和 6.74%。全市接包合同额和离岸执行额分别占全省总额的 26.53% 和 30.19%，占全国总额的 8.72% 和 9.5%，产业规模继续保持在全国、全省位次。

### （二）离岸业务健康发展，外包收汇水平全省领先

根据国家外汇管理局国际收支平衡表（BOP）统计，2016 年苏州市服务出口收汇额 58.88 亿美元，占当年服务外包离岸执行额 66.88 亿美元的 88.03%，同期无锡市、南京市的离岸执行收汇水平分别为 15.85%、35.49%。2016 年，苏州市有离岸外包业务的企业服务贸易收汇额为 33.99 亿美元，占全市外包离岸执行额 66.88 亿美元的 50.82%，苏州市离岸外包收汇水平居于全省首位。

### （三）业态全领域覆盖，产业结构向高端攀升

苏州市实现了信息技术外包（ITO）、业务流程外包（BPO）和知识流程外包（KPO）领域共 35 个类别的全覆盖发展，并形成软件研发、信息技术服务、工业设计、生物医药研发等四大服务外包优势业态，四大优势业态离岸执行额占全市离岸执行总额的 59.97%。2016 年离岸执行 ITO、BPO 和 KPO 分别占全市离岸执行总额的 22%、11.25% 和 66.75%，代表高端服务外包的离岸执行 KPO 占比分别高于全省、全国 31.65 和 40.27 个百分点。以工业设计、工程技术、生物医药研发为主的 KPO 在全市外包业态中占主导地位，服务外包产业结构不断向高端攀升。

### （四）市场以境外为主，深层次开拓市场显成效

苏州市服务外包企业参与国际化程度较高，业务以离岸为主，2016 年全市离岸执行额占合同执行总额的 69.32%，高于全省 15.04 个百分点。全市共承接了 110 个国家地区的离岸服务外包业务，超千万美元的国家和地区共 33 个，美国、日本、新加坡、德国、韩国、荷兰、瑞士、卢森堡及中国台湾、中国香港。成为我市十大发包来源国、地区，占总额比重的 83.78%。承接“一带一路”国家和地区服务外包离岸执行额 7.14 亿美元，占全市离岸执行额的 10.67%，同比增长 38.71%。

### （五）企业服务能力提升，发展向创新驱动转变

2016 年，苏州市共有金唯智生物科技、凌志软件等 15 家企业获评为“中国

服务外包成长型企业”，数量列全国首位。自 2014 年到 2016 年，全市累计通过 CMM/CMMI3 级以上企业数 21 家，累计通过 ISO27001 国际认证的企业数 35 家。2016 年，苏州市技术先进型服务企业达到 96 家，居全省第一和全国第三。苏州工业园区凌志软件股份有限公司研发出为互联网证券业服务的“智能化数据管理平台”，苏州大宇宙信息创造有限公司结合对日外包形成的“人工智能对话技术”，开发出适合国内大型企业的“CRM 客户关系管理产品”。苏州市服务外包企业的技术能力和专业服务水平不断提升，已由成本驱动向创新驱动转变。

## 二、主动融入国家战略，带动促进成效显著

近年来，我市服务外包产业主动融入“中国制造 2025”“战略性新兴产业”“创新创优”等国家战略的落实和实施，取得了明显成效。

### （一）与制造业融合发展，力推“苏州制造”向“苏州智造”转型

苏州市深入实施“中国制造 2025”，坚定制造强市战略，大力推进服务外包产业全方位参与两化融合、智能制造，坚持制造与服务相结合，引导制造业服务化发展，提升苏州制造价值含量。一方面，依托苏州的制造业优势，搭建制造业服务化的技术交流、业务合作平台。大力引进各类共享服务中心，鼓励企业将研发设计、采购、物流运输、订单处理、销售等环节服务外包，实现生产型制造向服务型制造转变。另一方面，加强制造业应用软件开发，向客户提供全方位的技术解决方案、研发设计和咨询服务。主动融入智能制造，以 MES（制造业生产过程执行系统）为中心重点发展与智能制造、企业生产全过程有关的软件开发，为制造业企业实现信息化转型发展提供技术服务，全力推动“苏州制造”向“苏州智造”转型，为“中国制造 2025”作出贡献。

### （二）与战略性新兴产业结合，引领全市生物医药产业国际化发展

近年来，苏州市以纳米、太阳能应用、医疗器械与新医药等为代表的战略性新兴产业发展迅速。以生物医药产业为例，苏州市以工业园区生物医药、高新

区医疗器械、吴中区生物医药、昆山小核酸、太仓生物医药等五大产业园为主要载体，带动全市生物医药产业发展。

2016 年，苏州信达生物、诺华制药、礼来苏州、百特医疗、药明康德、汉德创宏、金唯智、东曜药业、住友制药、太仓制药厂研发中心、福英基因、信乐美医药、天马精细化学品等 14 家生物医药研发龙头企业离岸执行额均超千万美元以上，合计金额 3.58 亿美元，占全市生物医药离岸执行总额 4.76 亿美元的 75.28%，带动了全市生物医药产业的国际化发展。

### （三）与互联网、大数据战略相结合，形成一批规模大、业态新、示范强的平台企业

2016 年，苏州市积极推动国家大数据战略，制定出台《关于促进大数据应用和产业发展的若干政策意见》，正式发布《苏州市大数据产业发展规划》。成功举办 2016 中国（苏州）数字经济与创新发展大会，组建了苏州市大数据产业联盟，积极筹建苏州市大数据产业引导资金、大数据产业发展基金。苏州市深入引导互联网、大数据战略与重点服务业产业相结合，形成了一批规模大、业态新、示范强的平台企业。

2016 年，中国移动苏州研发中心的“大云大数据产品及其应用”获工信部优秀成果与应用奖，“大云大数据平台”获中国信息通信与“互联网 +”应用优秀成果金奖。蓝海彤翔通过“众智”“众筹”等新型商业模式，打造了全球第一个支持文化创意在线创作的“创意云”平台。同年 9 月，蓝海彤翔成为首批由财政部牵头的国家中小企业发展基金 9 家签约企业之一，形成“互联网 + 文化创意 + 金融”的新型产业生态，对全市文化产业转型升级起到了积极的引领作用。

此外，张家港市形成了“互联网 + 现代物流” 物润船联中国“内河航运物流智慧平台”“互联网 + 综合服务”的电子口岸综合服务平台、一达通、慧贸通和外贸综合服务平台。张家港的国泰新点在“互联网 + 政务服务”领域积极探索新技术、产品、方案，截至 2016 年统计数据，其政务服务业务覆盖全国 26 个省、直辖市，共积累了近 300 多个案例。

## （四）与“一带一路”倡议相结合，构建苏州“带路”建设新格局

苏州市抓住“一带一路”倡议机遇，在国家开放大布局中发挥先行先导作用，支持有条件企业加快建立面向全球的贸易、投融资、生产、服务和研发网络，努力成为国际资源的整合者，在全球市场拓展新的发展空间。“苏满欧”国际运行班列，是苏州市开辟的不经过新疆阿拉山口的新的向西战略大通道，2016 年该班列运量 5.9 万吨，系全国第二名。同期，苏州市企业在“一带一路”沿线投资 42 个项目，中方协议投资额 10.29 亿美元。其中在埃塞俄比亚投资了东方工业园，吸引入园企业 82 家，上缴埃塞政府各项税收 6830 万美元，创造就业岗位 14650 人，是埃塞俄比亚首个开发区，有效带动了当地工业化发展。

2016 年，苏州市服务外包企业积极融入“一带一路”倡议，承接“一带一路”沿线国家离岸执行额 7.14 亿美元，同比增长 38.71%，高于离岸执行总额 6.74% 的增速。全市共承接 44 个“一带一路”沿线国家离岸外包业务，其中对新加坡、马来西亚、泰国、土耳其、俄罗斯、捷克、印度、孟加拉国、波兰、菲律宾等 10 个国家的离岸执行额超千万美元，金额占比 93.08%。“一带一路”离岸执行额占全市离岸执行比重 10.67%。

## （五）与国家人才战略相融合，成就“千人计划”“创新创优”的亮点

苏州市在实施“重大创新团队”“千人计划”“创新创优”等国家人才战略中涌现出越来越多的从事服务外包的企业。2016 年，苏州市启动实施“重大创新团队”计划中，信达生物制药（苏州）有限公司董事长俞德超（单克隆抗体新药）、中科苏州地理科学与技术研究院周成虎（遥感大数据）等率领的 2 家服务外包的企业团队入选。同年，苏州市新增国家“千人计划”人才 32 人，累计达至 219 人。其中创业类人才 120 人，名列全国大中城市第一、新增省“双创”人才 104 人，累计达 683 人，连续 10 年位列全省第一。信达生物制药（苏州）有限公司、天演药业（苏州）有限公司、花桥华拓数码科技（昆山）有限公司等一大批从事服务外包研发和技术服务的企业，已成为苏州实施“千人计划”“创新创优”国家人才战略中的亮点企业。

## 三、发挥辐射带动效应，助推开放型经济转型升级

苏州市服务外包示范城市建设的辐射带动效应显著，为优化全市开放型经济结构、推动制造业转型升级，区域经济发展贡献日益增强。

### （一）促进了外贸发展方式的转变

一是成为我市外贸出口增长新的推动力。2016 年，苏州市服务外包离岸执行额占全市一般贸易出口比重 12.62%，比“十二五”初 2010 年的 4.1% 增加了 8.52 个百分点，对苏州市外贸出口转变发展方式起到了促进作用。

二是成为我市服务贸易出口的主力军。根据国家外汇管理局国际收支平衡表（BOP）统计，2016 年苏州市服务外包出口收汇额 33.99 亿美元，占全市国际服务贸易出口收汇额 63.13 亿美元的 53.84%，占全省国际服务贸易出口收汇额的 31.08%。

### （二）带动了利用外资质量的升级

苏州市加大对服务外包产业的招商力度，在各地区现有的招商平台基础上，组建专业的服务外包产业招商团队，着力吸引智能制造、生物医药、新能源、新材料等，新型产业与技术项目。加大跨国公司研发设计、物流配送、采购销售和其他共享服务中心、行政管理总部的招商力度。截至 2016 年数据统计，全市服务业、战略性新兴产业，高技术项目实际使用外资占比，分别达到 42.9%、50%，累计引进各类外资地区总部、功能性企业 260 家。

全市新引进和形成的具有地区总部特征或共享功能的外资企业 30 家，包括地区总部 16 家、营销及采购中心 3 家、物流配送中心 3 家、财务结算中心 3 家、研发中心 4 家，其他功能性机构 1 家。其中，地区总部多为中国区总部，部分功能性机构履行跨国公司的亚太区研发、营销等共享服务职能，功能层级较往年有显著提升。

服务外包产业的深入发展，带动了全市利用外资质量水平不断升级，综合溢出带动效应明显。

## （三）促进了境外投资领域结构优化

我市境外投资领域呈现制造业、服务业、资源开发、高科技四业并举的发展格局，尤其是商务服务业、信息传输、计算机服务及软件业投资项目增长迅速。

2016 年，我市新增第三产业境外投资项目 229 个，占比 68.6%，同比增长 25.1%。其中商务服务业类投资项目 43 个，中方协议投资额 3.8 亿美元，占比 12.1%，信息传输、计算机服务及软件业投资项目 25 个，中方协议出资额 2.5 亿美元，占比 7.8%，同比增长 2.3 倍。

同年，苏州蜗牛数字科技股份有限公司在美国投资 1.2 亿美元建立方舟游戏公司，江苏广和慧云科技股份有限公司在中国香港投资 2000 万美元建立城市产业互联网运营有限公司，益新（中国）有限公司在中国香港投资近 2000 万美元建立中国基因工程有限公司。我市服务外包信息软件企业和研发企业走向境外，促进了我市境外投资结构的优化。

## （四）推动了区域经济的特色发展

截至 2016 年，苏州市已形成了“1 + 2 + 8”服务外包发展架构，即 1 个国家级示范基地、2 个省级示范城市和 8 个省级示范区。

工业园区是“全国服务外包示范基地”；昆山市、太仓市是“江苏省服务外包示范城市”；花桥经济开发区、苏州高新区、吴中经济开发区等 8 家开发区是“江苏省国际服务外包示范区”。苏州工业园区以国际科技园、苏州生物纳米科技园、2.5 产业园等为主要载体，发展软件开发、生物医药、研发设计、动漫创意、共享中心等服务外包业态，全力打造中国服务外包产业第一园。

苏州高新区依托科技城和创业园，努力发展软件开发、医疗器械研发与知识产权认证等外包业态。昆山市、太仓市、常熟市分别在金融 BPO、生物医药研发、汽车研发等服务外包领域集聚发展、成效显著。

## （五）拉动了制造业向价值链高端发展

截至 2016 年，我市已有 IBM、富士通、凯捷等 30 余家世界 500 强、全球服务外包 100 强和国内服务外包十大领军企业落户发展。

依托制造业高度集聚的产业优势，苏州市积极争取跨国公司把研发中心、结算中心、物流中心等多种类型的共享服务功能性机构转移至苏州。如：丰田汽车研发中心、华硕科技研发中心、强生财务共享中心等。跨国公司功能性机构的纷至沓来，带动了服务外包产业发展，同时也促进了制造业转型升级。2016年，苏州市现代制造业和高技术产业项目数、注册外资分别占制造业42%、51%。车用新材料、新能源电池、核心零部件、房车设计等汽车产业细分领域，单克隆抗体药物、新型诊断试剂、3D生物人工组织等生物医药产业细分领域，机器人、环保设备、工业测试设备等高端装备制造产业细分领域，均得到进一步拓展。外资制造业新型产业链逐渐形成，成为苏州建设具有国际竞争力的先进制造业基地的生力军。

## 四、强化政策体制创新，营造良好产业发展环境

苏州市发挥市国际服务外包领导小组成员单位及相关部门的作用，举全市之力，深入发展服务外包产业。2016年，各地区、各部门出台了一系列政策措施，在体制机制和发展模式上创新发展，对全市服务外包产业持续健康发展起到了积极的引导、推动作用。

### （一）注重国家试点创新，先行先试为全国推广积累经验

2016年2月，国务院批准苏州市开展服务贸易创新发展试点，苏州市围绕试点要求，经过深入调研，制定了试点实施总体方案和运输、金融、知识产权、国际维护和维修、服务外包、文化、旅游等七大重点领域创新发展试点行动计划。其中《苏州市服务外包产业创新发展试点行动计划》提出了九项实施措施和三项保障措施，不断创新服务外包体制机制，推动苏州市服务外包产业在高平台上继续稳定发展。

2016年，苏州市服务贸易创新发展试点工作取得了阶段性成果，如积极开展全球维修保税业务试点，推动加工贸易企业由原来的加工制造环节向后期检测维修服务延伸，有效拓展企业市场空间，已形成了“1+2+8”服务外包基地发展架构。即拥有1个国家级示范基地、2个省级示范城市和8个省级示范区。

共上报商务部38项创新举措和做法，当年全市服务贸易实现了15%的增幅。

### （二）注重规划政策推动，全市产业促进政策日趋完善

进入“十二五”后，我市编制了《苏州市服务外包产业“十二五”发展规划》，2011年，出台了《苏州市服务外包产业新三年跨越发展计划》和《关于促进服务外包跨越发展的若干政策》，2014年修订了《关于促进服务外包跨越发展的若干政策》。

“十三五”以来，我市积极开展服务外包产业政策创新实践，2016年，出台了《苏州服务外包创新发展试点行动计划》，行动计划聚焦服务外包产业创新发展，在鼓励服务外包企业做优做强、增强自主创新能力、走出去国际化发展，外包主体高端化发展等方面提出了具体明确的措施，持续推动全市服务外包产业提升发展，实现从外包大市向外包强市的转变。

### （三）注重各级资金争取，引导和推动产业做优做强

2016年，苏州市获得国家资金8038万元，其中：人才培养4688万元，研发创新2612万元，占全省比重为40%。全市获得省级资金为3144万元，其中：龙头型企业300万元，骨干型企业630万元，成长型企业1270万元。占全省比重31.5%。市级财政兑现上年度服务外包资金3519.9万元，配套中央财政资金991.24万元。

苏州市获得国家级服务外包平台资金800万元。用于支持苏州药明康德新药开发股份有限公司、苏州国科综合数据中心有限公司、中美冠科生物技术（太仓）有限公司等6家公司的公共服务平台建设。各级财政资金的杠杆撬动，对苏州市扩大服务外包招商引资、促进服务外包企业做优做强、推动服务外包产业健康发展起到了积极的作用。

### （四）注重公共平台建设，支撑服务外包产业提升发展

苏州市重视服务外包公共平台建设。2016年，全市有一定规模的服务外包公共服务平台53家，其中生物医药技术平台13家、动漫文化技术平台8家、信息服务平台6家、人才培训平台6家、软件服务平台6家、检验检测平台6家、云

计算平台4家、物流平台3家、知识产权平台1家，形成了类别较全的平台服务体系。平台专业化水平较高，药明康德、昭衍等生物医药平台获得了AAALAC、GLP等国际认证，国科数据中心是亚洲首个获得国际TIER IV认证的数据中心。苏州市公共服务平台以其专业化的技术和公益性的定价，为服务外包企业提供技术和人力资源支持，助力企业承接国际服务外包合同，成为我市服务外包产业提升发展的重要支撑。

### （五）注重专业人才培养，形成多渠道、多层次培育体系

苏州市服务外包企业、园区、培训机构以及高等院校等各类主体积极参与服务外包人才培训工作，全市服务外包人才培训体系基本形成。苏州工业园区服务外包职业学院是国内首家服务外包学院，专门培育服务外包职业人才。2016年，苏州大学等6家学院获批江苏省高等学校服务外包类专业嵌入式人才培养项目15项。截至2016年，NIIT、IBM、思科等国际知名服务外包培训机构在我市设立了实训基地。全市已经认定的省级服务外包人才培训基地9个，市级服务外包人才培养培训基地49个。根据市人社局统计，2016年新增服务外包培训人员达1.54万人，占当年全部新增从业人员的4.49%。多渠道、多层次的培训体系为我市输送各级各类服务外包专业人才。

### （六）注重国际交流合作，推进企业参加境内外专业展会

组织企业积极参加北京中国国际服务贸易交易会、南京中国国际服务外包合作大会、杭州中国国际服务外包交易博览会等服务外包专业盛会，为服务外包企业提供市场开拓和交流的平台。

着力开拓国际市场，2016年成功组织80多家（次）企业参加中东国际IT信息技术及视听通讯展、美国国际视听、信息通信与技术展览会、美国生物技术大会暨展览会共20多个服务专业展会，推动苏州外包企业走向国际市场，提升苏州电子信息、生物医药研发等服务外包优势产业国际形象。

### （七）注重大院大所引进，为产业发展提供技术支撑

苏州市高度重视与大院大所的战略合作。截至2016年，苏州与238家国

内外知名高校院所建立起稳定的合作关系,建成1870个产学研联合体。其中,与中科院合作共建的科技创新载体达21家,占中科院在全国布局总数的20%。苏州高新区引进了中科院医工所、浙大工研院、华东理工工研院、中科院地理所、苏州医用机器人研究院等近百家科研院所和研发机构,形成了以科研院所为核心,企业研发机构、第三方技术服务机构共同发展的格局。据统计,目前苏州已有国家级、省级、市级企业技术中心分别为24家、423家、1242家。全市大中型工业企业和规模以上高新技术企业研发机构建有率为93.09%,排名全省前列。布局合理、功能完备的研发机构建设格局,为苏州服务外包产业发展、产业优化升级、转变经济增长方式提供了有力支撑。

### (八)注重引导支持,完善知识产权服务产业链

苏州高新区建成国家知识产权服务业集聚发展示范区,目前全国仅有3家。截至2016年,集聚区累计引进服务机构超过80家,品牌服务机构和品牌服务机构培育单位占比超过40%,集聚区内知识产权专业人才总数超过2400人,其中重点服务机构包括北京三友、北京万慧达、七星天、中商所等,大大加强了区域高端知识产权服务能力,进一步完善了集聚区知识产权服务产业链。加强对知识产权服务业的引导与支持,对符合条件的新设立的专利代理机构、知识产权服务机构以及国家级品牌机构进行扶持与奖励。推动成立苏州市知识产权服务业商会,搭建苏州市知识产权服务超市,通过“互联网+”公共服务平台的建设,截至2016年,已有70多家机构成为服务超市的成员,机构店铺57家。培育引进专业的知识产权运营机构,智慧芽、七星天、派富、江海等知识产权运营机构正逐步开展国际知识产权服务业务。

### (九)注重出口检疫创新,推动生物医药研发产业加快发展

2016年,苏州检验检疫局进一步完善苏州工业园区出入境特殊物品卫生检疫改革试点政策,制定新的出入境特殊物品卫生检疫监管操作规程,扩大了集中监管平台的运行范围。与百拓及药明康德公司合作,完成出入境生物制品病毒安全性检测平台建设。

苏州局在全国率先开展入出境特殊物品病毒检测、支原体检测和符合性检

测方法的实施，提升了卫生检疫审批、查验和监管的有效性，特殊物品入出境驶上了快车道，目前该项政策已在全国推广实施。

### （十）注重发展模式创新，共享服务中心成为外包独优业态

共享服务中心是苏州市服务外包产业与本地区产业基础相结合而形成的服务外包特色业态。跨国公司继制造业转移后展开了新一轮的服务转移，各种类型服务外包内需旺盛。苏州临近跨国公司总部密集的上海，基于自身的区位、成本等优势，充分利用跨国公司集聚优势，吸引其共享服务中心落户，使之成为服务外包领域的独优业态。

2016 年，我市积极吸引跨国公司在依托原有的制造业企业设立地区总部、研发中心、共享中心和交付中心等功能性机构。以苏州工业园区为例，2016 年，园区制造业企业中有服务出口的企业超过 500 家。有一定规模的共享服务中心 30 多家，从业人员 5000 多人，年服务收入超 15 亿元，缴纳税收超过 3000 万元。苏州市通过发展共享服务，品牌企业辐射效应显著，扩大了服务经济总量，增加服务业人才储备，从而推进了全市经济结构转型升级。

# 案例三　2016 年度南京市服务外包产业发展报告

2016 年是“十三五”规划开局之年，也是推进供给侧结构性改革的攻坚之年。在商务部、省政府的关心指导下，我市将发展服务外包作为全市经济转型升级、优化对外贸易结构的重要抓手，集中各方资源全力推进，取得较好成效。

## 一、服务外包产业发展总体情况

### （一）产业规模增长迅速

2016 年，全市实现服务外包执行额 1017.7 亿元（146.7 亿美元），同比增长 18.4%。其中，离岸外包执行额 401.4 亿元（57.8 亿美元），同比增长 2.1%，两项主要指标在江苏省分别居第一、第三位。其中，信息技术外包（ITO）执行金额为 101.7 亿美元，同比增长 19.1%，占全市服务外包执行额的 69.3%；业务流程外包（BPO）执行金额为 16.2 亿美元，同比增长 23.2%，占全市服务外包执行额的 11.1%；技术性知识流程外包（KPO）执行额为 28.8 亿美元，占全市服务外包执行额的 19.6%。

### （二）企业实力显著增强

2016 年，全市服务外包执行额千万美元以上企业达 265 家，较上年同期增加 53 家，实现执行额约 131.9 亿美元，占全市执行额近九成。福特汽车研究院、中兴软创、中兴软件、三星电子、润和软件等 57 家企业执行额均超 5000 万美元，合计占全市执行额超六成。其中离岸执行额超 5000 万美元的达 20 家，重点企业品牌度日益提升，南京亚信科技被国际外包专业协会（IAOP）评选为“全球外包 100 强”企业，省通信服务公司被评为“中国服务外包十大领军企业”，福特汽车、富士通南大、润和软件等 10 家企业被评为“中国服务外包百强成长型企业”。累计 28 家企业获得技术先进型服务企业认定，通过软件 CMMI 认证企业达 162 家。

### （三）内外市场同步拓展

我市企业累计承接在岸服务外包执行额达 88.9 亿美元，占执行总额的 60.6%，业务主要来源于国内百强企业以及政府、医疗、教育等领域；离岸服务外包执行额达到 57.8 亿美元，占执行总额的 39.4%，业务主要来源于美国、欧洲、日韩以及中国香港、台湾地区。2016 年，“一带一路”沿线国家市场发展较快，共有 185 家企业分别承接了俄罗斯、新加坡、以色列、巴基斯坦等 39 个国家和地区的服务外包业务，主要业务涉及软件研发外包、信息技术外包、工程技术外包领域，全年共签订合同近 1500 笔，执行金额超 12 亿美元，同比增幅高于全市平均水平，逐步成为我市离岸外包发展新的增长点。

### （四）产业集聚效应显著

我市共有 5 个国家级服务外包示范区。全年完成外包执行额为 114.3 亿美元，占全市执行总额的 77.9%。其中，离岸执行额 43.4 亿美元，占全市离岸执行额的 75.1%。示范区内聚集服务外包企业近千家，占全市服务外包企业总数的 50% 上，其中有 22 家企业执行额超亿美元，占全市超亿美元企业总数的 81%。

### （五）高层次人员就业率持续增加

全市服务外包企业累计吸纳从业人员 44 万人，较上年同期增加 11 万人，其中本科以上学历 23.2 万人，占比 53%。5000 人以上服务外包企业 8 家，千人以上服务外包企业 67 家，较上年同期增加 8 家。

## 二、促进服务外包产业发展的主要举措

### (一)制度先行,管理机制实现新提升

一是建章立制,强化组织领导。依托市服务外包工作领导小组,会同17个市级政府职能部门建立联系机制,定期召开服务外包工作推进会,形成目标统一、职责清晰、任务明确的工作体系。

二是加大目标考核力度。依托1个国家级新区、11个行政区和2个国家级开发区,建立服务外包目标考核体系。将执行额、离岸执行额纳入市级经济发展奋斗目标,建立综合评价和绩效考核制度。充分发挥考核工作的导向激励作用,强化动态管理,对服务外包工作进展及问题开展限期推进、常态监督、定期汇总,形成了全市上下齐抓共管的良好局面。

### (二)聚力创新,发展模式实现新融合

深入实施"互联网+服务"的融合战略,运用大数据、云计算、物联网等先进技术,创新服务外包发展模式。

一是"中国设计"输出新突破。发挥我市企业在工程设计服务领域的技术优势,苏交科、中设设计等龙头企业,通过借船出海、海外并购等多种经营方式,成功交付斯里兰卡、捷克、也门等多个海外工程咨询、设计项目。

二是"中国思维"输出新优势。支持企业以技术、品牌驱动为核心的服务外包竞争新优势抢占国际市场。南京亚信科技电信软件系统,拥有上亿用户同时在线运行的成熟经验,尤其在电信运营大数据方面技术领先,被欧洲客户称为"中国思维"运营模式,吸引了挪威电信等欧洲大型通信运营商争相引进亚信科技的先进运营模式及软件系统,单体合同金额达1亿美元。

三是"中国文化"输出新模式。江苏原力动画是我市优秀的影视动漫制作外包承接商,主要承接美国梦工厂等影视动漫制作外包业务。2016年公司加大了对美国公司的市场投入,作为项目合作方直接与梦工厂等顶尖公司共同开发影视动漫作品,将中国文化元素直接加入国际影视动漫的核心制作当中。

**（三）转型升级，企业发展获得新动能**

一方面，鼓励企业上市运营。推动润和软件、金斯瑞等优质企业成功上市，实现规模化、集约化经营，支持中小企业依托战略投资者或大型企业的资本、技术、人才和品牌等优势，向瞪羚企业和独角兽企业迈进。另一方面，深化开放合作。鼓励苏交科、三胞集团等企业通过海外并购、联合运营、建立海外分支机构拓展国际市场。引进中德智造研究院、台积电研发中心等知名企业研发机构，开展设计研发等高附加值外包服务。同时，推动企业从单一外包向整体解决方案转型升级。鼓励润和软件完成并购，从“人头外包”非核心业务到核心业务外包，当前已成为国内排名领先的金融信息技术整体解决方案服务供应商。

**（四）依托战略，抢抓外包发展新机遇**

一是充分发挥企业智能制造的技术优势，依托“中国制造 2025”战略，鼓励企业将科技与制造融合。多年来，朗坤智慧致力研究“智慧工厂、智慧城市、智慧电力”等业务板块，自主研发的集群电站运维平台已在印度尼西亚等海外市场成功投入运营，不仅助力了发电行业进入智慧电力时代，也向世界展示了中国智造的实力。

二是聚焦“一带一路”倡议带来的服务外包新机遇，推动企业不断向“一带一路”沿线国家拓展业务。亚信科技、普天通信、邮电规划设计院等企业积极响应国家“一带一路”倡议。在沿线国家深度拓展，先后在印度、阿联酋、吉布提、埃塞俄比亚等国家成功实施了一系列信息化、通信服务项目，为中国和“一带一路”沿线国家的信息联通，以及当地信息化水平提升、经济发展、人民生活水平提高贡献了力量。

**（五）内外互联，拓展国际合作新平台**

一是吸引企业走进来。在商务部的关心支持下，在省商务厅的直接指导下，我市已连续九年举办中国国际服务外包合作大会，树立了“智慧南京，服务全球”的良好形象和品牌影响力，为企业搭建了多层次、宽领域交流合作平台，取得了显著成效。2016 年我市再次成功举办全球服务外包大会，吸引了来自美国、英国、印度等20多个国家的知名企业高管参与盛会，现场洽谈合作意向外包业务约3.3亿美元。

二是推动企业走出去。积极组织企业参加境外服务外包相关展会，巩固和加强与美、欧等传统市场的合作，加大对“一带一路”沿线国家和地区的业务拓展，先后组织50多家企业赴境外18个国家和地区参加各类专业展会和推介活动；依托华为软件、中兴通迅等企业与海外服务外包接单平台，扩大南京企业品牌宣传，获取更多的国际客户资源和市场信息。

### （六）强化保障，打造企业发展新生态

一是不断完善扶持政策。积极贯彻落实国家、省级服务外包扶持政策，先后制定出台了《南京服务外包发展实施意见》等市级“1+5”政策措施，在服务贸易“十三五”规划中对服务外包发展提出了明确的目标和发展路径，助推服务外包加快发展。2016年，部、省、市三级财政支持我市服务外包重点企业、重点项目、公共平台等超1亿元，技术先进型服务企业享受税收优惠5000多万元。

二是加强服务外包企业信用监管体系。在企业资金申报、项目申报过程中，强化第三方专业审计，完善服务外包市场主体信息记录，建立信用信息共享机制；建立健全信用黑名单制度，对守信主体予以支持和鼓励，对失信主体予以惩戒，对严重违法失信主体实行市场禁入制度，形成“一处失信，处处受制”的失信惩戒长效机制。

三是不断促进国际服务外包业务外汇合规性。通过和江苏省外汇管理局进行企业对比，对企业服务交易外汇收支情况进行梳理，不断完善外包业务外汇合规性。富士通南大、联迪恒星等离岸外包企业，多年来一直采用海关报关形式进行软件服务出口，导致出口结汇在一般贸易项下，服务外包业务数据无法真实体现。经引导，企业同意将海外服务外包业务收入调整至服务项下进行结汇，年收汇可达6000多万美元，服务外包业务外汇合规性不断加强。

2016年，南京服务外包产业发展取得了较好发展，服务外包执行额继续保持全国领先水平。今后，将进一步改进和创新工作方法，加大工作力度，真抓实干，奋力进取，谱写新篇章。

# 案例四　2016年度济南市服务外包产业发展报告

2016年是“十三五”开局之年，济南市以“打造四个中心，建设现代泉城”为总体目标，积极发挥国家构建开放型经济新体制综合试点试验地区、国家级服务外包示范城市、山东省省会城市的引领带动作用，秉承创新驱动、融合发展的新理念，在世界经济复杂多变、国内经济步入新常态的大环境下，服务外包产业呈现稳定良好的发展态势。在商务部会同9个部委公示的《2016年中国服务外包示范城市综合评价结果》中，综合得分位列31个国家级服务外包示范城市的第9位，显示出良好的产业发展韧劲和投资吸引力。

## 一、城市概况

济南市是山东半岛城市群核心，南接长三角经济圈、北接京津冀都市圈、东融环渤海经济圈、西临中原经济区，是五大经济圈交汇之地。作为连接华东、华北、华中的门户，济南地理区位优越，交通配套体系齐全，周边辐射力强。是京沪高铁枢纽站、全国路网性铁路枢纽，交汇京沪、胶济、邯济等铁路干线；连接京沪、京台、青银、青兰、济广、济聊，济南市绕城等公路干线，形成辐射全省、连接全国的高速公路系统；依托遥墙国际机场连通境内外约70个城市，济新欧专列开通工作启动；城市“地铁时代”全面开启。作为科技部、住建部智慧城市试点城市，济南相继实施了软件名城、宽带城市、无线城市、数字泉城等工程，打造城市路网“高快一体”“医教商文”公共设施便利、信息连接高速畅通，城市功能全面提升的“智慧泉城”，形成省会城市经济圈协调发展的新格局。

2016年在治霾、治水、治山、增绿的工作推进下，“泉城”济南绿化覆盖率达约40%,大明湖景区全部免费开放,成功创建国家卫生城市、国家森林城市、全国首个水生态文明城市。同时,作为孔孟之道及儒家文化的中心,济南历史悠久,礼仪道德素养深厚,诚实守信、踏实肯干、仁义宽厚的道德文化传统,深受日、韩等海外人士赞誉,彰显出独特的城市文化品牌魅力。

作为省会城市,济南市凭借雄厚的经济基础、丰富的人才科教资源、完备的产业体系、稳定的金融支撑,携山东全省政治、经济、文化、金融、交通、会展和科教中心的优势,正全面开创"黄河经济时代"。2016 年,全市生产总值达到 6536.1 亿元,同比增长 7.8%,社会消费品零售总额和固定资产投资分别达到 3764.8 亿元、3974.3 亿元,同比增长 10.4%和 13.7%,引进市外投资 1176.6 亿元,增长 23.9%,新增省外签约项目合同投资额 1994 亿元,位列全省第一。已形成电子信息、交通设备、机械制造、家用电器、生物工程与纺织服装等六大主导产业体系,高新技术产业产值比重达到 43.7%。其中,生物医药、高端装备等新兴产业年增长率均在 15%以上,软件和信息服务业产值达到 2351.6 亿元,规模居全省首位。伴随中央商务区全面启用、山东工研院科研孵化基地首期建成启用、浪潮思科网络科技有限公司正式运营,全市创新创业步伐进一步加快。

2016 年新增众创空间、科技孵化器 40 家、高新技术企业 268 家,入选山东半岛国家自主创新示范区、国家促进科技和金融结合试点城市、国家小微企业创业创新示范基地城市,连续 6 届被评为全国科技进步先进城市、国家知识产权示范城市。

作为台湾电电公会年度极力推荐投资城市、美国福布斯杂志评选的中国 20 个最适宜建厂的城市,济南全面营造开放型经济,以简政放权为突破口,深化行政审批、商事制度、国企国资、公共服务、人才管理等多项改革,探索建立"清单式"行政管理新模式,大幅精简审批收费事项,降低市场准入门槛,为企业发展和市场激活创造优越的环境。至 2016 年底,已与 22 个国家的 23 个城市建立友好合作关系,集聚 56 家境外世界 500 强企业。

## 二、服务外包产业发展概况

济南市积极贯彻落实《国务院关于促进服务外包产业加快发展的意见》(国

发〔2014〕67 号）要求，服务外包产业保持良好发展势头。

## （一）产业发展情况

2016 年，在国外和国内两个市场经济均下行的压力下，作为中国服务外包示范城市，济南市以“转变经济增长方式、抢抓服务外包头班车”的战略思想，开拓创新、攻坚克难，培养和打造了一批服务外包园区和企业，在转变外贸发展方式、增加高校毕业生就业等方面发挥了积极作用，取得了较好成效。

### 1. 产业规模

作为山东省内首家服务外包示范城市，“十二五”期间，济南市服务外包产业快速发展，在山东省内处于领先地位。2016 年，济南市以提升和打造城市特色和品牌为宗旨，在特色载体布局建设、服务外包平台打造、服务外包产业规划编制、宣传推广等方面进一步加大工作力度，全力打造最具特色服务外包城市，服务外包保持稳步增长。

根据商务部数据，2016 年济南市共签订服务外包合同 9297 份，合同金额 40. 48 亿美元，同比增长 7. 24%。服务外包合同签约金额约占山东省 42. 02%，占全国的 2. 92%。服务外包合同执行金额达 30. 98 亿美元。全市新增服务外包各类企业 145 家，新增从业人员 40035 人，新增国际认证 44 项，产业发展主要指标均占山东省的 40% 左右。

截至 2016 年底，济南全市共有服务外包企业 935 家，从业人员 23. 26 万人，全市企业拥有认证 405 项，其中国际认证累计 255 项。济南市高新区、齐鲁软件园、历下区为服务外包企业主要集聚区，服务外包执行额占全市比重达 66. 31%，集聚企业 493 家，集聚从业人员 10 万余人。

### 2. 离岸在岸市场

2016 年，济南市离岸业务保持稳定增长，服务外包离岸业务合同签约额为 33. 56 亿美元，同比增长 2. 12%，离岸合同执行额为 25. 45 亿美元，同比下降 8. 51%，但以人民币计价的离岸执行额增长 10. 2%。国际服务外包业务来源地主要为美国、欧盟、日本、英国、中国香港等国家和地区。

近年来，济南在发展国际服务外包业务的同时，同时紧抓国内市场机遇，发展国内在岸外包业务，取得显著成效。山东中创软件、金域医学检验、迪安医学检验等一批专注于在岸业务的企业也快速成长。

**3. 业务结构**

2016 年，从服务外包 ITO、BPO、KPO 分类看，签约额分别为 5.1 亿美元、2.13 亿美元和 26.25 亿美元，KPO 占比已达 79%，ITO 和 BPO 分别占比 15% 和 6%。数据显示服务外包业务结构正在向以 KPO 为代表的高知识高技术业务转型。

（1）信息技术外包基础扎实

作为山东省重要的信息中心和网络枢纽，济南市一直享有国家“软件名城”的美誉，软件和信息技术产业起步早、基础扎实。在国家信息通信国际创新园（CIIIC）、国家信息产业高技术产业基地、国家集成电路设计产业化基地、国际软件出口创新基地和国家超算济南中心等平台的支撑下，孕育了浪潮、中创、鲁能、华天等一批优秀的本土企业，形成了云计算、中间件、机器人、CAD 软件等领域的系列拳头产品，并开始布局新兴云计算、大数据、移动互联、物联网等领域。依托扎实的 IT 技术基础和人才资源，济南市还吸引了 NEC 软件、日立、大和总研、瑞穗综研、莱博智科技等大批知名国际软件企业的聚集。

（2）知识流程外包占据主导

近年来，在雄厚的工业基础和研发技术支撑下，济南市以工业工程设计外包和医药研发外包为代表的知识流程外包（KPO）业务发展迅猛，已经在服务外包三大业务板块中占据主导地位。2016 年济南市 KPO 签约额达 19.1 亿美元，约占签约总额的 79%，KPO 的快速发展对产业转型和服务经济发展起到了积极的推动作用。

在设计领域，济南市依托中国装备制造业基地在机械纺织、钢铁、化工、轻工、食品、建材等方面的成熟环境和经验基础，形成了以冶金设计院、电力二建、重汽、沃尔沃建筑设备为代表的一系列实力雄厚的工业工程设计外包企业，传统生产型企业也在探索向工业设计及工程设计服务型企业转型，形成了一批能够提供工业产品设计服务整体解决方案以及产品策划、创意设计、外观造型设计、工程结构设计等专业服务的服务型企业。

在医药医疗领域，凭借山东省医药产值连续八年全国第一的制药大省地位，济南市已建成山东省国家综合性新药研发技术大平台、国家济南创新药物孵化基地、火炬计划生物特色产业基地等一批产业发展载体。其中，仅济南药谷内已注册医药研发类企业近200家，不少已开展离岸CRO业务。包括：诺维信、圣鲁金、久创化学、创新药物、百诺医学等医药研发企业，华熙福瑞达、诚汇双达、爱思科技等以委托合成业务为主的企业；省药科院、弘立医学等以GLP认证的药学安全性评价服务业务为主的企业，金域检测、迪安医学等以第三方检测业务为主的企业等。

此外，济南在新材料、环保、精密仪器、生物科技、电子信息等领域研究和研发也有一批企业快速成长，规模不断扩大，研发能力不断提升，支撑了服务外包向价值链高端转型升级。

（3）以信息技术、制造业和能源业为主导

当前，随着服务外包在国民经济各行各业的广泛普及，济南市服务外包企业根据本地产业基础和优势，不断深入各行业内部，面向垂直行业提供专业的外包服务，涉及的行业领域日益广泛。2016年，济南市服务外包企业所服务的客户覆盖了信息服务业、制造业、能源、零售和批发、金融与保险、卫生健康、交通运输、政府与教育等八大行业，其中以信息服务业、制造业和能源业占主导，来自这三大行业的服务外包离岸执行金额占比分别为46%、26%、13%。同时，来自卫生健康、零售和批发、能源的离岸服务外包业务呈现出较强的增长潜力。

**4. 客户分布**

（1）离岸发包方区域分布广

济南市持续加大企业国际市场开拓力度、推动离岸服务外包发展。2016年，服务外包国际市场呈现多元化发展。全年共承接来自150多个国家和地区的发包合同，合同签约额达56.80亿美元，合同执行额25.45亿美元。国际服务外包业务来源地主要为美国、欧盟、日本、英国、中国香港等国家和地区，尤其对日外包方面，全市已有对日外包企业近百家，NEC、日立、富士、讯和、大宇宙、瑞穗、华信等一批对日外包企业在承接外包业务的同时，逐渐形成了转包和辐射效应。

（2）"一带一路"亮点显现

虽然受全球经济不景气及逆全球化趋势影响，济南市承接"一带一路"沿线国家服务外包业务量整体有所下滑，但随着"一带一路"倡议的推进和国家政策的引导,企业开始对沿线新兴市场进行开拓,部分市场增速明显。2016 年,服务外包企业承接"一带一路"国家和地区的服务外包合同签约金额为 9. 34 亿美元,执行金额为 7. 45 亿美元。其中,合同执行额增幅较大的国家或地区有拉脱维亚、乌兹别克斯坦、蒙古国、乌克兰及阿尔巴尼亚等。从发包区域看,东南亚 11 国仍然是沿线区域中最主要的发包区域,执行金额占比达 52. 8% ,占据了半壁江山。从国别上看,菲律宾、印度尼西亚、越南、缅甸及巴基斯坦是沿线主要发包国,合同执行额在"一带一路"沿线国家中占比分别为 15. 4% 、10. 7% 、7. 4% 、4. 8% 和 4. 0% 。

**5. 从业人员**

济南市新增服务外包从业人员规模增速放缓,但随着济南市服务外包接包能力不断提升,企业求贤若渴,人才培养力度随之加大。据统计,截至 2016 年底,济南市共有服务外包从业人员 23. 26 万人,其中,累计接受培训人员 5. 1 万人,大学学历以上从业人员 15. 13 万人,占比达 65. 04% 。2016 年,全年新增服务外包从业人员超过 4 万人,新增受训人员 8009 人。从新增从业人员构成来看,大学学历及以上人才占比 49. 75% ,其中博士、硕士研究生近千人,本科以上学历人员近万人。

## (二)2016 年服务外包发展主要活动及成果

5 月,参加中国(北京)国际服务贸易交易会,并设立特装展位得到了商务部及参展商的一致好评。

6 月,委托中国服务外包研究中心编制完成《济南市服务外包"十三五"发展规划》,对未来 5 年全市服务外包发展进行纲领性指导。

7 月,邀请日本软银、日本软件业协会(MIJS)代表团等外商来济考察,促成软银集团携部分日本企业参加第五届(济南)韩博会暨首届中日商品展。

9 月,参加 2016 全球服务外包大会(南京),第四次荣获"中国服务外包最具特色城市"称号。

11 月,浪潮集团有限公司与思科公司合资公司——浪潮思科网络科技有限公司成立并正式投入运营。

新建"济南服务外包人才公共服务平台",有效破解企业"招聘难"的问题。

新建“济南市服务外包信息统计激励公共服务平台”，升级扩容原有的“济南服务外包网”，并开发手机版和英文、日文等外文版。

## 三、产业发展环境

### （一）城市品牌环境

#### 1. 打造“四个中心”，建设现代泉城

作为中国经济强省、人口大省的省会城市，济南集山东省政治、经济、文化、金融、交通、科教及会展中心功能于一身，形成资源汇聚高地。

2016年，济南以国家创新型城市为动力，以“打造四个中心，建设现代泉城”为战略部署，依托丰厚的科教资源，通过完善载体建设、优化发展环境、加强企业培育、扩大人才培养，加快打造全国重要的区域性经济中心、金融中心、物流中心和科技创新中心，进一步构建“济南设计”“济南智造”“济南服务”的产业品牌体系，围绕打造国内领先营商环境，以主动融入国际国内经济体系提高经济开放度，提升对区域性高端要素的吸引力。

#### 2. 构建“四位一体”的服务外包创新名城

发挥中国软件名城、中国服务外包最具特色城市以及国家创新型城市条件和潜力，依托在信息技术产业等方面形成的领先优势。

2016年济南在服务外包特色领域继续发力，在全球服务外包大会上被评为年度中国服务外包风采城市，这已是济南连续四年获得该殊荣。“十三五”期间，济南将进一步致力于打造集国际信息技术服务外包离岸交付中心、国内中高端服务外包产业梯度转移示范区、环渤海经济圈服务外包特色产业重点集聚区和产业跨界融合创新发展先行区“四位一体”的服务外包创新名城。

#### 3. 加速提升全方位对外开放水平

以加快对外开放步伐、加速提升全方位开放水平为目标，济南市发挥“重信守义、中正宽厚”的儒家文化性格特色，在新一轮对外开放中赢得主动权。

2016年，在加强城市服务的改革提升下，审批收费事项大幅精简，市场准入门槛降低，创造了优越的企业经营环境。对外贸易稳定增长，全年货物进出口

总额 639.7 亿元,比上年增长 13.0%。利用外资水平持续提高,全年共新签外商投资项目 120 个,总投资额达 1994.04 亿元,位列全省第一名。实际到账外资 112.3 亿元,增长 14.7%。其中,总投资过亿美元的项目 13 个,引进世界 500 强企业投资项目 10 个。对外经济合作步伐加快。备案核准设立境外企业(机构) 56 家,增长 7%;备案核准中方投资 45.4 亿元,增长 28.5%。对外承包工程合同额 54 亿美元,派出各类劳务人员 6976 人。

从大力推进临空经济发展区,为区域性经济中心和区域性物流中心建设提供有力支撑,到不断完善综保区功能、上线跨境电子商务综合服务平台、完成济南机场"三个一"通关试点,再到加快推进一批以中日韩产业合作济南先行示范区为代表的对外开放载体建设,济南正加速转变城市发展思路,一方面通过吸引更高层次的创新能力、人才资源等提高引资质量;另一方面,推动企业投资、技术装备、服务标准"走出去",提升在创新链、产业链、供应链、价值链中的竞争地位,促进城市开放型经济向更高水平、更高层次迈进。

**4. 依托"泉水文化",打造创意城市**

济南市集"山、泉、湖、河、城"于一体,城市环境优美,有"泉水之城"的美誉,被评为国家历史文化名城、首批中国优秀旅游城市、全国文明城市、中国人居环境范例奖(2007)及中国最幸福城市第十名(2014),是海绵城市首批国家试点城市和国家生态文明先行示范区。

2016 年,济南在树立城市品牌、打造创新城市的建设中,深挖历史文化名城、泉水文化特色与文化创意产业的跨界融合,积极打造本土特色文化品牌、传承城市文脉、抢占产业发展制高点等方面做系统整合和提升,全力建设以泉水文化核心区、4 个创意创新高地(长清大学园、长清创新谷、高新区核心区和国家信息通信国际创新园)、4 个创意总部基地(西部中新科技城、西客站、新东站和奥体文博汉峪)、4 个生态创意园区(玉符河生态区、非遗园、华山和园博园)为核心的济南智造创意园区聚集区,大力发展工艺时尚、休闲娱乐、影视文化等新兴类创意产业,营造创新创意产业蓬勃发展的良好氛围。

## （二）优势资源配套

### 1. 中韩自贸协定签署，济韩合作全方位深化

凭借相似的儒家文化、明显的区位优势、广泛的合作空间，韩国一直是济南重要的贸易伙伴，济南对韩贸易呈现出规模不断扩大、品种日益增多的趋势。2015年6月1日，中韩两国正式签署《中华人民共和国与大韩民国政府自由贸易协定》，于2015年12月20日正式生效并第一次降税，2016年1月1日第二次降税。作为韩国的近邻和韩国企业的主要投资地之一，中韩自贸区的建设将进一步扩大中韩两国双边贸易的自由度，为服务外包企业承接韩国外包业务创造良好的产业环境，综保区、明水开发区与韩国光阳湾圈经济自由区合作以及中韩尖端产业融合园等一批项目已经启动。依托省会城市群经济圈的龙头地位以及商业、流通、物流及总部经济中心的优势，济南综合保税区作为山东中西部地区唯一的国家级综合保税区，正在加快建设中韩自贸区济南先行示范区，加速打造跨境电子商务平台，区内的国家综合性新药研发技术大平台也将大力吸引韩国高端医药企业巨头入驻，加快形成医药产业配套产业链。

### 2. 深挖三重枢纽优势，打造全国重要物流节点

济南是环渤海经济区及京沪发展轴上的中心城市，北连京津大都市圈，南通长江三角洲经济圈，西靠内陆陆地，并与山西、河南等能源基地相通，东邻青岛、烟台、日照等港口群，处于南北交流、东西交汇、国内外交往的三重枢纽地位。作为全国45个公路主枢纽和16个铁路路网枢纽、京沪高铁5大枢纽站之一，29个全国一级物流园区布局城市之一和21个物流节点城市之一，以济南为中心形成辐射方圆500千米之内六省两直辖市34座大中城市的半日经济圈，区域人口2.5亿，占全国人口比重的19.35%，物流市场需求巨大。近年来，济南通过开工轨道交通建设、启用长途汽车西站、开通若干城际快客等，进一步加快了交通路网的建设。

依托重要交通节点，大力发展现代物流，打造以网络化、信息化、规模化为主要特征的山东省综合性物流中心、区域物流中心及全国重要物流节点，是济南市“十三五”期间将全力打造的“四个中心”之一。围绕区域性物流中心建设目标，济南将着力实施物流园区建设行动、物流产业提升行动、特色物流打造行

动、物流模式创新行动、物流产业强基行动等“五大行动”，实现全市物流业水平整体提升和跨越式发展。

**3. 围绕智慧城市建设，智慧基础设施配套发展**

近年来，济南市以“发展更科学，管理更高效，社会更和谐，生活更美好”的“智慧泉城”为目标，相继实施了软件名城、宽带城市、无线城市、数字泉城等工程，信息产业整体水平、信息基础设施建设和信息化水平得到大幅提升，先后入围科技部、住建部智慧城市试点城市。

2016 年，在市政领域加快交通、安全、供水、供气、照明、地下管网等方面改造提升，率先建立了国内领先的数字化市政系统。重点实施一批水电气暖、信息网络等公共服务设施建设，全市商务楼宇光纤接入和公共热点区域无线网络接入实现全覆盖。垃圾无害化处理率 100% 。

**4. 转型调整促创新，新兴产业成经济增长新引擎**

作为经济大省山东省省会，济南经济基础雄厚、人才科教资源丰富、产业体系完备，形成了电子信息、交通设备、机械制造、家用电器、生物工程与纺织服装等六大主导产业体系。

2016 年，全市 GDP 达到 6536. 1 亿元，比上年增长 7. 8% ，高于全省 0. 2 个百分点；完成固定资产投资 3974. 3 亿元，年均增长 15. 5% 。社会消费品零售总额 3764. 8 亿元、增长 12. 2% 。同时，加快生物医药、新能源汽车、节能环保、高性能半导体等新兴产业规模，重点支持浪潮信息、齐鲁制药、力诺等优势企业加快发展，帮助重汽、济炼等重点企业培育新的增长点。其中，作为综合性国家高技术产业基地，新兴产业成为拉动济南经济增长的新引擎。2016 年服务业增加值比重达到 58. 9% ，提高 5. 8 个百分点；高新技术产业产值比重达到 43. 7% ，提高 5. 1 个百分点。一批承载高端产业、集聚人才技术、极具倍增潜力的增长板块崛起。生物医药、高端装备等产业均增长 15% 以上，电子商务交易额增长 46% ，云计算产业集群获得省重大专项立项，引进培育无人机、工业机器人、智能电网、创意设计、数字传媒等领域一批新兴企业，形成浪潮“高端容错计算机系统关键技术与应用”、宏济堂“人工麝香研制及其产业化”等一批重大科技专项和国家重点实验室、技术创新示范企业、技术创新和发明专利奖项。同时，创新谷、药谷、新材料产业园等载体建设加快推进。同年，新增众创空间、科技孵化器40家，新增高新技术企业268家。成功入选山东半岛国家自主创新示范区、国家促进科技和金融结合试点城市、国家小微企业创业创新示范基地城市。

**5. 建设区域性科创中心，营造研发服务优势环境**

2016，济南市与山东大学、山东省科技厅三方共建的山东工业技术研究院科研孵化基地首期建成启用，这是全国第一个采用基金筛选项目的产学研结合体，以打造“超级孵化器”为目标，开展整合技术、人才、资金资源，开展研究开发、技术辐射、成果转化、国际合作、企业孵化等工作。目前，济南已基本形成以企业为主体、市场为导向、产学研相结合的技术创新体系，科技研发的创新资源储备良好，竞争优势突出。截至2016年底，济南高校、科研院所数量居全省第一。高新技术企业达到751家，增加268家。其中，规模以上工业高新技术企业549家，实现产值增长7.3%。新认定国家级企业技术中心2家，总数达到26家。新增省级工程实验室（工程研究中心）3家，总数达到16家。新增省级（示范）工程技术研究中心8家，总数达到153家。建成国家、省级企业重点实验室12家。年末省市级创新型企业个数达到302家。

作为全国首批国家知识产权示范城市之一，济南市高度重视国家知识产权示范城市建设工作，为深入推进知识产权与经济发展的深度融合，制定出台了《济南市高标准建设国家知识产权示范城市工作方案》，重点推进专利行政执法、知识产权梯次培育工程、知识产权金融服务等9大工作任务。2016年，万人有效发明专利拥有量达到20.7件，比上年增长26.0%，远高于中国平均水平8件。全年专利申请量31789件，增长9.8%。其中，发明专利申请量14649件、专利授权量15453件。其中，发明专利授权量4502件，增长15.1%。同时，济南积极推进国家重大新药创制平台、国家超算济南中心、浪潮高性能计算中心等重大源头创新平台建设，加强产业层面应用研究与开发，带动相关重点产业跨越发展，成为国内重要的科技成果策源地和高新技术产业高地。

**6. 多层次金融市场形成，金融资源支持作用强化**

作为中国金融十佳生态城市，济南是山东省产业集聚地、金融机构和人才集聚地、信息集聚地，在为服务外包产业提供金融支持过程中优势显著。人民银行大区行、银监局、证监局、保监局汇聚于此，四大国有商业银行及一批大型证券、保险公司均在此设有区域性总部，极大地促进了济南多层次金融市场结构的形成。2016 年,全市完成金融业增加值 720.0 亿元,增长 11.5%,占 GDP 比重为 11%,提高 0.5 个百分点。金融业实现税收收入 140 亿元,同比增长 8.3%,占全市总税收的比重为 13.6%。金融业增加值和税收均稳居全省首位。金融业对全市经济财税的贡献度进一步提升,支柱性产业地位日益稳固。年末金融机构本外币各项存、贷款余额均排名全省第一。天鹅棉机成功上市,首发融资 2.1 亿元;另有 5 家上市公司实现股票再融资 38.7 亿元。新增新三板挂牌公司 58 家,总数达到 132 家(其中 16 家进入创新层),占全省比重 23.2%。互联网金融、股权投资、融资租赁等现代金融业态实现新的发展。大量货币资金聚集,不仅支持济南当地经济发展,同时也能为济南都市圈及周边地区发展提供动力,为建设区域性金融中心奠定良好基础。

**7. 构建创新创业生态系统,完善全产业链配套支撑**

在适应"新常态"、打造创新驱动产业发展生态环境过程中,济南市以构建众创空间等创新创业载体为突破口,进行大型仪器共享服务平台升级改造,推动千万亿次超级计算机等十大公共服务平台免费向企业人才开发。其中,投资 1.2 亿元建设山东省机器人与智能装备公共技术服务平台,搭建了包含"学、创、研、产、用"等系列功能的产业发展优化平台,通过全国智能机器人创新联盟,引进多个顶级的智能装备与机器人研究团队,面向高端装备制造业转型升级及机器人产业发展的迫切需求,提供关键技术的研发测试服务和高级人才培训,形成完善的"龙头企业—产业联盟—公共平台—人才培养—产业园区"的智能制造创新体系。同时,由济南市经信委、济南高新区联合企业打造高达 10 亿元规模的智慧制造产业基金,共同扶持引导智能制造领域的高新技术企业,打造千亿元级的"机器人 + 智能制造"产业,不断完善"科研平台 + 科研团队 + 产业化基地 + 产业投资基金"的全产业链配套支撑载体建设,形成开放、高效、富有活力的创新创业生态系统。

## (三)产业政策措施

济南瞄准高端、急需、紧缺、空白、关键领域,以实施"外专千人计划"、高端外国专家项目、"引领齐鲁""智慧山东"等重大引智项目为抓手,积极引进外国高端专家。同时,推出"泉城高端外专计划",重点服务战略性新兴产业的培育发展和创新引领产业的转型升级，积极引进能够带动突破关键技术、发展高新技术产业、带动新兴学科的战略型人才、创新创业的领军人才和国际化创新团队。

济南加大财政扶持力度促进全市经济转方式、调结构、稳增长，出台了《济南市开放型经济发展引导资金使用管理暂行办法》，鼓励引导外贸企业开拓新兴市场、扩大出口规模，包括出口信保项目、境外市场拓展项目、境内展览项目、出口自主品牌培育和境外营销网络设立项目、外贸公共服务项目、外贸综合服务平台项目、新兴跨境电商出口推动项目、大型出口企业入驻涵养项目、外贸进出口增量扩规项目等对外贸易项目，以及对外承包工程、对外投资、对外劳务、开拓新兴国际市场等对外经济技术合作项目，尤其对服务外包产业的支持中，重点扶持服务外包执行额、人才培养与招录补助、专线补助、市场开拓补助、创业启动支持等企业项目，服务外包园区（基地）、孵化器、创客空间和公共服务项目，服务外包公共发展环境建设项目，为服务外包产业的转型升级增强动力。

此外，济南市人民政府还出台《关于加大财政政策支持力度促进全市经济转方式调结构稳增长的意见》，积极发挥财政资金引导作用，对服装、医药、新材料等产业结构调整投资项目和技术改造项目，以及重点物流园区和产业聚集区物流中心信息平台、社会化仓储设施网络建设和冷链物流项目等给予贷款贴息政策，重点支持装备制造业及新能源汽车产业发展，支持企业开拓国际国内市场，增加小微企业创新创业补贴，支持创业孵化基地和创业园区建设，支持建设泉城众创空间，设立现代服务业发展基金支持现代物流产业集聚区发展。

2016 年，为加快推进区域性金融中心建设，全面促进金融业发展，市政府印发了《济南市加快区域性金融中心建设促进金融业发展若干扶持政策》。按照政府引导、统筹推进、税收属地、分级负担的原则，围绕促进金融机构集聚发展、促进股权投资（管理）企业发展、促进融资租赁企业发展、促进地方性金融组织发展、促进金融中介服务机构发展、促进企业上市挂牌和直接融资、促进金融创新发展、促进金融人才集聚等八大方面，制定了一系列扶持政策。

### （四）人力资源供给

济南高校与科研院所云集，人力资源供给丰富。截至 2016 年底，济南共有普通高等学校43所，普通本专科在校生55.8万人。其中，民办普通高校11所，普通本专科在校生10.7万人。在全面实施创新驱动发展战略和人才强市战略的过程中，济南加速储备具有娴熟技术、高超手艺和现代化设备控制能力的高技能人才。2016年，济南技能人才队伍不断发展壮大，总数达93.9万人，其中高技能人才27.18万人；享受国务院特殊津贴2人，中华技能大奖2人，全国技术能手12人；国家级技能大师工作室4家，省首席技师工作站5家，市首席技师工作站25家。这支规模宏大、结构合理、素质优良、技艺精湛的技能人才队伍，托举起“济南制造”的未来。

近年来，济南市高新区吸引海外留学人员2000余人，引进国家“千人计划”33人，省泰山学者和泰山产业领军人才75人，市5150引才计划319人，高新区“海右人才”390人，获评享受国务院特殊津贴专家12人，省有突出贡献专家8人，市拔尖人才和青年学术带头人49人，人才数量和质量在全省名列前茅。

### （五）公共平台服务

为引导本市企业向产业化、国际化、标准化方向发展，继续巩固济南“中国软件名城”的创建成果及深入推进国家创新型城市建设，济南市加大各类公共服务平台建设。随着济南电子政务云平台全面运行，市政府52个部门、300多项业务应用采用了购买云服务的方式。“济南模式”不仅开创了我国城市政府整体购买云服务的技术规范、安全规范和商务规范的先河，也在全国范围内树立了“政府购买服务”模式的新典范，同时营造了大力推动云计算服务外包发展的良好产业环境。

济南市围绕服务外包产业，集中建设完善公共信息、人才培训和创业创新三大平台，为产业发展推动助力。其中，济南—中国软件名城公共服务平台整合了包括企业数据库、桥梁工程师数据库、开源代码数据库、软件过程改进数据库和软件小微企业信用贷款数据库在内的“五大基础数据库”，为政府、企业、行业从业人员等不同层次、不同角色的各类人员提供全方位的公共服务；济南市服务外包协会全资成立的济南德盈商务服务有限公司与山东大学建立合作关系，共同开发建设济南市服务外包人才公共培训平台、创客空间等项目，为创新创业与人才培养助力。

济南还建成“创业大学＋学院”架构创业培训公共服务平台，以电子商务、创意产业、知识产权型、互联网＋、科技成果转化型企业为主要引进对象，提供从创意咨询、导师服务、创客空间、创业孵化器、创业加速器、IPO 辅导及上市的创业全流程孵化服务。

### （六）市场渠道建设

在大力建设开放型城市过程中，济南通过打造立体化招商平台，以“项目化、精确化、专业化和国际化”为原则，推行中介招商、以商引商、代理招商，不断拓展招商渠道。2016 年，成功举办第五届韩博会，吸引 300 多家韩国知名企业参展，商品涵盖韩国美容化妆、服装服饰、特色食品等诸多领域。交易额共计 7.5 亿元人民币，意向成交额 2 亿美元。在服务外包市场渠道拓展方面，济南积极组团参加各类型国际国内大会，同时举办“2016 中国智能制造国际峰会”“中国智慧城市创新大会”等为吸引外商投资、打通企业信息交流渠道增强动力与支持。

得天独厚的交通区位、扎实的经济基础、丰富的人才供给、雄厚的科技实力、便利的营商环境为济南服务外包产业发展创造了优越的资源条件，未来随着开放型经济新体制综合试点试验工作的推进，济南市将进一步发挥服务外包示范城市引领作用，继续扩大产业规模，培育优势特色领域和龙头企业，整合优化载体建设和公共资源，加强人才培养和供给，促进政策和制度环境配套，从而提高城市品牌和国际影响力，加快践行“济南服务”的国际化之路。

# 案例五　2016 年度无锡市服务外包产业发展报告

2016 年无锡市认真落实商务部、省商务厅关于加快发展服务外包产业要求，积极应对国内外宏观经济形势的变化，真抓实干、坚持不懈地推进服务外包产业发展，确保服务外包产业规模保持稳定增长态势，我市服务外包产业已成为引领城市经济转型、产业升级和增长方式转变的积极动力。

## 一、服务外包产业基本情况

### （一）规模总量保持稳步增长

根据商务部业务系统统一平台中服务外包及软件出口信息管理系统的统计数据，2016 年无锡服务外包完成业务合同总额 151.05 亿美元，执行金额 124.9 亿美元，离岸外包合同金额 100.3 亿美元，离岸外包执行金额 83.8 亿美元。离岸外包执行金额同比增幅 2.8%，服务外包业务保持平稳增长态势。今年新增服务外包企业 187 家，服务外包企业累计达 1641 家；新增从业人员 20778 人，从业人员累计达到 18.36 万人，其中大学（含大专）以上学历占从业人员总数 70% 以上。

### （二）业务结构得到明显优化

服务外包业务涵盖软件研发外包、集成电路设计外包、生物医药研发外包、工业设计外包、影视动漫创意设计外包、检验检测外包、物联网信息服务等多个领域。代表高端服务外包业务的知识流程外包项目较上年度有较大增加，业务形态进一步向高端攀升。知识流程外包项目业务约占全市总量的30%，比上年同期增加3个百分点左右；信息技术外包、业务流程外包项目业务总量分别约占全市总量的66.5%和3.4%。

### （三）重点领域进一步拓展

软件外包、IC设计外包、创意设计外包、生物医药研发外包、金融后台服务等重点领域服务外包进一步拓展了国内外市场。业务拓展到美国、日本、欧洲、中国香港等97多个国家和地区。美国在成为我市最大的离岸外包业务市场后，市场份额进一步提高，接包合同金额占比已占全市总量的21.8%。

## 二、促进服务外包产业主要举措

### （一）抢抓机遇，积极制定服务外包提升发展三年行动计划

贯彻落实国务院及商务部关于部署加快发展服务外包产业要求，积极抢抓“中国制造2025”“互联网+”服务贸易发展机遇，围绕无锡“产业强市”目标，以智能化、绿色化、服务化、高端化为引领，促进无锡服务外包产业在新形势下加快发展，出台了《无锡市服务外包三年提升行动计划（2016—2018）》。

### （二）积极拓展“一带一路”新兴国家市场

通过这几年大力推进，我市服务外包市场成效显著。服务外包业务拓展到美国、日本、欧洲等90多个国家和地区，“一带一路”相关国家服务外包增速明显。2016年，我市与“一带一路”沿线共33个国家有服务外包业务往来，合同金额13.6亿美元，占全市比重11.6%，执行金额10.7亿美元，占全市比重11.4%，同比增长20%以上，增长业务领域主要集中在信息技术服务、工程设计等领域，信息技术服务约占“一带一路”总业务额的60%，工程设计约占30%。东盟10国为主要“一带一路”发包国。

### （三）制定中高端人才培育政策，大力开展服务外包中高端人才培训

积极争取将服务外包中高端人才培养扶持列入无锡市委、市政府“太湖人才计划”，明确了无锡企业培养服务外包中高端技术管理人才的相关政策，按每名中端人才1000元、每名高端人才2000元给予培养单位资助。根据《关于认定2016年度服务外包中高端人才的通知》文件精神，共兑现2016年度服务外包中高端人才（中端人才25人、高端人才25人）扶持资金，共计7.5万元。

### （四）成功举办服务外包产业发展研讨会，提升产业发展动力

2016年9月成功举办无锡服务外包产业发展研讨会，邀请国家高端智库商务部研究院领导和专家、无锡各服务外包园区负责人及重点企业代表一起建言献策无锡服务外包转型发展，研讨会共有近50家企业参加。同时加强产业宣传，在《无锡日报》进行了服务外包产业发展整版报道，有力宣传了无锡服务外包产业“十二五”发展成就，提升精神，推进产业发展。

### （五）成功举办第七届中国大学生服务外包创新创业大赛

2016年9月23日，由商务部、教育部和无锡市人民政府联合主办的第七届中国大学生服务外包创新创业大赛（以下简称“服创大赛”）在无锡成功落幕。本届大赛吸引了全国（含台湾地区）乃至“一带一路”沿线的印度、柬埔寨和印度尼西亚等国家和地区近400所高校的1295支代表队参赛。经过激烈的角逐，中南大学、台湾“清华大学”、安徽财经大学等高校的27支团队分别获得企业命题类、自由命题类和创业实践类一等奖。

### （六）促进大学生服务外包创新创业大赛参赛项目成果转化，积极推进第二家大学生服务外包创新创业基地建设

2016年4月启动了第二家大学生服务外包创新创业基地申报工作，通过评审认定滨湖区山水城科教产业园为第二家大学生服务外包创新创业基地。自基地挂牌以来，引进大学生创新创业项目数量和节奏明显加快，落户大学生服务外包创新、创业基地的创业项目累计超50个，招引大学生服务外包创新、创

业项目落地发展取得新成效，政策效应发挥作用明显。实践证明，用大赛为平台并配套创建创新、创业基地的方式来招引大学生创业、就业的模式性价比较高，基地的人才集聚效应越发有效，业已成为大学生创业和服务外包大赛成果转化的优良载体。

### （七）注重服务外包人才引进培育，推进服务外包人才网络平台建设

一是积极开展服务外包中高端人才培训活动。2016 年组织 PMP 项目管理师、MCSD 微软技术专家证书、ISTQB 软件测试技术证书等资质证书服务外包中高端人才培训活动。培训人才近 600 多人，为服务外包产业集聚发展更好地提供了人才保障。二是大力发展服务外包人才网络平台。目前服务外包人才平台“万才网”稳步运行，2016 年又拓展人才平台 “众包”服务新功能。在线注册企业（单位）达到 1249 家，注册人才 30428 人，高校 220 所，培训机构 55 家；已发布 2481 个职位招聘信息，网站访问量达 268813 次，推送短信 10600 余条。重点服务外包企业通过服务外包人才网络平台招引大学生初见成效，一定程度上有效缓解无锡外包企业招人难的情况。

## 三、服务外包公共服务平台建设及资金使用情况

近年来，无锡大力推进服务外包公共服务平台建设，先后建成了无锡服务外包网、无锡人才服务平台；引进了具有世界领先技术的 IBM - 中国“云”计算中心，国内首个以 SaaS 模式提供服务的 IBM“盘古天地”软件服务创新孵化平台，代表国际最高级标准（T4 级）的数据中心——中国电信国际数据中心，日本瑞穗实业银行中国数据中心，印度 NIIT、中软国际等国内外先进技术和优质教学资源，为全市服务外包企业的快速成长提供了强有力的公共服务支撑。

对国家、省级财政支持我市服务外包公共服务平台的资金，我市专门出台了《无锡市商务公共服务平台认定考核管理办法》，重点扶持为全市服务外包企业提供公共服务，具有开放性、公益性、专业性特点的重点服务外包公共服务平台。市商务局、财政局于 2016 年 6 月下发《关于做好 2016 年无锡市商务公共服务平台申报认定工作的通知》，组织服务外包公共服务平台的申报工作。按

照《无锡市商务公共服务平台认定考核管理办法》,市区商务部门对上报的服务外包公共服务平台进行初审,严格把关,并委托第三方独立审计机构无锡东林会计师事务所进行现场专项审计,兑现6家公共孵化平台无锡软件产业发展公司702万元。

## 四、发展思路

随着经济全球化的深入发展和我国改革开放的不断推进,发展服务外包产业对地方推动转变经济发展方式、拉动内需和扩大就业、提升产业国际竞争力将发挥重要作用。

下一阶段,我市将积极落实服务外包提升发展三年行动计划(2016—2018)要求,努力把离岸外包业务作为发展和支持重点,探索服务外包产业逐步由低端向中、高端攀升的重要发展路径,进一步培育和壮大服务外包产业,大力培育新的增长点,积极探索新的发展模式。

一是开展龙头企业招引行动。瞄准《财富》世界500强跨国公司、全球服务外包100强,努力招引一批业务规模较大、技术国际领先、市场前景广阔的服务外包龙头型、基地型企业,吸引一批跨国公司研发中心、共享服务中心,外包企业总部以及国际行业细分领域领军企业来无锡发展。未来将推进重点板块、外包特色园区组织各类细分领域专业招商小分队展开招引,争取引进100家各类外包企业。

二是开展示范企业培育行动。培育一批集成服务水平高、具有国际竞争力、进入全国100强的服务外包领军型企业,一批具有一定创新能力、带动作用明显的骨干型企业,一批具有“专、精、特、新”的服务外包成长型企业。明年要进一步梳理重点联系外包企业名单,与企业加强沟通联系机制,不定时组织调研与座谈,了解企业发展情况,推动服务外包企业转型升级,重点向提供整体解决方案等产业链高端领域发展,不断提升研发外包等KPO业务在我市服务外包业务中的比重。

三是开展专业人才引育行动。加强对服务外包中高端培训支持,大力开展中高端人才培训活动,提升企业服务能力,以人才引领无锡服务外包产业的创新发展。加快推进外包人才网络平台建设，探索服务外包人才供需线上运作方式，缓解我市外包企业招人难问题，吸引各地大学生投身到无锡服务外包产业就业创业，为服务外包产业集聚发展提供充足的人才保障。

四是开展全球市场开拓行动。大力开拓国际市场，鼓励支持服务外包企业“走出去”，设立境外接包中心，积极参加国际外包展会，推动园区、企业、外包企业积极参与国际市场开拓活动，巩固传统市场，积极开拓“一带一路”沿线新兴市场，组织企业开拓俄罗斯、澳大利亚等市场。积极挖掘国内市场，抢抓“中国制造2025”和“互联网+”战略机遇，促进无锡外包企业与传统行业对接融合。发挥服务贸易与服务外包协会和相关行业协会作用，举办传统行业与服务外包企业对接活动，推进一批重点服务外包合作项目，提升外包企业服务传统行业的水平，为传统产业转型升级提供新动力，不断释放在岸服务外包市场潜力。

五是开展特色载体提升行动。加强重点园区和公共平台等外包载体建设，大力构建外包产业公共服务体系，推进建设一批公共技术服务平台，为服务外包企业提供完善的配套服务体系，提升服务功能和效率。明年要进一步创新发展，探讨建立服务外包中小微企业融资担保平台和服务外包项目接发包平台，通过互联网大力促进服务外包产业和制造业创新融合发展，帮助支持企业通过网络平台将相关业务分发和交付，创造出更大的市场需求，促进服务外包产业的进一步发展。

六是开展创新创业促进行动。继续办好中国大学生服务外包创新创业大赛，不断提升大赛的规模化、国际化、专业化水平，通过大赛进一步提升无锡作为创新创业城市的形象。大力推动大学生服务外包创新创业基地发展，通过招引政策导向与基地作用，积极推动大赛成果落地无锡，招引一批优秀项目与大学生来锡创新创业发展，努力把基地建设成具有一定影响力的外包众创空间。

# 案例六　2017 年度上海市服务外包产业发展报告

盛宝富[①]

## 一、上海服务外包发展现状

2017 年,上海商务领域认真贯彻《国务院关于同意开展服务贸易创新发展试点的批复》,围绕贯彻落实《国务院关于促进服务外包产业加快发展的意见》,围绕国际经济、金融、航运、贸易、科技创新中心建设打造服务贸易核心功能。以服务贸易创新工作带动服务外包转型升级,加快发展高技术、高附加值服务外包产业,推动从主要依靠低成本竞争向更多以智力投入取胜、转变,加快推进结构调整,扩大离岸服务外包规模,推进相关企业“走出去”,提高服务外包企业便利化水平,取得了积极成效。据初步统计,2017 年,上海离岸服务外包合同和执行金额分别达 95.72 亿美元和 71.22 亿美元,比上年分别增长 4.0% 和 4.4% 。总体来看,上海服务外包正逐步从依靠低成本竞争向更多以智力投入取胜转变,附加值和服务增值不断提高,业务结构逐步提升。

### (一)点面结合、覆盖全市

全市有 5 个服务外包示范区(浦东新区、长宁区、静安区、黄浦区和漕河泾新兴技术开发区等)和 12 个服务外包专业园区,即张江金融信息、张江生物医药、南汇生物医药、卢湾人力资源、陆家嘴信息技术、浦东软件园信息技术、长宁数字媒体、天地信息技术、张江信息技术、金桥研发设计、嘉定汽车研发设计以及财经大

---

① 盛宝富,上海市商务发展研究中心主任助理。

学金融服务外包专业园区，覆盖全市6个区，集中了全市60%左右的企业。

### （二）专业集聚、联动发展

目前，上海5个服务外包示范区集中了全市80.4%的服务外包执行金额。有295家“技术先进型”服务企业，还有2个市服务贸易（服务外包相关）示范基地、6个市级服务贸易（服务外包相关）示范项目以及一批“市软件和信息技术服务出口重点企业”，形成了专业集聚、联动发展的格局。同时，通过发展离岸服务外包，产业升级效应已经显现，并为长三角乃至中西部地区承接在岸服务外包创造了条件。

### （三）知识流程和业务流程外包增长较快，转型升级效应明显

2017年，业务流程外包BPO和知识流程外包KPO执行金额分别为17.47亿美元和16.33亿美元，两者之和增长9.2%，占比由46.0%提升至48.1%。服务外包产业在人力成本攀升和自身业务能力提升的双重驱动下，开始逐步从低端业务向中高端业务转型升级，细分领域结构日益优化：ITO行业中云计算、大数据、移动互联网和人工智能的相关技术服务成为热点。BPO行业中，大数据的应用开始在市场营销等方面展开应用。KPO行业中，已覆盖全产业链，从“一单式”服务历经格式化、合同研发服务，向拥有自主知识产权和市场份额的合作研发转型，并向“一体式”全方位合作发展。行业领头羊药明康德新药开发有限公司已经具备依托“医药研发技术和平台”向“一带一路”对外输出研发技术的能力。

### （四）企业数量持续扩大

截至2017年底，全市共有服务外包企业2015家，比2015年新增139家。《财富》世界500强企业中，GM、福特汽车、GE、花旗、汇丰和SAP等企业在沪设立全球或亚太业务流程共享中心和数据处理中心，IBM、英特尔、联合技术、辉瑞、惠与、思科、惠普等也将全球研发中心或重要研发基地设立在上海。药明康德、海隆软件、易保网络、万得数据、睿泰集团等本土品牌企业不断成长，在基因测序、数字教育、金融数据等知识密集型领域形成先发优势。通过上海服务外

包产业转型升级,辐射带动了长三角乃至中西部地区在岸服务外包产业发展。

### (五)从业人员迅速增加

截至 2017 年底,全市服务外包企业已经吸纳就业人员 41.09 万人,其中 87.6% 为大学生。

### (六)业务来源地广泛

2017 年,居服务外包发包地前五位的国家和地区为美国、中国香港、新加坡、日本和德国,离岸执行金额占比分别为 34.2% 、12.3% 、11.4% 、7.1% 和 4.3% 。其中"一带一路"沿线国家和地区对上海的发包执行金额为 9.65 亿美元,比上年增长 12.0% 。

## 二、上海服务外包存在的主要问题

上海服务外包存在"五个不足",即龙头企业集聚度不足、高端业务发展不足、上规模园区数量不足、人力资源成本竞争力不足和基层政府推动力不足。

### (一)龙头企业集聚度不足

一是当前上海在全球有较高知名度和市场影响力的企业还不多,二是信息技术外包中外资企业占比也较低。在龙头企业的集聚度方面不及大连和北京,公司规模较小是目前上海服务外包向更高层次发展必须解决的问题。虽然上海共有 7 家企业跻身于"跨国二十强服务外包企业",但是这些企业与国际化的企业仍有相当大的差距。企业规模限制了公司持续开发项目的进展,弱化了企业竞争优势,难以与外包发达国家相抗衡。在信息技术外包中,外资企业的核心竞争力大于内资企业,但是整个上海市所有企业中超过 70% 是内资企业。

### (二)高端业务发展不足

上海服务外包金额处于全国领先地位,但是业务仍然以最基础的信息技术外包(ITO)为主,即主要集中在数据采集、加工处理、结果分析等外包产业链低端业务上。BPO、KPO 更高层次的服务外包业务范畴,具有低消耗、高回报、高产出的特点,上海的外包业务中两者的占比较少,即使上海也承接了有关 BPO、KPO 的业务,但却很少看到高端软件外包、呼叫中心外包,目前仍然处于初步阶段。虽然上海的业务流程外包和知识流程外包的增长速度大于信息技术外包,但两者的比重占服务外包总量的比例还较小,两者比重相加才 35% 左右,远小于信息技术外包。

## (三)上规模园区数量不足

当前,上海着重打造的服务外包示范区都集中在中心城区,并且发展规模与苏州、无锡、杭州等周边地区服务外包集聚区相比并不占优势,一些郊县地区尚没有发展服务外包方面的相关规划布局。在 2015 年,中国服务外包网联手全球最具权威性的七大行业组织机构及国际服务外包领域三大顶级咨询机构、四大著名研究机共同发起的面向全球的“2015 年度全球最佳服务外包园区——中国十强”(TGOTP China TOP10)榜单中,上海只有浦东软件园入围。

2015 年度全球最佳服务外包园区——中国十强
TOP Global Outsourcing Technology Parks in China 2015
(TGOTP China TOP10)

| 名次 | 园区名称 |
|---|---|
| 1 | 成都天府软件园 |
| 2 | 中关村软件园 |
| 3 | 上海浦东软件园 |
| 4 | 大连软件园 |
| 5 | 中国(南京)软件谷 |
| 6 | 西安软件园 |
| 7 | 齐鲁软件园 |
| 8 | 深圳软件园 |
| 9 | 厦门软件园 |
| 10 | 广东金融高新技术服务区 |

**图 4-4 2015 年度全球最佳服务外包园区——中国十强**

资料来源:中国外包网。

## （四）人力资源成本竞争力不足

一是企业用工成本高。2017 年上海市职工年平均工资为 85582 元，远高于全国平均水平（同期全国城镇非私营单位就业人员年平均工资为 74318 元，私营单位为 45761 元），相应地，上海企业为员工缴纳的社会保险费、其他福利费也远高于全国平均水平。加之，上海用工比较规范，管理人员等隐性费用方面，较内地之间的差距在 50% 以上。

二是商务成本高，外包企业生存难。房地产价格高企导致办公场所租金偏高，不利于吸引服务外包企业进驻。生活成本较高。最新发布的《中国城市生活质量报告》（2017）（城市生活质量蓝皮书）显示，综合考量房屋销售价格指数、通货膨胀率、房价收入比等生活成本指标，上海在全国城市生活成本客观指数最高的一线城市中，位列第二，排名仅次于北京。

三是人才结构呈现出高端人才匮乏的格局。虽有大量人才资源，但高端人才缺口较大，如上海服务外包所需的科技英语、专业英语方向相对缺乏，同时，专业外语人才体系不够完善，人才的质量很难适应当前的软件外包发展的要求，对上海承接高端业务造成了消极影响。

## （五）基层政府推动力不足

上海对服务外包产业研究和推动工作起步早，出台了专项支持政策，同时上海也是我国首批服务外包基地城市之一，还是首批“信息化与工业化融合试点城市”之一。然而，由于基层政府特别是一些区县政府对服务外包的发展意义、发展形势认识不够，对服务外包发展的推动力不足，在专项资金、税收优惠、财政支持、金融支持、人才培训支持、开拓国际市场支持及招商引资力度、园区基础设施建设支持等方面，已被周边城市反超。特别是随着商务成本的不断攀升，上海服务外包发展面临严峻挑战，政府服务效率、政府工作透明度显得越加重要。另外，服务外包在国民经济中的定位还需提升，服务外包统计体系也有待于进一步完善。

上海的跨境支付和云计算虽然在我国处在领先水平，但和印度等外包发达国家对比还有很大差距。此外市场环境对知识产权保护意识淡薄，相关法律、法规还不完善，也是上海服务外包发展亟须解决的问题。

## 三、上海服务外包发展目标和发展战略

上海发展服务外包具有良好的基础条件。2017 年，上海服务贸易发展快速。上海服务进出口达到 1954.7 亿美元，分别占全国的 21.7%、全球的 2% 以上。总量规模居全国第一，技术贸易和离岸服务外包执行额分列全国第一和第二。上海服务贸易在对外贸易中的比重突破 30%，达到 31.7%。上海现代服务业和先进制造业共同发展为上海发展服务外包提供了良好产业技术条件，上海城市基础设施环境建设快、起点高，服务外包市场体系发育相对比较完善，市场需求面广，供给形式多、领域宽，服务外包人力素质整体较高、规模大，人才门类齐全。随着上海自贸区服务业扩大开放举措的落实，也为服务外包发展带来制度创新与机遇，服务外包产业营商便利化得到创新和提升。另外，从政策“软环境”来看，上海针对服务外包产业发展出台了一系列政策措施，在资金支持、税收优惠、人才培养等方面给予扶持。2017 年，上海发布《关于本市进一步鼓励软件产业和集成电路产业发展的若干政策》和《上海市首版次软件产品专项支持办法（试行）》，加快软件产业向高端发展，进一步加强自主知识产权保护。

### （一）指导思想

紧紧围绕上海“四个中心”和科创中心建设的战略部署，抓住上海打造服务国家“一带一路”倡议桥头堡、自贸区建设以及中国国际进口博览会为上海服务外包发展带来的机遇，继续利用好上海作为我国服务外包示范城市的基础，进一步推动大规模、高水平地承接国际服务外包业务。积极利用国家鼓励服务外包发展的政策，实施以服务业为重点的新一轮对外开放战略，发挥上海自贸区制度创新的优势，以政府扶持政策为导向，以服务外包示范集聚园区建设为抓手，以专业人才队伍建设为支撑，以培育龙头企业为关键，以发展金融服务外包和航运服务外包为重点，有序推进服务外包与其他产业融合互动，积极探索跨国公司在沪服务外包新模式，努力将上海打造成为世界知名、亚洲一流的国际服务外包中心城市。

## （二）战略定位

上海服务外包发展的中长期定位是将上海建成国际服务外包中心。上海是跨国公司集聚的中心，是国际服务外包业务集聚的中心，上海既要发展传统意义上的离岸服务外包，积极承接国外企业的ITO和BPO业务，更要发挥跨国公司集聚优势，承接跨国公司在我国设立的子公司发包出的服务外包业务。在功能上要反映出集聚和配置全球服务资源，既要突出集服务接包、发包、转包、分包等业务为主的核心功能，又要体现集信息发布、项目洽谈、业务交流、研究培训等服务为内容的拓展功能。总之，未来上海作为中国国际服务外包中心城市，已不单单是离岸服务外包业务的承接地，而是以上海为中心，以跨国公司为载体，服务功能齐全的国际服务资源综合配置中心。

### 1. 国际金融服务外包中心

上海打造的中国国际服务外包中心是结合上海国际金融中心建设，突出金融服务外包业务的国际金融服务外包中心。发挥上海金融机构集聚、金融市场发达、金融资源丰富的优势，围绕国际金融中心建设，汇集全球金融服务资源，拓展金融外包服务领域，上海将建成面向全球的国际金融服务外包中心。

### 2. 国际航运服务外包中心

上海打造的中国国际服务外包中心是结合上海国际航运中心建设，突出航运服务外包业务的国际航运服务外包中心。发挥上海航运资源丰富、航运服务增长快和潜力大的优势，围绕国际航运中心建设，汇集全球航运服务资源，拓展航运外包服务领域，上海将建成面向全球的国际航运服务外包中心。

### 3. 国际服务外包信息与交易中心

上海打造的中国国际服务外包中心将通过服务外包博览会、交易会、洽谈会、论坛等服务平台，集国际服务外包信息发布、供需对接、合作洽谈、业务交流、项目交易等功能为一体，成为国际服务外包价格行情的策源地、风向标以及服务外包行业规范和服务标准的诞生地。

### 4. 国际服务外包研究中心

上海打造的中国国际服务外包中心将依托上海雄厚的科研实力，集聚国内外服务外包领域相关研究机构，领跑服务外包研究理论前沿，推动服务外包实践活动，成为国际服务外包研究中心。

**5. 国际服务外包高端人才培训中心**

上海打造的中国国际服务外包中心将依托上海丰富教育资源，集聚国内外人才培训机构，重点培养国际服务外包高端人才，成为全球服务外包领军企业的培养地、各类高端服务人才（尤其是各类服务外包行业的培训师等）的汇聚地和服务外包产业知识产权的保护地。

## （三）发展原则

即“坚持发展高端、积极承接离岸、不断完善功能、重点集聚总部、推进区域合作”。

**1. 坚持发展高端**

应充分发挥优势，立足发展高端，重点发展 BPO 和 KPO，特别是金融后台、影视游戏制作、应用软件开发与维护、现代物流、财会服务外包、人力资源和咨询业务、应用管理和系统集成、工业设计研发、客户管理和市场营销等方面，努力占据现代服务业的制高点。而在呼叫中心、数据录入等附加值较低的领域，上海受到商务成本等制约，并不具备特别优势。可以采取“承接——转包”策略，与内地组合成“前店后厂”，上海承接离岸外包后转包给内地。

**2.“离岸”带动“在岸”**

借鉴印度积极承接国际服务外包的发展经验值，印度在先发优势基础上，重视发展垂直市场，逐渐提高在价值链中的位置，由 ITO 向 BPO 和 KPO 转型。印度充分发挥在人才、成本、质量、信息安全、商务环境、交付方式等方面的优势，正在争取实现战略转型：提升 IT 外包的含金量、创新的目标是扩大国际市场、发展“反向外包”，同时与中国等展开竞争。中国有庞大的国内市场，应鼓励发展在岸服务外包，带动产业结构升级。

中国在制造业方面的优势，使得面向制造业和生产性服务业的服务外包潜力巨大，这是中国的独特优势。必须充分发挥上海的综合优势，主动服务长三角、长江流域乃至全国，增强辐射能力，积极拓展国内服务外包市场。并以国际服务外包的视野，来提升国内服务外包的品质。

**3. 不断完善功能**

一是服务外包项目承接和配发（接单和发单）的集散地；二是服务外包价格行情的策源地、风向标；三是服务外包产业知识产权的保护地，拥有各种服务外包知识产权保护的政策、措施等；四是服务外包行业规范和服务标准的诞生地；五是各类高端服务人才的汇聚地；六是服务外包各类资讯的统计、交流和重要信息发布地；七是国内服务外包领军企业的培养地，在公共服务平台、产业基金扶植、国际市场开拓、国内市场培育等方面国内领先。

**4. 重点集聚总部**

一是服务对象（发包方）总部的集聚，即吸引跨国公司地区总部（包括财务结算中心、营运中心、销售中心等）；二是服务外包供应商公司总部的集聚，即吸引领袖级、专业标志性的、知识密集型的、成长性好的全球服务外包100强企业进驻。要加强调查，摸清家底，明了这两类总部的进驻情况，并制定积极的招商引资工作，有的放矢地积极吸引尚未进驻的总部进驻。

**5. 推进区域合作**

要加强与长三角区域乃至全国的合作，打造“中国服务外包”整体品牌，强调形成有效的合作机制。此外，建议充分发挥上海在接包、项目管理等方面的优势，在一些附加值较低的服务外包领域，采取“承接—转包”策略，在积极承接国际离岸外包的同时，鼓励转包到内地更具成本优势的地方，尤其是加强与其他服务外包示范城市的合作，增强上海的辐射能力。

## 四、进一步发展上海服务外包的政策措施建议

### （一）发挥上海自贸区优势，推进上海服务贸易领先发展

一是“十三五”中后期，上海要加快实施服务贸易创新专项行动计划，建设全球服务贸易中心城市。进一步推动创新服务贸易发展模式，加快服务外包业务转型升级，鼓励服务贸易商业模式创新。加快推进国家服务贸易创新发展试点，探索建立跨境服务贸易“负面清单”管理模式，研究设立服务贸易创新发展引导基金，推动文化贸易、技术贸易、专业服务等资本技术、密集型服务领域，加

快发展、培育数字贸易、金融保险、中医药等新增长点。

二是金融改革创新与上海国际金融中心的联动。积极跟踪、分析中央对自贸区的功能、政策、体制等审批情况，对区内甚至国内外服务外包企业、院校、咨询机构进行大力宣传，与上海国际金融中心联动，为入驻浦东的服务外包企业带来发展机遇。同时鼓励有条件境内外服务外包企业进驻自贸区独立、合作、合资运行。

三是充分发挥和承接自贸区的辐射效应。利用张江高科技园区、陆家嘴金融区、金桥经济技术开发区等国家级开发区，作为自贸区第一层面的“辐射”，研究与自贸区内的服务外包企业如何融合或联动，发挥各类资源优势（研究中心、培训中心、交易中心、企业协会）的集聚效应。

四是利用和延伸上海市服务外包交易促进中心功能。上海市服务外包交易促进中心要争取第一时间在自贸区内开设服务供需双方的“一条龙、一站式、零差错服务窗口”。力争让自贸区内外的服务外包企业加入交易中心的“会员团队”，享受优质服务。

### （二）完善服务外包相关的政策法规，加强扶植发展

一是积极培养国内需求市场。国内巨大的服务外包内需市场尚未全面打开，建议以“鼓励采购国内外包服务”的方式，促进服务外包内需市场发展。带动金融、电信、先进制造业等发包领域对应国内外包服务的企业。政府尤其要以身作则，鼓励政府采购、服务外包。采取多种方式拓展服务外包业务渠道。积极开拓国际市场。重视开拓国内市场，积极参与长三角区域合作，加强与国内各服务外包示范城市的联系与合作。

二是进一步加强和完善服务外包示范区、服务外包专业园区、外包企业的管理。从税收优惠、专项扶持、平台建设、员工住房、人才奖励、基础设施配套等方面进行扶持外包示范区、专业园区，建立起科学高效的金融服务外包、研发设计外包、物流服务外包、人力资源外包、创意产业外包、信息技术外包等服务外包产业的认定体系。

三是提高服务外包通关便利性。联合海关、检验检疫等部门，制定服务外包有关的进口保税政策，简化服务外包业务所需设备（如开展金融服务外包所

需的服务器、数据库等设备，生物医药研发外包涉及的试剂、材料、设备）进口的手续，放宽市场准入条件等。开立服务外包专项外汇账户，实行外汇收支专项管理，并规范收发外汇的操作流程，为服务外包企业开展离岸外包业务提供便利。强化投融资政策，拓宽服务外包企业投融资渠道。

### （三）优化服务外包园区，完善载体建设

一是进一步创新服务外包园区服务支持。改变以往只注重硬环境而忽略软服务的思路，将提升园区专业服务能力作为核心，与企业成长发展实现全过程对接，努力实现全方位、专业化、一站式中介服务，促进和推动中小服务外包企业的快速成长与发展。完善平台建设。通过设立投融资对接、人才培训、技术支撑、信息服务、市场推介、产业联盟等平台来满足企业多层次需求。再次，强化科学布局。

切实发挥“商务部—基地城市—示范园区/专业园区—重点企业”共建机制的作用。通过科学布局，明确产业定位，树立主体和特色，促进产业集聚效应的形成。各园区一定要把培育企业，特别是领军企业放在重中之重的位置。同时，从全市层面，要加强协调，一方面要错位竞争，另一方面要形成合力，和园区共同做好三大工作：一是要加大招商引资力度，努力引进重量级的内外资企业；二是积极支持已入驻企业做大做强；三是要着力培育若干个具有自主知识产权、自主品牌、高增值服务能力的本土服务外包企业 。

加强对园区建设的管理。逐步走向政府导向、企业市场化运作的体制。除了市里加大政策扶持力度外，区政府应加大支持力度，落实相关配套政策。上海市商务委要加强指导和服务，进一步梳理国家层面、市、区层面有关服务外包的扶持政策，积极推出有吸引力的发展政策和普惠政策。

### （四）加强对市场主体的扶持和培育，为产业发展提供支撑

一是积极培养或引进服务外包企业。培养本地服务外包企业，同时鼓励国内外企业前来设立机构，开展服务外包业务。引导大中型企业将非核心职能部门剥离，坚持大小并举的原则。一方面重点扶持、培育龙头企业，鼓励大企业积极承接国际服务外包，以建立品牌、扩大影响；另一方面鼓励有条件的地方试

点，参照承接国际服务外包的有关优惠政策，对本市中小企业承接大企业转包的离岸业务给予扶植，以形成服务外包产业和企业集群。

二是加大对企业的财税等政策支持，拓展服务外包企业的投融资渠道。安排服务外包工作专项资金，利用与服务外包相关的其他专项资金，给予服务外包企业一定的税收优惠，允许服务外包企业留存部分外汇收入，建立服务外包企业贷款及融资平台，积极探索建立有效的担保机制，鼓励风险投资、民间资本和外商投资服务外包产业，鼓励服务外包企业通过多种方式扩大规模。

三是积极鼓励企业提升业务能力和水平。鼓励企业实施品牌战略。推动企业发展离岸外包业务。鼓励企业提高创新和研发能力。鼓励企业开展国际国内资质认证。

### （五）加强对服务外包人才的培育和引进

一是完善服务外包人才培养体系。加大服务外包人才培训扶持。加大服务外包高级人才引进力度。加大服务外包高级人才开发信息服务工作。建立有突出贡献的高端服务外包人才奖励制度。加强服务外包职业技术教育体系建设。

二是创新服务外包人才培养机制。重点推进高校服务外包人才培养机制创新，深入推进服务外包人才校企合作，做大做强专业培训机构。鼓励培训机构不断扩大适用型人才培训规模。在国家服务外包人才培训资金支持的基础上，市财政对服务外包骨干培训机构，予以1∶1的配套政策扶持。建设“上海市服务外包人才信息库”。做好人才储备，扩大大学生就业规模。

三是重点解决服务外包人才的生活成本问题，减轻服务外包骨干人才的生活压力。根据新劳动法及服务外包行业实际情况，制定相应操作细则，明确人力资源的规划和管理，为企业开展服务外包业务扫除制度障碍。

### （六）搭建公共服务平台，健全服务功能

一是加强知识产权保护和信息安全工作，鼓励服务外包承接企业的自主创新能力，增强企业长期竞争力。积极利用市知识产权联席会议制度，进一步完善本市保护知识产权举报投诉服务中心的质量和水平，加强知识产权保护培训

和执法的力度,完善服务业知识产权保护法律体系。要引导企业诚实守信,严格履行合同,保守客户商业机密,遵守国际上的信息保密规则。

二是搭建法律公共服务平台,为发包企业扫除顾虑。建议组织一批既熟悉普通法体系,又熟悉业务流程外包/信息技术外包合约事务的法律专家,组建公共法律服务数据库,搭建市、园区两个层面的法律公共服务平台。

三是充分发挥中国服务外包研究中心的研究平台功能。加强服务外包领域的调查研究,委托中介机构定期调研了解上海服务外包中的不足,逐步提高政府行政服务水平和效率,提高城市管理水平,以利于招商工作的进行。充分发挥“上海软件外包国际峰会”“国家软件出口基地软件展示会”“金融服务外包国际研讨会”等展会平台作用,帮助上海服务外包企业开拓国际市场。

# 案例七　2017 年度重庆市服务外包产业发展报告

## 一、重庆市服务外包发展情况

2017 年,重庆国际服务外包保持着稳中向好的增长态势,国际服务外包执行额 21.3 亿美元,同比增长 4%。主要特点如下:

**首先**,行业类别不断优化,逐渐向产业链高端领域拓展。其中知识流程外包(KPO)13.4 亿美元,业务流程外包(BPO)3.5 亿美元,信息技术外包(ITO)4.4 亿美元,占比分别为 63%、17% 和 20%。

**其次**,外包领域不断拓宽,新兴领域增长迅速。除传统领域的工业设计外包(6.1 亿美元)、工程设计外包(1.3 亿美元)等持续增长外,软件研发开发及技术服务(3.5 亿美元)、医药和生物技术研发(1.6 亿美元)和供应链管理(1.3 亿美元)成长为新的增长点。

**最后**,更多地承接来自发达市场和"一带一路"沿线国家外包。主要国际发包方集中在中国香港(3.7 亿美元)、美国(2.9 亿美元)、新加坡(1.1 亿美元)等发达市场。承接"一带一路"沿线国家和地区外包总额 8.8 亿美元,占比 41.3%。

### (一)加强服务外包园区平台建设,引领聚集作用明显

建设企业服务中心。为园区企业提供信息咨询、管理咨询、工商办理等服务。建立服务外包示范区观摩机制,定期观摩交流、亮点特色流量通报、比学赶超,形成竞争机制。16 个服务外包示范区执行额合计 18.6 亿美元,占全市执行

额 87.3%，两江新区(2.2 亿美元)、渝北区(1.6 亿美元)、沙坪坝区(1.3 亿美元)、渝中区(1.2 亿美元)排名靠前。在商务部近期公布的 31 个中国服务外包示范城市综合评价中，重庆排名第 11 位，居中西部首位。

## (二)大力培育市场主体，企业发展从量到质飞跃

挖掘传统市场潜力，推动中冶赛迪、中交二航和工业设备安装等拓展“一带一路”沿线国家和地区工程承包、劳务合作等市场。支持软岛科技、海兆科技等发展软件开发、工业设计等高端服务外包，实现服务外包额 1.2 亿美元。全市私营企业外包执行额占比 70%，国有企业、外资企业分别占比约 10%、7%。美皇管理资讯、中软国际、先特呼叫中心等一批龙头品牌企业正在崛起。重庆猪八戒作为中国最大的在线服务提供商，不仅服务本土，还为美国、英国和马来西亚等 25 个国家和地区提供了定制化创意服务。重庆亚德科技股份有限公司、重庆西信天元数据资讯有限公司荣获 2016—2017 中国软件和信息服务业最具影响力企业奖。

## (三)组织企业参加境内外重要展会

组织区县和企业共 300 余人参加上交会、京交会、软交会，中国—拉美国际博览会等行业盛会，现场交易约 55 万元。加强与俄罗斯、哈萨克斯坦等“一带一路”重点国家和地区对接，促进我市与国内外服务外包企业交流合作。

2017 年我市承接“一带一路”沿线国家(地区)服务外包总额 6 亿美元，同比增长 29%，占比 32%。

## (四)完善服务外包政策支撑体系

一是给予服务外包企业入驻补贴。例如，办公场地装修完成且经园区验收确认后，按照 300 元/平方米的标准给予企业装修资助，依照其企业所得税和增值税留成部分 80% 的额度等额对符合条件的企业进行资金奖励。二是加大人才引进力度，给予服务外包人才补贴。例如，院校组织学生在主导产业企业实训，实训结束并签定 3 年以上劳动合同且稳定就业 6 个月以上，给予 1500 元/人补贴；院校学生到重点产业企业实习满 3 个月以上 6 个月以内，按 800 元/人月

补贴；在校毕业生参加职业技能培训，给予500～3000元/人培训补贴；职教学生工作二年以上，三年内购买首套住房给予个人200元/平方米购房补贴。三是加大服务外包知识产权融资力度。出台《重庆市知识产权融资管理办法（试行）》，建立"X+1"综合授信体系，同时建立风险分担机制，进一步降低企业融资门槛和融资成本。

## 二、存在问题

服务外包接包主体能力仍需提升。企业自主创新能力和专业服务水平偏弱，外包承接能力不强，缺乏承接国际大订单、高端复杂订单的能力和渠道。

服务外包项目高附加值项目量不足。动漫、网游设计、检验检测、知识及法律流程等外包项目还待努力突破。

承接外包市场有待扩大。当前，承接外包主要集中在少数几个重点市场，与"一带一路"沿线国家市场合作数量不足。

服务外包载体工作还需加强。个别服务外包示范区招商意识不够，未能充分整合、利用市内外资源吸引优质国内外服务外包企业入驻。

## 三、发展思路

### （一）抓服务外包园区提质增效

充分发挥产业园的平台服务和政策支撑作用，形成服务外包企业聚集区、经验创新区和流量产出区。完善服务外包示范区观摩机制、不定期交流，季度通报。为企业落地提供基础保障，同时深化服务外包综合服务平台的宣传和工作效率，切实地为服务外包企业提供发展支持与服务。

### （二）抓服务外包品牌培育

培育主业突出、竞争力强的市场主体和有影响力的服务外包品牌。促进企业专业化、规模化、品牌化发展，提升企业创新力和国际竞争力。各园区培育

1～2家有影响力的服务外包大企业、大品牌，给予重点扶持，带动产业链上下游发展。

### （三）抓服务外包招商引资

以自贸试验区和中新（重庆）互联互通项目为依托，建立服务外包招商信息库、项目清单和政策清单，瞄准重点地区实施精准招商，聚焦重点行业实施专题招商，围绕核心企业实施平台招商。促进在谈项目签约，签约项目落地。力争全市引进20家在服务外包行业有影响力的知名企业入驻。

### （四）利用展会帮助企业拓展市场

充分发挥国内“上交会”“京交会”“软交会”三个重要服务贸易展会平台作用，深化落实参展招商成果，务实高效帮助企业拓展海外市场。当前，正在组织筹备“英国设计展”“莫斯科书展”“美国动漫展”等一系列对外推介洽谈活动。

### （五）加强服务外包人才基地建设

结合大中专院校学生基础，建立“人才培养联盟”，院校参予、园区支撑。搭建人才培养平台，园、校、企直接在平台对接，将服务外包相关课程作为重点培训课程，实现学生在校实用性技能培训，打造人才蓄水池。

# 案例八　浙江网新恒天有限公司案例

## 一、行业现状

改革开放40年来,我国经济飞速发展,互联网科技应运而生。在国家政策的大力鼓励下,伴随着产业升级和行业信息化建设的推进,国内软件外包需求得到大量释放,外包业务保持持续增长。金融业的不断壮大也导致金融软件外包业务需求逐年上升,中国正在逐步成为全球金融外包服务中心。我国金融产业外包市场规模将由2011年的120亿元增长至2018年的795亿元,年均复合增长率为31.0%。

近几年,中国互联网金融的迅猛发展,打破了传统金融业的规则和模式,使得中国在金融服务和创新方面和全球站在同一起跑线,推动了中国在金融服务外包的转型升级。由于新技术、新模式和新市场的出现,全球软件外包行业的服务内容也在不断升级和拓展,云计算、大数据、区块链、人工智能等新技术的涌现,使软件服务外包市场需求呈细分化趋势。此外,跨国企业将更看中软件外包服务商的综合服务能力和创新研发能力。

在新金融时代下,产业环境的变化将倒逼服务外包企业转型升级。服务外包产业正在加快向高技术、高品质、高效益方向转型升级。如果能够恰当把握当前产业发展大趋势,抓住机遇改革并创新服务模式,势必迎来产业发展的黄金时代。

浙江网新恒天软件有限公司(以下简称"网新恒天")作为我国IT服务外包的领军企业,在机遇与挑战并存的行业发展背景下,借助自身对IT技术和业务知识的经验积累,逐步研发出适合企业 IT 发展规划的包括云计算、大数据、区块链、人工智能等在内的各类技术产品,从而更加全面和深入地服务于中外企业。公司以为国际金融巨头提供服务作为突破口,发展自己的核心技术与服务能力,以绝对的优势抢占金融信息服务的国际高端市场,在软件出口领域稳固地确立了领先地位和国际水准的企业形象。

## 二、公司简介

网新恒天作为浙江大学、浙大网新和美国道富银行的战略合作结晶,是一家致力于为中外企业提供可靠的、专业的 IT 服务及产品的软件公司。公司秉承“让信息系统更简单、让金融活动更简单”的愿景,在实践中不断总结,逐步积累了深厚的业务知识、领先的技术服务水平与成熟的项目管理能力。公司专注于为中外企业提供应用开发、测试与质量保证、云与大数据、移动应用、系统重构、架构咨询、研究与开发等多项技术服务。依托浙江大学强大的学术、科研和人力资源,公司现拥有金融数据挖掘、商业智能服务、金融风险管理服务、系统管理服务、整合管理服务等主导技术服务产品。与此同时,网新恒天消化、吸收浙大网新和道富银行丰富的管理经验、市场营销能力,为全球金融机构提供高质量、高精度的技术开发和服务支持。

目前,网新恒天与国内外 200 多个客户建立了合作关系,客户遍布中国、美国、日本、加拿大、澳大利亚、英国、爱尔兰、德国以及法国等国家,业务覆盖金融、制造、医疗、零售、物流、高科技、新能源等行业,在 IT 应用服务和软件出口方面已经位居国内前列;公司不仅与美国道富、DST、思科、东芝、路透社、PFS 等国际顶尖企业有着深入合作,还与中国外汇交易中心、中国工商银行、浙商银行、上海银行、五粮液、中烟新商盟等国内知名机构建立了长期合作关系,在创新产品研发、技术支持、人才培训和未来战略投资等多个领域逐步展开全面合作。

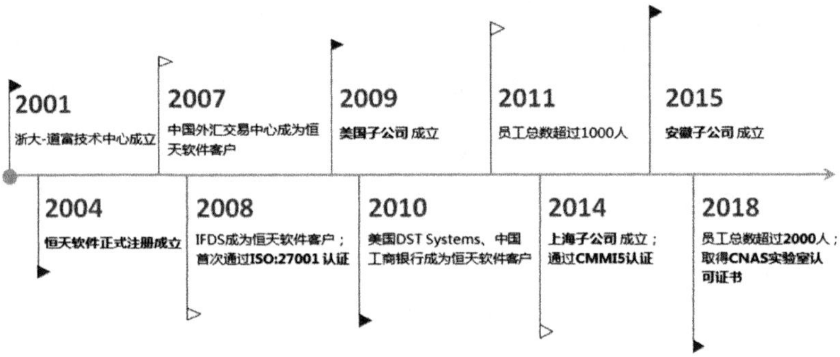


**图 4－5　网新恒天主要发展历程**

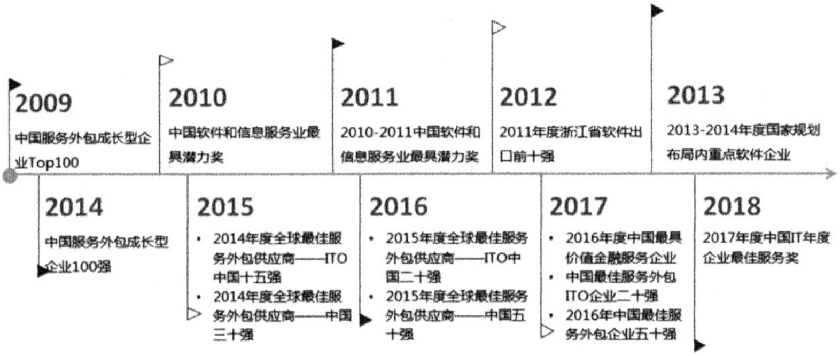


**图 4－6　网新恒天所获主要荣誉**

# 三、创新发展

## （一）技术创新基本情况

技术创新是网新恒天整体战略的核心，也是企业发展壮大的引擎。其发展主旨是，致力于全球金融信息服务，以国家战略和全球市场需求为导向，以市场为导向、以新技术开拓新发展为自主创新理念和模式，积极引领我国金融信息服务业的创新与发展，并提升金融信息服务业自主创新能力。

同时，网新恒天将通过不断完善企业服务创新的系统支持机制，建设以市场为导向，以新技术开拓新发展的各项组织能力、完备研发中心的软硬件设施、发展技术预见能力等整体能力提升方案，期望逐步形成能引领国内行业、最终代表国际先进水平的技术实力，推动国内金融信息服务业的发展与进步。

网新恒天在其发展的过程中一直以“打造最值得信赖的金融领域 IT 服务提供商”为经营理念，即：利用为世界金融领域顶级金融服务提供商提供 IT 服务的经验，针对全球金融机构的需求，在 IT 服务方面寻求到更具创新性、更有效的解决方案。

在经营理念的指引下，网新恒天提出“技术市场化、技术产品化、技术产业化；以市场为导向，以新技术开拓新发展”的技术创新理念和模式。即：利用网新恒天的既有优势和资源，对传统金融 IT 服务技术进行系统整合与拓展，形成新的服务能力，使之具有强大的市场突破能力，在市场竞争中获胜。同时通过国际合作、产学研合作，以消化引进吸收再创新、集成创新等方式获取关键的核心技术，从而提升该产业的技术能力和技术水平，推动整个产业的快速发展。

## （二）完善的技术创新机制

### 1. 严谨的企业研发管理体系

强有力的制度保障是研发工作顺利有效实施的前提条件，结合现有管理结构、流程重组的要求及公司自身的产业特点，网新恒天按照 ISO27001：2013 信息安全管理体系及 CMMI5 的要求，深化管理思想，设立了技术研发管理相关部门和一系列有利于技术创新和发展的管理制度。

PMO（Project Management Office）部门作为独立于各个项目组之外的职能部门，主要承担了项目监管、过程控制和沟通协调的相关职责，是公司高层管理和项目组之间的桥梁。PMO 部门建立以来，通过建立项目管理和过程管理的标准流程，并在项目组中进行有效实施，采用标准的流程、工具和模板对项目与过程执行进行监管，实现项目的标准化管理。通过 PMO 部门的统一管理，不仅对服务外包过程和流程具有强有力的管控能力，更确保每个研发项目都能够高质量、高效率地完成。

除此之外，公司另设立了 ACS（Advanced Consulting Services）部门，以最快最专业的方式，配合市场营销和销售部门，按照客户要求提供一流的解决方案。

另一方面，ACS 部门为公司各项目组提供服务，比如为项目组提供相应的解决方案，提供架构咨询服务，或者举办知识分享、资源共享等活动。ACS 部门的工作不仅使恒天的服务流程更趋专业化，更提高了各部门的协同工作能力，提高工作效率。

为了提供业内一流的软件质量保证，网新恒天在管理体系中还专门设立了软件质量保证部门，分别从产品质量保证、过程质量保证和人员质量保证为客户提供高质量的软件产品，在公司内部对项目质量进行独立和全面的监控，提高了公司的全面质量管理意识。目前，软件评测中心已经成功取得中国合格评定国家认可委员会（CNAS）的实验室认可证书，意味着恒天软件具备按照国际公认标准来展开软件产品综合质量检测和校准服务的资格和能力，出具的报告更具权威性和国际公信力。

**2. 全方位的技术创新和分享系统**

网新恒天自主研发“Innovation Lab”的系统，即“创新实验室”系统，鼓励技术人员结合企业技术创新发展的需求，在此系统中提出创新想法，集思广益进行优化创新，最终实现技术创新的飞跃发展。利用“Innovation Lab”系统，网新恒天拥有更高效的技术创新交流平台，极大地缩短了技术创新思想转化为实践的时间。“Innovation Lab”系统是网新恒天在技术创新方面的“助推器”。

网新恒天成立“创新筹划指导委员会”，在“创新筹划指导委员会”的领导下，为不断提高技术创新能力，集中技术创新中坚力量，公司内部成立了多个技术卓越中心（Center of Excellent，COE），例如 Java COE，. NET COE，QA COE，Mobile COE 和 UED COE 等为公司内的技术达人创造良好集中的创新和交流环境，更有利于创新技术能力提升，总结各项目的“最佳实践”，将技术达人的创新概念提炼成新产品、新技术。网新恒天的知识分享系统——“天知道”是一套用于收集、处理和分享网新恒天全部知识的线上信息的系统。包括知识分享平台和企业内部信息搜索引擎。利用这些平台，网新恒天可对组织中大量的有价值的解决方案、架构、具体技术、经验等知识进行分类存储和管理，促进知识的学习、共享、培训、再利用和创新。

**3. 产学研合作**

产学研合作是网新恒天研究开发工作的灵魂，也是公司自主创新的最重要的方法和途径之一。作为一家面向市场需求，整合浙江大学计算机学科优势组建的高新技术企业，网新恒天的建立、发展与壮大与浙江大学计算机和软件学科的发展息息相关、紧密联系。公司在战略的制定上充分与浙江大学等高校互动，并通过与高校联合研发、项目合作、联合培养人才等方式，走出了一条具有鲜明特色的产学研互动发展道路。本着优势互补、强强联合的合作宗旨，网新恒天与浙江大学软件学院签订了战略合作协议，该协议旨在互惠互利、共同发展的基础上建立全面的、战略的产学研合作关系，以充分发挥高校雄厚的技术研发和人才实力，以及网新恒天强大成熟的信息技术服务经验的资源优势，从而实现“校企合作，产学研共赢”。在这样的大环境下，网新恒天拥有很浓的“学院风”，公司内部每年安排独立研发费用来鼓励自主创新，如机器人投顾等，恒天的员工成长很快，目前至少有三位副总裁是年轻的浙大博士。另外，在国际产学研合作方向，网新恒天和爱尔兰著名的科克大学 University College Cork 启动战略合作，双方在人工智能和机器学习领域，就技术产品与服务的开发进行深度合作。

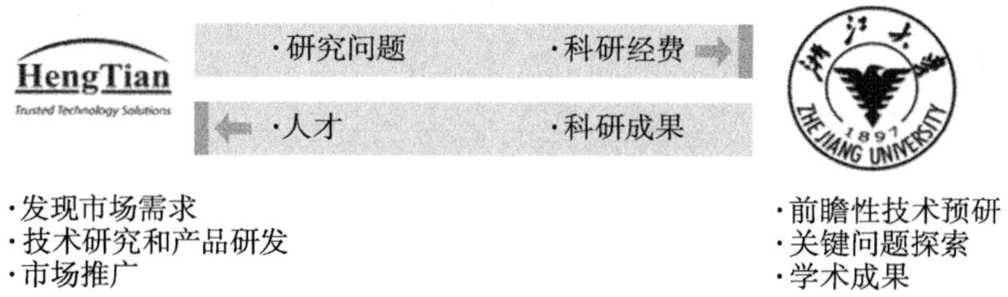


**图 4－7　产学研一体化创新**

## （三）创新研发成果

在充分解读国家相关产业政策的基础上，网新恒天以市场为导向，利用在信息科学与软件服务行业的优势，通过自主创新与产学研合作等形式，发展技术能力、创新服务模式，除了在原有的金融科技总包领域保持领先的市场业绩，还持续开拓了互联网金融产品、电子商务等新兴领域，并且在云计算、大数据以及遗留系统再工程技术领域，都拥有自己的具有自主知识产权的核心技术。

**1. 重点产品与解决方案**

(1)金融数据服务平台

恒天金融数据服务平台系统能够帮助金融机构实现统一的外部数据源接口,把来自外部系统的中国外汇交易中心的外汇、本币、黄金交易所的黄金交易、上海清算所、中国国债登记结算公司以及上海票据交易所的票据交易等数据导入到一个前置平台,可订阅和分发到金融机构内各个业务系统,满足机构对不同业务数据的要求。

本系统采用模块化设计,不同金融机构可以根据自身的需要进行配置选择不同接口数据。平台可做到统一入口,将来自不同渠道的各种数据集中输入至数据服务平台进行集中式的整合处理,最后通过相关接口输出到各种后台系统;数据落地,各类数据可保存至机构内部系统,减少人工数据重复录入,避免差错问题;数据完整,完整保留接入的全部数据,机构可根据需求进行数据展现和处理;降低成本,减少各类终端多用户费用,降低机构成本;前沿的数据资讯,恒天与 CFETS、上清所建立长期合作关系,更及时掌握前沿数据接口发展资讯;优质服务,熟悉 CFETS、上清所、中债等的各类接口系统验收流程,可以帮助客户快速通过系统验收。

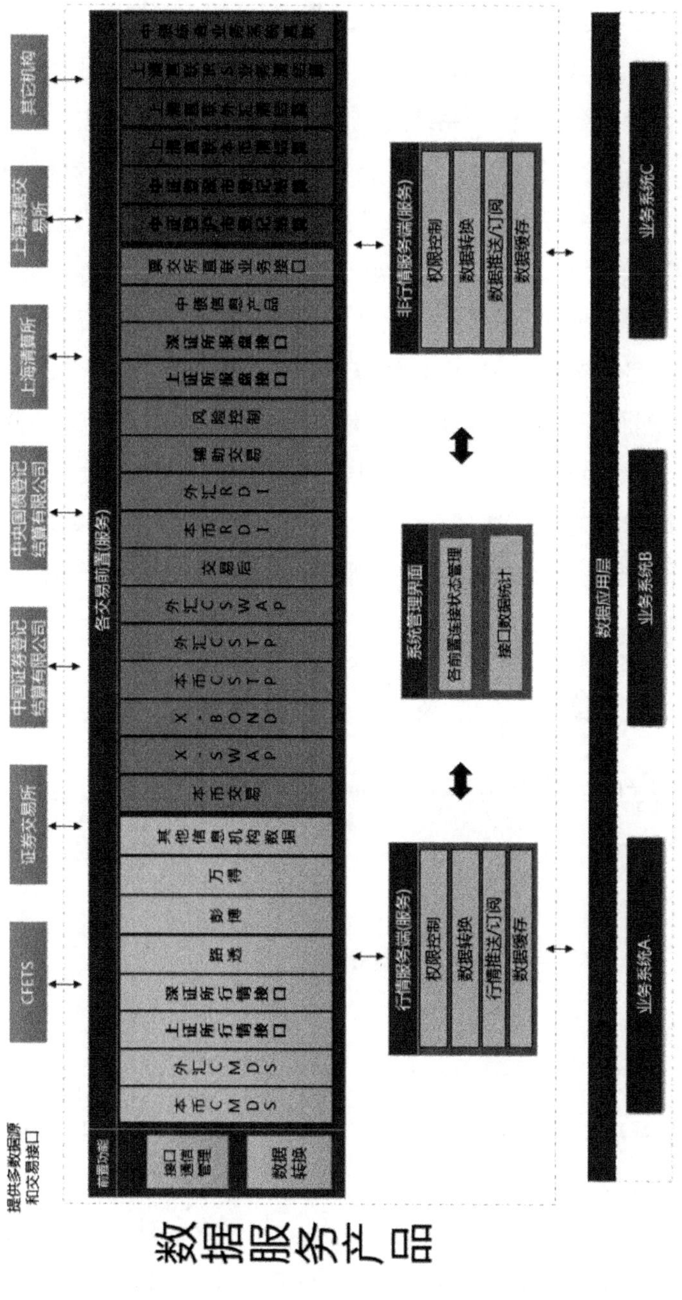


图4-8　金融数据服务平台

(2)互联网金融市场产品

网新恒天通过“恒信互联网金融解决方案”完善互联网金融服务。该方案基于广大的小微金融主体需求,将会员线上注册审核、融资产品发布、多样化行情展示、担保公司风险保障及平台全程监控完美集成,为互联网金融企业构建了安全高效的投融资交易服务平台。系统凭借高效的数据处理、多重的资金安全保障机制、全面且严谨的交易平台化管理极大地提高了平台运营效率;同时采用多维度保证金体系,为投资人的利益保驾护航。系统以全面、严谨的交易平台化管理博得了用户的好评,为互联网金融创造了安全、稳定、卓越的环境。

此外,网新恒天依靠网络技术和机器运算的进步,根据个人投资者的风险偏好、财务状况与理财目标等特征,运用智能算法及投资组合理论模型,为用户提供智能化的投资管理服务,并持续跟踪市场动态,对资产配置方案进行调整。并且机器人理财的服务没有边际成本,可以对任何规模的资金、任何层级的用户做到一视同仁,可以有效避免道德风险,淘汰佣金驱动型的劣质理财产品,从而推动整个理财行业生态的不断改善,让用户享受更高品质的理财服务。

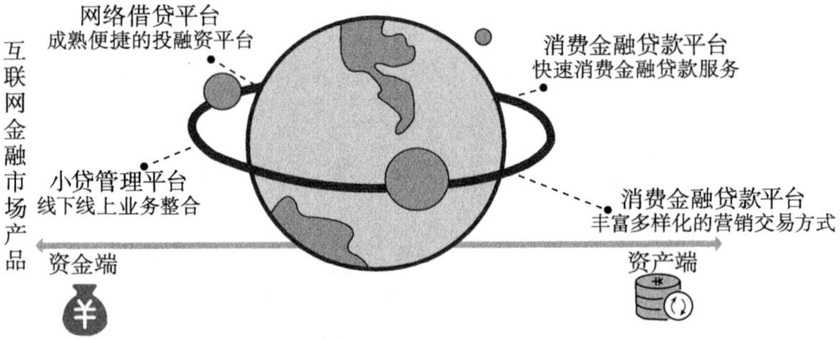


**图4－9　互联网金融市场产品**

(3)电子商务解决方案

网新恒天企业技术中心基于电子商务领域的项目经验以及技术积累,打造了恒天电子商务整体解决方案,旨在为品牌厂商建立完全自主的电子商务门户,实现企业物流、信息流、资金流的统一管理,树立品牌形象,同时依托互联网和移动社交网络的强大触角,实现营销渠道的扩展。该平台能让厂商快速构建在线商城,同时可根据品牌厂商自身业务特点,增加定制化业务流程和功能模块。

目前此研究成果已成功应用于国内多家知名快消品企业，帮助企业打造全新的互联网门户，满足企业互联网化的需求。

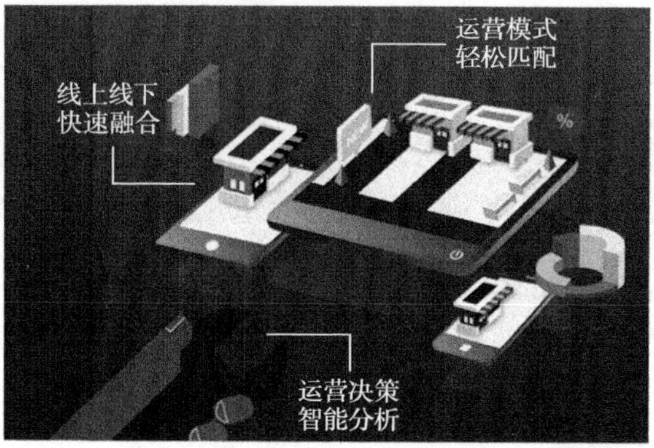


**图 4-10 智慧商务解决方案**

(4)恒天云——企业基础设施私有云管理平台

恒天云是网新恒天自主研发的一款企业级的基础设施私有云管理平台。恒天云以 openstack 云操作系统作为内核，跟紧社区版本，修复 bug，稳定系统。选择合适的存储方案、网络架构，对虚拟化技术优化，增加监控能力；引进工作流体系，把资源提交做进企业流程中，并提供细粒度的资源管理、环境管理系统，使得云在企业的落地成为可能；提高资源供应的自动化程度，从而提高企业效率；提供企业智能，根据历史资料优化资源供应方案，并提供资源使用状态报表和建议；提供自动化部署能力，提供虚拟机迁移自动化工具，提供补丁升级。恒天将云计算与教育行业、IT 行业相结合，分别推出了高校云实验室整体解决方案和测试云解决方案。

恒天云可用于统一管理数据中心，对企业传统数据中心的 IT 基础设施进行"融合重构"，将传统的 x86 架构服务器集群变成一个透明的计算、网络和存储资源池，并支持多区域部署。目前恒天云的签约客户有 40 家，为各行业客户实现了 IT 资源的高效管理，提升了资源利用率，降低了使用成本。帮助企业化繁为简，使企业的 IT 支撑系统从成本中心转型成为推动企业核心业务不断发展的引擎，实现商业价值最大化。

恒天云获得了第十八届中国国际软件博览会创新奖。

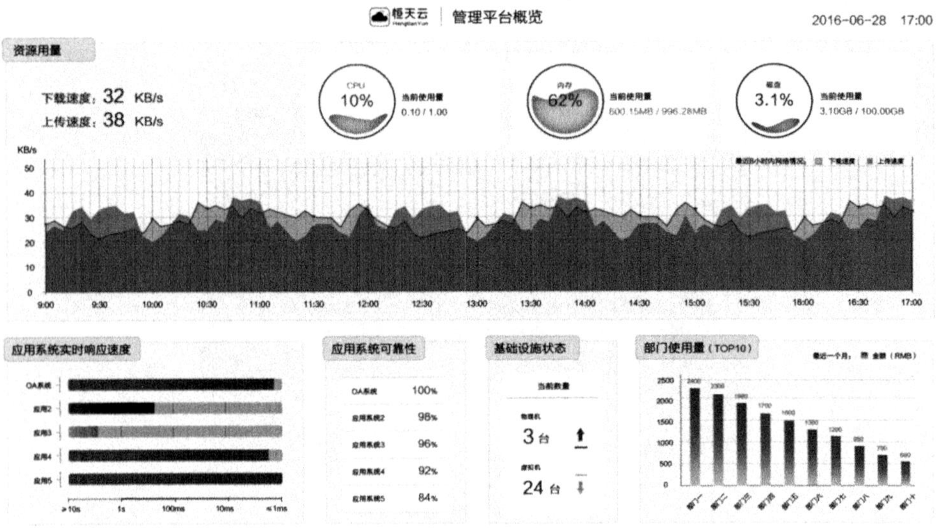


**图4－11　恒天云管理界面**

（5）恒天大数据解决方案

恒天的大数据解决方案（HTAnalytics）是以自主平台 + 行业解决方案 + 服务的综合产品线，把自主研发的恒天数据分析平台与开源大数据技术进行有效集成，并结合企业在大数据的采集、存储、处理、挖掘、报表和可视化方面的具体需求，打造定制化的相关产品和服务。

HTAnalytics 覆盖从数据采集、数据存储、数据处理、数据挖掘和数据可视化整个技术栈。其基于开源的分布式处理和流式处理框架，具有海量数据处理和实时数据处理能力；利用 HDFS、HBase、MongoDB 等 NoSQL 技术，支持非结构化数据的管理和分析；内置了多维度统计、分类、聚类、关联分析、推荐系统、文本挖掘等高级分析和挖掘模型，利用机器学习算法发掘数据的深层价值；支持各种前沿的大数据展现方式，包括动态报表和高级可视化分析功能，将数据分析结果完美地呈现出来。目前平台已经积累了欺诈监测、精准营销、新闻聚类、舆情监控、金融合规等多个行业垂直模型，可快速切入相关领域，打造可落地的企业数据分析解决方案。

该方案获得第十八届中国国际软件博览会创新奖、2014 年浙江省信息服务发展专项资金重点资助项目以及在 2014 年第五届中国软件外包和信息技术服务产业年会获工信部优秀金融创新解决方案。

(6)量化交易系统

恒盈量化交易系统是由网新恒天企业技术中心自主研发的一款量化交易(也称程序化交易)软件平台系统,它基于分布式服务技术构建,具有很好的可靠性、可用性、安全性和扩展性。恒盈系统提供自定义高速行情数据、实现基于C#高级语言的投资策略编写、无缝集成基于 MATLAB 开发的交易策略、提供独立稳定的自动交易、提供全方位的投资分析报告、提供灵活的交易风险控制、支持分账户投资管理等。目前该系统已经运行并获得了多方客户的高度评价,为多家投资机构提供了集实用性和前瞻性为一体的高性能量化交易系统。

微宽(We Quant)是一款基于大数据和 AI 技术的智慧投资研究平台,帮助投资者精准而快速地从海量数据中洞察市场、发掘机会。不同于传统投资软件以技术模型、财务数据展示为主的功能,微宽基于海量数据的汇聚,打造了一系列智能、新颖的投资模型,如市场情绪的监控、行业风格的发现、公司护城河评估、个股驱动因子预测等,并将结果以图表的形式直观地展示在网页中。博弈市场的规律是不稳定的,而微宽的模型借助机器学习算法,能根据市场的动态演进不断自我修正,帮助用户真正智慧地洞察市场。微宽的智能模型已经帮助投资团队在过去一年取得了远超市场平均收益的投资表现。

(7)智慧物流配送系统

目前各行业物流体系基本都实现了对货物进销存和分拣配送信息的实时采集、跟踪与监控。但是在实际操作中,尤其是作为物流关键步骤的配送,依然存在着不少问题。

因此,网新恒天提出了一整套基于自动学习优化路径算法,整合 GIS、GPS、移动互联网等技术的配送系统。通过智能算法配送路线规划、实时监控、实时导航实现全配送周期管理,并借助移动 APP、数据挖掘等先进技术,解决目前配送过程中存在的问题,优化物流配送最终环节,真正实现“科技物流、精益物流、人本物流”。

根据这套算法,网新恒天技术中心开发的网新恒天智慧物流配送系统软件拥有智能路径规划、配送实时监控、自动导航、无名道路自动识别、统计分析、数据挖掘、全方位多角度的服务体验等特点,可广泛适用于具有配送环节的各个行业及企业。网新恒天智慧物流配送系统软件可有效解决目前配送过程中存在的问题，平衡各路线的送货任务，实现实时监控与配送管理，降低配送成本，提升配送服务，真正实现精益物流和智慧物流。

(8)闪蝶——大型金融遗留系统再工程自动化解决方案

为解决大型金融遗留系统再工程问题，对遗留系统实施演化，使之适应和支持业务发展需要。网新恒天自2011年起开始研究将逆向工程与正向工程充分集成的、通用的、高度自动化的系统再工程解决方案。

恒天自主研发完成程序语义抽象模型HTL，用于各种程序语言的语义表达、分析和不同语言之间的程序转换；项目将创新性地搭建系统再工程自动化执行框架，以及基于插件的功能扩展框架；实现高级系统分析功能、高级系统转换功能和遗留系统自动化测试用例提取。

目前该方案已成功为国外金融客户的再工程项目提供了有力的支撑。加速了客户方再工程的效率，节省了成本，产生了显著的经济效益。

### （四）企业未来展望

我们正处于服务外包行业发展的转折期，机遇与挑战并存。随着国内外金融行业的逐步发展和成本压力的增加，以及其发包能力成熟度的提高，势必会将目光投向非核心模块的业务外包，从而给金融服务外包业带来巨大的市场空间，这无疑也是最大的发展机遇。

网新恒天自成立以来，一直秉承“让信息系统更简单、让金融活动更简单”的愿景，以致力于成为高端专业技术服务公司为目标，打造“可信、专业的技术服务供应商”的品牌定位，服务国内外客户。同时在云计算、大数据、人工智能等方面持续研发投入。这与习总书记在党的十九大报告中提出的，建立以企业为主体、市场为导向、产学研深度融合的技术创新体系的指导思想积极呼应。

公司未来的发展战略，将以两条线共同发展。第一，恒天将把握机遇，更加开放地走向全球市场，拥抱全球化带来的机遇与挑战，在持续做好目前的主营业务的前提下，在高端技术咨询服务方面，以更积极的态度去直接面对全球市场竞争，凭借过硬的技术和服务，去赢得市场。第二，利用我国经济创新发展的机遇，积极探索在“金融科技领域、云计算、大数据与人工智能”等前沿业务和技术领域的创新发展机会，打磨创新产品和服务，以我国市场为切入点，积累力量，为中国方案和中国产品走向世界做出自己应有的努力。

在未来，网新恒天将继续扩大业务规模，凝聚技术和行业知识，形成专业产品和解决方案。希望通过合作模式创新、管理创新为客户创造出更大的价值，让更多的人，更方便、更简单地参与现代经济中最重要的金融活动。

# 案例九　江苏徐工信息技术股份有限公司案例

## 一、企业简介

江苏徐工信息技术股份有限公司(简称“徐工信息”)是一家混合所有制的国家高新技术企业,于 2014 年 7 月 1 日正式注册成立。公司秉持“为工业赋能,与伙伴共生”的企业使命,基于徐工集团的深厚制造业背景,在工业互联网、智能制造、两化融合等业务领域奋力开拓,致力于“成为工业互联网技术和解决方案的引领者”。

公司快速发展,已在徐州、南京、上海三地设置分支机构,现有员工 200 余人,其中博士、硕士研究生占比 36%。作为国家首批两化融合管理体系贯标咨询服务机构,分别主导和参与了国家两化融合管理体系、工业云、智能工厂等国家级标准的制定。公司重视建设自主知识产权体系,已积累发明专利、软件著作权、软件产品证书近百项,并通过“双软”企业认定、新能源车辆平台国标符合性测试。

公司以“更懂制造的工业互联网专家”为定位,致力于服务高端客户,如北京奔驰、奇瑞汽车、陕鼓动力、潍柴动力、陕汽重卡、中国商飞、兵器工业集团、中集集团、青岛红领、开祥化工、天顺风能等一大批行业领先企业,赢得客户高度满意并先后荣获“江苏省首批企业互联网化优秀服务机构”“智能制造年度优秀示范解决方案”“中德智能制造灯塔企业”“最佳解决方案服务商”等大奖,并于 2015—2017 年连续三年蝉联“两化融合管理体系优秀贯标咨询服务机构”。

徐工信息将继续秉承“创新、创业、创未来”的企业精神,通过构建“软件平台、硬件产品、超值服务”三位一体的核心竞争力助推业务全速起航，借势工业4.0发展机遇，努力发展成为“中国制造2025”的先行者、实践者、领导者。

## 二、发展现状

徐工信息坚持走自主研发的创新创业之路，尤其重视对原创性核心技术的研发投入。公司高度重视服务外包产业发展，结合企业自身优势，形成了工业互联网、智能制造、两化融合等特色鲜明的服务外包整体解决方案，业务领域覆盖装备制造、新能源汽车、风电、光缆等几十个行业、近200家企业客户。

### （一）工业互联网整体解决方案

依托企业自主创新，徐工信息在国内首个推出了云架构的工业互联网大数据平台，以此为核心形成了工业互联网云端整体解决方案，可以支持千万级设备接入，实时处理百万级吞吐量达到秒级、网络延迟达到毫秒级、对TB级数据进行分布式处理响应时间达到分钟级、对千亿级数据查询响应时间达到秒级，秒级故障修复时间，具备极高的稳定性。目前入网设备数量超过40万台，覆盖设备类型6000余种，累计数据总量达PB级。

图4-12 工业物联网大数据平台

徐工信息先后攻克基于BLE蓝牙通信集成技术、基于BDS定位功能集成技术、基于物联网专用卡集成技术、基于 SMS 的物联网专用卡统一接口交互技术、基于 A－GPS 的定位敏感度纠正技术 5 项核心技术，打破技术壁垒，并在低功率、大传输、双模等关键技术领域实现突破，成功地研发了 LRC 型信息终端、SRC 型信息终端、ERC 型信息终端、BRC 型信息终端、车载智能诊断仪 5 款新型物联网信息终端产品。

**图 4－13　各型号信息终端**

## （二）智能制造整体解决方案

基于在工程机械行业的实践经验，徐工信息为企业提供以计算机、虚拟现实、3D 漫游等技术为基础的数字化工厂解决方案，以 PLC、光电传感、RFID、物联网等技术为基础的物流自动化解决方案，以柔性生产单元和分布式数控编程（DNC）等技术为基础的柔性制造解决方案，以 APS、MES、WMS、Andon、EMS 等专业咨询实施服务为内容的制造过程管理信息化方案，以 SRM、MES、SPC、CRM 等专业咨询实施服务为内容的集成质量解决方案，以网络通信、信息集成、大数据分析等技术为基础的生产控制中心解决方案，同时为企业提供智能工厂规划与设计、智能设备应用与集成、设备智能化改造升级、生产管理信息系统开发实施等服务。

公司自主研发的 PI 智能化信息终端，采用从底层到上层的智能硬件研发控制，实现从底层数据采集到顶层系统开发的全流程技术掌控，将制造业、物联网和云生态相结合。PI 产品涵盖智能管理平台、PI 智能终端、手机 APP 三端产品，贴合用户使用需求，可基于用户关注点推送生产实时信息，节省用户时间、提高客户产品黏性。

## (三)两化融合整体解决方案

徐工信息形成了以“1334”贯标法为核心的两化融合整体解决方案,不仅局限于管理体系咨询,将战略咨询、组织咨询、企业管理信息化咨询、智能制造咨询、物联网咨询、企业系统集成咨询与实施等徐工信息优势业务进行整合,为企业提供全方位的咨询与指导,并且向客户提供可落地实施的策略、方案和成熟的产品。该解决方案坚持以未来视野审视企业发展,紧密围绕企业经营实践和行业特殊性,立足行业发展趋势、行业竞争状况、企业经营战略、企业经营现状和两化融合管理体系标准五个基础上,对照标准和对比标杆,精准把握信息化环境下企业成功关键要素和企业转型方向的两大关键要点,提出涉及经营战略、商业模式、业务模式和管理模式等全方位的行业解决方案,帮助各个行业的企业客户明确差距,找准能力提升方向,持续打造企业动态竞争优势,实现企业可持续发展。徐工信息两化融合凭借着优秀的贯标效果,赢得了行业内的一致好评,目前行业排名前五。

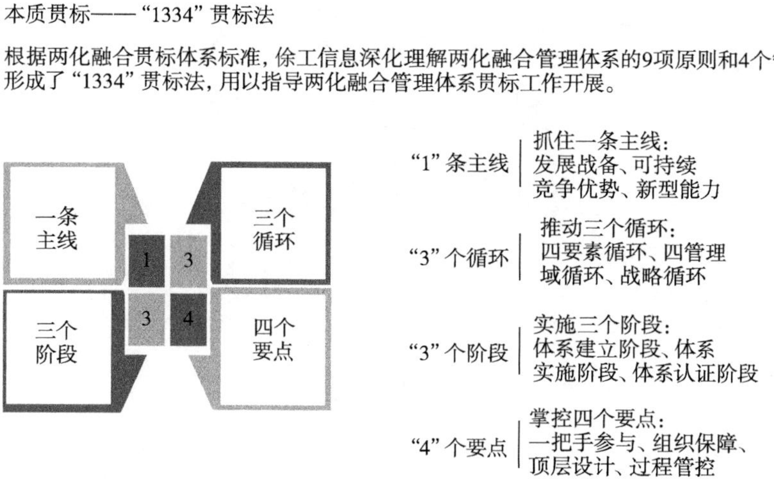


**图 4-14　徐工信息“1334”贯标法**

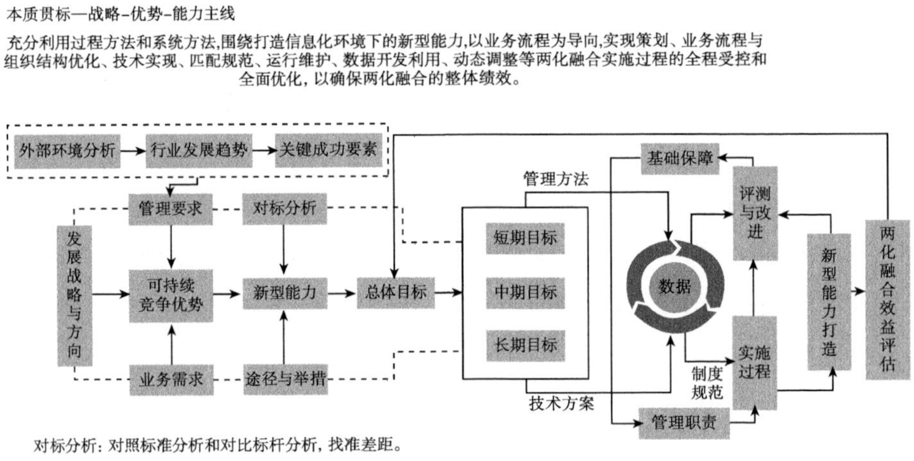


**图 4 –15　徐工信息战略—优势—能力主线**

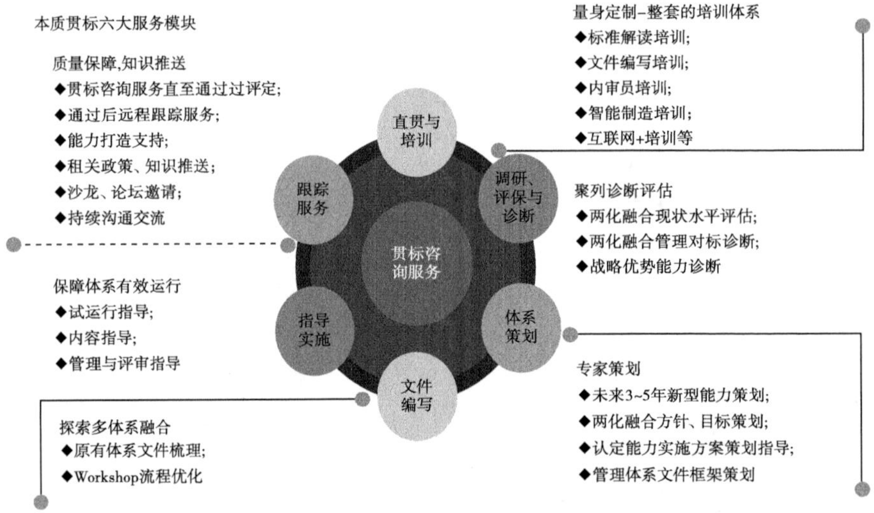


**图 4 –16　本质贯标六大服务模块**

在企业顶层规划设计上，公司承接了徐工集团、常太集团、江南实业集团、广东科达洁能集团、悦达拖拉机等公司的两化融合整体规划工作，通过对企业现状分析、管理诊断并提出问题解决思路和办法，推动该公司现有流程梳理、数据运用、业务集成工作，从业务分析、系统选型、系统集成等角度开展集团层面的 IT 总体规划，搭建智能制造总体设计规划方向和实现路径。

在能力打造活动上，公司以两化融合管理体系标准要求为纲领，深入挖掘客户需求,并提供相关的能力打造解决方案。公司已先后为徐工集团、天顺风能、徐工重型、徐工液压件、徐工履带底盘公司、新格灌排、新时代照明等公司提供了 ERP 实施、工业云服务平台、PDM、TOP - down 设计、MES 系统、精益生产、PI 系统、生产自动化改造、物联网终端等多种解决方案。帮助企业在提升研发协同能力、生产精益管控能力、基于互联网的创新能力、产品在线远程诊断能力等方面做了积极的探索与服务。两化融合管理体系的指导下,这些企业的能力打造活动卓有成效,基本实现了预期新型能力目标。

## 三、主要经验

### (一)以工业互联网、大数据等新一代信息技术的应用为契机,快速向高端外包服务转型

以新一代物联网智能信息终端和工业互联网大数据平台为核心形成了工业互联网整体解决方案,该方案可以支持千万级设备接入,实时处理百万级吞吐量达到秒级、网络延迟达到毫秒级、对 TB 级数据进行分布式处理响应时间达到分钟级、对千亿级数据查询响应时间达到秒级,秒级故障修复时间,具备极高的稳定性。目前入网设备数量超过 40 万台,覆盖设备类型 6000 余种,累计数据总量达 PB 级。该解决方案的广泛应用,也标志着徐工信息从信息技术外包服务(ITO)向知识流程外包服务(KPO)的高端外包服务成功转型。

### (二)立足自身技术优势和行业经验,迅速占领智能制造高端市场

依托几十年装备制造经验,以 PI 智能制造连接器和云 MES 管理平台为核心打造了智能制造整体解决方案,不仅实现了 MES 产品的轻量化、模块化、可配置,构建了底层 + 应用 + 产品的创新模式,同时构建了行业首个云、管、端互动的全面生产信息化终端及管理系统,填补了国内空白。目前已累计在风电、光缆、机械制造、汽车制造、重工装备等十几个行业、近百家标杆客户获得成功应用,累计上线人数突破 50 万人次、积累制造大数据近 700TB,是徐工信息在高端外包服务领域(KPO)的又一个典型实践。

### （三）紧跟国家政策，巩固和拓展既有外包服务领域

以“1334”贯标法为核心梳理出两化融合贯标咨询解决方案，立足抓住企业经营的关键命题和核心诉求，与客户共同推进两化融合建设，帮助企业建立“四位一体”的经营管理模式，即引导企业建立一体化的管理体系，从获取互联网时代的战略思维、推动企业组织变革、实现企业资源重构、落实企业创新管理四个维度重塑企业核心竞争力，实现转型升级，提升经营效益。2016 年全年徐工信息共向 50 余家企业提供信息技术外包服务（ITO）、业务（商业）流程外包服务（BPO），在赢得客户好评的同时，进一步巩固和拓展了企业的外包服务领域。

### （四）牵头成立服务外包协会，不断扩大协会影响力

2017 年 2 月牵头成立徐州市服务外包协会，并担任会长单位；先后组织开展一系列活动：配合江苏省服务外包协会，召开省服务外包专题交流会议，各市服务外包协会均应邀出席；召开首届徐州市服务外包协会理事会议，商议协会发展思路，规划协会年度发展路径；开展会员单位拓展训练活动；组织会员培训，宣贯徐州市对服务外包的支持政策，帮助企业做好服务外包申报相关工作；同时，协助商务局筹备国际服务外包合作大会相关工作。

## 四、创新发展思路

### （一）战略定位

在巩固信息技术外包服务（ITO）、业务（商业）流程外包服务（BPO）的同时，不断向高端外包服务 KPO 转型。同时重点拓展离岸服务外包业务，将徐工信息打造成为工业物联网和智能制造领域的服务外包领军企业。

### （二）创新发展思路

外包实质上是一个基于信誉的生意，信任和合作是外包服务的基础和前提条件，在信任的基础上，才能真正发展出外包的服务。针对品牌建设，徐工信息

公司认为自身要不断强化客户服务、凝聚行业口碑，努力成为客户的合作伙伴，通过不断提供增值的、超出预期的服务来提升对现有客户的服务水平。其次，针对公司从事的业务和行业，不断总结行业发展的最新动态和自身的实践成果，提出趋势性、规律性和理念性的观点，通过白皮书、研究报告等方式进行宣传，树立在行业中“思想者”的形象。

**1. 利用服务外包协会集聚优势，强化合作与共享**

徐工信息作为徐州市服务外包协会的会长单位，立足徐州凝聚本土服务外包企业优势，不断加强与国家服务外包协会、省级服务外包协会和各市级服务外包协会的沟通、交流，强化协会的纽带作用，整合利用多方资源，强化跨区域合作，在拓展自身业务覆盖区域外，带领徐州服务外包企业走出去，实现合作与共享。

**2. 对标龙头，创新模式，积极拓展服务外包业务**

与国际、国内知名服务外包机构交流合作，创新现有模式，提升企业内生动力，共同拓展服务外包业务。与知名服务外包机构开展战略合作，重点发展离岸服务外包业务，以离岸带动在岸业务，形成离岸、在岸协调发展的新态势；同时，积极对标服务外包龙头企业，由 ITO、BPO 向 KPO 转型，发展高端服务外包业务，形成具有徐工信息特色的高端服务外包新模式。

**3. 搭建公共服务平台，健全服务功能**

发挥企业自身优势，建设工业互联网、智能制造、两化融合领域公共服务平台，汇聚优秀服务供应商，以优质服务能力吸引更多企业入驻平台，打造工业互联网、智能制造、两化融合等多方向的服务外包生态圈，并向入驻企业的产业链上下游延伸，形成辐射效应，不断扩大公共服务平台的影响力。同时，健全服务功能，为有需求的企业提供专业的方案咨询和落地解决方案，提高服务外包质量水平，不断提高服务外包的满意度。

**4. 提升专业技术能力及自主创新能力**

随着产业的进一步升级发展，徐工信息更专注于整体能力的提升，专注于自身技术研发能力和自主创新能力的提升，关注核心能力打造，通过提高企业专业技术能力及业务流程和服务模式的创新，努力实现企业增长方式从外延性增长到内生式发展的成功转型。

**5. 重视人才引进和培养，把人才体系建设作为企业的核心能力对待**

服务外包产业需要独特的复合知识体系、较高的应用能力和严格的职业素养，因此人才是徐工信息公司服务外包产业发展的核心与关键所在。针对人才体系建设，首先，徐工信息向国内外市场招贤纳才，引进服务外包领军型人才，特别是熟悉国际外包业务流程管理、能与国外发包客户进行直接业务沟通的中高级专业技术人才和管理人才。其次，与国内外著名高校及机构合作，提高人才培养起点。最后，建立服务外包实习基地，不但可以为经过培训后的学生直接提供工作机会，而且服务外包企业可以将符合企业自身条件的优秀实习生留用，形成双赢局面。

# 案例十　中关村产业技术联盟案例

中关村产业技术联盟是指活跃在中关村示范区的，以企业为主体，大学、科研机构和中介组织参与，以契约关系为纽带，以提升创新能力和产业竞争力为目标，通过资源共享和创新要素的优化组合，形成明确的资源整合、合作运营、利益分享机制的新型社会组织。

## 一、中关村产业技术联盟的发展历程和发展现状

### （一）中关村产业技术联盟的初创阶段（2002—2005 年）

2002 年 10 月 30 日，TD 产业联盟在中关村成立，这是中关村也是我国的第一个产业技术联盟。TD 产业联盟的成立旨在整合产学研用的产业力量，协同创新，走中国自己特定环境下的移动通信产业创新发展道路。在这一阶段，闪联、长风联盟等也陆续在中关村成立，到 2005 年底，中关村产业技术联盟发展到十余家。中关村产业技术联盟的产生，完全是由于企业自身创新的需求，体现了当时中关村创新从企业内部创新走向外部协作创新的新趋势。

### （二）中关村产业技术联盟的稳步发展阶段（2006—2009 年）

随着中关村产业技术联盟的发展，其促进产业发展的作用日益显现。为促进产业技术联盟的发展，2006 年，中关村管委会在全国最早出台了支持产业技术联盟发展的专项政策《促进中关村科技园区产业技术联盟发展的实施办法》。同年，科技部在中关村召开了产业联盟工作全国现场会。在中关村管委会发布

的《2007—2008 年度园区产业发展金项目指南》中，首次明确提出重大产业化项目将主要围绕产业技术联盟展开。

在中关村管委会的指导下，2009 年 13 家中关村产业技术联盟发起成立了中关村产业技术联盟联合会，作为产业技术联盟的自律组织，为联盟的共同发展服务。

### （三）中关村产业技术联盟的蓬勃发展阶段（2010 年至今）

2009 年 3 月，国务院批复中关村科技园区建设国家自主创新示范区，2010 年 12 月 23 日北京市第十三届人民代表大会常务委员会第二十二次会议通过了《中关村国家自主创新示范区条例》，对社会组织登记制度进行了突破。

根据上述精神，北京市制定了《中关村国家自主创新示范区社会组织改革创新试点工作意见》和《中关村国家自主创新示范区社会组织登记管理办法》，在中关村实施社会组织登记管理体制改革创新试点，在产业技术联盟登记管理体制方面取得重大突破。

2011 年 8 月，中关村数字视频产业技术创新联盟成立，成为我国第一个取得社团法人资格的产业技术联盟。同时，中关村管委会和登记管理机关还推动不具备正式注册登记条件的中关村产业技术联盟备案注册。

中关村管委会继续加大对产业技术联盟的支持力度。2012 年，针对联盟出台了《中关村国家自主创新示范区产业技术联盟专项资金管理办法》（2015 年统一整合为《中关村国家自主创新示范区社会组织发展支持资金管理办法》），中关村产业技术联盟得到进一步推动。

截至 2017 年底，在北京市社团办正式登记注册的产业联盟 249 家，其中中关村产业技术联盟 165 家，涵盖了中关村战略性新兴产业的方方面面。

此外，2014 年 3 月，中关村产业技术联盟联席会在北京市民政局正式注册为中关村产业技术联盟促进会（后改名为中关村产业技术联盟联合会），成为我国首家以产业技术联盟为会员单位并且具备社团法人资格的科技创新型社会组织。2016 年，中关村产业技术联盟联合会获批科技部第二批科技服务行业试点单位和北京市市级“枢纽型”社会组织。2017 年，中关村产业技术联盟联合会获得北京市民政局 5A 级社会组织称号。

## 二、中关村产业技术联盟在创新方面的突出特点

中关村产业技术联盟在创新方面具有运行机制成熟、产业领域覆盖面广、市场导向确保活跃度、高水平专家智库、跨界融合趋势明显等特点。

### （一）运行机制成熟

中关村产业技术联盟的构成主要以企业为主体，覆盖的成员企业上万家，企业覆盖面也相当广泛。随着中关村产业技术联盟的发展，其运行机制日益成熟，形成了以企业为主体，政产学研用金单位参与，以提升企业创新能力和产业竞争力为目标，以契约关系为保障，具有明确的资源整合、合作运营、利益分享的运行机制。

### （二）产业领域覆盖面广

中关村产业技术联盟覆盖了中关村的各个产业，既有新兴战略产业，又有其他优势产业。中关村“十三五”规划明确的六大新兴产业集群即前沿信息产业创新集群、生物健康产业创新集群、智能制造和新材料产业创新集群、生态环境和新能源产业创新集群、现代交通产业创新集群、新兴服务业创新集群，产业技术联盟实现了全覆盖。在中关村其他优势产业集群，产业技术联盟也实现了全覆盖。在各个产业集群里各种类型的联盟并存，如技术研发联盟、技术标准联盟、产业链联盟、市场合作联盟、服务联盟等，形成了推动产业发展的合力。

### （三）市场导向确保活跃度

中关村产业技术联盟坚持企业主导、市场导向，多数联盟都有核心内容支撑，或以研发为纽带，或以技术标准为纽带，或以服务为纽带，实现持续发展。经过正式登记注册，中关村产业技术联盟治理结构相对比较完善，形成了“成员大会 —理事会 —秘书处”的治理结构。中关村产业技术联盟企业参与积极性高，联盟活跃度高，发展质量全国领先。中关村的 24 家产业联盟入选科技部首批产业技术创新战略联盟试点名单，占试点联盟总数的 26％ 。2012 年，科技部

首次对产业技术创新战略联盟进行评估，中关村有 11 家产业联盟被评为 A 类，占 A 类总数的 42%，国家半导体照明工程研发及产业联盟等 7 家中关村产业联盟名列 A 类前 10 名。

### （四）高水平专家智库

中关村产业技术联盟产业特色鲜明、长期聚焦某一特定产业领域，聚集了一大批高水平的产业专家、行业领军人物，围绕建设创新型国家和实施创新驱动发展战略，研究国内外科技产业发展趋势，积极参与决策咨询，积极开展前沿性、针对性、储备性产业政策研究，提出专业化、建设性、切实管用的政策建议，提供了高质量的产业研究成果，成为高水平的产学研用紧密结合的新型高端产业智库。很多中关村产业技术联盟都提供了产业发展规划、产业技术方向、产业政策制定、重大工程项目的决策研究咨询服务。

### （五）跨界融合趋势显现

产业技术联盟通过跨界合作，借鉴专业领域与交叉学科的融汇共通之处，开展跨产业、跨领域协同创新，推动资源共享、优势互补，积极促进成果转化，实现创新融合。如处于同一产业链上下游的中关村数字电视产业联盟与 AVS 产业联盟，共同把中国标准推广到了海外。又如粉末冶金产业技术创新战略联盟在“中国制造 2025”等方面与汽车轻量化技术创新战略联盟就高性能材料激光增材制造技术研究开展了跨界创新与合作。

## 三、中关村产业技术联盟在创新方面的贡献

中关村产业技术联盟已经成为企业共同投入解决技术、市场、资本、知识产权、品牌等共性问题和获取外部资源的有效工具，在整合产业链上下游、促进标准创制、推动产业资源共享、推进产业发展、进行创新突破、打造服务平台、“双创”服务等方面做出了贡献。

### （一）整合产业链上下游

很多中关村产业技术联盟以提高产业链整体运作效能为目标，组织上下游企业完善和发展产业链，涵盖了研发、制造、渠道等从生产到市场的各个环节，促进创新资源多方位合作与衔接，起到了很好的整合产业链上下游的效果，以协同创新带动产业整体高效、快速发展。产业技术联盟围绕产业链解决产业共性技术难题，通过契约提高了产学研结合的组织化程度，推动了产学研在战略层面的紧密合作，建立持续稳定、有法律保障的合作关系。产业技术联盟这种新的产学研合作方式，使得合作各方能够围绕产业链发展，在技术攻关、体制机制、资源整合、人才培养等各方面不断创新，特别是重点围绕企业所需的共性技术，完善技术开发体系，加快成果转化，形成具有产业特色的企业联盟或联盟企业群。

### （二）不断促进标准创制

中关村产业技术联盟积极协助推进国家技术标准创新基地建设，协调相关市场主体共同制定满足市场和创新需要的标准，包括国际标准、国家标准、团体标准（中关村标准）等，增加标准有效供给。除了以标准为纽带形成的产业联盟外，很多联盟都成立了标准化委员会开展标准创制工作。

例如 WAPI 产业联盟与相关标准联络组织已共同牵头组织成员单位开展了百余项标准的制修订工作，到 2017 年底，已有 108 项标准获得发布，包括了国际标准 12 项、国外标准 3 项、国家标准 32 项等。

中关村智联软件服务业质量创新联盟成立了“智联联盟标准委员会”负责联盟各项标准的研制与推广，已发布三个标准，另有九个在研标准。其中行业标准《软件研发成本度量规范》已被广泛应用于银行、保险、海关、国税、司法、军队等领域。

很多中关村产业技术联盟主导推动了相关标准的创立制定，如闪联（IGRS）发布的七项信息设备资源共享协同服务 ISO 国际标准成为全球 3C 协同领域首个国际标准体系。中关村数字电视产业技术联盟制定的地面数字电视 DTMB 标准是我国第一个地面数字电视国家标准，已正式在 ITU 立项，成为国际四大地面数字电视标准之一。

据不完全统计，截至 2017 年底，中关村产业技术联盟共促成 44 项国际标准、245 项国内标准。闪联、中关村半导体照明工程研发及产业联盟、WAPI 产业联盟、TD 产业联盟、北京长风信息技术产业联盟、中关村智能交通产业联盟等 6 家产业技术还获批成为国标委首批团体标准试点。

### （三）推动产业资源共享

中关村产业技术联盟通过推动人才、知识产权、实验室及其他设备等创新资源的共享，降低了企业的创新成本，有效地促进了产业的创新发展。

**一是人才资源的共享。**产业技术联盟的人才共享摆脱了传统的企业人事束缚，将创新人才置于联盟开放的大环境中，让稀缺的高端创新人才跨越所属单位的界限，同时为不同的创新主体服务，优化了人才资源配置，实现联盟科技创新能力质的飞跃。

**二是知识产权的共享。**不少联盟把成员企业的专利通过签署协议构成专利池，交由联盟统一管理，联盟通过衡量成员对专利池贡献核心专利的数量、专利的重要程度等因素，通过授权获得匹配收益。如中关村节能与新能源产业技术创新战略联盟设立了联盟专利池。再如 TD 内部贯彻统一的知识产权管理政策，实现了技术信息和市场资讯高度共享。

**三是实验室或设备资源的共享。**一些联盟成员单位以所有权和使用权相结合的方式共同投入建设实验室或创新中心，实现利益共享、风险共担，通过聚焦产业化共性关键技术和引领性前沿技术研究，集聚创新队伍。中关村天合宽禁带半导体技术创新联盟发起成立了宽禁带半导体检测加工共享平台，旨在通过整合宽禁带行业内仪器设备资源、专家资源以及技术资源，推动行业内的资源共享，帮助各家机构降低研发成本，提高研发效率与水平。

### （四）加速推进产业发展

在促进产业发展方面，中关村产业技术联盟围绕产业技术创新链开展集成创新，突破产业发展的核心关键环节，推动了产业技术进步，促进了中关村乃至全国高新技术产业的培育和发展。如 TD 产业联盟及其成员成功地完成了从

3G 的 TD－SCDMA 到 4G 的 TD－LTE 的标准研究与产业化，建立、完善了覆盖系统、芯片、终端、测试仪表及配套设备的各个环节的完整移动通信创新产业链，推动了我国移动通信产业与应用的发展，为我国 5G 的快速发展奠定了坚实的基础。

### （五）积极进行创新突破

据不完全统计，截至 2017 年底，产业联盟及成员单位共实现核心技术突破 1547 项，取得发明专利 15411 项、实用新型 5443 项，以产业联盟成员企业为主实施的重大科技示范项目超过 440 项。

**一是承接重大科技专项。**中关村产业技术联盟很多承接了国家级以及市级的重大科技专项。如北京现代有机产业技术创新战略联盟牵头组织联盟成员参与科技部的国家“十三五”科技规划，带动联盟成员加大科技创新投入，推动协同创新工作。中关村玖泰药物临床试验技术创新联盟承担了多个国家重大科技项目，助力健康中国。

**二是进行重大技术研发。**中关村社会组织很多直接开展了创新活动，不断探索创新突破。如 TD 联盟组织人员研发，成功实现了基于 TTCN 的 TDD 共性技术研发，并成为获得国家科学技术进步奖特等奖的唯一一家行业组织。中关村数字电视产业联盟组织成员单位完成的“DTMB 系统国际化和产业化的关键技术及应用”项目荣获了科技进步一等奖。

**三是组织示范应用。**中关村产业技术联盟积极组织示范应用，推动科研成果落地。如第三代半导体产业技术创新战略联盟在科技部的支持下整合国内资源，于 2016 年启动了“碳化硅新型充电桩示范工程”，力图在“碳化硅模块在充电桩应用”的小分支上有所突破，目前已在北京率先试用。中关村集成电路产业技术联盟开展了“面向下一代银行卡应用平台建设项目”，带动了一大批集成电路产业企业的技术创新。

### （六）持续打造服务平台

**一是会员服务平台。**中关村产业技术联盟通过建立会员服务平台加强对会员的服务。如中关村四方现代服务产业技术创新战略联盟建立了一体化综合科技服务平台，构建了线上标准化服务产品预约、服务商响应、线下科技服务合作对接的科技服务O2O模式。

**二是测试服务平台。**通过公共测试服务平台有利于节约行业企业测试成本，提升研发效率。如中关村下一代互联网产业联盟建设了中关村下一代互联网测试服务中心，作为中关村产业共性技术服务平台，2017年度对中关村园区企业相继开展了30家的下一代互联网测试认证服务，辅助中关村企业提高其产品的市场认可度，增强了企业相关领域产品的国内外市场竞争力。

**三是数据服务平台。**数据服务平台可以有效提升研发的科学性，避免各个企业单个建设数据库。如中关村玖泰药物临床试验技术创新联盟临床研究数据服务平台是联盟基于大数据、互联网等现代信息技术构建的开放的公共服务平台。依托临床研究数据服务平台，联盟已为多家生物医药企业提供了几十项药物临床试验一站式服务，大大缩短了新药研发周期，增强了生物医药企业的竞争力，推动创新药落地。

**四是共性技术服务平台。**共性技术服务平台对产业技术发展起到了一定的支撑作用。中关村储能产业技术联盟发起搭建了储能用锂离子测试评价共性技术服务平台，为各地储能厂商提供测试评价服务。

**五是综合性平台。**中关村产业技术联盟还搭建了很多其他的平台，服务于产业的创新发展。如中关村ICT和移动互联网知识产权产业联盟搭建了电子信息和移动互联网领域共性技术公共服务平台、知识产权公共服务平台、科技成果转化平台、中关村ICT和移动互联网投融资平台、中关村企业物联信息网共性技术平台、中关村电子信息和移动互联网人民调解委员会及调解平台、人才交流平台、信息交流平台等多个公共服务平台。长风联盟围绕前沿技术、市场需求、产业链上下游资源，成立了中小企业服务、智慧养老新技术新产品推广、国际资源创新、校企联合人才培养、项目咨询五大专业化服务平台。

### （七）积极投身“双创”服务工作

中关村产业技术联盟响应国家“大众创业万众创新”号召，积极参与“双创”活动，仅2007年就组织各类创业大赛10余场。中关村产业技术联盟联合会组织举办“中关村产业技术联盟双创论坛”，共有100多家联盟参会，并于会上发布了“中关村产业技术联盟关于支持大众创业万众创新的倡议书”。中关村空间信息产业技术联盟联合宽带无线专网应用产业联盟共同举办2017首届“北斗+宽带”创新创业大赛，共有来自北京、天津、河北、湖北、山东、新疆、广东等7个省市的100多个团队参加，助力国家“北斗卫星导航”与国家宽带战略的快速实施。中关村半导体照明工程研发及产业联盟参与主办的第三届国际第三代半导体创新创业大赛共征集到国内外项目636个，其中海外项目60余个，来自美国、英国、芬兰、德国等10余个国家。

## 四、中关村产业技术联盟的成功经验

### （一）强化党对联盟工作的领导

为加强产业技术联盟党建工作，推动实现社会组织党建工作的“两个覆盖”，2017年中关村产业技术联盟联合会联合4家产业技术联盟成立了中关村产业技术联盟联合会社会组织党建工作委员会，设立了党建委办公室。目前，党建委已完成对158家会员单位的党建工作的“两个全覆盖”。

在北京市委社会工委的支持和指导下，2017年联合会探索开展了以选聘党建指导员，推动党建工作全覆盖的党建工作模式。经过联盟自愿申请报名、联合会择优推荐、北京市委社会工委评审等环节，最终共选聘中关村储能产业技术联盟、中关村空间信息产业技术联盟等5家联盟相关工作人员以及3名党建委工作人员，并给予5家联盟2017年社会组织党建管理支持资金。

### （二）政府大力支持培育和枢纽型社会组织主动服务

中关村管委会始终将产业技术联盟作为加强产业内部交流与合作，解决产业薄弱环节和瓶颈问题的资源配置重要手段，通过采取项目支持、资金支持等方式，大力扶持中关村产业技术联盟的发展。

中关村产业技术联盟联合会作为枢纽型社会组织发挥了搭建政府与联盟之间的桥梁纽带作用，同时促进联盟间的相互沟通合作，并通过开展联盟党建工作，发挥了党建的引领作用。中关村产业技术联盟联合会还通过加强诚信建设进一步加强了中关村产业技术联盟的自律，并成立了网络安全与信息化、低碳环保、通用航空等多个专委会，把相同类型的中关村产业技术联盟有效地组织起来。

### （三）联盟创新创业文化氛围浓厚

中关村示范区成立30年来，沉淀了厚重的“鼓励创新、宽容失败”创新创业文化。中关村产业技术联盟作为生长于园区的创新创业主体，也深受中关村创新创业文化的熏陶。中关村很多产业技术联盟的负责人或发起人都成长于中关村，长期受中关村创新创业文化熏陶，为联盟的创新创业文化注入了天然的中关村基因。在长期的创新创业实践中，中关村产业技术联盟群体形成了“敢为人先、宽容失败、尊崇契约、协同共赢”的协同创新文化，不断创新实现技术上新的突破，并积极支持园区企业“双创”升级发展。

### （四）政产学研用金深度合作

在自主创新的链条中，政府、企业、高校、科研院所、用户、金融机构的参与缺一不可。通过产业技术联盟这一有效的组织形式，政府、企业、高校、科研院所、用户、金融机构以具有法律约束力的契约为保障，形成联合开发、优势互补、利益共享、风险共担的合力，让各种创新要素更加自由、快捷、有效地配置，促进了全产业链的“政产学研用金”协同创新发展，形成功能互补、良性互动的协同创新格局，有效解决创新中的瓶颈问题，推动产业的快速发展。

### （五）聚焦科技前沿引领产业发展

中关村示范区聚集了大量高校及科研院所，是中国乃至全球知识最密集区域之一，成为科技前沿的策源地，每年都产生一大批的原始创新成果。中关村示范区也对前沿技术项目采取了资金、政策、资源对接等支持。中关村产业技术联盟充分发挥区位优势，长期关注前沿科学技术的发展，以广泛吸纳国内外的创新资源，聚焦科技前沿，加强前沿技术跟踪与项目挖掘，整合资源，引领产业发展。

例如，第三代半导体产业技术创新战略联盟从2013年起就全程参与国家

2030 新材料重大项目立项建议和实施方案的编制工作，并于 2017 年 6 月牵头组织编制 2030 国家重点新材料研发及应用第三代半导体版块的实施方案，有力地推动了第三代半导体产业的发展。

### （六）人员专职化、专业化、年轻化

与其他社会组织不同，中关村产业技术联盟工作人员具有明显的专职化、专业化、年轻化的特点。据统计，超过 60% 的中关村产业技术联盟都设立了专职秘书处及专职工作人员，人员专职化确保了联盟工作的高质量、高效率和可持续性。联盟是围绕某一特定产业领域、为高科技产业服务的机构，工作人员必须专业化才能胜任。工作人员采用市场化手段招聘，工作人员显示了年轻化的特点，充满了活力。

## 五、发展思路

### （一）围绕产业、人才、问题三个导向搭建共性服务平台

中关村产业技术联盟积极围绕产业链构建技术创新链，打通科技成果转化为现实生产力的通道；针对产业技术创新中关键、共性问题，组织联合攻关，共同研究制定和完善产业技术标准，引领产业技术进步；整合会员单位资源，建立面向行业的技术研发和技术创新服务平台及机制，推进研发条件资源和知识产权共享；联合培养创新人才，促进产学研用科技人员交流、互动，为产业持续创新提供人才支撑；不断加强自身组织建设和健全运行规范，努力发挥引领和带动产业技术进步的作用。

### （二）发挥中关村引领辐射作用

中关村产业技术联盟虽然是在北京市登记注册的社会组织，但《中关村国家自主创新示范区社会组织登记管理办法》规定可以吸收本市行政区域外的境内组织及个人作为会员，跨行政区域开展活动。中关村产业技术联盟的会员遍布全国各地，有利于聚集区域外的创新资源，合作伙伴也遍布全国各地，超越了

地域限制服务全国。

如中关村数字电视产业联盟在昆山成立了集成创新中心，协调组织各个环节有技术优势、资源优势的成员单位开展关键技术、产品的研发，共同打造互惠共赢的集成创新平台。中关村云计算产业联盟成立了区域合作委员会，开展云计算产业京津冀协同发展以及其他地方交流活动，并与江苏、贵州、河北、山东、内蒙古、云南等地方政府陆续建立合作机制。

今后中关村产业技术联盟将更多地发挥中关村的引领辐射作用，带动国内产业技术创新。

# 案例十一　不忘初心，打造世界级软件产业创新社区

## ——上海浦东软件园26年发展纪实

从梦想的种子随着第一抔土一起洒下，到如今的绿树成荫、人才济济，上海浦东软件园已经在时间的年轮中走过了26载年华。上海浦东软件园筹建于1991年，成立于1992年，是由原机械电子工业部和上海市人民政府共同组建的“部市合作”项目，是中国成立最早的软件园区之一。一路发展，顺应着浦东开发开放的区域性国家战略，也承载着振兴中国软件产业的国家使命。多位国家领导人、上海市及新区主要领导都曾莅临园区视察指导工作。吴邦国同志、江泽民同志先后为上海浦东软件园题写园名。

1992年7月20日，上海浦东软件园发展公司正式成立，从此开启了浦软的创业之路。从1992年到2018年，从“部市合作”，到第一批国家软件产业基地、第一批国家软件出口基地、国家新型工业化示范基地、国家科技企业孵化器、全国青年创新创业示范园区、亚洲最佳孵化器，每一个历史瞬间的背后，都凝聚着上海浦东软件园所承载的不同寻常的历史使命和责任。

经过26年的摸索实践，上海浦东软件园已发展成为全国软件和信息服务产业发展的重要载体之一，围绕一个愿景目标，形成六大园区联动、七大产业集聚的建设成果，产业引领示范效应和品牌影响力在全国软件园区中名列前茅。截至2017年底，园区共有企业1600余家，营收总额约700亿元，总利润约100亿元，纳税总额约50亿元。

未来，上海浦东软件园围绕打造世界级软件产业创新社区的长期愿景，实施和深化园区向社区转变、提供服务向连接分享转变、招商引资向产业培育转变，“十三五”期间的目标是成为软件与信息服务业领域具有国际影响力的智慧

产业社区和创新创业示范区。

## 一、浦东开发 培育浦软

1991 年，按照党中央关于“开发浦东、开放浦东”的重大决策，为加快我国软件产业发展，时任机电部副部长的曾培炎同志率队赴上海考察，决定在上海浦东选址建设软件园。1992 年 3 月，第一个协议决定部、市共同投资建设上海浦东软件园。从此之后，浦软就开始了软件园区建设营运路径的探索之路。

在上海浦东软件园发展和成长的过程中，“部市合作”“市场化运营”这两个关键词起到了至关重要的作用。在部市协议商定之初，即决定以企业模式组建并以市场化机制来运作浦东软件园，并赋予上海浦东软件园发展公司“园区建设”和“产业发展”的双重任务。

在前期探索如何拿地、如何建园区的过程中，浦软一直以一个软件公司的身份在运作，参与到了秦山核电站的操作系统、上海市检察院政务系统等项目的开发中，从一个软件公司的角度来切身体会软件产业该如何推动。1997 年 9 月，第二份部市协议进一步明确了专业园区的规划、定位、功能，并实际启动了园区的建设；1998 年，中国电子信息产业集团公司和上海市张江高科技园区开发公司分别代表部、市政府出资，并将发展公司改制为有限责任公司。浦软公司第一届董事长是由信息产业部的陈冲司长担任的，体现了国家对于上海浦东软件园项目的高度重视。同年 10 月，上海浦东软件园一期工程奠基开工。2000 年 7 月，第三份部市协议做出软件园二期的规划建设决定，此后又共同推进了三期建设，提出了新的二次发展要求。

2000 年 3 月 18 日，上海浦东软件园正式举行开园典礼，有了真正属于自己的园区。时任信息产业部副部长曲维枝和上海市人民政府副市长周禹鹏共同为上海浦东软件园揭牌。园区建成开园后，江泽民同志、胡锦涛同志和习近平同志都先后来到浦东软件园视察工作，这也充分体现出国家最高决策层对于浦软发展的关心和支持。2000 年、2003 年，园区分别获得了国家软件产业基地、国家软件出口基地称号，截至目前，全国同时获得这两个称号的园区只有 4 家，从中也可以看出浦软在全国软件产业发展中举足轻重的地位。

从1992年设立“上海浦东软件园”项目以来，浦软的管理者们以开拓者的身份尝试建立中国的软件园区，经过脚踏实地的稳健开拓与创新实践，园区建设成果显著，在园区产值、运营规模上每年都呈现出健康、平稳的增长态势。

## 二、三商战略 创新转型

“三商战略”是浦软在对软件园区三个不同发展阶段的实践和思考基础上总结出来的。任何园区运营企业，第一个阶段都是造房子，然后通过优惠政策引入企业，这是空间开发商的概念；园区进入运营阶段，企业入驻后，需要园区运营方为其提供各种各样的服务，包括软件测试、通信网络、人才招聘、基础物业等，即集成服务商的概念；当园区发展到第三阶段，需要更多思考打造产业集群、打通企业上下游产业以及通过制定企业发展的标准来推动园区发展、分享企业成长成果，这个阶段就可以对企业进行科技投资了。

有了殷实的实践基础，浦软正式提出“三商战略”，即“软件与信息服务业的空间产品开发商、集成服务商和科技投资商”。

2009年，全国各地的软件园正如雨后春笋般兴起，面对激烈的竞争，软件园所常用的老三招“圈地、招商、优惠政策”似乎已越来越不起作用。那么究竟如何打造出软件园的核心竞争力？怎样才能吸引更多优秀企业入驻？如何在中国乃至世界软件产业发展中占得一席之地？上海浦东软件园给出了“服务创造价值”的答案。

作为国家级的软件园，上海浦东软件园一直在思考如何帮助园区内企业的发展，为此提出了打造一个良好的产业生态环境的新理念：通过产业生态环境帮助企业在园区内部找到上下游的合作伙伴甚至潜在客户，从而达到合作与多赢的目的。然而，想要营造出这样的环境不仅需要在招商时注意保持产业链的完整，保持园区企业规模和经营范围的多样性，更需要园区在企业服务上下功夫。当全国很多新兴软件园还在宣传优惠力度、探讨园区服务时，这时的上海浦东软件园已经率先将园区服务从口号上升到执行层面，在对原先的服务体系进行了全面的梳理与定位后，于2009年10月28日在上海浦东软件园客户大会上向所有园区企业及各大新闻媒体发布全新的服务体系，即技术支持与网络通信、人才培养与人才交流、营运咨询与商务推广、企业孵化与投资融资、生活配套与基础保障。五大服务模块涵盖了企业从业务到后勤、从资金到人力资本等各个层面的需求，而运营咨询与商务推广服务更是帮助不少企业在园区内部牵线搭桥，甚至帮助部分企业争取政府层面的支持。这在当时在全国的软件园中乃领先之举，也进一步提升了浦软的精细化服务水平和核心竞争力。

在软件园的服务体系中，浦软的技术服务在全国园区中具有明显优势和特色。这是因为浦软在1992—1998年期间，一直是作为一家软件公司在生存运营，同时在探索如何进行土地获取和园区建设的。当时浦软第一任总经理是长江计算机集团的副总裁，吸引了众多技术人员前来创业，积累了深厚的技术底蕴。在拥有物理园区后，2002年，在浦东新区科委的支持下，浦软与浦东新兴产业投资有限公司、数讯公司共同组建浦东软件平台公司，进行软件技术公共服务平台的建设和运营，这是浦东第一家从事软件增值服务的企业，也是发展至今全上海唯一拥有国家中小型企业公共服务示范平台、国家软件信息与服务示范平台双平台资质的公司，同时也是上海市司法鉴定计量认证首家试点单位、中国合格评定国家认可委员会认可实验室，公司成立以来共服务近万家企业。2011年6月，浦软率先推出面向全国科技型中小企业的全业务IT公有云——“浦软汇智IT服务云”，并成立专门的公司负责云平台运营，这是当时国内首个由软件园区建设运营并拥有知识产权的全业务IT公有云，被上海市经信委授予了“上海市云计算应用示范项目”的称号，运营至今，覆盖企业用户超过1100家。2013年，承建了商务部、上海市政府的部市合作项目上海服务外包交易促进中心，发展至今，平台已拥有数据库企业4万家、注册会员4000家，在全国范围内发布了外包交易指数和外包企业信用评价体系，其权威性受到国家各相关主管机构和外包业界的认可。

同年，浦软在工业和信息化部软件服务业司的倡议下，集中力量编制了《上海浦东软件园“智慧园区”总体规划》。2014年，浦软参与起草的《全国智慧园区建设标准化方案》正式发布。同年，上海浦东软件园成为工业和信息化部公布的全国智慧园区建设首批试点园区以及上海市首批12家智慧园区试点建设单位之一。目前，浦软智慧园区解决方案已经在上海、西安、厦门、南京、苏州、青岛、天津等园区落地。

服务无止境，在探索服务模式和创新形式方面，浦软也一直在努力。这两年，浦软注重两大服务品牌"汇智 TEK""浦软乐活汇"的打造。通过"汇智TEK"，邀请业内技术大咖，汇聚企业 CEO、CTO，交流分享企业创新实践、最新开发技术和产品理念研讨；通过浦软乐活汇，每年开展丰富多彩的活动，如运动会、好声音比赛、相亲会，并组织摄影、舞蹈、绘画等各种社团，丰富园区 IT 青年的业余生活。

与此同时，作为产业聚集区，软件园必须同时顾及大中小和不同领域的企业，才能造就平衡的产业生态系统。上海浦东软件园的办公楼出租率接近100%。在房源如此紧张的情况下，浦软先后辟出了近 40000 平方米的孵化楼，用以帮助创业者实现自己的创新梦想。其实，早在 1993 年，上海浦东软件园就以事业部的形式进行项目孵化的尝试；2008 年，浦软孵化器正式揭幕；2010 年，浦软创业投资基金正式成立。虽然牺牲了眼前的经济利益，但是浦软通过为新创办的科技型中小企业提供物理空间和基础设施、各类服务支持，降低了创业者的创业风险和创业成本，提高了创业成功率，促进了科技成果的转化，培养了一批成功的企业和企业家。

在 20 多年产业服务经验积累的基础上，浦软孵化器经过 10 年的发展，已累计孵化 400 多家孵化企业，帮助企业获得融资超过 50 亿元，构建完成"苗圃——孵化器——加速器—基金"科技创新创业全产业链条，为处于不同发展阶段的新一代信息技术领域创业企业和团队提供包括物理空间、投融资、专业技术、人力资源、市场拓展、政策咨询等全方位的专业创业服务。

上海浦东软件园作为国家级软件产业基地和国家级软件出口基地，不但筑巢引凤，吸引着海内外诸多跨国科技企业纷至沓来，更是一片神奇的创新创业乐土，孕育着一个又一个奇迹的诞生，成功孵化出天天果园、洋码头、七牛、喜马拉雅等知名企业，已成为上海活跃的信息技术产业创新创业集聚区。

如今，在上海的创业圈内，浦软孵化器已被称为 IT 领域创业的"黄埔军校"，入孵企业存活率达到 90% 以上，优秀创业项目不断涌现。浦软孵化器连续多年荣获国家优秀、上海优秀孵化器称号，2016 年荣获"亚洲最佳孵化器"。

## 三、数字经济 引领发展

2014 年起，上海浦东软件园已经在从房屋及税收优惠、产业基础配套为主要优势的传统科技园区，快速向以产业生态服务为主要优势的智慧型园区转变。这就需要园区把握产业发展脉搏、挖掘企业深层次的需求、掌握客户的使用习惯，从而运用先进的技术手段，整合社会化资源，提供更加专业化、有针对性的服务解决方案。正是基于对当前园区服务状况的掌握分析，结合企业产业的服务需求以及互联网浪潮下的技术进步和模式创新，2016 年，浦软再出发，服务再升级，在以往服务理念和服务体系的基础上，发布实施浦软“互联网 + 服务”全新战略，真正实现园区“精智服务、触手可及”。与此同时，浦软的发展愿景是打造世界级软件产业创新社区。社区是开放的，是包容的，是自由流动的，社区的服务来源是多元的，提供服务的不仅仅是社区的管理者，更多的是来自于社区的成员之间。通过社区中每一名成员的信息交互、服务共享，而使得彼此的需求得到满足、社区的价值得到提升。在上海建设全球科创中心、张江建设国家科学城之际，上海浦东软件园希望联合园区内的创新企业，在这片充满激情和想象的热土上，相互扶持，携手并进，通过“互联网 + 服务”，连接梦想、创造价值、共享未来。

作为浦软“互联网 + 服务”战略实施的重要载体，集成科技企业服务、团队创业服务、员工生活服务、配套商业服务的一站式园区 O2O 平台——“汇智 e 站”正式上线。该平台历经一年多时间精心筹备建设，拥有生活中心、服务中心和活动中心三大核心板块。“服务中心”覆盖了浦软五大服务模块优质的服务资源，满足科技企业全生命周期服务需求；“生活中心”网罗了园区及周边百余家商户最新鲜的优惠信息和热门活动，用户可对商户的产品和服务进行评价和分享；“活动中心”用户可以通过加入圈子、参与活动、发表话题和参与讨论，及时了解园区内外新鲜有趣的事，也能够找到志同道合的同伴，为自己工作之余的休闲生活增添乐趣。与以往的服务模式相比，“汇智 e 站”的服务流程更透明、服务获取更便捷、服务效率更高、服务价格更优惠、平台模式更开放、覆盖范围更广泛。通过“汇智 e 站”，可实时查阅到业务需求的处理状态和时间节点，各项服务的流程更加透明，提升了客户体验度和参与度。除 400 电话接入、窗口式服务外，平台还提供 PC 端、手机移动端、微信等新兴服务方式的接入，园区企业和员工可以摆脱时间和空间限制，随时随地获取园区服务。

浦软的“互联网 + 服务”战略，以互联网技术和平台作为载体，从根本上转变园区服务方式，将浦软单一的服务提供转变为社区信息资源的连接分享，让园区企业相互之间成为彼此的服务对象，成为彼此的服务者，通过服务将大家的梦想连接在一起，共同打造智慧新社区。未来，浦软还将通过“互联网 + 服务”平台的进一步深入建设，集结更多优秀企业的创新资源和创新服务，形成可拓展、可复制合作模式，实现浦软“互联网 + 服务”品牌全国范围内的输出，真正与更多企业共享合作发展带来的新机遇、新价值。上海浦东软件园开启了产业园区 4.0 时代的发展之路。

在线上服务平台“汇智 e 站”推出一年后，2017 年，推出了汇智 e 站 APP 版，定制线上个性化服务，同时不断连接更多园区企业和第三方服务机构达成合作，逐步形成园区服务生态圈，全面实现“精智服务、触手可及”。

同时在智慧园区方面，浦软已经构建了覆盖园区 9 大类、13 个信息化系统、近 16000 个点位的园区物联网，通过园区内人、车、物的互联、感知和定位，通过浦软“智慧园区”建设系统“全景协同中心”，即能掌握园区内五大餐厅、30 个停车场、每一幢大楼电梯、每一个电表运转的情况及数据分析，逐步实现园区数字化管理向智能化管理的转变。作为全国首批智慧园区及上海市首批智慧园区的建设试点单位，浦软已与华为、电信、联通、爱博精电等业界知名企业达成合作，将在园区能耗、停车、通信、消费等领域的智慧化上进一步布局和实践，通过智慧化手段使得有限资源下的服务能上一个新台阶。

在新园区发展方面，上海浦东软件园在致力于深耕现有园区服务的同时也对未来园区的创新要素做了深刻解剖，提出建设集线上线下于一体的智慧新型社区。未来的新园区，应以用户思维、无缝衔接、移动为先、有机互联、数据为王为建设目标，以连接分享为创新要素，采用先进的技术平台、开放的商业模式和低成本高效率的管控与支持体系，构建、完善由用户多元化、需求个性化驱动的多方共赢互利的 ICT 产业生态系统。这些对于未来园区的想法和理念，将被运用到即将开园的上海浦东软件园新三林园。新三林园是上海浦东软件园继郭守敬园、祖冲之园、三林世博园、昆山园之后开发建设的第五大园区，也是浦软建设与实践智慧新型社区的首次尝试，其建设以三大平台（以云计算为基础的技术平台、以资本为纽带的创新创业平台、以客户为核心的园区服务平台）的连接，实现覆盖全园区信息数据库的分享利用。

## 四、连接分享 共创未来

“十三五”期间，围绕世界级软件产业创新社区的长期愿景，浦软实施和深化三个转变：园区向社区转变、提供服务向连接分享转变、招商引资向产业培育转变。在空间产品方面，要立足现有核心园区，辐射新建园区，全面建设国内领先的智慧创新社区；在集成服务方面，要深入构建浦软“互联网 + 服务”平台，从根本上转变园区服务方式，将浦软单一的服务提供转变为社区信息资源的连接分享，集结更多优秀企业的创新资源和创新服务，在全国范围内形成可拓展、可复制的合作模式；在科技投资方面，要进一步提升“科技投资商”浦软战略中的地位，加强“企业孵化 + 产业投资”体系建设，加强产业的培育能力，孵化更多科技创新类独角兽企业。

2018 年是中国改革开放 40 周年、浦东开发开放 28 周年。在 4 月 18 日浦东开发开放纪念日来临之际，因中国改革开放、浦东开发开放而兴的浦软也在积极思考和蓄势，如何在新时代的新起点上立足前线，进一步积极探索，在营商环境打造、载体平台构筑、产业辐射带动等方面取得新突破。

2018 年 4 月 17 日，“连接分享 · 共创未来”2018 上海浦东软件园企业战略合作发布会在上海浦东软件园举行。会上，浦软与园区三家企业——国内集成电路领军企业华大半导体、人工智能领军企业七牛云、数字文化领军企业爱乐奇战略签约；同时，园区智库上海浦东软件园产业研究院宣布成立，包括 SAP 中国研究院院长李瑞成、科锐安中国研发中心总经理郁钧、华大半导体总经理董浩然、七牛云创始人许式伟、有云信息创始人江均勇等首批特聘专家亮相，从而开启园企战略合作新模式，实现服务再升级。

浦软与园区企业的紧密合作，将进一步完善园区营商环境，发挥平台聚集效应，构建产业生态圈，为企业提供连接分享的平台。同时，更加紧密地服务这些园区内行业领军企业，可以让他们安心在园区、在浦东、在上海扎根，通过这些领军企业的带动，进一步营造充满创新活力的园区生态，提升产业集聚的密度、创新拓展的维度、创意碰撞的频度，更好地体现创新的“浓度”浦软与园区企业的战略合作，是双方共同发展的需要。合作内容分为三大板块：服务升级、产业升级、资源分享。在服务升级板块中，人才服务，特别是对企业专家及高端人才的服务；政策服务，特别是对企业发展有利的政策申报解读；品牌服务，特别是活动宣传、公共关系方面的支持，都是企业迫切的需求点。在产业升级板块，聚焦不同园区企业的行业特点，双方将进行创业投资、战略拓展、产业研究、智慧建设等方面的合作，强强联合，创造新的发展机遇。在资源分享板块中，园区企业的优势资源可在“汇智 e 站”、园区展厅以及园区其他相关公共服务平台上连接分享，双方还可在工会、公益、培训等方面作资源分享性合作。浦软也将根据企业类型和其发展的不同阶段制定相应的服务清单，让与企业真正感受到连接分享带来的全新价值。

与此同时，作为部市合作项目，上海浦东软件园是中国成立最早的软件园区之一，一路走来，始终承载着振兴中国软件产业的国家使命。进入新时代，浦软一直在思考，如何不忘初心、牢记使命，更深层次承担深化供给侧结构性改革、加快建设创新型国家、促进区域协调发展的重大责任，更大力度推动互联网、大数据、人工智能和实体经济的深度融合，更广范围支撑科技强国、网络强国、数字中国和智慧社会建设？浦软认为，很重要的一点就是把握好产业发展大势，研判好产业发展方向，敏锐抓住科技创新的突破口和新的生长点。于是，浦软牵头，成立了聚焦软件与信息服务业的智库——上海浦东软件园产业研究院，形成产学研一体的合作机制，不仅研究园区的产业发展，如园区经济、产业规划、政策分析、平台服务等不同专题，也研究人工智能、金融科技、数字文化、信息安全等产业细分领域的远景方略或行业难题。未来，浦软将持续投入进行产业研究，逐步汇聚园区优秀企业的技术骨干、相关领域的行业专家学者，共同来做前沿课题的研究，帮助园区、帮助企业把握好未来的发展方向，也成为政府的谏言者、智囊团，从而共担国家使命，进一步推动张江科学城、上海科创中心建设和中国软件产业的发展。

至 2020 年，浦软要实现“十三五”的总体目标，即把上海浦东软件园建设成为软件与信息服务业领域具有国际影响力的智慧产业社区和创新创业示范区。在“改革开放再出发”的号角下，浦软将深入行动和实践“连接分享”的发展理念，以“打造世界级软件产业创新社区”为长期愿景，为进一步推动中国软件产业的发展继续贡献力量。

# V 附 录

# 附录一　西咸新区服务贸易发展创新试点方案

王晓红等①

2016年2月，西咸新区（以下简称新区）被国务院批准为全国服务贸易创新发展试点单位之一。试点两年来，新区认真贯彻国务院文件有关精神，落实商务部关于《服务贸易创新发展试点方案》的重要部署，按照协调推进“四个全面”战略布局，统筹推进“五位一体”总体战略布局的要求，加快服务贸易领域供给侧结构性改革，建立健全服务贸易促进体系，探索适应服务贸易创新发展的体制机制和政策措施，积极构建法治化、国际化、便利化的营商环境，为打造陕西服务贸易增长新引擎和新高地，打造面向中亚西亚的“一带一路”服务贸易辐射带奠定了基础。为认真落实《国务院关于同意深化服务贸易创新发展试点的批复》（国函〔2018〕79号），积极探索扩大服务业开放，推动服务出口，深入推进新区服务贸易发展，按照商务部的总体部署和要求，特制定本方案。

## 一、发展环境

“十三五”时期，我国服务贸易发展面临的国际环境已经发生了深刻而重大的变化，服务贸易既面临发展的有利机遇，又面临着新的挑战。把握大势，顺势

① 本文为《深化西咸新区服务贸易创新发展试点方案》课题部分成果。课题组顾问：张晓强（中国国际经济交流中心常务副理事长、执行局主任）、张大卫（中国国际经济交流中心副理事长、秘书长）。课题组组长：王晓红（中国国际经济交流中心信息部副部长、教授）。课题组成员：万国华（上海交通大学安泰经济与管理学院院长、教授）、柯建飞（福建工程学院副教授）、朱福林（国际贸易经济合作研究院副教授）、夏友仁（中国国际经济交流中心助理研究员）、袁静（上海然至博科技有限公司总经理）、李蕊（中国国际经济交流中心《全球化》编辑部副主任）、林雅琴（上海交通大学安泰经济与管理学院博士研究生）、张云鹏（北京邮电大学经济管理学院硕士研究生）。

而为，对于新时代进一步探索服务贸易创新发展试点工作极为重要。

## （一）国际环境

**服务贸易成为全球贸易发展的新引擎与新动能。**随着新技术革命引领的世界新一轮产业结构加速调整，制造业和服务业深度融合，全球产业链、供应链和价值链深度整合，全球经济正在向服务经济转型，服务贸易在各国经贸中的地位不断上升，已经成为影响国际分工和贸易利益分配的关键因素。生产全球化、服务全球化和创新全球化，不断促进服务贸易与货物贸易、国际投资合作、创新能力开放合作紧密结合，并在广度和深度上不断拓展。服务贸易市场成为新一轮经济全球化形势下各国贸易市场竞争的新热点，服务贸易规则成为发达国家与发展中国家在新一轮贸易规则制定中竞争与较量的新焦点。

**技术创新和产业变革推动全球服务贸易创新发展。**互联网、物联网、移动互联网、大数据、云计算、人工智能、VR/AR/MR、3D 打印、区块链等网络技术和数字技术广泛应用，促进传统服务业创新变革和转型升级，不断催生新兴服务业态，为全球服务贸易的规模增长及商业模式创新提供强大的技术支撑和发展动力。全球制造业正在向以智能化、数字化、服务化、绿色化为特征的新型制造业转变，全球价值链不断向服务环节拓展，技术创新、业务流程创新、商业模式创新、管理方式创新，成为全球价值链增长的主要源泉和动力，这些趋势为扩大全球服务市场需求提供了新空间。

**新兴服务贸易成为带动全球服务贸易增长的主要动力源。**技术创新成为引领全球经济发展的第一动力，促进了服务产品和服务模式向多样化、个性化发展，价值链不断向高端发展。全球服务贸易结构正在由劳动密集型为主导的传统服务领域向知识技术密集型为主导的现代服务领域转变。软件与信息技术、商务服务、金融保险、研发设计、物流与供应链管理、跨境电商、咨询服务、文化教育、数字创意、知识产权、医疗健康、育幼养老等领域的服务贸易不断扩大需求，交通运输、旅游、建筑等传统服务贸易正在与互联网融合加速转型升级。

**服务贸易的全球化发展与区域的不平衡性发展格局并存。**从全球服务贸易发展趋势看，各国在综合国力、技术创新能力、服务业发展水平之间存在着巨大的不平衡性，导致服务贸易竞争力相差悬殊，服务贸易区域发展的不平衡性将长期持续。发达国家凭借科技创新能力和经济实力的领先优势，在全球服务贸易中继续占主导地位并保持顺差。新兴经济体产业结构加速调整，服务市场规模不断扩大，服务业对外开放程度逐步提高，服务贸易地位快速上升，中国、印度等成为拉动全球服务贸易增长的重要引擎。大多数发展中经济体将长期处于全球服务贸易价值链的低端。

### （二）国内环境

**大力发展服务贸易已经成为经贸强国战略的重要组成部分。**我国已经进入服务经济社会发展阶段，使服务贸易发展的产业基础更加坚实。2017 年，我国服务业增长对国民经济增长的贡献率为 58.8%，服务业增加值占我国 GDP 的比重达到 51.6%。大力发展服务业已经成为国民经济实现全面、协调、可持续发展的战略选择，扩大服务业开放已经成为我国当前和未来时期对外开放的重点领域。随着我国积极倡导和推动经济全球化和区域经济一体化，大力实施全球自贸区战略，对外经贸合作的国际空间更加广阔，市场网络优势更加明显。随着我国综合国力不断提高，话语权地位不断增强，正逐渐从国际贸易规则的参与者转变为制定者。

**我国服务贸易国际地位不断提升。**通过实施创新驱动战略，加快推动服务贸易领域供给侧结构性改革，不断优化服务贸易促进政策，加大企业自主创新力度，不断改善营商环境，创新服务贸易模式，完善服务贸易平台建设，发挥服务贸易创新试点的示范带动作用等各项措施，有力推动了服务贸易加快发展。我国服务贸易竞争力显著增强，成为全球服务贸易增长的主要引擎和动力，对全球服务贸易贡献度逐年提高。2017 年，我国服务进出口额 6957 亿美元，服务贸易占对外贸易总额的比重达 16.9%，已经连续 4 年保持全球第 2 位的水平，占全球服务贸易比重达 7.0%。

**创新发展推动服务贸易结构日益优化。**我国服务贸易创新能力和国际竞争力不断增强，以互联网、云计算、大数据为技术支撑，推动服务贸易的网络化、平台化、数字化、智能化、绿色化转型升级和服务模式创新不断加速。以技术、品牌、质量和服务为核心的新兴服务领域优势不断显现。2017 年新兴服务进出口 14600.1 亿元，增长 11.1%，高于服务贸易整体增速 4.3 个百分点，占比达

31.1%。尤其是软件与信息技术、金融、保险、商务服务、研发设计、文化娱乐、数字创意、知识产权等新兴服务贸易呈现出快速增长态势，发展潜力不断释放。跨境交付模式不断创新，贸易方式更加丰富，离岸服务外包和数字贸易已经成为我国服务贸易发展的主要方式和主流趋势。以旅行、运输、建筑为主的传统服务贸易仍是我国服务贸易的主体，随着与互联网+更加紧密融合，转型升级步伐加快，规模优势继续巩固。

**体制机制改革创新推动服务贸易发展环境不断优化。**新时代新发展理念为我国服务贸易发展提供了动力之源，构建开放型经济新体制为优化营商环境提供了制度保障。我国通过实施准入前国民待遇加负面清单管理、建设国际贸易“单一窗口”，深化“放管服”改革、结构性减税等一系列深化体制改革的措施，为进一步推进服务贸易自由化和便利化，降低服务贸易企业运营成本、推动技术创新、增强发展活力创造了有利环境。国家相继出台一系列促进服务贸易发展的政策，使得服务贸易整体发展环境不断优化。

**“一带一路”建设为拓展服务贸易市场提供广阔空间。**随着我国与“一带一路”相关国家的经贸交流合作不断深化，互联互通加快发展，文化交流、人员往来更加密切便利，促进了我国与相关国家之间的信息服务、旅游服务、文化贸易、技术贸易、金融服务、服务外包等领域贸易和投资合作加快发展。2016年，我国与“一带一路”沿线国家（地区）服务进出口贸易额1222亿美元，占同期我国服务贸易总额的15.2%。2017年前三季度我国与“一带一路”沿线64个国家服务进出口额709.4亿美元。

**服务贸易仍然是我国对外贸易发展的一块短板。**我国服务贸易发展不平衡问题仍然突出，贸易逆差逐年扩大，新兴服务领域出口规模较小，技术贸易、知识产权贸易等高端领域仍是主要进口国，传统服务贸易面临转型升级的任务还十分艰巨。各类人才短缺成为制约服务贸易发展的主要因素，尤其是新兴服务业领域缺乏专业化、国际化、高端化人才，已经成为制约我国服务贸易向全球价值链高端攀升的重要瓶颈。服务贸易企业创新能力仍然薄弱，管理运营尚未摆脱传统模式，已经不能适应数字贸易快速发展的形势变化。

## 二、发展现状

西安市是我国历史悠久的文化名城，也是高新技术产业和现代服务业的重要基地。尤其是作为“一带一路”建设的“枢纽”和“门户”城市，国家政策红利密集释放，区域创新机制不断完善，通信、交通等基础设施日益完善，加速了人才、技术、资本和产业不断汇集，发展服务贸易具有明显优势。新区是国务院批复的第一个以创新城市发展方式为主题的国家级新区，承担着建设“丝绸之路经济带重要支点、我国向西开放的重要枢纽、西部大开发的新引擎和中国特色新型城镇化的范例”的重要任务。自开展服务贸易创新发展试点工作以来，新区立足自身产业特点和优势，围绕建设现代化大西安新中心，紧扣“一带一路”发展定位，不断探索服务贸易制度和政策创新，扎实推进服务贸易创新发展试点工作，并取得了明显成效，形成了较强的辐射带动作用。

**服务贸易初具规模，竞争力不断提升。**服务业是服务贸易发展的基石，新区把服务业摆在优先发展的位置，现代服务业已成为推动新区经济发展、扩大就业、促进创新的主导产业。通过推动构建开放型经济新体制，扩大服务领域对内对外双向开放，改革境外投资管理体制，建立“走出去”服务体系，西部地区对外开放门户的作用不断强化，枢纽优势、平台优势、环境优势日益凸显。新区已建立了包括中俄丝路创新园、原点家居跨境贸易特色小镇、乐华城服务贸易示范园、互联网金融港、物流综合服务产业园、自贸产业园等服务贸易集聚区，逐步形成了文化旅游、现代物流、信息技术、人力资源、教育培训、大数据、云计算、人工智能、国际服务外包等特色服务贸易领域，跨境电商、外贸综合服务、市场采购贸易等新兴贸易业态不断涌现。大型服务贸易企业创新能力不断提升，中小服务贸易企业特色突出。2016年，新区服务贸易进出口总额达67.76亿美元。其中，服务出口总额达23.67亿美元，服务进口总额达43.49亿美元。截至2017年新区服务贸易企业240余家，较之试点工作开展前增长85%。

**管理体制不断创新，营商环境持续优化。**新区设立了服务贸易创新发展试点工作领导小组，建立了各部门协调机制，统筹规划，形成发展合力；成立了市场服务与监督管理局、行政审批局，推行清单管理制度，探索建立便捷式的行政审批、市场监管和综合执法体系;推动"微信办照""一站式"服务与"并联审批"等模式,不断提高政府服务效率,优化营商环境。不断强化与企业的联系和互动机制,政府部门积极对接区内服务贸易企业,建立重点企业联系制度,完善项目库和企业库,定期传达国家服务贸易相关政策,解决企业存在问题和困难。不断完善服务贸易促进政策,新区制定了多项促进服务贸易发展的文件,加大对服贸企业的扶持力度,筹建陕西省服务贸易协会等行业服务组织,积极探索政府、协会、企业协同配合的服务贸易促进体系。

**强化政府引导,加大综合支持力度。**新区出台多项扶持政策,对文化旅游、信息技术、物流、金融等服务贸易重点企业在财政补贴、税收减免、房租减免、人才落户等方面给予优惠政策,认真落实国家技术先进型服务企业税收优惠政策,对金融、跨境电商、银行、基金、融资租赁等重点领域设立企业资金奖补机制,特别是加大对"一带一路"沿线国家文化服务贸易项目的资金补贴力度。新区还设立了规模达20亿元的战略性新兴产业发展基金,用于支持包括服务贸易在内的新兴产业发展。

**数字化、信息化监管快速发展,不断提升服务贸易便利化水平。**新区搭建陕西企业"走出去"一站式服务平台,实现"政务服务+电子商务+综合服务"多元化功能,为企业对外投资提供咨询、信息、融资等综合服务。依托电子口岸公共平台,积极推进国际贸易"单一窗口"试点,探索"自主报税、自助通关、自动审放、重点稽核"等监管体制创新,为服务贸易企业提供便利化服务。推进出口退税便捷高效服务,确保纳税人对各项优惠政策"应知尽知、应享尽享"。在全区范围内推行出口退(免)税无纸化管理,降低了纳税人办税成本。

## 三、发展机遇与主要挑战

**"一带一路"建设为服务贸易发展提供了重大历史机遇。**在"一带一路"建设中,咸新区成为面向中亚、南亚、西亚国家的贸易通道、物流枢纽及人文交流的重要基地。为文化旅游贸易发展打开了国际视野,有利于加强与"丝路"沿线国家的文化、旅游和人文交流。"一带一路"建设打开了对外经济合作的交通要道,为新区跨境物流、国际金融合作及其他服务业国际投资提供了契机。同时,

"一带一路"建设也为新区开展与国际科研机构的科研合作、联合办学提供了契机。

**"三试"叠加效应为服务贸易发展提供了良好政策环境。**新区拥有自贸试验区、服务贸易创新发展试点、开放型经济新体制综合试点等叠加优势，支持新区先行先试的政策红利密集释放，最大程度地调动了新区企业发展的主动性和积极性。充分利用"三试"叠加效应放大政策含金量，有利于在探索服务贸易管理体制、发展模式、便利化等制度创新方面发挥更大的自主权，扩大新区服务业双向开放水平，促进服务贸易跨越式发展。

**科教资源和服务资源丰富使发展服务贸易后劲雄厚。**西安历史文化底蕴深厚，高校、科研机构众多，科研人员与人才集聚，为服务贸易发展提供了强大的人力资源支撑。西安工业基础雄厚，以航空航天、光电芯片、新能源、新材料、智能制造、信息技术、生命科学、人工智能为代表的产业优势，为新区发展高新技术服务贸易和新兴服务贸易提供了人才基础和产业基础。同时，新区内以五陵塬遗址、周秦汉都城遗址构成的渭河生态文化旅游带，为发展旅游服务贸易提供了丰富的资源与潜力。

**区位优势和交通优势明显使要素流动更加顺畅便捷。**新区是我国向西开放的重要枢纽和丝路经济带的重要支点，也是推动西安、咸阳城市一体化进程，建设大西安都市圈的主要节点。新区内坐拥着西安咸阳国际机场，2017 年国际客运航线达 57 条，客运量达 4185. 7 万人次，货邮吞吐量突破 20 万吨大关。宝兰、西成高铁相继建成通车，"米"字形高铁网络加快建设，西安城际铁路使关中一小时通勤圈逐步完善。立体交通大格局为人员跨境往来和空港物流发展提供便利。

**服务贸易总体基础薄弱，尚处于起步阶段。**服务贸易总量低、规模小、品牌企业少，要素市场体系不够完善；思想观念比较传统，开放意识不足；服务贸易人才匮乏，缺乏高端领军人才，中端专业人才储备不充分；信息化基础设施还不完备，基础数据通信、信息传输的带宽速度等仍显滞后；体制机制建设尚不健全，与陕西省各相关部门的沟通机制不通畅，政策落实尚需加大力度。

## 四、总体要求

### （一）指导思想

全面贯彻党的十九大和十九届二中、三中全会精神，以习近平新时代中国特色社会主义思想为指引，牢固树立创新、协调、绿色、开放、共享的发展理念，把握数字经济和服务贸易数字化的发展趋势，抓住"一带一路"建设的历史机遇，坚持市场在资源配置中起决定性作用和更好发挥政府作用，加快构建开放型经济新体制，深入推进服务贸易领域供给侧结构性改革，不断探索促进服务贸易发展的体制机制和政策，加快服务业对外开放，夯实服务贸易产业基础，扩大服务进出口规模，优化服务贸易结构，培育服务贸易品牌，提高服务贸易便利化水平，促进新业态、新模式不断涌现。将新区打造成为面向中亚西亚"一带一路"服务贸易的重要基地、西北地区服务贸易增长的主要引擎。为推动全国服务贸易高质量发展探索新模式和新路径，为提升全省开放型经济水平注入新动力。

### （二）发展原则

**坚持创新发展与融合发展相结合。**以创新驱动战略为引领，深化服务贸易体制机制创新，营造"大众创业、万众创新"的发展环境，推动服务贸易企业技术创新、业态创新和服务模式创新，切实提升服务贸易对新区开放型经济和服务业发展的引领作用，在提高人才素质、优化人才结构、促进大学生创业就业中的带动作用。注重促进服务贸易与产业、社会发展相融合，注重服务贸易与服务业发展、货物贸易发展和对外投资发展相互促进；注重探索"互联网＋贸易""服务＋"整体出口等新模式，促进虚拟经济与实体经济融合发展。

**坚持"引进来"与"走出去"相结合。**以"一带一路"建设为统领，广泛集聚国际国内人才、技术、资金、信息等资源要素，以引进国际国内品牌和龙头服务贸易企业为重点，坚持引资与引智、引技相结合，吸引外资设立研发中心、结算中心、采购物流中心等，加快扩大服务贸易规模和影响力，提高跨境交付水平。

支持有条件的服务贸易企业对外投资，扩大商业存在规模。提升服务贸易重点领域的专业化和国际化水平。

**坚持市场主导与政府引导相结合。**发挥市场在资源配置中的决定性作用，着力激发各类市场主体发展新活力。加强政府宏观指导，破除服务贸易发展的体制机制障碍，完善管理制度和政策促进体系，在资金引导、税收扶持、平台建设、宣传推广等方面加大支持力度。通过创造良好营商环境，加强产业园区建设，引导服务贸易企业加速集聚。

**坚持特色发展与协同发展相结合。**针对新区内各新城的资源优势、产业基础，确立服务贸易差异化发展定位，避免产业同质同构与恶性竞争。同时，加强各新城和各行业的资源整合，形成发展合力，提高资源利用效率，提升发展质量。形成既特色鲜明、重点突出，又相互支撑、协同并进的服务贸易发展新格局。

**坚持人才强贸与科教兴贸相结合。**始终把人才作为发展服务贸易的根本。坚持立足当地培养与引进相结合的方式。紧密依托西安高校密集、大学生人力资源丰富、科技综合实力全国领先的优势，加快培养各类服务贸易人才。依托环境优势“筑巢引凤”，积极吸引国际国内各类优秀人才，逐步将新区建设成为服务贸易的人才汇聚之地、人才培养高地和人才市场。充分利用高校、科研院所、智库等科教资源优势，提升服务贸易价值链水平。

### （三）发展目标

以推动服务贸易网络化、数字化、智能化、绿色化为核心，促进服务贸易企业技术创新、管理创新、业态创新和商业模式创新，提升服务贸易发展质量和科技含量，通过不断优化服务贸易发展环境、夯实发展基础、完善管理体制和促进体系，实现新区服务贸易跨越式发展。力争到2020年，基础设施基本完善，对外开放环境明显优化，创新创业氛围活跃，园区集聚效应显著增强，特色领域基本形成；服务贸易保持30%以上的高速增长，对新区产业升级的带动能力显著增强，成为全省服务贸易发展的新引擎和新动力；形成一至两个特色服务贸易领域以及在全国可复制推广的经验；培育20家大型骨干企业、100家有增长潜力的中小型企业，形成多层次服务贸易市场主体相互促进、共同发展的良好格局。

### (四) 进度安排

**第一阶段(2018 年 7 月至 2018 年 12 月)启动阶段。**根据本方案逐项细化分解工作任务,建立《深化服务贸易任务台账》,明确牵头领导、责任人、责任单位和完成时限,建立层层抓落实的工作责任制,陆续出台重点服务领域开放便利化举措及政策保障措施,建立健全服务贸易发展绩效评价与考核机制。对全区有关干部进行服务贸易知识的轮训工作。积极向商务部申请探索的重点以及相关的政策支持。

**第二阶段(2019 年 1 月至 2020 年 1 月)深化阶段。**不断深化体制改革和模式创新,按照方案要求不断丰富各领域试点的内容,进一步完善服务贸易管理与促进的体制机制与政策体系,加强对市场主体的服务,保障一批重点项目落地见效,新区服务贸易明显增长。

**第三阶段(2020 年 2 月至 2020 年 6 月)总体评估阶段。**按照商务部的总体要求,对方案的各项任务逐一进行落实,确保不留死角。全面梳理试点以来的成绩。同时,查找问题与不足,制定改进和调整措施。开展改革试点总体评估工作,形成《西咸新区深化服务贸易创新发展试点总结报告》以及可复制推广的经验。

## 五、主要任务

按照试点任务的要求,继续在服务贸易的管理体制、促进机制、开放路径、政策体系、监管制度、发展模式等方面进行探索创新,提升服务贸易的便利化水平,提高政策环境的制度化、法治化、市场化水平,深化自由贸易试验区、服务贸易创新试点、深化开放型经济新体制试点"三试联动"的发展机制,完善公共服务平台建设,为国内外企业提供政策透明、竞争公平、服务高效的营商环境,打造充满活力的创新创业氛围,加速服务贸易规模聚集,促进服务贸易各领域信息共享、协同发展。

### （一）完善服务贸易管理体制

**加强新区管委会对全区服务贸易发展的宏观指导和区际协调。**建立新区各行政部门、各新城之间的服务贸易发展联席会议制度，统筹服务业内外双向开放，促进区内服务贸易产业政策、贸易政策、投资政策的相互协调和良性互动，形成政策组合拳优势。积极探索服务贸易促进、扶持及监管等措施，探索与国际标准、国际规则相衔接的法制环境和市场环境，推动有利于服务贸易要素跨境流动的管理体制。根据新区服务贸易发展实际，结合其他试点的经验，由省级政府部门主导，制定出台促进服务贸易发展的相关法规或针对性的政策。

**进一步深化新区服务贸易创新发展试点工作领导小组机制。**建立以政府“责任清单”“权利清单”“服务清单”制度为核心的服务与监管体系。定期召开有关部门、各新城的协调会议，总结交流服务贸易发展经验。加强与区内相关主管部门、行业协会、专业机构、统计部门及省海关的协调，形成政府管理、行业自律、统计监测、消费者监督的全方位服务贸易促进监督机制。建立一批具有项目对接、海外市场拓展、数据信息共享等功能的服务贸易公共服务平台。建立新区各服务贸易主管部门与其他国家级新区、服务贸易试点城市相关机构的交流机制。

**继续完善重点服务贸易企业联系制度、工作机制和考核机制。**进一步完善重点服务贸易企业库目录，广泛开展多种形式的服务贸易促进活动，定期针对重点服务贸易企业加强政策宣传与引导，加强中介机构辅导，促进服务贸易企业积极申报中央及各级政府专项基金。及时听取企业意见、解决问题，形成良好的政企互动机制，构建亲清型政商关系。建立针对新区及各新城政府部门的绩效评估及考核体系，引入第三方评估机制。

### （二）扩大服务业对外开放力度

**积极扩大服务业对外开放。**按照国家的总体部署，充分借鉴各自由贸易试验区和北京扩大服务贸易试点的经验做法，扩大新区优势服务业领域的开放力度。探索放宽服务业市场准入、贸易投资便利化、自然人移动、跨境交付模式等方面的深化试点工作。重点探索文化、教育、养老、医疗健康、航空物流等服务领域的开放，争取在“一带一路”文化交易市场、数字创意产品服务出口、入境旅游落地签、购物免税等方面申请国家试点。放宽自然人移动限制，在家政、餐饮、宾馆等生活性服务领域引进外籍服务人员。

**提高服务业利用外资规模和质量。**充分发挥自贸试验区、服务贸易创新试点的对外开放先行先试平台和载体作用，积极探索准入前国民待遇加负面清单管理模式。鼓励引进全球服务业跨国公司，大力推动商业存在发展模式。将引进境内外知名服务贸易企业作为招商引资的重点，支持全球服务业跨国公司设立运营总部、研发设计中心、采购物流中心、分销中心、结算中心等，扩大跨境交付规模。加强创新能力开放合作，探索设立外资研发中心“数字保税区”试点，促进跨境数据流动便利化。

**支持服务贸易企业开拓“一带一路”市场。**支持具有雄厚实力的服务贸易龙头企业构建全球服务贸易市场网络布局，通过新设、并购、合作等方式加快国际化发展，建设境外研发中心和营销网络，不断开拓新领域、新业务和新市场，带动中小服务贸易企业融入全球价值链。与相关国家和地区积极开展跨国投资合作，参与投资、建设和管理境外经贸合作区，带动技术、标准和服务“走出去”。充分利用CEPA（关于建立更紧密经贸关系的安排）和ECFA（海峡两岸经济合作框架协议），推进新区与港澳台地区服务贸易合作。探索设立“一带一路”沿线服务贸易境外促进中心。探索建立风险监控与预警机制。

### （三）培育壮大服务贸易市场主体

**提高大型服务贸易企业核心竞争力。**加大重点服务贸易企业的引进、培育与扶持力度，重点引进主业突出、技术领先的创新型企业。鼓励大型服务贸易企业构建全球价值链体系，瞄准国际技术前沿和新型商业模式，提高自主创新能力。推动企业强强联合，开展跨地区、跨行业兼并重组，整合全球产业链和价值链，做大做强特色服务贸易品牌。在文化旅游、信息技术、现代物流等领域培育一批具有区域和行业影响力的服务贸易企业。

**大力扶持中小服务贸易企业。**在专业服务、数字创意、信息技术、检验检测、教育、设计、医疗等领域，培育一批外向度高、创新活力强、竞争优势独特的中、小、微服务贸易企业。支持中小型服务贸易企业融入全球价值链，走“专、精、特、新"发展道路，加强与龙头企业协作，形成产业链和价值链分工体系，打造完整的服务贸易企业生态链。

**提高示范园区集聚效应。**完善服务贸易产业园区基础设施建设，提升信息化和数字化水平，提高生态环境和配套服务质量，引导服务贸易企业集聚，完善服务功能，促进要素流动，加快融合发展。引导区内的信息产业园、人力资源服务产业园、创意产业园等加快形成服务贸易创新发展示范园区。发挥空港、保税区、高新区、经济技术开发区的协同优势，建设数字创意、研发设计、航空物流、维修等若干特色服务出口基地。

**加强公共服务平台建设。**积极搭建知识产权、教育培训、技术服务、法律咨询、融资等平台，提供公平、高效、便捷的公共服务，有效降低服务贸易企业成本。加强产业联盟等行业组织建设。推动与全国性、区域性服务贸易平台的信息共享。

## （四）创新服务贸易发展模式

**大力发展离岸服务外包。**重点发展信息技术、工业设计、生物医药研发、咨询、人力资源、呼叫中心、供应链管理等领域的服务外包，提升技术含量和附加值，推动交付模式创新。发挥西安全国服务外包示范城市的政策优势和品牌影响力，吸引服务外包企业落户。进一步完善通信网络、生活服务等公共设施。积极承接"一带一路"相关国家和地区服务外包，将新区打造成西部服务外包新亮点。

**推动跨境电子商务平台发展。**建设具有服务贸易特色的电子商务平台，为服务贸易企业开展跨境业务提供跨境支付、政策咨询、市场分析、效益评估等第三方服务，为货物贸易企业在全球产品营销推广提供服务。借鉴中国（郑州）跨境电子商务综合试验区等的经验，促进跨境电商监管模式和管理体制创新。

**实施"互联网+""云服务+""服务+"计划。**鼓励服务贸易企业运用互联网、大数据、云计算、物联网、移动互联网、区块链等新的信息技术创新商业模式、拓展业务，改造提升传统领域，促进交通运输、旅游、建筑等传统服务贸易企业数字化转型，提高服务效率和贸易竞争力，推进服务贸易数字化进程。

## （五）提升服务贸易便利化水平

**推动国际贸易“单一窗口”和“大通关”建设。**深化探索通关一体化、关检合作机制，提高通关效率和关检执法效能。推进电子口岸建设和通关信息化系统建设。为展览、维修、研发设计等服务贸易相关的货物、设备进出口提供通关便利，提升跨境交付效率。简化进出口企业注册登记，推动企业凭统一社会信用代码向海关申报办理与展览、维修、研发设计等服务贸易相关的货物、物品进出口报关单手续。以互联互通为重点，创新口岸管理机制，推进关检合作“三个一”（一次申报、一次查验、一次放行）的模式。

**健全境外专业人才流动机制。**完善外籍工作人员在出入境、生活定居等方面的便利化措施。建立人才签证与工作许可、工作居留和永久居留的衔接机制，提高自然人移动的便利化水平。畅通外籍高层次人才来华创新创业渠道，完善“绿色通道”系统，推动外专、外交、公安之间的信息互联互通，压缩审核、签发时限，提高管理服务效率。探索放宽人才签证有效期限的试点工作。积极推动与发达国家及中国香港、中国台湾在医疗、建筑设计、教育等职业资格互认的工作。

**推动旅行服务出口便利化措施。**为扩大入境旅游、就医、留学等服务出口创造条件，申请探索放宽上述领域的签证限制，对服务贸易伙伴国实行落地签制度。加快培育国际商务、度假等高附加值旅游服务，提高餐饮、宾馆、娱乐等服务配套能力，完善信用服务、电子支付等电子商务支撑体系。

## （六）完善服务贸易促进政策体系

**加大财税扶持政策。**继续加大对服务贸易企业的财政引导资金、产业发展基金、税收减免、房租减免及网络通信、能源、土地等基础设施方面的政策支持力度。设立服务贸易发展引导资金，逐步扩大基金规模，对于国家给予的相关鼓励政策给予1:1的配套资金支持，引导社会资本进入服务贸易领域。在专项扶持资金中，重点支持服务贸易企业的技术研发、人才引进、职业培训、国际市场推广等。支持符合条件的服务贸易企业通过境内外资本市场上市融资和发行债券。落实服务出口企业免税政策。

**强化重点领域和重点企业培育机制。**制定重点服务贸易领域、服务贸易企业的专项培育方案和支持政策。制订重点服务出口领域指导目录，建立服务贸易示范基地、示范项目、示范平台的评估机制和相关鼓励优惠政策。建立招商引资跨区域协作模式和利益共享机制，出台招商引资相关优惠政策，重点引进国际国内知名服务贸易企业落户。加大对重点服务贸易企业自主创新支持力度，促进内源式成长。

**大力实施服务贸易人才战略。**制定海内外服务贸易人才引进的政策框架体系。在科研经费补贴、户籍、子女入学、住房等方面加大支持力度。探索薪酬制度改革，如职工持股、技术入股等方式。把加大知识产权保护力度作为营造创新环境的重中之重。

## （七）完善服务贸易统计考核体系

**健全服务贸易统计指标体系和统计制度。**加快建设以相关法律法规为依据、各新城为重点、行业为依托、平台为支撑的服务贸易统计体系。完善服务贸易统计的企业直报系统，做好重点企业数据直报工作，抓好样本企业和规模以上企业的统计上报工作，尽快实现全面覆盖和应统尽统。扩大统计工作队伍，提升统计数据质量。

**加强统计组织系统建设。**完善由商务、外管、统计、自贸区管委会、各片区管理局等组成的部门协调机制，拓展基础数据来源，建立数据信息共享平台。加强对各新城服务贸易统计工作的指导，组织企业按要求报送数据，提高统计数据的全面性、准确性、时效性和权威性。加快建立和完善新区服务贸易统计监测、运行和分析系统。

**加强服务贸易数据统计分析研究工作。**通过数据挖掘及时掌握企业和行业的发展动态，定期发布服务贸易统计数据和分析报告，为政府决策和企业经营提供咨询。通过政府购买服务的形式，委托行业中介组织建立服务贸易统计联系机制，研究推出区域服务贸易发展指数。依据《国际服务贸易统计监测制度》，建立以服务贸易综合监管服务平台数据为基础、以重点领域调查为依托的服务贸易统计分析体系，完善督查、检测、评估与考核机制。

**建立服务贸易统计交流机制。**加强与其他服务贸易创新试点单位的统计交流。加强与重点省市、相关部门、行业协会的信息交流，加强与国际组织的信息交流，不断探索与国际接轨、科学合理、可操作的服务贸易统计方法。

## （八）探索事中事后有效监管

**加强监管信息化平台建设。**实现服务贸易监管各环节的数字化，建设“互联网＋监管”“大数据＋监管”运行系统。加快建立服务贸易企业信用数据平台，建立大数据技术诚信分类监管模式，依据大数据技术抓取企业信用记录和信用评价，对相关主体实行分类监管，建立相应的激励、预警、惩戒机制。努力打造“智慧监管”“云审批”“微服务”相结合的数字化平台，建立涵盖服务贸易领域业务流程记录、统计监测分析、信用综合评价等功能于一体的综合监管平台。形成各部门信息共享、协同监管、社会公众参与监督的监管体系。

**加大跨区域跨部门执法协作。**实现监管执法部门“执法互助、信息互换、监管互认”，推动建立行为规范、标准统一的联合惩戒办法，完善日常监管与专项执法相结合、行政与司法相衔接的长效监管机制。通过提高执法效能，进一步维护服务贸易市场的公平竞争环境。探索在商务、税务、海关和外汇等监管部门的信息共享机制之上的协调执法举措。联合行业协会、公众媒体等积极开展形式多样的诚信企业宣传推广活动，加大正反两方面典型宣传和曝光力度。将新区服务贸易市场主体纳入全国信用信息共享平台，依法向社会公开有关信息，对严重失信主体实施跨部门联合惩戒，对诚实守信主体实施联合奖励。

**建立健全跨部门协作制度。**形成政府管理、行业自律、统计监测、信用约束的多层次服务贸易事中事后监管机制。实现企业与监管部门之间“多对一”的并联管理模式。各部门间形成监管合力，增强监管的有效性。

# 六、重点领域

## （一）优先发展的领域

### 1. 文化创意与旅游服务贸易

（1）发展现状

“十二五”时期新区深入推进服务业改革和对外开放，结合当地历史人文底蕴深厚、区位优势明显、数字科技领先等优势，文化创意与旅游发展基础日趋夯实，已经初步形成了集历史人文、数字科技、自然风光、绿色生态于一体的文创旅游集聚区。区内已经形成了一批较为成熟的重点文化创意旅游项目：张裕酒庄、乐华城、茯茶小镇、昆明池等，正在建设的还有华侨城等大型文化娱乐项目。区内有 49 处文物点，周秦汉历史遗迹与渭北帝陵历史文化，这些以遗存带为依托的项目开发初见规模。以大数据、云计算、虚拟现实、人工智能、3D 打印等新技术为支撑的动漫、游戏、影视、文博等数字创意产业正在形成规模占主导地位。涌现出秦汉新城“新丝路数字文化科技平台”、飞鸟科技、中译语通、中清龙图等具有国际国内影响力的品牌数字创意企业，并于 2017 年 12 月 29 日成立“西咸新区文化创意产业协会”。区内交通基础设施建设不断完善，核心区域紧邻国际机场仅 25 分钟车程，高铁、公交等设施正在加快建设。但总体上看，缺乏顶层规划设计、各自为战、资源分散，文创企业数量少、小微企业居多、运营模式传统，交通、商务、酒店等服务配套设施还不完善。

（2）发展目标

在文化贸易领域，重点发展文博、动漫游戏、影视艺术、设计服务、体育及数字出版、数字媒体等领域的服务贸易，支持文化企业“走出去”，鼓励文化企业扩大跨境交易规模，促进文化创意、动漫游戏、影视创作、数字出版等文化服务出口，依托西北工业大学在航天、航海、航空等设计领域的优势，推动“一带一路”设计服务出口，重点发展工业设计、智能装备设计、工程设计、建筑设计、媒体与互联网设计等外包业务。重点打造面向“一带一路”的国家数字创意贸易基地、“丝路文化”跨境交易平台、设计交易中心。在旅行贸易领域，积极创建“多彩丝绸之路”世界品牌。依托西安文化古都优势，融汇秦风唐韵历史文脉，打造国际旅游精品项目、精品路线及精品内容，提升国际旅游服务品质。吸引重大国际会议和赛事落户。打造“一带一路”旅游文化黄金走廊和国际旅游消费目的地。到2020年，进一步夯实文化创意与旅游服务贸易发展基础，两年内力争吸引影视、动漫、游戏、新媒体、语言服务、数字创意等文创企业100家，区内设计服务企业初步聚集、品牌效应初步显现，国际设计服务外包初具规模。

（3）主要措施

一是提高文化旅游市场开放度、美誉度和国际品牌影响力。充分挖掘丝路文化内涵，注入科技元素，推动传统文化贸易数字化。推动茯茶小镇、丝路数字创意平台、丝路语言平台、秦汉文化大数据平台等建设。推动文化旅游服务产品化和数字化，建设线上线下相结合的交易平台。打造新媒体宣传平台，发挥互联网、微博、微信等新媒体的传播优势。加强文化创意与旅游服务互动融合，提高旅游产品的数字创意水平。

二是积极开拓“一带一路”设计服务市场。利用互联互通、国际产能合作、装备合作等重大项目建设，引导企业承接设计外包业务。推动“一带一路”设计服务平台建设，为设计企业提供相关资讯、技术援助等服务，联合中国工程机械协会、中国创新设计联盟等组织共同建设“一带一路”数据中心和设计服务产业联盟。

三是加大人才培育与引进力度。制定设计、创意、旅游等人才引进政策，设立三维数字化、VR/AR/MR/IR等专项人才奖励基金池，通过承办国内外文化创意大赛选拔人才。政府适当奖励获得国内外大奖的人才，积极吸引海外优秀文创人才到新区创新创业。加快建设文创人才培训基地。

四是完善政策框架和组织服务体系。建立各新城文化创意与旅游服务贸易协调机制。成立第三方代办机构，为解决文化企业的各类政策咨询、前置手续办理、基金申报等问题提供“一站式”服务。完善专利申请、代理等知识产权服务，为文创企业创新和成果转化提供有效法治保障。建立以创新为导向的设计资源配置机制、权益分享机制、设计评价机制。

**2. 信息技术服务贸易**

（1）发展现状

“十二五”时期，新区获批国家级云计算服务创新发展试点、国家新型工业化(大数据)产业示范基地、陕西省云计算高技术产业基地、陕西省新型工业化产业示范基地等,具有大数软件信息技术发展的政策叠加优势。承办“2017全球信息技术主管大会”主论坛。截至今年3月新区新增注册市场主体1954户,其中企业数1491户(含外资企业23户),新增注册资本991.05亿元,新增注册资本1亿元以上企业77家,信息技术公司注册占25%。区内软件与信息技术服务贸易企业核心布局在沣西新城与沣东新城,初布形成了以西部云谷信息技术产业园区为依托,以中国联通、中国移动、中国电信、全国人口信息灾备中心、政务数据中心、陕西广电网络产业集团、西影集团、微软创新中心、阿里巴巴华北技术总部等大中型企业为主体,联动中小型信息技术公司发展的梯度产业格局。在信息技术硬件维护、软件开发与电子商务平台运营等方面,涌现一批小微企业与第三方技术供应商。但是,软件与信息技术企业集聚程度较低,技术开发能力较薄弱,国际市场开拓能力不足,运营模式传统单一。

(2)发展目标

大力发展信息技术服务外包,打造西部地区服务外包集聚区和跨境交付模式创新示范区。以促进大数据、云计算、人工智能领域的行业应用及促进传统产业跨界融合为重点,扩大“一带一路”相关国家的软件、大数据、云服务、人工智能服务出口,打造面向“一带一路”的西部云谷、“智慧丝路”平台。到2020年,着力引进10~15家有带动能力的大型信息技术外包(ITO)、业务流程外包(BPO)和知识流程外包(KPO)企业,带动提升区内软件与信息技术企业的综合服务能力,形成发包与分包的良性市场机制,扩大软件与信息服务出口规模。区内大数据、云计算、人工智能服务初具规模,对服务出口、智能制造及传统服务业转型升级的支撑作用日益突出。

(3)主要措施

一是开拓服务外包市场。引导企业在“一带一路”“数字互联互通”“文化智慧丝路”中发挥作用。结合5G市场建设,积极承接“一带一路”相关国家机站运维服务、应用软件开发、人才培训、大数据、人工智能、呼叫中心等外包服务。吸引国内外重要信息技术服务提供商设立西部中心,通过政府采购等方式扩大金融AI、软件开发、运营维护、数据安全等市场需求。加强众包、分包平台建设。

二是完善数字化、智能化基础设施建设。复制沣西数字社区项目的经验，扩大物联网、大数据与云计算应用覆盖范围，加速基础设施智能化、公共服务便捷化、社会治理精细化的“数据互联互通”，打造“智慧西咸”数据生态体系，扩大数字贸易空间，为吸引国内外服务业和先进制造业企业发展提供产业环境。

三是加大人才培育引进力度。结合国家服务外包、“双创”、信息技术服务业等关于人才引进、人才培训的相关政策，给予配套资金和政策扶持。引进国际国内培训机构、高等院校等加快建设国际服务外包人才培训基地，发挥服务外包企业、培训机构、行业协会的共同作用，提高服务外包人才国际竞争力。

四是制订促进大数据、云计算、人工智能领域发展的专项措施，提高跨区域、跨界融合的水平。探索建设对接国际标准的产业贸易投资规则。

**3. 研发与知识产权服务**

（1）发展现状

研发创新能力、知识产权创造能力是实现新区服务贸易创新的核心支撑。两年来，新区全面贯彻创新驱动发展战略，积极吸引研发设计、知识产权服务等企业，已初见端倪。根据财政部、国家知识产权局《关于开展知识产权运营服务体系建设工作的通知》（财办建〔2017〕35 号）等文件，2017 年新区管委会联合陕西省知识产权局为多个产业、政府服务、企事业单位代表开展《知识产权服务创新创业培训班》。但研发与知识产权服务企业集聚度低，研发与知识产权服务贸易还没有形成规模优势。

（2）发展目标

充分发挥西安研发机构密集、高等院校密集、科技人才密集的优势，吸引跨国公司研发中心以及国内研发服务机构落户，形成研发服务业集群。加快形成技术、品牌、知识产权、标准等综合竞争新优势。到 2020 年，初步集聚一批生物医药研发、产品研发机构和知识产权服务机构，重点建设面向“一带一路”的技术交易和知识产权交易市场，完善知识产权申请、运营、保护等平台，知识产权保护的法制环境不断优化。力争设立国家西部地区“一带一路”技术交易中心，设立西部地区“一带一路”文化知识产权保护中心和知识产权交易中心。

（3）主要措施

一是建立研发创新服务体系。逐步完善以设计、研发、产业、金融、服务、用户、孵化、交易等支撑的研发创新和科技成果转化服务全产业链生态体系。支持企业加大研发经费投入，提高技术创新能力。探索高校科研机构的科研设备仪器向社会开放的机制，建立共创共享的开放创新平台。

二是建立以市场为导向的知识产权创造、应用、保护的服务体系。开展知识产权许可、转让质押融资等运营模式创新试点，发展知识产权代理服务，提高知识产权市场运营能力。加大知识产权示范企业培育力度。加大对企业知识产权创造、管理、运用、保护等方面的培训和政策支持，鼓励企业开展知识产权管理规范贯标，对通过国家机构认证的企业给予政府资助。鼓励和支持企业开展专利信息分析利用。

三是积极构建知识产权保护体系。鼓励大型企业设立知识产权机构。引进知识产权代理、仲裁等服务机构，完善集专利申请、授权、确权和维权于一体的知识产权协同保护工作机制。建设区内知识产权保护的信息服务与维权援助服务平台，构建"一站式"知识产权保护体系。加强知识产权社会信用体系建设，对接国际信用标准认证，构建联合惩戒机制，提升执法维权效率。

**4. 人力资源与教育培训**

(1)发展现状

人力资源服务外包已经成为新区服务贸易发展的新亮点。西咸新区人力资源服务产业园作为人力资源保障部的示范园区已经形成了猎头公司、人力资源外包企业、培训机构、平台企业等全产业链发展的集聚效应。通过创新人才激励机制和服务保障体系，畅通高层次人才服务"绿色通道"，创建"高层次人才一站式服务平台""互联网 + 招聘 + 人才智库"模式，初步形成了西部人才市场高地。园区的全国首家全程线上招聘会系统等典型经验和模式，由国家商务部、发改委等 13 个部委联合向全国试点地区复制推广。2017 年 1—10 月新区人才培训与人力资源服务投资 64.64 亿元，同比增长 241.9%，占 2017 年新区生产性服务业投资的 28%。新区人力资源服务机构 14 家、劳务派遣机构 9 家、民办技能培训机构 14 家。但是，随着新区服务贸易规模日益扩大，人才供求矛盾日趋突出，本土化人力资源供给不足、与特色领域相匹配的服务贸易培训匮乏、国际培训机构比较欠缺、对培训的认识不足等问题，仍是制约人力资源服务贸易发展的主要因素。

(2)发展目标

以人力资源服务园区为载体，提高各类人力资源服务贸易企业的集聚能力，满足不同层次的服务贸易人才需求，为促进新区技术知识密集型和高附加值服务出口提供人力资源支撑。重点发展与“一带一路”相关国家的培训业务和人力资源输出合作。到2020年，基本建成我国西部人力资源服务贸易集聚区和人力资源交易市场，全国“人才+培训+征信”线上人力资源示范平台。

(3)主要措施

一是大力发展多层次教育培训服务。积极引进国内外知名的培训机构、职业学院等在新区落户，促进民营、外资、国有等不同所有制的教育培训机构竞相发展。重点引进国际服务外包、数字创意、供应链管理、跨境电商等新兴服务领域的职业学院和培训机构，培育急需的技能人才。开展服务贸易创业培训工程，依托专业服务培训机构，实施不同层级、不同类别的创业培训。

二是开拓“一带一路”人力资源服务市场。结合沿线国家对于现代化人才的强大市场需求，扩大技能人才、劳务输出培训服务出口。结合各相关国家的不同产业特色、市场需求，组织国内技术人员、劳务人员到相关国家工作。与沿线国家签订长期人才培训协定，为其从事各类人才培训业务。

三是推动国际教育发展。依托西安知名高等院校聚集优势，吸引留学生到新区学习，加强与“一带一路”沿线国家教育合作。探索与世界知名院校开展中外合作办学。探索外商独资形式设立国际学校。

四是构建全产业链的人才服务体系。广泛吸引国内外知名的人才招聘、人才培训、人力资源管理、人才市场管理等机构落户，形成人力资源“一条龙”“一站式”服务的产业链、供应链和价值链。加大政府采购服务的支持力度。

**5. 物流与供应链管理**

(1)发展现状

新区发展空港物流服务贸易具有较大优势。2014年10月，海关总署、财政部、国家税务总局、国家外汇管理局四部委联合批复设立了西咸保税物流中心。该中心总规划面积0.36平方千米，紧邻西安咸阳国际机场，与高速公路、轨道交通、铁路紧密连接，是陕西省内唯一的临空型保税物流中心，享有境内关外、出口退税、进口保税、外汇优惠等特殊政策。目前，空港新城已有45家物流企业入驻。依托空港新城区位优势和航空口岸功能，保税物流中心以国际航空物流方式，开展国际航材分拨配送、跨境电子商务、航空物流冷链供应等物流服务，重点为具有体积小、附加值高、重量轻、市场变化快等特点的空运货物提供保税物流服务，同时也为陆运、海运等货物提供仓储等服务。但目前存在以下方面的问题：一是物流企业的业务单一。园区内大多数企业仅提供空运货物的装卸、仓储、运输等基本物流服务，无法提供具有高附加值的物流设备租赁、跨境电商、物流设备的维护及维修等服务。二是物流企业流动资金压力较大。缺少融资租赁与短期借贷平台，导致物流企业无法开展更多增值业务。三是物流设施的设计规划不合理。保税物流中心的物流设施与规划主要按照空运货物的装卸、仓储、运输标准设计。但物流企业在开展业务时会处理一些海运货物订单，但卸货平台不完善，道路无法容纳大容量物流运输设备，集装箱卡车尺寸小等，无法满足海运货物的需求，增加了物流企业的成本。四是区域内服务配套设施尚待完善。由于保税物流中心离城市生活区较远，且园内没有为物流企业员工开通接驳车，给员工上下班通勤造成不便。

（2）发展目标

依托西咸新区保税物流中心、国际港务区、空港新城等载体，集聚保税仓储、物流分拨、维护与维修、跨境电商、供应链管理、商品展示、品牌推广等多种业态，形成保税物流全产业链发展。重点建设“两个中心、一平台”，即：“一带一路”跨境电子商务进口商品展示体验中心、航空国际物流配送中心、航空产业服务的核心功能展示平台。以空港保税物流为基础，发展空、海、铁“多式联运”模式。以供应链创新推动新价值的创造。依托区内先进制造业，利用大数据、云计算、人工智能等新技术，推动供应链管理企业的服务模式创新，大力发展增值型供应链服务。推动传统物流企业向集成供应链管理企业转型，拓展供应链管理企业的融资、信息等综合服务功能。到 2020 年，基本建成集空、陆、网于一体的立体化、现代化物流体系，物流网络化、数字化、智能化水平大幅提升，物流增值服务规模明显扩大。吸引一批具有全球采购、全球配送能力的供应链服务提供商，初步形成供应链产业集聚效应。

（3）主要措施

一是完善园区物流设施网络，提升聚集能力。优化货物集疏运体系。依托空港、陆港、口岸、网络四大平台，加强航空、铁路、公路枢纽设施有效衔接，形成陆、空、网立体化的交通物流通道。加快现代化立体仓库、信息服务平台、跨境电商平台以及园区设施建设。

二是壮大物流企业，加快培育新兴贸易业态。推动物流企业向信息化、数字化、网络化、智能化转型。鼓励发展物流设备租赁、跨境电商、物流设备维护及维修服务，拓展增值服务范围和延伸物流服务价值链。建立物流信息采集、处理、服务的数据交换共享平台和物流信息数据中心。加快引进跨境电商、外贸综合服务、市场采购贸易等新型贸易业态。

三是提升货物集疏运能力，加强内陆港建设。全面提升货物处理、业务聚集、信息集成、口岸通关和供应链金融能力。坚持“陆、海、空、网”并举，强化多式联运设施建设，提升集散功能。依托口岸、机场开展公铁联运、空铁联运业务，发展转口、集货、拼箱、仓单管理等业务模式。引进青岛港、洋山港、秦皇岛港、天津港等港口办事处和国际知名公司入驻，实现沿海港口功能内移，建立海铁联运通道。

四是建设供应链一体化服务平台。拓展供应链企业的业务范围，打通从设计、采购、生产制造、仓储联运、物流配送到消费各个环节，组织上下游企业形成协同效应。优化企业内外部流程，提高协同效率和全要素生产率。培育跨行业、跨区域的供应链服务示范平台，加强关键物流节点布局和物流资源掌控。加强现代供应链创新与应用的研究。

## （二）积极培育领域

### 1. 金融服务

（1）发展现状

2014 年 2 月 24 日，国家发改委印发《陕西西咸新区总体方案》（发改西部〔2014〕296 号），明确了把新区建设成为西北地区能源金融中心，促进能源开发和金融创新有机融合，发展能源金融市场。为贯彻落实国务院批复精神，依托陕西丰厚的能源资源、金融平台、科技人才优势，新区规划设立了丝路经济带能源金融贸易区，重点发展金融、能源技术研发和现代商务服务业。丝路经济带能源金融贸易区园区位于新区中心位置，规划控制面积 27 平方千米，园区定位于建设丝绸之路经济带的金融核心区，重点吸引经贸、金融、能源类企业入驻。该区出台了《西咸新区能源金融贸易区优惠政策》（2017 年 11 月 28 日），对园区能源交易平台、金融结算平台、国际商贸机构，特别是丝路沿线国家商务代表处提供免租金“拎包入住”式办公场所；对能源、金融类高管人员减免个人所得税，并对高端人才优惠提供公寓、安居房、商品房等生活配套用房，对其家属、子女在落户、就业、上学等方面给予优惠照顾。此外，沣东新城制定了《陕西省西咸新区沣东新城关于促进金融业发展的扶持办法（暂行）》（2017 年 7 月 27 日）。该办法针对金融类机构制定了包括人才购房、租房补贴在内的各类普惠政策，并对不同金融机构（银行、证券及保险业）、基金及基金管理机构、融资租赁、商业保理、金融中介服务机构等制定了不同的落户、税收、运营的相关奖励，其中融资租赁企业还享受发展转型奖励。目前，新区共有银行、证券、保险、基金、融资租赁各类金融企业 171 家。但新区金融服务贸易发展基础较为薄弱，内外资金融服务机构集聚度较低，离岸金融服务外包、互联网金融等新业态发展不足。

（2）发展目标

切实围绕金融服务实体经济、构建全球金融体系、推动人民币国际化等国家战略推动金融服务贸易发展，明确三个功能定位：即金融发展必须服务于实体经济和金融稳定，体现保障功能；必须服务于技术创新和产业升级，体现发展功能；必须服务于人民币国际化，服务于支持企业走出去，体现支撑功能。推动形成金融和实体经济紧密结合、现代科技和现代金融“双轮驱动”的新型发展模式。重点发展金融后台服务外包、互联网金融、融资租赁等新业态。利用西安“丝绸之路经济带”的区位优势，支持服务贸易领域人民币结算和投资。加强金融基础设施建设，积极融入和利用人民币跨境结算系统，鼓励境内银行和支付机构扩大跨境人民币支付服务范围。到 2020 年，基本形成各类金融服务业态集聚发展，金融对实体经济支撑作用明显加强，离岸金融服务外包、互联网金融、绿色金融、融资租赁、区块链金融等新业态加快发展的格局。

（3）主要措施

一是大力发展金融后台服务外包等新兴业态。利用西安的人才资源丰富、人力成本低等优势，积极承接国际金融服务外包业务，吸引北京、上海、深圳等一线城市的金融服务外包企业设立交付中心，重点吸引金融软件开发、数据处理、灾备中心、客服中心、信用卡服务、大数据服务、供应链服务等金融后台服务外包企业落户。

二是提高金融服务专业化和国际化水平。按照中央部署，积极扩大金融服务业开放，放宽外资银行、保险、证券、基金等准入限制，吸引一批外资金融机构设立分支机构。开拓跨境人民币结算等新业务，推动信托、保险、租赁、基金、期货、投资银行等综合化业务经营。强化内外联动，为实体经济“走出去”参与全球市场竞争提供融资、金融咨询等优质服务。支持金融机构走出去，通过国际并购重组等参与国际化经营。

三是构建轻资产、轻资本、轻便渠道的服务体系。打造“大资管、大投行”业务体系，促进信贷、货币、债券、股权、衍生品和大宗商品交易等不同层次的金融市场联动发展，为客户提供更加多元化、个性化的融资服务。适应互联网和数字经济的新发展，构建更加轻便的服务渠道，丰富网点服务功能，完善互联网金融服务网络，形成线上线下优势互补的渠道体系。

**2. 专业服务**

(1)发展现状

专业服务贸易是新兴服务贸易的重要组成部分，是打造国际一流营商环境的主要影响因素，具有人才密集、成长性强、技术含量高、附加值高、顾客导向型的价值增值效应与强集聚性和辐射力的特点。截至 2018 年 4 月新区有专业服务企业 1658 家，其中会计咨询服务 22 家、法律咨询服务 28 家、城市规划咨询服务 2 家。初步形成了专业服务的聚集效应。但存在总体规模小、集中度偏低、龙头企业少、企业竞争力较弱、集约化和综合化程度低等问题，与东部发达城市的差别较为明显。此外，各类专业服务专业人才缺乏，也阻碍了新区专业服务贸易的发展。

(2)发展目标

围绕打造国际一流营商环境，为企业提供各类专业服务。依托西安科技机构、高等院校密集，科技文化人才密集，宜居环境优越、商业氛围浓厚等优势，重点推动财务会计、法律咨询、技术咨询、工程咨询、检验检测等专业服务出口。积极吸引跨国公司专业咨询机构落户，提升国内专业服务企业走出去的能力和为境外企业服务的能力。到2020年，初步形成境内外专业服务企业集聚效应，构建“一带一路”投资的专业服务平台。

（3）主要措施

一是推动企业融合创新和综合化、品牌化经营。提高信息化、平台化、数字化、智能化水平，提高知识融合创新能力。支持专业服务企业加大海外品牌宣传力度，提升国际市场影响力和竞争力。鼓励有条件的企业通过国际并购等方式获得国际知名品牌。

二是推动探索咨询服务业扩大开放。吸引国际国内知名的专业咨询机构到新区设立分支机构，逐步吸引跨国公司区域性总部。

三是完善法律法规和市场环境建设。建立健全市场运行机制，通过法律手段规范企业的行为，为行业发展提供有序、公平的竞争环境。做到内外资企业一视同仁。发挥行业协会的自律作用。

**3. 跨境电商**

（1）发展现状

2017年6月9日陕西自由贸易试验区出台了《陕西省西咸新区空港新城管理委员会关于扶持电子商务产业发展的若干意见》，该意见支持建设跨境电子商务平台（通关服务平台、基础服务平台和公共服务平台），对跨境电子商务信息化平台建设主体给了资金支持。对纳入海关跨境贸易电子商务进出口监管平台统计的企业，年度进出口额超100万美元的企业给予人民币3万元的奖励，且进出口额度每增加100万美元，奖励金额增加2万元，以此类推。此外，该意见还支持发展跨境电商“线上＋线下”业务模式，为设立线下体验中心、展览展示交易中心的企业提供装修与租金补贴等。该指导意见为促进新区跨境电商发展创造了有利环境。目前，新区内共有跨境电商企业5家，总体上看存在规模小、资金不足、提供的产品种类单一、专业人才缺乏、交易平台建设滞后等问题。跨境电商的经营方式也比较单一，主要以B2B业务为主，B2C跨境业务则很少涉及。此外，通关手续不够简化、结汇难、退税制度不完善等外部因素也阻碍了新区跨境电商企业的进一步发展。

（2）发展目标

以扩大“一带一路”货物出口和服务出口为重点，不断促进跨境电商与相关国家和地区的合作。积极申报国家跨境电商综合试点。依托和利用航空港区，完善跨境电子商务保税备货模式、海关监管模式。不断扩大 B 2B 模式，积极发展 B2C 模式。加快建立跨境电商管理体系、监管体系和统计体系，促进跨境电商由粗放发展向高质量发展转型。借鉴全国跨境电子商务综合试点经验，积极参与跨境电子商务国际规则和标准构建。到 2020 年，跨境电商企业初步集聚，对贸易进出口的推动支撑作用初步显现。

（3）主要措施

一是完善电子商务信息系统和跨境电商综合服务平台。建设基于新的电子商务信息内容和网络服务理念设计的电子商务信息系统，通过互联网、手机 App 等为电商和用户之间构建良好的信息互动渠道。建立集交易渠道、金融服务、物流管理、风险监控、市场营销于一体的跨境电商服务体系。优化跨境电商通关服务平台功能。

二是快速提高跨境电商集聚能力。广泛吸引国际国内跨境电商龙头企业，支持本地电商平台扩大规模。对于区内大型跨境电商平台企业政府给予适度的奖补资金及房租减免、土地、税收等优惠。丰富跨境电商进出口商品种类，加大日用消费品、机电产品、信息技术产品等进出口规模。加强跨境电商物流运输配送体系建设。

三是推动跨境电商质量安全试验区建设。强化行业规范，严格市场管理，加强监管稽查，完善信用保障体系，建立跨境电商产品质量追溯体系，保证进出口商品的质量，做好售后服务，提升质量安全水平。

四是建立电商出口新型海关监管模式。切实解决部分零售商品出口未纳入海关监管统计、灰色清关、偷税漏税等监管问题。鼓励银行和支付机构为跨境电商提供支付服务。将电商出口纳入海关统计。

**4. 设计服务**

（1）发展现状

设计是将知识、技术、信息和创意转化为产品、工艺、装备及服务的先导，决定着制造与服务的品质和价值，是产业链、价值链、创新链的起点和源头。随着网络信息技术、数字经济的发展，传统工业设计正在向创新设计转型，创新设计以绿色低碳、网络智能、开放融合、共创分享为主要特征，为产品和产业的全过程提供系统性服务，融技术创新、产品创新和服务创新于一体，涵盖产品设计、工艺流程设计和服务模式设计，是实现科技成果转化、创造市场新需求的关键核心环节。随着创新全球化的深入发展，国际设计服务外包已经成为主流趋势，由此推动设计服务贸易进一步发展。尤其是“一带一路”沿线大多数发展中国家处于基础设施建设和工业化体系建设时期，对于工业设计、工程设计、建筑设计、互联网设计等需求强大。目前，新区拥有中外设计公司102家，涵盖工业设计、动漫设计、媒体与互联网设计、平面设计、广告设计、建筑设计等方面，具有发展设计服务贸易的有利基础。区内正在建设的“创意设计小镇”为集聚国内外创意设计企业提供了良好创新创业环境。以西北工业大学为代表的西安著名高校拥有培养一流设计人才教育优势，区内文化旅游、数字创意、先进制造等产业基础，也为设计服务提供了市场需求和协同发展的空间。这些都为新区设计服务贸易发展提供了机遇。但是，目前区内设计服务贸易发展基础薄弱、设计服务企业集聚不足，设计人才缺乏、配套服务环境较差等因素都影响设计服务企业落户。

（2）发展目标

建设立足西安、带动西部、辐射“一带一路”的区域设计创新中心、设计交易中心和国际设计服务外包集聚区，打造“一带一路”设计服务外包新亮点。重点加强设计共性关键技术研发，加强设计服务平台建设，推动设计成果产业化。利用3D打印、互联网、物联网、大数据、云计算、人工智能等新技术，推动个性化设计定制及网络化、数字化、智能化设计制造等新业态，推动创客、众包、众筹等设计新模式发展。依托西北工业大学在航天、航海、航空等设计领域的优势推动“一带一路”沿线设计服务出口。到2020年，区内设计服务企业初步聚集，设计服务品牌效应初步显现，国际设计服务外包初具规模；到2025年，成为承接“一带一路”相关国家设计服务外包的示范区，建成面向“一带一路”相关国家的设计成果交易中心、展示中心和人才培训中心。

（3）主要措施

一是营造设计服务贸易发展的市场环境和法制环境。以市场为导向，创新设计资源配置机制、权益分享机制、设计评价机制。加强政策引导，通过设立政府引导资金、鼓励社会资本参与、建立创新设计产业基金等，对设计服务外包加大支持力度，鼓励设计创新和成果转化。加强设计产业园区服务平台建设，为设计服务企业提供房租减免，以及公共设备租赁、技术咨询、融资等便利。完善专利申请、代理等知识产权服务，加强保护知识产权，为设计企业创新和成果转化提供有效法治保障。

二是建立设计人才培养与高端人才引进机制。强化创新设计人才基础地位，依托西北工业大学等西安高校的设计专业优势，重点培养工业设计、机械工程设计、媒体与互联网设计、动漫设计、包装设计等方面的设计人才。加强与美国、欧盟、日本、韩国、中国香港、中国台湾等设计服务业发达国家和地区进行交流合作。积极吸引海外优秀设计人才到新区创新创业。

三是积极开拓"一带一路"设计服务外包市场。利用"一带一路"互联互通、国际产能合作、装备合作等重大项目建设，引导企业承接设计外包业务，推动设计服务出口，重点发展工业设计、智能装备设计、工程设计、建筑设计、媒体与互联网设计等外包市场。推动"一带一路"设计服务平台建设，为设计企业提供相关资讯、技术援助等服务，联合中国工程机械协会、中国创新设计联盟等组织共同建设"一带一路"数据中心。建立承接"一带一路"设计服务外包产业联盟。

**5. 维护与维修**

（1）发展现状

新区依托西安咸阳国际机场的区位优势和保税区物流优势，不断扩大维护与维修服务贸易。新区现有专业维护与维修服务企业 356 家，主要聚集在空港新城，经营业务涉及航空维修、汽车维修、机械设备维修、系统维护等。2017 年 7 月 20 日，"中国东方航空—赛峰"（简称"东航—赛峰"）飞机起落架深度维修基地在新区空港新城开工建设，这是全国首个由起落架原厂制造商投资的维修项目，建成后将成为国内最大的商用飞机起落架维修项目，为国内外客户提供飞机起落架大修业务。"东航—赛峰"飞机起落架深度维修基地由赛峰集团和中国东方航空股份有限公司强强联手共同投资，总建筑面积 11000 平方米，预计于 2019 年初投入运营。届时，300 人规模的专业团队将为东航及其他客户空客 A320 和波音 737 飞机提供维护和修理服务。这是中法两国开展国际产能合作，在高端技术领域的示范性项目。但总体上看，维护维修服务规模还不大，企业集聚度还比较低，创新能力不足。

（2）发展目标

重点发展航空维修、设备维修、汽车维修等服务贸易。申请放宽进口设备维修准入试点工作。拓展飞机全寿命维修和数字化维修业务，不断扩大汽车维修、机械设备维修、电子产品维修、零部件维修等规模，丰富产品维修种类。到2020年，区内维护与维修服务初具规模。

（3）主要措施

一是提高维修企业的科技创新能力。加大企业研发投入，提高维修服务质量，提高承接高附加价值业务的能力，提高企业运营效率和价值增值空间。

二是完善维修服务市场秩序。建立各类维修服务企业市场资质和准入制度，制定合同实施细则，健全市场监督体系和诚信体系，发挥行业协会的自律作用，规范企业经营行为。

三是提高维修行业人员素质。加大企业培训力度，建立行业培训基地，制订培训办法。建立以企业为基础，行业协会、大专院校为依托的培训体系。引导帮助企业提高管理水平和技术水平。鼓励企业采用先进的维修技术。

**6. 健康与养老**

（1）发展现状

随着我国城乡居民消费能力日益提高和人口老龄化问题不断突出，促进了健康与养老服务贸易的发展。新区依托生态环境、医疗科学、养生资源等优势，积极制定发展健康与养老服务贸易相关促进政策。2017 年 5 月 17 日《沣东新城关于促进大健康产业聚集发展的暂行办法》出台，并设立规模 20 亿元的产业发展基金，重点支持医学研究、医疗服务、养老服务、健康旅游等方面的企业发展，区内正在建设中的秦汉新城、沣东温泉城等均具有良好发展潜质。目前，新区共有医疗机构 766 家、养生机构 95 家、养老机构 9 家。但是，健康与养老服务贸易企业集聚度不高。此外，空气质量、绿化环境、交通便利、养老基础设施等方面比较欠缺，都给发展医疗与养老服务贸易带来挑战。

（2）发展目标

依托区内文化旅游资源，打造具有西咸特色的“大健康 + 大旅游 + 大文化”相互融合、一体化的服务贸易体系，扩大医养结合服务。依托健康产业园区、健康特色小镇的建设，吸引入境医疗健康消费，加速境内外医疗、养老机构集聚。打造西部大健康产业集群，重点打造“一带一路”中医药服务出口基地。到2020年，基本形成特色鲜明的区域医疗健康与养老服务，逐步开拓“一带一路”中医药服务市场，建设“一带一路”相关国家医疗照护人员培训基地。

(3)主要措施

一是加快健康特色小镇、田园综合体等基础设施建设。充分利用新区城乡结合的环境优势，实现资源聚合、功能整合、要素融合，使城乡融为一体、传统与现代融为一体，既保持田园特色，又实现现代居住功能。

二是形成“山水林田湖”相融、天人合一的自然形态。通过地域特色的历史文化、民俗、温泉、森林、花海、特色建筑等多种元素相融合，营造田园风光、健康人文氛围、提升业态功能，打造“宜居宜养宜游”的生态环境，满足境内外消费者的健康体验。

三是打造医疗养老服务体系。吸引内外资的医院、养老院、养老金融服务机构。申请探索放宽外资健康养老服务机构市场准入，设立外商独资医院、养老院、养老金融保险机构。不断丰富医养结合新业态、新模式。探索中外合资、PPP等多种投融资模式。

四是加强中医药服务海外推广。发挥中医药资源的独特优势，发展健康养生旅游。培育一批高附加值的中医药服务贸易项目和产品。鼓励有条件的中医药企业和医疗机构在境外开办机构，建立和完善境外营销网络。积极推进中医药国际服务标准建设。

## 七、空间布局

新区位于陕西省西安市和咸阳市建成区之间，区域范围涉及西安、咸阳两市所辖7县(区)23个乡镇和街道办事处，规划控制面积882平方千米。形成“一河、两带、四轴、五组团”的产业规划布局。在总体产业发展布局框架下，根据西咸新区5个新城、2个园区的发展优势和基础条件，合理安排服务贸易发展领域，实现各具特色、协同发展的服务贸易创新发展格局。

空港新城。依托西安咸阳国际机场临空产业优势，重点发展航空跨境运输、跨境电商、航空维修维护、商贸会展、文化创意等领域的服务贸易。

沣东新城。新城功能定位西部地区建设统筹科技资源示范基地和体育会展中心，打造高新技术研发和现代服务业聚集区。重点发展技术服务、研发服务、国际会展以及新兴服务贸易。

秦汉新城。新城功能定位具有世界影响力的秦汉历史文化聚集展示区和西安国际化大都市生态田园示范新城，以生态、文化和商业为主导产业。重点发展旅游服务、文化服务、健康及社会服务等服务贸易。

沣西新城。新城定位西安国际化大都市新兴产业基地和综合服务副中心，以信息技术、新材料、物联网、生物医药等战略性新兴产业为主导。重点发展电信、计算机与信息服务，研发设计服务等，推动国际服务外包业务发展。

泾河新城。新城定位国际化大都市统筹城乡发展示范区，以低碳产业为主导。重点发展围绕重大文化旅游项目的跨境旅游、文化娱乐和其他商业服务等服务贸易。

西咸新区丝路经济带能源金融贸易区。园区位于沣河和渭河交汇处，依托西安，金融机构众多，功能定位于能源金融投融资中心和能源人民币贸易结算中心，以能源金融、创意产业、现代商贸服务为主导产业。重点发展金融、保险、数字创意、商务服务等服务贸易。

西咸国际文化教育园。园区位于现代化大西安新中心西南，以集聚国际知名大学、职业教育和高端培训为主体，发展国际文化、教育、“大健康”、科技研发服务业，创建具有国际特色的丝绸之路文化教育新市镇。重点发展教育、文化、创意设计、医疗养生等领域的服务贸易。

**图1　西咸新区服务贸易空间发展布局**

## 八、保障措施

### （一）强化组织保障和顶层设计

**加强组织机构建设。**不断提高和深化对服务贸易创新发展试点工作的认识，加强组织领导、统一思想、凝聚共识，按照短期试点和长期系统谋划相结合的思路，加强统筹规划。进一步完善新区服务贸易创新发展试点领导小组工作机制。加强与商务部建立紧密的政策沟通渠道；加强与陕西省、西安市的政策协调，完善由陕西省、西安市、新区管委会主要领导参加的工作领导协调机制，保障新区服务贸易试点的各项工作顺利开展。新区进一步完善由管委会主任任组长，各新城、园区主要负责人，新区改革创新发展局、财政局、质监局等职能部门负责人为领导成员的工作领导小组机制，统筹协调服务贸易创新发展试点工作。上述两个层面的工作机制做到定位明确、职责清晰、顺畅贯通，确保协调工作及时高效。新区组织机构的调整与中央、省市机构改革后的组织机构对口贯通，以方便工作沟通顺畅。

**建立产业布局协调机制。**由新区管委会通盘考虑、统一规划协调各新城、各园区的产业布局，以产业特色为重点整合全区资源，以各新城、各园区已有资源、产业优势为基础，形成错位发展、协同并进的发展格局，避免重复建设、资源争夺、恶性竞争，造成资源浪费。积极借鉴中关村产业园区“一区多园”“网络化虚拟园区”等模式，促进各类产业园区有序发展。

**提高管理干部专业服务水平。**建立服务贸易创新发展试点干部培训制度，由新区管委会主要领导负责，人社部门统一组织实施。坚持“引进来”和“走出去”并重，通过在国内外考察和短期培训，派往商务部及北京、上海、深圳等服务贸易发展水平较高的城市挂职学习，邀请业内知名专家和企业家讲课，组织服务贸易创新试点地区学习交流等形式，普及新区相关干部的服务贸易专业知识，提高管理水平和服务针对性。

### （二）进一步优化营商环境

**优化服务贸易法制环境。**系统研究国内外服务贸易方面的法律制度，制订具有地方特色、破除体制机制障碍、促进服务贸易发展的地方性法规。规范服务贸易产业布局、市场准入、投资促进、经营秩序等相关政策。增强政策的透明度、有效性、可预期性和可操作性。探索建立与国际标准相衔接的服务贸易标准化体系。

**提高政策水平和监管能力。**由新区管委会统一制订发布服务贸易重点领域的相关优惠政策和鼓励措施，避免在招商引资上造成各区利用土地、税收等优惠政策相互竞争。探索服务贸易管理新模式，认真研究行业准入、服务质量标准体系，促进各类市场主体依法平等竞争、优质服务。加大版权、专利、商标等知识产权的执法监管力度，探索数字贸易形式下的知识产权保护模式。

**提高政府服务效能。**深化“放管服”改革，激发市场主体新活力；完善社会资本公平参与相关行业发展的政策，破除制约服务业发展的体制机制障碍。简化行政审批程序，在“网上办理”“一站式服务”“微信办照”“多证合一”“并联审批”“最多跑零次”等服务创新的基础上，继续探索网络化、信息化、数字化的高效服务模式。探索云端自由贸易产业园方式，试行企业注册地与实体相分离的发展模式，扩大服务贸易政策的覆盖范围。

### （三）完善金融、财税、宣传推广服务体系

**加强金融服务体系建设。**出台新区金融支持服务贸易发展的指导意见。鼓励各类政策性、商业性国有金融机构及民营、外资银行、证券、保险、风险投资基金等进入服务贸易领域，结合服务贸易的特点创新金融产品和服务。设立服务贸易产业发展基金，在政府引导、市场化运作的基础上，加大对服务贸易企业扩大投资、开拓国际市场、开展国际并购等支持力度，特别是支持新区服务贸易重点项目建设。加大出口信用保险与出口信贷的支持力度。创新信贷模式，探索财税补贴通过企业抵押、质押或信用贷款的形式提前到位。拓宽服务贸易企业的融资渠道，支持符合条件的企业在资本市场融资。

**完善服务贸易财税政策。**进一步发挥财政资金对于促进服务贸易发展的引导作用，提高财政资金使用的有效性，重点支持服务贸易的人才培养引进、技术创新、平台建设等，鼓励重点领域、重点企业优先发展。鼓励支持软件与信息技术、研发设计、文化旅游、数字创意、技术服务、知识产权等服务领域扩大出口。积极落实国家服务出口企业免税政策。及时兑现政府补贴奖励政策。

**加强宣传推广和招商工作。**围绕新区服务贸易优势和特色，在境内外主流媒体、网络媒体、国际论坛、会展等平台，积极宣传推广“西咸服务”品牌。

### （四）创新人才政策

**创新服务贸易人才引进机制。**制定引进服务贸易领军人才、高级职业经理人团队、高级技术人才和管理人才的相关政策。设立人才工作专项资金，建立人才引进绿色通道。对服务贸易领域的各类专业人才给予落户、购房、就业、子女教育等方面的优惠政策，对于引进的领军人才可考虑给予科研经费补贴、三年个税减免、个性化服务等政策措施。鼓励企业建立股权激励、职工持股等方式的长效机制。探索个税减让、政府资金奖补等方式用于吸引各类商务人才。

探索试行高级人才三年享受个人所得税减免制度。

**创新服务贸易人才教育培训机制。**政府部门搭建平台,鼓励企业、科研院所、高校等培养适应市场需求的各类服务贸易人才。鼓励人力资源服务企业和西安高等院校加强合作。推动西安高校加强服务贸易相关学科建设。设立西咸职业技术学院。依据服务贸易的重点领域设立相关专业,培育应用型技能人才。利用西安高校的专业学科优势开展学历教育,为服务贸易企业提供稳定、高质量的人才队伍。

**加强服务贸易专家队伍建设。**成立服务贸易专家咨询委员会,为新区服务贸易发展提供战略咨询和长期智力支持。建立服务贸易专家库,坚持"不求所有,但求所用"的理念,充分利用外部专家资源,构建网络化智库平台。与国内高端智库和国际知名智库开展交流合作。

### (五)健全国际国内合作交流机制

**逐步建立国际合作交流机制。**通过参加"京交会""'一带一路'国际合作高峰论坛""中国国际进口博览会"等国家重大展会,扩大服务贸易国际合作空间。建立"一带一路"重点国家的服务贸易合作机制,举办相关的展览、展会、论坛、节庆等,不断深化与"一带一路"沿线国家的服务贸易合作交流。签署长期双边服务贸易合作协议。特别加强与服务贸易重点伙伴国和潜在伙伴国的交流合作。

**发挥涉外机构和行业协会作用。**加强与我国驻外使馆及各国驻华使馆的交流合作,加强与驻外商会、贸易促进机构、行业协会的交流合作,定期为企业举办辅导讲座,使服务贸易企业及时了解国际市场信息和相关国家的法律法规等,为服务贸易企业跨境交付、商业存在创造有利条件。定期发布新区服务贸易市场指南,帮助企业积极开拓市场,深化交流合作。

**建立与国内其他服务贸易试点单位的交流互鉴机制。**在政策互通、数据互联、信息共享等方面建立合作机制,加强招商引资合作。借助中国(陕西)自由贸易试验区的政策优势,与其他 11 家自由贸易试验区建立交流互鉴机制。共同探索服务贸易自由化、便利化新机制和新举措。

### （六）完善基础设施建设

加快通信基础设施、光纤宽带网和移动通信网建设。加快立体交通网络、区域一体化交通工具建设，提升空港、高铁等交通枢纽功能。完善产城融合，加快酒店、宾馆、商务、娱乐等配套服务设施及城市生态环境建设，打造美丽、和谐、生态的宜居宜业环境。申请将 B 型保税区向综保区转型，并扩大保税区规模。大力发展航空物流、中转分拨、飞机维护与维修、检验检测、国际结算、分销等服务贸易。

### （七）完善服务贸易统计考核体系

加强服务贸易数据统计分析工作。按照商务部的要求，完善服务贸易统计的企业直报系统。加强与行业协会和其他服务贸易创新试点单位的统计交流。组织区内企业按要求报送服务贸易数据，提高统计数据的全面性、准确性、时效性和权威性。依据《国际服务贸易统计监测制度》，建立以服务贸易综合监管服务平台数据为基础、以重点领域调查为依托的服务贸易统计分析体系。定期发布全区服务贸易统计数据，完善督查、检测、评估与考核机制。

# 附录二　中国服务外包交易指数集研究与实践

上海服务外包交易促进中心
上海浦软研究院

数字经济时代服务外包在以“互联网＋数据服务”为特色的新兴服务领域，在服务创新、服务模式、服务价值等方面都具有相当优势。中国制造向中国创造、中国速度向中国质量转变中，以大数据、云计算、互联网、物联网、智能化为基础的产业融合发展中，服务外包的倍增效益日益显露，正在许多经济领域展现其独特魅力。服务外包产业十年来，正以年均 50% 的增长率迅速发展（商务部服贸司领导讲话，2017 年 9 月 12 日《国际在线》），为了对产业更进一步深入研究，清晰地反映我国服务外包交易情况和发展现状，我们自 2014 年来，商务部和上海市政府合作项目——上海服务外包交易促进中心，在第二届“中国（北京）国际服务贸易交易会”上首次发布《中国服务外包交易指数报告（2014 年）》以来，每年都公开发布一次，供政府主管部门及有关机构对服务外包的产业研究、政策设计、投资分析参考，多年来已得到业内外同仁的关注。由于服务外包应用范围广、专业技术多、发展速度快等特点，为更好地全面了解我国服务外包发展现状和市场动态，在原有基础上，我们探索《服务外包交易指数集》的研究与实践。

## 一、交易指数集的结构

服务外包交易指数集包括交易指数及其分类指数：包括总量交易指数、规模与质量指数、国际竞争力指数、基础设施指数以及商务环境指数。

用 A 表示外包交易指数集合，这里 $A = \{A_1、A_2、A_3、A_4、A_5\}$，

$A_1 \in A$ 为总量交易指数，$A_2 \in A$ 为规模与质量指数，$A_3$ 为国际竞争力指数，$A_4$ 为基础设施指数、$A_5$ 为商务环境指数，$A_1$、$A_2$、$A_3$、$A_4$、$A_5$ 都称为交易指数集 A 中的元素，这些元素又分别由若干具体指标组成。A 简称为“交易指数集”。

马克思有句名言：一种科学只有成功地运用数学之后才能达到完美。服务外包交易指数集中不同元素内指标的数据，基本来自国家公开发布的数据。通过数据处理、数学建模、数字运算，最后由定量的数字来具体描述交易指数集的具体构成，一般记

$$\Phi(A) = \Phi(A_1) + \Phi(A_2) + \Phi(A_3) + \Phi(A_4) + \Phi(A_5)$$

为服务外包交易指数评价值；

$$\Phi(A)' = \Phi(A_1) + \Phi(A_2) + \Phi(A_3)$$

为服务外包交易指数交易点。

## 二、交易指数集的指标结构

### （一）关于指标设定

指标选取的原则：第一是结合国家鼓励发展的服务外包行业分类情况；第二是指标数据的可获得性，即能基本来源于国家政府部门公开发布的数据；第三尽可能考虑与国际发包商选择承接地的基本要素能对接。

交易指数集 $A = \{A_1、A_2、A_3、A_4、A_5\}$ 中各项指标，包括：

一级指标：交易总量、规模与质量、国际竞争力、基础设施、商务环境等 5 个；

二级指标：合同金额、执行金额、企业规模、经济贡献、国际竞争力、发展潜力、服务效率、新兴服务领域、通讯、电力供应、客户服务、法律建设、城市条件等 18 个；

三级指标：在岸离岸金额及其增长率、企业总数、占国际服务出口比重、国际资质认证数、新增就业人员、生产效率、“一带一路”市场增长率、基础通讯与语言通讯、财税政策支持、信息安全、生活便利、能源成本、人力成本等 56 个。

这里二级指标和三级指标都是上一级指标的具体展开。

详见表 1：

**表 1**

| 一级指标 | 二级指标 | 三级指标 |
| --- | --- | --- |
| 交易总量 | 合同金额 | 在岸、离岸金额及增长率 |
| | 执行金额 | 在岸、离岸金额及增长率 |
| 规模与质量 | 企业规模 | 企业总数,每个企业规模(平均人数)以及完成在岸和离岸金额 |
| | 经济贡献 | 离岸执行额分别占外贸出口、服务出口、全国 GDP、全球离岸外包的比重及增长率 |
| 国际竞争力 | 国际竞争力 | 国际资质认证数、离岸外包占产业总额比重及增长率 |
| | 发展潜力 | 新增从业人,大学生占比及增长率 |
| | 服务效率 | 人均完成在岸、离岸金额及增长率 |
| | 离岸新兴领域 | BPO、KPO 占比以及“一带一路”市场增长率 |
| 基础设施 | 通讯 | 基础通讯、语言通讯 |
| | 电力供应 | 不间断供电 |
| | 交通条件 | 机场直达、铁路直达 |
| 商务条件 | 客户服务 | 综合信息平台建设 |
| | 政府支持 | 财税、金融政策支持 |
| | 法律法规建设 | 知识产权保护、信息安全 |
| | 行业规范 | 设立专项管理和审核机构、统计制度 |
| | 信用建设 | 通过第三方信息、信用认证的企业数 |
| | 生产成本 | 人力资源成本、能源成本 |
| | 城市条件 | 生活便利、人力资源供应 |

## (二)关于数据来源

一般都应采用政府和专业机构公开的指标定量数据,凡可以直接收集到的指标数据应该都来自国家商务部或相关专业部门以及国家《统计公报》公开发布的信息。若因统计时间段的原因,暂时收集不到,可以暂取该指标前五年平均增长率来预测,等收集到确切的数据后再予调整更新。以 2017 年为例(以下类同),企业数、就业人数、大学生人数,以及离岸外包占全球外包比重,都暂按前五年(2012—2016 年)的平均增长率进行预测；为便于产业发展趋势的研究，传统的ITO、BPO、KPO及其增长率，根据商务部发布的数据，取（BPO＋KPO）÷（ITO＋BPO＋KPO）来作为指标“离岸新兴业务占比”的数据，还有指标“一带一路离岸外包增长率”，因前几年没有连续的数据，就取当年（2017年）增长率为最满意值。

由于基础设施和商务环境的数据目前不确定因素较多，不少都还在建设中，因此有些数据就在中国服务外包示范城市调研的基础上，暂用定性的描述进行测评，以后根据发展情况再逐步完善。具体见表2。

**表2**

<table>
<tr><th>一级</th><th>二级</th><th>三级</th><th>指标标准</th></tr>
<tr><td rowspan="5">基础设施</td><td rowspan="2">通讯</td><td>基础通讯</td><td>20Mbps宽带接入能力覆盖比例达到80%</td></tr>
<tr><td>语言通讯</td><td>熟悉使用外语交流外包企业达到80%</td></tr>
<tr><td>电力供应</td><td>不间断供电</td><td>专业园区内双回路供电达到100%</td></tr>
<tr><td rowspan="2">交通条件</td><td>机场直达</td><td>城市中心直达国际机场距离100km以内</td></tr>
<tr><td>铁路直达</td><td>城市中心直达铁路车站距离50km以内</td></tr>
<tr><td rowspan="11">商务环境</td><td>客户服务</td><td>综合信息平台建设</td><td>城市建有服务外包专门信息服务共享平台（网站）</td></tr>
<tr><td rowspan="2">政府支持</td><td>财税政策支持</td><td>政府出台操作性较强的专门政策</td></tr>
<tr><td>金融政策支持</td><td>政府或地方出台操作性较强的专门政策</td></tr>
<tr><td rowspan="3">法律法规</td><td>知识产权保护</td><td>政府颁布保护知识产权专门法规或法律</td></tr>
<tr><td>信息安全</td><td>政府颁布保护信息安全专门法规或法律</td></tr>
<tr><td>统计规范</td><td>政府建有统计及其审核专门机构</td></tr>
<tr><td rowspan="3">信用建设</td><td>通过第三方信用等级评估企业</td><td>通过第三方信用等级评估企业占比</td></tr>
<tr><td>第三方信用信息认证企业</td><td>通过第三方信用信息认证的企业占比</td></tr>
<tr><td>行业自律</td><td>成立行业自律、协调的非官方机构（协会）</td></tr>
<tr><td rowspan="2">城市条件</td><td>写字楼、人工成本、政府效率</td><td>商品房平均价格与平均年收入的比例<br>政府行政审批和办事效率满意度</td></tr>
<tr><td>生活便利、人力资源供应</td><td>千人拥有床位数、万人拥有培训机构和<br>文化事业单位数、大学生年毕业人数</td></tr>
</table>

### （三）关于指标权重

每个指标的权重赋值，这里采用德尔菲法（Delphi）和层次分析法（AHD 算法）相结合，根据指数集 A 中各指标的重要性程度确定其对应的权重赋值。有关 2017 年各指标的权重，是参照 2014 年交易指数发布以来，在征求业内专家和政府主管部门意见的基础上，做了微量的调整。

为计算方便，设定 $A_1$、$A_2$、$A_3$ 中的指标权重之和为 1000，$A_4$、$A_5$ 指标权重之和取为 300。由于 $A_4$、$A_5$ 中的指标数据目前大部分是暂时预测或定性描述，因此其数据实际价值的意义在交易指数集中显得比较弱，各指标权重相对于 $A_1$、$A_2$、$A_3$ 中的指标权重可以显得较小一些，以后根据实际情况，再予以完善和调整。

若以 $\Psi(A_i)$ 表示指数 $A_i$ 中有关指标的权数之和，即有

$\Psi(A_1) + \Psi(A_2) + \Psi(A_3) = 1000$

$\Psi(A_4) + \Psi(A_5) = 300$

具体权重分配如下：

表 3

| 一级指标 | 二级指标 | 序号 | 三级指标 | 单位 | 权重 |
|---|---|---|---|---|---|
| $A_1$ 总量交易（400） | 合同金额与执行金额 | 1 | 合同总金额 | 亿美元 | 60 |
| | | 2 | 同比增长 | % | 5 |
| | | 3 | 总执行金额 | 亿美元 | 60 |
| | | 4 | 同比增长 | % | 5 |
| | | 5 | 离岸合同金额 | 亿美元 | 100 |
| | | 6 | 同比增长 | % | 5 |
| | | 7 | 离岸执行金额 | 亿美元 | 100 |
| | | 8 | 同比增长 | % | 5 |
| | | 9 | 在岸合同金额 | 亿美元 | 25 |
| | | 10 | 同比增长 | % | 5 |
| | | 11 | 在岸执行金额 | 亿美元 | 25 |
| | | 12 | 同比增长 | % | 5 |

续表

| 一级指标 | 二级指标 | 序号 | 三级指标 | 单位 | 权重 |
|---|---|---|---|---|---|
| $A_2$ 规模与质量（200） | 企业规模 | 13 | 企业总数 | 家 | 30 |
| | | 14 | 同比增长 | % | 5 |
| | | 15 | 企业规模 | 人/家 | 30 |
| | | 16 | 同比增长 | % | 5 |
| | | 17 | 企业年均完成合同 | 万美元 | 45 |
| | | 18 | 同比增长 | % | 5 |
| | 经济贡献 | 19 | 离岸占服务出口 | % | 25 |
| | | 20 | 同比增长 | % | 5 |
| | | 21 | 离岸占外贸出口 | % | 20 |
| | | 22 | 同比增长 | % | 5 |
| | | 23 | 外包占 GDP 比重 | % | 20 |
| | | 24 | 同比增长 | % | 5 |
| $A_3$ 国际竞争力（400） | 国际竞争力 | 25 | 离岸占全球比重 | % | 10 |
| | | 26 | 同比增长 | % | 5 |
| | | 27 | 国际资质认证数 | 个 | 35 |
| | | 28 | 同比增长 | % | 5 |
| | | 29 | 离岸合同占外包比 | % | 20 |
| | | 30 | 同比增长 | % | 5 |
| | 发展潜力 | 31 | 从业人数 | 万人 | 95 |
| | | 32 | 同比增长 | % | 5 |
| | | 33 | 大学生占比 | % | 55 |
| | | 34 | 同比增长 | % | 5 |
| | 服务效率 | 35 | 人均年度完成合同 | 万美元 | 25 |
| | | 36 | 同比增长 | % | 5 |
| | | 37 | 人均年度完成执行 | 万美元 | 25 |
| | | 38 | 同比增长 | % | 5 |
| | 产业创新 | 39 | 离岸新兴业务占比 | % | 50 |
| | | 40 | 一带一路外包增长 | % | 50 |

表4

| 一级指标 | 二级指标 | 序号 | 三级指标 | 权重 |
|---|---|---|---|---|
| $A_4$<br>基础设施<br>(100) | 通讯 | 41 | 基础通讯 | 40 |
| | | 42 | 语言通讯 | 20 |
| | 电力供应 | 43 | 不间断供电 | 20 |
| | 交通条件 | 44 | 机场直达 | 10 |
| | | 45 | 铁路直达 | 10 |
| $A_5$<br>商务环境<br>(200) | 客户服务 | 46 | 综合信息平台建设 | 20 |
| | 政府支持 | 47 | 财税政策支持 | 25 |
| | | 48 | 金融政策支持 | 25 |
| | 法律规范 | 49 | 知识产权保护 | 15 |
| | | 50 | 信息安全 | 15 |
| | | 51 | 统计规范 | 20 |
| | 信用建设 | 52 | 通过第三方信用等级评估企业 | 10 |
| | | 53 | 通过第三方信用信息认证企业 | 20 |
| | 行业自律 | 54 | 行业自律 | 10 |
| | 城市条件 | 55 | 写字楼、人工成本、政府效率 | 20 |
| | | 56 | 生活便利、人力资源供应 | 20 |

汇总后即为：

表5

| $\Psi(A_i)$ | $\Psi(A_1)$<br>总量交易 | $\Psi(A_2)$<br>规模质量 | $\Psi(A_3)$<br>发展潜力 | $\Psi(A_4)$<br>基础设施 | $\Psi(A_5)$<br>商务环境 | 合计 |
|---|---|---|---|---|---|---|
| 权重 | 400 | 200 | 400 | 100 | 200 | 1300 |

## （四）关于数据处理（无量钢化）

已选定的定量指标中，由于各个指标的计量单位不同，例如合同金额、企业规模、国际资质认证数、从业人员等，不能直接进行相互之间的计算。因此对原始数据应进行无量纲化处理。有些指标如“合同金额”“占出口比例”等希望越大越好，一般称正向指标；如涉及成本等，则希望越小越好，一般称逆向指标。为体现产业导向作用，可在一定年度（比如近5年）的数据中选取最满意数值，若是正向指标的最大值可记为 $X_{j\max}$，若是逆向指标的最小值可记为 $X_{j\min}$，以 $X_{j\max}$ 和 $X_{j\min}$ 作为参照，然后可以进行无量纲化的处理。对于第 $j$ 个指标 $X_j$ 经无量纲化处理后的数据 $X'_j$ 称为指标 $X_j$ 的功效值。

对于正向指标功效值

$$X'_j = X_j / X_{j\max} \quad \text{式（Ⅰ）}$$

对于逆向指标功效值

$$X'_j = X_{j\min} / X_j \quad \text{式（Ⅱ）}$$

$$(j=1,2,3,\cdots,56)$$

经上式处理后的功效值，若是非负正数，最终都会落在（0,1］区间内。这样，实现了无论是正向指标还是逆向指标，都没有具体的特定计量单位。此外，经过式（Ⅰ）或式（Ⅱ）处理后的功效值 $X'_j$ 越接近1，表示与报告期内最满意的数值越靠近，所以落在（0,1］区间内的功效值越靠近1越好。若报告期当年的 $X_j = X_{j\max}$ 或 $X_{j\min} = X_j$，这时根据式（Ⅰ）或式（Ⅱ）就会出现 $X'_j = 1$；若原始数据 $X_j$ 出现负数或零（如增长率下降了），根据式（Ⅰ）或式（Ⅱ），此时就出现 $X'_j$ 为负数的情况；此时一般可取 $X'_j = 0$，表示该指标对交易指数的整体运算中没有任何贡献。

通过上述数据无量纲化的处理后，每个三级指标 $X_j$ 都由一个落在［0,1］区间内的非负功效值 $X'_j$ 与其对应。

**（五）关于指标的相关性分析**

由于我国的服务外包起步较晚，发展又比较快，产业发展的稳定性、规律性以及行业标准还正在逐步完善中，一些定量指标数据之间的关系不确定性较大，相互之间的规律性不很显现，有关指标的相关性分析比较困难。在本研究报告中，暂设定与指标关联度最明显的增长率（百分比）的权数取值相对小一些。有关服务外包交易指数集中指标相关性的完整分析，将根据产业发展的成熟度再进一步研究推进。

### （六）关于交易指数集的数学模型

交易指数集 A 的数学模型是由指数集内各元素所包含的指标功效值及其对应的权数，通过一定的乘数关系组合而成，即：

经确认的 56 个指标的功效值 $X'_j$ 及其对应的权数 $C_j$ 后，根据矩阵乘法，有：

$$(C_1, C_2, \cdots, C_{56})(X'_1, X'_2 \cdots, X'_{56})^T$$

$$= \Sigma C_j X'_j$$

$$= C'_1 X_1 + C'_2 X_2 + \cdots + C_{56} X'_{56} \qquad \text{式(Ⅲ)}$$

这里的 $X'_j$ 为第 $j$ 个三级指标的功效值；$C_j$ 为第 $j$ 个三级指标的权重。

$$(j = 1, 2, 3, \cdots, 56)$$

［注：式（Ⅲ）中 $(X'_1, X'_2, \cdots, X'_{56})^T$ 为 $(X'_1, X'_2, \cdots, X'_{56})$ 的转置矩阵］

上述的式（Ⅲ）也可表示为：

$$\Phi(A) = \Phi(A_1) + \Phi(A_2) + \Phi(A_3) + \Phi(A_4) + \Phi(A_5) \qquad \text{式(Ⅳ)}$$

$$(0 \leqslant \Phi(A) \leqslant 1300)$$

$$\Phi(A)' = \Phi(A_1) + \Phi(A_2) + \Phi(A_3) \qquad \text{式(Ⅴ)}$$

$$(0 \leqslant \Phi(A)' \leqslant 1000)$$

式（Ⅲ）称为交易指数集 A 的数学模型展开式，

式（Ⅳ）称为交易指数集 A 的数学模型表达式。

这里 Φ（A）的最终结果即为服务外包交易指数评价值、Φ（A）′的最终结果，即为服务外包交易指数交易点（简称指数交易点，不包括基础设施和商务环境指标的评价值）。

### （七）关于交易指数集的运算

根据式（Ⅳ）、式（Ⅴ），可计算出报告期内的服务外包交易评价值 Φ（A）和服务外包交易指数点 Φ（A）′。

【案例】分别计算 2017 年（1）服务外包交易指数点 Φ（A）′和（2）服务外包交易评价值 Φ（A）。

(1)服务外包交易指数点 Φ(A)′

[解]根据式(Ⅴ)

表6　交易点 Φ(A)′计算列表

| 序号 | 三级指标 | 单位 | 数据 $X_j$ | 权重 $C_j$ | 功效值 $X'_j$ | 评价值 $C_jX'_j$ |
|---|---|---|---|---|---|---|
| 1 | 合同总金额 | 亿美元 | 1804.8 | 60 | 1 | 60 |
| 2 | 同比增长 | % | 25.1 | 5 | 0.42 | 2.1 |
| 3 | 总执行金额 | 亿美元 | 1259.5 | 60 | 1 | 60 |
| 4 | 同比增长 | % | 18.5 | 5 | 0.32 | 1.6 |
| 5 | 离岸合同金额 | 亿美元 | 1110.4 | 100 | 1 | 100 |
| 6 | 同比增长 | % | 18.3 | 5 | 0.16 | 0.8 |
| 7 | 离岸执行金额 | 亿美元 | 794.4 | 100 | 1 | 100 |
| 8 | 同比增长 | % | 14.7 | 5 | 0.22 | 1.1 |
| 9 | 在岸合同金额 | 亿美元 | 694.4 | 25 | 1 | 25 |
| 10 | 同比增长 | % | 33.8 | 5 | 0.59 | 2.95 |
| | | | | | | |
| 17 | 企业年均完成合同额 | 万美元 | 415.4 | 45 | 1 | 40 |
| 18 | 同比增长 | % | 10.8 | 5 | 0.49 | 2.45 |
| 19 | 离岸占服务出口 | % | 34.8 | 25 | 1 | 25 |
| 20 | 同比增长 | % | 2.27 | 5 | 0.04 | 0.2 |
| 21 | 离岸占外贸出口 | % | 4.2 | 20 | 1 | 20 |
| 22 | 同比增长 | % | 0.8 | 5 | 1 | 5 |
| 23 | 外包占 GDP 比重 | % | 1 | 20 | 1 | 20 |
| 24 | 同比增长 | % | 0.03 | 5 | 0.03 | 0.15 |
| | | | | | | |
| 35 | 人均年度完成合同额 | 万美元 | 1.9 | 25 | 1 | 25 |
| 36 | 同比增长 | % | 10.5 | 5 | 0.42 | 2.1 |
| 37 | 人均年度完成执行额 | 万美元 | 1.4 | 25 | 0.82 | 21 |
| 38 | 同比增长 | % | 7.27 | 5 | 0.24 | 1.2 |

续表

| 序号 | 三级指标 | 单位 | 数据 $X_j$ | 权重 $C_j$ | 功效值 $X'_j$ | 评价值 $C_jX'_j$ |
|---|---|---|---|---|---|---|
| 39 | 离岸新兴业务占比 | % | 51 | 50 | 1 | 50 |
| 40 | "一带一路"外包增长 | % | 25.98 | 50 | 1 | 50 |
| 合计 | | | | 1000 | | 917.45 |

$\therefore\ \Phi(A)' = \Phi(A_1) + \Phi(A_2) + \Phi(A_3)$

$= C_1X'_1 + C_2X'_2 + \cdots + C_{40}X'_{40}$

$= 917.45$

(2)服务外包交易评价值 Φ(A)

[**解**]根据式(Ⅳ),其中

**表7　Φ(A4)+Φ(A5)计算列表**

| 序号 $j$ | 三级指标名称 | 权数 $C_j$ | 功效值 $X'_j$ | 评价值 $C_jX'_j$ |
|---|---|---|---|---|
| 41 | 基础通信 | 40 | 0.88 | 35 |
| 42 | 语言通信 | 20 | 0.76 | 16 |
| 43 | 不间断供电 | 20 | 0.90 | 18 |
| 44 | 机场直达 | 10 | 1 | 10 |
| 45 | 铁路直达 | 10 | 1 | 10 |
| 46 | 综合信息平台建设 | 20 | 0,75 | 15 |
| 47 | 财税政策支持 | 25 | 1 | 25 |
| 48 | 金融政策支持 | 25 | 1 | 20 |
| 49 | 知识产权保护 | 15 | 0.67 | 10 |
| 50 | 信息安全 | 15 | 0.67 | 10 |
| 51 | 统计规范 | 20 | 0.5 | 10 |
| 52 | 通过第三方信用认证企业 | 10 | 0.2 | 2 |
| 53 | 第三方信用信息认证企业 | 20 | 0.25 | 5 |
| 54 | 行业自律 | 10 | 1 | 10 |
| 55 | 写字楼、人工成本、政府效率 | 20 | 0.75 | 15 |

续表

| 序号 j | 三级指标名称 | 权数 $C_j$ | 功效值 $X'_j$ | 评价值 $C_jX'_j$ |
|---|---|---|---|---|
| 56 | 生活便利、人力资源供应 | 20 | 0.80 | 16 |
| 小计 | | 300 | | 227 |

$\therefore\ \Phi(A) = \Phi(A_1) + \Phi(A_2) + \Phi(A_3) + \Phi(A_4) + \Phi(A_5)$

$= \Phi(A)' + \Phi(A_4) + \Phi(A_5)$

$= \Phi(A)' + C_{41}X'_{41} + C_{42}X'_{42} + \cdots + C_{56}X'_{56}$

$= 917.45 + 227$

$= 1144.45$

因此，根据以上计算结果，2017 年的服务外包交易指数点为：

$\Phi(A)' = \Phi(A_1) + \Phi(A_2) + \Phi(A_3)$

$= 917.45$

2017 年的服务外包交易评价值为：

$\Phi(A) = \Phi(A_1) + \Phi(A_2) + \Phi(A_3) + \Phi(A_4) + \Phi(A_5)$

$= 1144.45$

业内不少专家习惯上将交易指数评价值 1144.45 除于交易指数评价满分值 1300 的结果，称为服务外包产业完成满意度，那么 2017 年服务外包完成的满意度为 88%。

## 三、交易指数集的分析

### （一）历年交易指数点的分析

根据式（V）$\Phi(A)' = \Phi(A_1) + \Phi(A_2) + \Phi(A_3)$ 和以上阐述的原理和算法，2011—2017 年我国的服务外包交易指数点如表 8 所示。

表 8

| 年份 | 2011 | 2012 | 2013 | 2014 | 2015 | 2016 | 2017 |
|---|---|---|---|---|---|---|---|
| 交易指数 | 614.9 | 646.3 | 769.6 | 777.6 | 889.8 | 900.09 | 917.45 |
| 同比增长 | 22.1% | 5.1% | 19.1% | 1.0% | 14.4% | 1.18% | 1.93% |

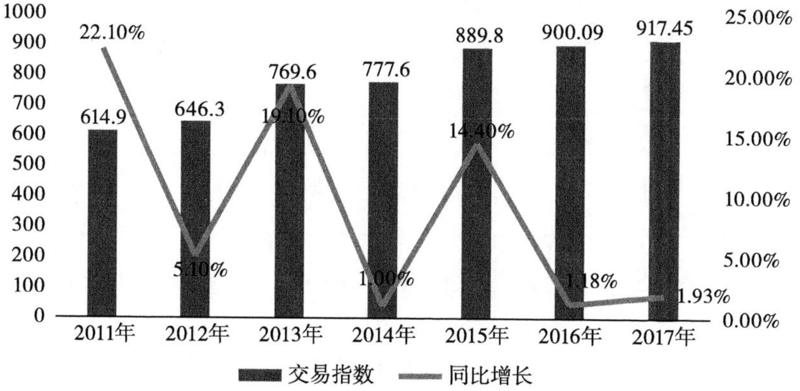


**图 1　历年的交易指数点轨迹图**

从图 1 可见,服务外包的交易指数点正在逐年稳步提升,但增长率还存在一些波动,趋势上看,增长率也正在日益趋缓,根据目前全球经济形势,会有稳中有升的发展态势。

## (二)规模与质量指数分析

交易指数集 A 中的规模与质量指数 $A_2$,其构成的指标包括:企业总数及增长率以及企业规模与增长率(评价值满分 70)、企业年均完成合同额及增长率(评价值满分 50)、离岸分别占服务和贸易出口(评价值满分 55)、外包占 GDP 比重及增长率(评价值满分 25)等 12 个三级指标,总评价值满分为 200。经过上述的指标设定、数据收集、权重赋值,以及式(Ⅰ)式(Ⅱ)的数据无量纲化的处理步骤以及式(Ⅲ)的运算后,2011—2017 年规模与质量各指标综合评价值如表 9 所示:

**表 9　2011—2017 年规模与质量各指标综合评价值**

| 指数名称 | 2011 年 | 2012 年 | 2013 年 | 2014 年 | 2015 年 | 2016 年 | 2017 年 |
|---|---|---|---|---|---|---|---|
| 企业规模（满分 70） | 21.73 | 32.45 | 36.83 | 55.66 | 50.48 | 63.77 | 70.00 |
| 年均完成（满分 50） | 13.93 | 22.74 | 26.81 | 33.31 | 40.58 | 46.47 | 50.00 |
| 离岸占比（满分 55） | 35.62 | 40.71 | 43.33 | 55.00 | 54.80 | 63.27 | 46.97 |
| 占 GDP（满分 25） | 17.24 | 18.16 | 21.88 | 25 | 21.73 | 24.14 | 24.91 |
| 总评价值（满分 200） | 88.52 | 114.10 | 128.85 | 168.97 | 167.59 | 197.65 | 191.88 |
| 同比增长 | | 28.9% | 12.9% | 31.1% | -0.8% | 17.9% | -2.9% |

**1. 规模与质量总体评价值分析**

根据表 9，历年规模与质量总体评价值轨迹如图 2：

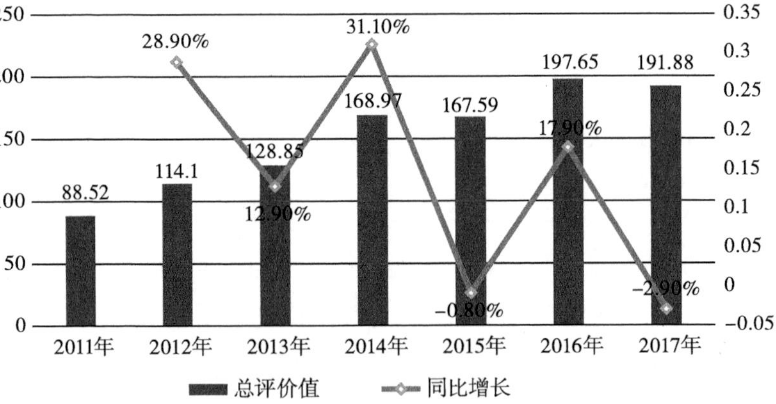


**图 2　历年规模与质量总体评价值轨迹图**

从图 2 可见，规模与质量指数评价值总体情况逐年有所上升，不过每年的增长率波动较厉害，总体趋势稳中有降，这与国际经济形势多变有关。

**2. 规模与质量指数中各指标评价值综合分析**

从图 3 可见，2017 年的企业规模（包括企业数和增长率）、企业年均完成合

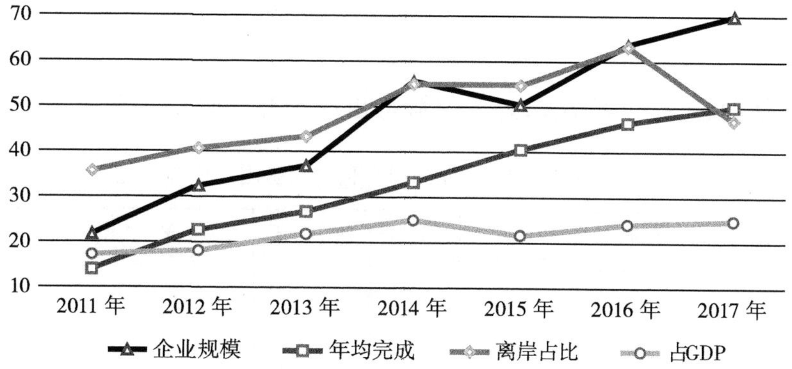


**图 3　历年规模与质量各指标评价值轨迹图**

同额及增长率在稳步提升，离岸服务外包分别占服务和贸易出口略有下降，离岸服务外包占 GDP 比重及增长率略有增长，企业年均完成情况评价值也在逐年提升。

### 3. 规模与质量中“离岸服务外包增长率”指标分析

**表 10　2011—2017 年离岸外包等增长率情况**

| 指标名称 | 2011 年 | 2012 年 | 2013 年 | 2014 年 | 2015 年 | 2016 年 | 2017 年 |
|---|---|---|---|---|---|---|---|
| 离岸外包(%) | 65 | 41 | 35 | 23. 1 | 15. 6 | 8. 93 | 14. 7 |
| 服务出口(%) | 6. 9 | 4. 9 | 10. 6 | 7. 6 | 9. 2 | 2. 3 | 10. 6 |
| 货物出口(%) | 20. 3 | 7. 9 | 7. 9 | 4. 9 | -1. 8 | -1. 9 | 10. 8 |

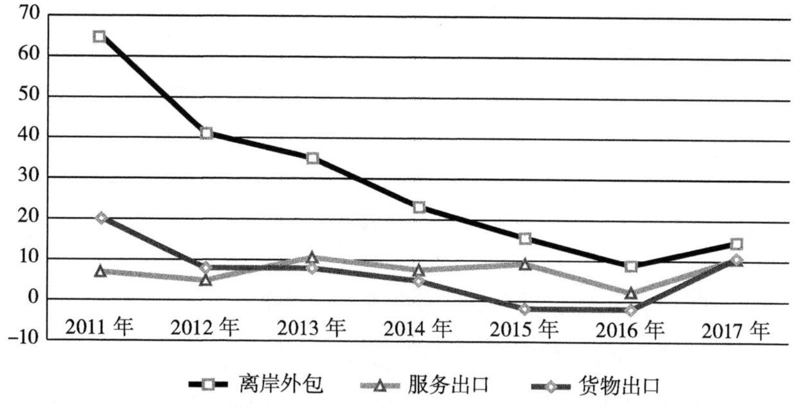


**图 4　历年离岸外包与服务出口、货物出口增长率轨迹图**

从表 10 和图 4 显然可见，离岸外包的增长率明显高于服务出口和货物出口的增长。

**4. 规模与质量中“离岸外包占服务出口比重”指标分析**

**表 11　2011—2017 年离岸外包占服务出口比重情况**

| 指标名称 | 2011 年 | 2012 年 | 2013 年 | 2014 年 | 2015 年 | 2016 年 | 2017 年 |
|---|---|---|---|---|---|---|---|
| 离岸外包占服务出口(%) | 13. 0 | 17. 6 | 21. 6 | 25. 2 | 22. 4 | 34. 1 | 34. 8 |
| 同比增长(%) | 46. 1 | 35. 4 | 22. 7 | 16. 7 | －11. 1 | 52. 2 | 2. 27 |

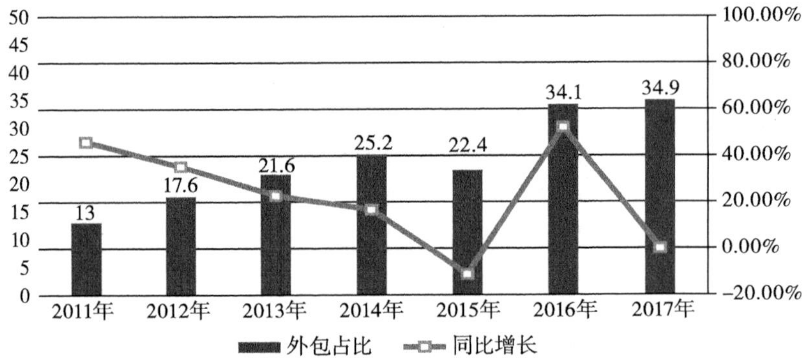


**图 5　历年离岸外包占服务出口比重轨迹图**

图 5 可见，离岸外包占服务出口的比重基本上逐年在递增，其中 2016 年增长率较快，主要原因是国家新增了 10 个示范城市，使得一些统计数据产生了波动。不过可能受到国际经济与贸易大环境影响等多种因素影响，2017 年离岸外包占服务出口比例的增长幅度较前几年下降幅度较大。

## （三）国际竞争力交易指数评价值分析

交易指数集 $A_3$ 中“国际竞争力”评价指标，包括：

（1）国际资质认证数及增长率（评价值满分 80）；

（2）发展潜力：从业人员、大学生占比、人均分别完成、合同额和执行额及其各自增长率（评价值满分 160）；

（3）服务效率：离岸服务外包占全球外包比重、离岸合同占全国外包比重及其增长率（评价值满分 60）；

（4）技术创新：离岸新兴业务占比（评价值满分 100）。

根据上述有关公式，计算过程如表 12、表 13 所示。

**表 12　国际竞争力指数 $A_3$ 评价值计算过程（一）**

| | Cj. Xj′ | 2012 年 | 2013 年 | 2014 年 | 2015 年 | 2016 年 | 2017 年 |
|---|---|---|---|---|---|---|---|
| A3 国际竞争力 | 离岸占全球离岸比重 | 9.765 | 11.18 | 13.13 | 14.13 | 15 | 13.71 |
| | 同比增长 | 0.37 | 4.145 | 5 | 2.17 | 2.18 | 0 |
| | 离岸合同占国内外包比重 | 30 | 27.36 | 28.08 | 28.02 | 27.12 | 25.74 |
| | 同比增长 | 0 | 4.7 | 5 | 0 | 0 | 0 |
| | 国际资质认证数 | 26.57 | 31.22 | 34.47 | 37.39 | 73.99 | 73.8 |
| | 同比增长 | 1.30 | 2.04 | 0.82 | 1.60 | 5 | 1.36 |
| | 新增从业人数 | 17.36 | 16.82 | 11.16 | 20 | 19.02 | 16.84 |
| | 同比增长 | 1.87 | 0 | 0 | 5 | 0 | 0 |
| | 大学生占比 | 20 | 19.58 | 19.6 | 15.48 | 19.38 | 19.18 |
| | 同比增长 | 0 | 0 | 0 | 4.22 | 5 | -0 |
| | 人均年度完成合同 | 38.65 | 48.1 | 47.85 | 47.3 | 46.5 | 50 |
| | 同比增长 | 1.89 | 5 | 0 | 0 | 0 | 1.56 |
| | 人均年度完成执行 | 31.7 | 34.6 | 38.95 | 38.35 | 50 - | 40.7 |
| | 同比增长 | 1.14 | 1.52 | 2.02 | 0 | 5 | 1.2 |
| | 离岸新兴业务占比 | 100 | 89.10 | 84.70 | 90.90 | 83.80 | 98.0 |
| | 合计（满分 400） | 283.77 | 299.68 | 298.74 | 308.99 | 353.85 | 349.72 |

**表 13　国际竞争力指数 $A_3$ 评价值计算汇总（二）**

| 指标名称 | 2012 年 | 2013 年 | 2014 年 | 2015 年 | 2016 年 | 2017 年 |
|---|---|---|---|---|---|---|
| 国际资质等（满分 80） | 27.87 | 33.26 | 35.29 | 39.39 | 79.0 | 75.2 |

续表

| | 2012 年 | 2013 年 | 2014 年 | 2015 年 | 2016 年 | 2017 年 |
|---|---|---|---|---|---|---|
| 发展潜力(满分 160) | 112.61 | 125.62 | 120.58 | 130.35 | 144.90 | 133.48 |
| 服务效率(满分 60) | 43.79 | 51.70 | 55.89 | 48.35 | 46.15 | 43.04 |
| 技术创新(满分 100) | 100.0 | 89.1 | 84.7 | 90.9 | 83.8 | 98.0 |
| 评价值合计(满分 400) | 283.77 | 299.68 | 298.74 | 308.99 | 353.85 | 349.72 |

## 1. 国际竞争力指数总体评价值综合分析

表 14

| | 2012 年 | 2013 年 | 2014 年 | 2015 年 | 2016 年 | 2017 年 |
|---|---|---|---|---|---|---|
| 综合评价值 | 283.77 | 299.68 | 298.74 | 308.99 | 353.85 | 349.72 |
| 同比增长率(%) | 3.9 | 5.6 | -0.3 | 3.4 | 14.5 | -1.2 |

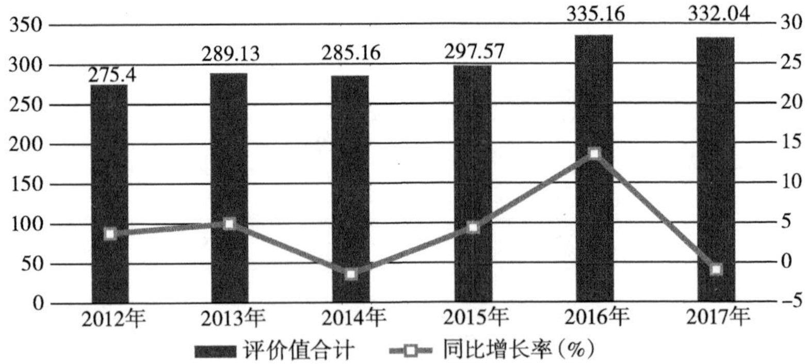


图 6　历年国际竞争力各指标综合评价值轨迹图

从表 14 和图 6 可见,2017 年离岸服务外包国际竞争力的总体情况正在稳中趋缓,同比增速与 2016 年相比有所下降,主要原因可能是国家新增 10 个示范城市,多数是位于中西部地区,因信息、技术、区域等原因,承接国际服务外包的能力相对于沿海地区将显得弱一些。

**2. 国际竞争力指数各指标评价值分析**

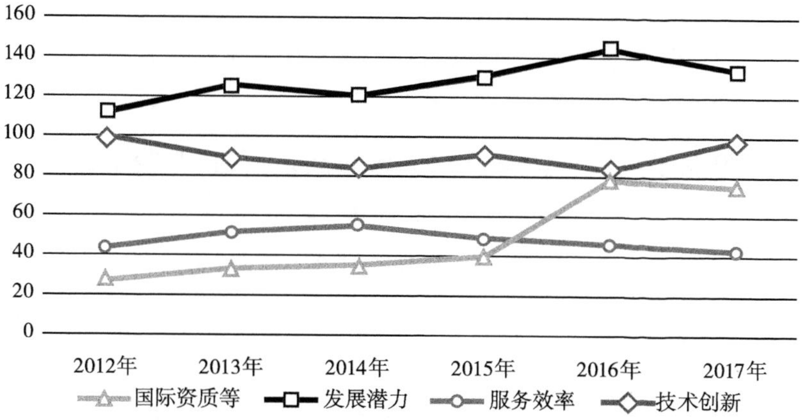


**图 7　历年国际竞争力各指标评价值轨迹图**

从图 7 和表 13 可看出，技术创新正呈现快速增长趋势；国际资质和服务效率出现稳中趋缓，其中主要原因是在岸外包的增长速度高于离岸外包的增长，使得离岸服务外包占全国服务外包产业的比重略有下降；发展潜力随着产业发展，对服务外包的人才需求更紧迫，供不应求现象正在显现。

## 四、交易指数集研究中政策创新的启示

首先创新政府监管机制，坚持“权力平等、机会平等、规则平等”，保护服务供需双方利益和创造一个更有竞争力的市场。加速复制创新城区的成功经验：包括管理体制、促进机制、政策体系、监管模式；有效加强政府主导功能，包括逐步统一产业标准、规范市场行为、提供评估保障、加强监督管理，适时适当地出台约束性的政策法规；尽快落实专项资金的可操作性。根据区域环境、产业基础、基本设施等不同情况，政府扶持的相关政策应有所区别。

### （一）沿海城市

（1）鼓励继续发挥在产业基础、技术人才、语言环境、交易条件、基础设施、商务环境等方面的优势，推动产业向高端化、精细化的深度发展，鼓励符合条件的企业推行“债转股”。

（2）减免在制造业企业向生产性或科技型企业转型升级中土地“改性扩容”费用。

（3）减免在服务业（贸易）和制造业“产业链一体化”或企业兼并重组规划实施中新增的财税。

（4）离岸业务交易中汇率波动造成的损失，在企业“税前列支”或返还抵扣。

（5）对本科以上学历的大学生租房费用给予分类补贴。

**（二）中西部城市**

（1）对建设专业园区基础设施费用增加贴息贷款额度和延长贷款时限。

（2）补贴综合服务平台建设中的设备购置和运行费用。

（3）补贴中高端人才引进和基础技术培训（包括内部培训）相关费用。

（4）补贴落户于专业园区的服务贸易（外包）企业在能源通信、办公用房、境外设点、产品展示、企业孵化等方面一定费用。

（5）鼓励制造业在向生产性服务业转型升级中，根据“产业链一体化”规划减免新增财税和人员培训、安置等费用补贴。

**（三）逐步出台针对不同重点行业领域的细分政策**

（1）逐步完善政府促进发展的鼓励政策，包括资质认证种类范围，由国际资质认证扩大到有较高价值含量的国内资质认证和行业认证。

（2）结合国务院关于加快发展生产性服务业、科技服务业和生活性服务业发展的《指导意见》文件精神，与具体产业部门相结合，出台操作性和落地性更强的“真金白银”行业细分政策。

**（四）支持人才培训培养**

敦促、鼓励和支持国家行业协会会同有条件的大专院校、培训机构、咨询机构、企业集团，就有关人才培养标准、人才培养计划、人才培养方案等，尽快建立战略合作关系。